# 러시아 외교정책의 이해

대립과 통합, 푸틴의 길

## 고재남(高在南)

1954년 5월 15일 전남 화순에서 태어나 능주북초등학교, 광주동중학교, 광주고등학교를 차례로 이수하고 한양대 정치외교학과에서 1980년, 1982년 학사·석사 학위를 각각 취득하였다. 이후 미국 미주리대학 대학원 정치학과에서 1990년 5월 "How Does Reform Communism Become a Regime Commitment?: A Comparison of the Soviet Union and China"로 박사학위를 취득한 후 귀국해 1991년부터 국립외교원(외교안보연구원 후신)에서 러시아·중앙아시아 등 옛 소련 지역에 관한 연구와 교육을 정년 퇴직한 2019년 6월까지 담당했다. 한국슬라브·유라시아학회, 한국외대 국제지역대학원, 한양대 국제학대학원 등에서 후진 양성에 힘을 보탰으며, 러시아·중앙아시아·우크라이나 등 옛 소련 지역의 정치·외교·안보 정책과 이들 지역 국가와 한국, 북한과의 관계에 관한 수백 편의 연구물을 생산했다. 또한 정부 부처 및 유관 기관의 각종 위원회 위원으로 활동하면서 국내외 정책 형성과 발전에 기여했다. 현재 2020년 1월 창립된 유라시아정책연구원 원장을 맡아 재능기부, 지식공유, 정책제언 등을 위한 여러 활동을 주도하고 있다.

# 러시아 외교정책의 이해

**초판 1쇄 발행** 2019년 6월 19일
**초판 2쇄 발행** 2021년 2월 16일

| | |
|---|---|
| 지은이 | 고재남 |
| 펴낸이 | 주혜숙 |

| | |
|---|---|
| 펴낸곳 | 역사공간 |
| 등 록 | 2003년 7월 22일 제6-510호 |
| 주 소 | 04000 서울특별시 마포구 동교로 19길 52-7 PS빌딩 |
| 전 화 | 02-725-8806 |
| 팩 스 | 02-725-8801 |
| 이메일 | jhs8807@hanmail.net |

ISBN  979-11-5707-196-8  93340

- 책값은 뒤표지에 있습니다. 잘못된 책은 바꾸어 드립니다.
- 이 도서의 국립중앙도서관 출판예정도서목록(CIP)은 서지정보유통지원시스템 홈페이지(http://seoji.nl.go.kr)와 국가자료공동목록시스템(http://www.nl.go.kr/kolisnet)에서 이용하실 수 있습니다.(CIP제어번호: CIP2019021334)

# 러시아 외교정책의 이해

대립과 통합, 푸틴의 길

고재남 저

책머리에

필자가 1980년 3월 한양대학교 대학원에 진학해 소련/러시아 연구에 입문한 지 40여 년이 다 되었다. 공산권에서 체제·정책 변화 바람이 1978년 말 중국을 시작으로 폴란드 등 중유럽, 그리고 1985년에는 소련까지 확산되었다. 필자가 학자의 길을 택해 기초 지식을 함양하던 시기에 가시화된 공산권의 변화는 공산권에 대한 흥미와 관심을 불러일으켜주었다. 또한 공산주의 본질과 현실 공산주의에 대한 연구가 크게 제약을 받고 있던 시점에서, 1974년 설립된 한양대학교 중소연구소(아태지역연구센터 전신)와 소련 전문가 신승권 교수님, 중국 전문가 유세희 교수님의 가르침은 필자를 소련/러시아 연구자의 길로 안내해주는 결정적 역할을 했다.

1983년 8월부터 1990년 2월까지 계속된 미국 미주리대학(University of Missouri-Columbia) 대학원 정치학과에서의 유학 생활은 시간과 공간의 결합이 절묘하게 맞아떨어져 소련을 포함한 공산권 학습·연구에 온 힘을 다하는 계기가 되었다. 시기적으로, 소련에서 시작된 개혁 공산주의는 공산권은 물론 글로벌 차원의 정치·경제·국제 질서 변화를 유인하면서 지적 호기심을 자극했고 곧 면학의 동인이 되었다. 공간적으로, 국내에서 불온서적으로 접근이 금지되었던 마르크스·엥겔스·레닌·스탈린·마오쩌둥 저작들은 물론 다양한 공산권 자료들에 무한대로 접근할 수 있어 유용했다. 학자적 역량 부족으로 무척 힘든 시간이었지만 필자의 오늘이 있게 한 매우 소중한 시간이었다.

한·소/한·러 관계에서 개최된 88서울올림픽의 정치·외교적 효과가 본격적으로 나타나기 시작한 시점인 1990년 초부터의 서울 생활, 특히 1991년 초부터 시작된 국립외교원(외교안보연구원의 후신)에서의 직장 생활은 우리 정부의 대소/대러/대CIS 정책에의 기여와 후진 양성, 그리고 저명한 국내외 전문가들과의 네트워크 구축과 학술 교류 기회를 갖는 매우 유익하고 행복한 나날이었다. 특히 국립외교원 교수들과 함께한 수천 번의 공식·비공식 세미나/토론은 개안을 넘어 학문의 내공을 쌓는 기회를 제공해주었다.

동료 교수 중에는 푸틴 정부의 국내외 정책을 못마땅해 하면서 비판적 평가를 하는 분이 있다. 초집권적 권위주의, 언론통제, 인권탄압, 정경유착 등 부정부패, 국가자본주의 등 국내 정치·경제는 물론 크림반도 합병과 돈바스(Donbass) 분리주의 세력 지원, 시리아 사태 개입, 소위 불량국가들과의 협력 관계 강화, 미국 등 타국의 국내 정치 개입, 미국·NATO와의 갈등 심화 등이 비판적 평가의 원인이 되고 있다. 특히 그는 "왜 러시아는 미국·EU 주도의 세계 정치·경제·안보 질서에 편입하지 않으면서 일반 국민들의 삶을 어렵게 하고 있느냐?" 또 "왜 러시아는 미국, NATO와 극심한 대립 관계를 지속하면서 중유럽은 물론 중동 등 여타 지역의 불안정을 조장하고 있느냐?" 등의 질문을 던졌고, 이는 곧 토론으로 이어졌다.

필자도 러시아 연구를 하면서 항상 갖고 있던 의문 중 하나가 "왜 러시아가 제3의 길을, 즉 주류 질서에 편승·편입보다는 대립과 경쟁, 그리고 독자의 길을 추구하느냐"이다. 필자는 외교·안보 정책에서 소위 '러시아의 길'이 무엇인지에 대한 낮은 수준의 해답이라도 찾아보려는 목표로 이 책을 집필했다. 물론 러시아의 외교·안보 정책을 변호하기 위한 것이 아니며, 인과론적 차원에서 러시아 외교정책의 방향과 실제의 불가피성을 살펴보았다. 그리고 이 책은 대학생, 대학원생, 그리고 러시아 외교정책에 관심 있는 일반인들을 위한 교과서로도 활용될 수 있도록 구성했다.

이 책은 총 11장으로 구성되어 있다. 제1장에 러시아 외교정책의 발전 과정 및 결정 환경에 대한 독자들의 이해를 돕기 위해서 소련의 외교정책사를 개관했다. 제2장은 러시아 외교정책의 주요 결정 요인과 행위자, 제3장은 러시아의 외교·안보 전략과 실제, 제4장은 러시아와 CIS 통합운동을 각각 다루었다. 또한 제5장은 러시아의 중앙아시아 정책과 다자협력, 제6장은 유라시아 중부 지역 내 '신 거대게임'과 러시아, 제7장은 러·중 관계의 발전과 미국 요인, 제8장은 미·러 관계의 변화와 갈등 요인, 제9장은 미·러 군비통제 갈등과 INF조약을 각각 분석했다. 그리고 마지막으로 제10장과 제11장에서 한국과 북한의 대소·대러 외교관계가 어떻게 변화되었는지를 소개했다. 연구 방법은 이 책의 내용이 역사성과 현재성을 두루 갖추고 있음을 감안하여 역사적 기술 방법과 지역별·이슈별 분석 방법을 혼용하고 있다. 또한 연구 자료는 가능한 한 1·2차 문헌을 두루 사용했다.

끝으로 필자가 지난 28년 동안 근무하면서 연구와 강의, 그리고 국내외 학술활동을 할 수 있도록 물심양면으로 지원해준 국립외교원, 그리고 이 책의 출간을 도와준 동료 교수들과 양지원 연구원에게 진심으로 감사를 드린다. 또한 짧은 출간 일정에도 흔쾌히 출판을 허락해주신 역사공간 주혜숙 대표와 성미애 편집장과 선우애림 과장 등 관계자 여러분께 진심으로 감사를 드린다.

또한 학자의 길로 들어선 이래 숱한 희노애락을 같이하면서 곁에서 후원해준 아내 연복희와 충분한 보살핌을 주지 못했음에도 훌륭하게 자란 딸 성은이와 성희에게 감사를 표한다. 그리고 큰 사위 조동희와 손자 범진이가 한 식구가 된 것을 기쁘게 생각한다.

2019년 4월 10일
국립외교원 연구실에서

# 차례

책머리에 5

## 제1장 소련의 외교정책 개관

1. 외교정책의 목표     15
2. 레닌 시기부터 고르바초프 시기까지의 외교정책     19

## 제2장 러시아 외교정책의 결정 요인과 행위자

1. 서론     39
2. 외교정책 결정의 주요 요인     44
3. 외교정책 결정의 주요 행위자     81

## 제3장 러시아의 외교·안보 전략

1. 서론     95
2. 러시아 외교·안보 문건들의 채택 경과     98
3. 제3기 푸틴 정부의 신 외교·안보 전략의 개요     108

## 제4장 러시아와 CIS 통합운동의 전개

1. 서론 131
2. CIS의 출범 및 발전 과정 개관 133
3. 러시아의 CIS 통합정책 143
4. CIS 통합운동의 유형과 전개 156
5. 최근 CIS 통합운동의 특성 169

## 제5장 러시아의 중앙아시아 정책과 다자협력

1. 서론 181
2. 러시아의 중앙아시아 정책 목표 184
3. 러시아의 중앙아시아 정책 변화와 배경 190
4. 러시아의 중앙아시아 내 다자협력정책의 실제 202
5. 결론 211

## 제6장 유라시아 중부 지역 내 '신 거대게임'과 러시아

1. 서론 217
2. '거대게임'의 재현 배경과 주요 특징 219
3. 유라시아 중부 지역의 전략 환경 229
4. 러시아 외 주요국들의 정책 239
5. 러시아의 정책적 대응 249
6. 결론 254

### 제7장  러·중 관계의 발전과 미국 요인

| | |
|---|---|
| 1. 서론 | 259 |
| 2. 러·중·미 3각 관계의 형성과 미국의 전략 | 263 |
| 3. 냉전기 소·중 관계의 발전과 미국 요소 | 271 |
| 4. 탈냉전기 러·중 관계의 발전과 미국 요인 | 283 |
| 5. 결론 | 294 |

### 제8장  미·러 관계의 변화와 갈등 요인

| | |
|---|---|
| 1. 서론 | 301 |
| 2. 옐친 정부 시기 미·러 관계의 발전 개관 | 303 |
| 3. 제1기 푸틴 정부의 외교정책 목표와 실제 | 316 |
| 4. 푸틴 집권 후 미·러 관계의 변화와 갈등 심화 추이 | 322 |
| 5. 미·러 간 갈등 지속 및 심화 배경 | 330 |

### 제9장  미·러 군비통제 갈등과 INF조약

| | |
|---|---|
| 1. 서론 | 341 |
| 2. 미·러 간 군비통제조약 체결 현황 | 344 |
| 3. 냉전기 미·소 간 군비통제조약 위반 논쟁 | 354 |
| 4. INF조약을 둘러싼 미·러 군비통제 갈등의 전개 | 359 |
| 5. INF조약을 둘러싼 군비통제 갈등의 배경 | 368 |
| 6. 미·러 간 군비통제 갈등의 파급 영향 | 377 |

## 제10장 한·러 외교관계 30년의 추이

1. 서론 387
2. 한·러 양국의 상호 정책 목표 389
3. 한·러 외교관계의 발전과 동인 395
4. 문재인 정부의 대러 정책 성과 410

## 제11장 러·북 외교관계 70년의 전개

1. 서론 423
2. 냉전기 소·북 외교관계의 변화와 요인 425
3. 탈냉전기 러·북 외교관계의 변화와 요인 433
4. 러시아의 대북 핵·미사일 정책 444

참고문헌 456
찾아보기 460

제1장

# 소련의 외교정책 개관

## 1. 외교정책의 목표

소련의 외교정책 목표를 분석함에 있어서 가장 중요한 이슈는 러시아가 전통적으로 추구해온 외교정책 목표에 마르크스·레닌주의가 어떤 영향을 미쳤느냐이다.[1] 이는 물론 소련의 외교정책과 정치현상을 분석함에 있어서 '계속성 대(對) 변화(continuity vs change)'에 관한 논쟁과 맥락을 같이하고 있다.[2] 일부 소련 외교정책 전문가들은 "공산주의는 모든 측면에서 차리즘(Tsarism)"이며, 따라서 소련 외교정책은 본질적으로 러시아가 추구한 전통적인 외교정책 목표들, 즉 국가 안전보장 및 영토, 자원, 국제적 영향력 확대와 같은 목표들이 상호 융합되어 실행되었다고 주장했다. 이들은 지리적 결정론에 입각하여 소련이 그 이전 시대와 유사하게 국경의 안정화를 위하여 중동부 유럽의 공산화 등 서진정책과 바다로의 출구 확보를 위한 발트 지역, 지중해·황해·걸프해 지역으로의 전진정책과 같은 팽창주의정책을 적극 추진했다고 주장했다. 다시 말해, 소련의 프롤레타리아 국제주의는 러시아가 과거 수백 년간 추진해온 팽창주의 정책의 계승이라는 것이다.

다른 학자들은 마르크스·레닌주의에 대한 소련 정치인들의 집착은 모스크바 당국으로 하여금 국제적으로 공산권 및 지지기반의 확장을 통한 '팍스 소비에트카(Pax Sovietica)'의 달성을 주요 외교정책의 목표로 추구하게 만들었다고 주장했다. 이들은 이데올로기로 인해 소련이 불가피하게 비공산국가에 대한 적대정책을 펼 수밖에 없었으며, 또한 그것이 결과적으로 소련 패권주의 및 공산 세력의 확대를 우려하는 국

---

1   이에 대한 초기의 논쟁은 다음 문헌을 참조. "Ideology and Power Politics: A Symposium," *Problems of Communism*, 7.2(March-April, 1958); Adam B. Ulam, "Soviet Ideology and Soviet Foreign Policy," *World Politics*, 11.2(January, 1959), pp. 153-172.

2   Alvin Z. Rubinstein, *Soviet Foreign Policy Since World War II: Imperial and Global*, 2nd ed, Boston: Litttle, Brown and Company, 1985, pp. 297-298.

가들에게 소련에 대한 적대정책을 강요했다고 주장했다. 이들은 마르크스·레닌주의는 역사적으로 잦은 외침에 의하여 형성된 소련 지도자들의 외세에 대한 위협 인식과 불신을 심화시켰고, 이에 따라 소련이 비공산권 국가들에 대한 적대정책을 강화했음을 강조했다.³

제2차 세계대전 후 미·소 양국을 축으로 한 냉전 질서가 구축되고 자유진영과 민주진영 간 대립과 갈등이 심화됨에 따라서 서방 국가 내 소련 연구자들은 다음과 같은 주제에 대한 연구에 심혈을 기울였다. 즉 소련 외교정책에 대한 서방 연구자들의 주요 관심은 군사적 균형에 대한 소련의 인식, 미·소 관계의 협력과 갈등, 크렘린 당국의 '제 세력의 상호관계(correlation of forces)',⁴ 상호의존, 에너지 위기, 북대서양조약기구(NATO: North Atlantic Treaty Organization) 내 갈등, 지역분쟁 및 불안정 요인 등에 대한 견해와 미국 내 데탕트 지지 세력에 대한 평가 등이었다. 그러나 소련 외교정책 결정 과정의 비밀주의 및 소수 지도자 독점주의는 크렘린 당국의 외교정책이 어떻게 결정되며, 이 과정에 어떤 사람들이 관여하고, 이들이 어떠한 정책 정향을 가졌는지를 명확하게 분석하는 것을 불가능하게 만들었다. 그 결과 소련 지도자들이 외교정책을 추진하면서 '국익'과 '이데올로기' 중 무엇을 중시했느냐에 대한 논쟁은 소연방이 붕괴될 때까지 계속되었다.

그러나 대부분의 학자들은 소련의 외교정책 결정·추진 과정에서 국익이 이데올

---

3   이 외에도 첫째 소련의 외교정책이 인지된 외부 위협에 대한 대응이건 또는 변화하는 국제 질서하에서 예상되는 이득을 얻기 위한 것이건 간에 국익 증대를 위한 상당히 기회주의적인 외교 행태를 보였다는 주장, 둘째 국제적 문제 해결 과정에서 미국으로부터 동등한 역할을 인정받기 위하여 의도적으로 미국에 반대되는 외교정책을 추진했다는 주장, 셋째 권위주의체제에 대한 소련인들의 불만을 외부로 향하게 함과 동시에 공산당의 권력 독점에 대한 정당화를 위하여 항상 외부 위협을 강조하면서 독단적인 외교정책을 추구했다는 주장 등이 있음. *Ibid*, p. 298.
4   '제 세력의 상호관계'는 브레즈네프 시기 소련 학자들이 서구의 세력균형이론은 계급질서적인 국제사회를 정확히 묘사하고 있지 못하다면서 대안으로 제시한 이론임. 소련 학자들은 동서진영 간 강약의 비교는 경제력·군사력은 물론 이데올로기적 영향력, 정치권력 및 이들과 연관된 국제적 운동이 고려되어야 한다고 주장하면서, 당시의 반제국주의 세력, 반자본주의 세력, 전 세계의 탄압받는 사람들 등의 규모를 고려해볼 때 국제 정세가 소련에 유리하게 전개되고 있다고 주장했음. Allen Lynch, *The Soviet Study of International Relations*, Cambridge: Cambridge University Press, 1987 참조.

로기보다 우선성을 가졌다고 주장했다. 실제로 볼셰비키 혁명운동 초기 국제주의자라고 자처하면서 "우리는 민족적 이익을 옹호하지 않는다. 사회주의 이익, 세계 사회주의 이익이 민족 이익과 국가 이익 모두에 앞서 있다"고 선언했던 레닌도 1915년에는 "민족적 긍지는 우리들, 즉 대러시아인이며 계급의식적인 프롤레타리아트들인 우리에겐 낯선 것이란 말인가? 물론 아니다! 우리는 우리의 언어와 우리의 조국을 사랑한다"고 썼다.[5] 윈스턴 처칠(Winston Churchill) 영국 수상도 1939년 10월 1일 폴란드를 둘러싼 러·독 충돌 가능성과 관련된 방송 인터뷰에서 "러시아의 대외적 행위를 정확히 예측할 수는 없지만 한 가지 분명한 것은 러시아가 국익 증대를 위한 정책을 채택할 것"이라고 강조했다.

물론 마르크스·레닌주의가 소련 외교정책의 목표, 그리고 이를 달성하기 위한 외교정책의 결정·실행 과정에 미친 영향을 과소평가해서는 안 된다. 마르크스·레닌주의에 입각한 볼셰비키 혁명으로 소련이 건설되었고, 이후 마르크스·레닌주의는 소련의 국내외 정책 방향은 물론 정치지도자 및 국민들의 대외인식과 행위에 막대한 영향을 미쳤기 때문이다.[6] 김학준 교수는 실제로 마르크스·레닌주의가 소련의 대외정책과 관련하여 다음과 같은 기능을 했다고 주장했다. ① 장기적 목표를 설정해주었고, ② 정치지도자들에게 국제정치관을 형성할 지식체계를 제공해주었고, ③ 이들에게 대외 문제의 분석에 필요한 방법을 마련해주었고, ④ 외교정책의 목적을 달성하기 위한 전략과 전술을 제공해주었으며, ⑤ 당의 권력 장악 및 이를 통한 정치지도자들의 대외정책 결정 및 수행에 대한 정당성을 부여해주었으며, ⑥ 전 세계적 공산주의운동의 통합과 조정을 위한 통제 방법을 마련해주었으며, ⑦ 소련 영향

---

[5] 金學俊, 『蘇聯外交論序說』, 서울: 서울대학교출판부, 1981, 50쪽.
[6] Peter Zwick, *Soviet Foreign Relations: Process and Policy,* Englewood Cliffs, NJ: Prentice Hall, 1990, Chap. 4; The Ideological Factor; George Schwab, ed., *Ideology and Foreign Policy: A Global Perspective,* New York: Cyrco Press, Inc., Publishers, 1978 등 참조.

력의 팽창을 위한 중요한 도구로서의 역할 등을 했다는 것이다.[7] 버논 아스파투리안 (Vernon Aspaturian)도 외교정책에서 이데올로기의 6가지 기능을 소개하고 있다. 그에 따르면 이데올로기는 ① 지고지상의 목표, ② 세계에 대한 이미지, ③ 행동 프로그램, ④ 커뮤니케이션 체계, ⑤ 합리화의 수단, ⑥ 특정 정책에 대한 지속성의 상징 및 정당성 등을 제공해준다.[8]

소련은 제정러시아 시대부터 전통적으로 추구해온 국익과 마르크스·레닌주의가 상호 충돌할 때는 대체로 국익 보전 및 증대를 외교정책의 우선 목표로 추구했으나, 당시 국내외 정세나 최고지도자의 정책 성향에 따라서 우선순위를 약간 달리했다고 볼 수 있다.[9] 특히 국익 중에서도 국가 안전보장과 같은 존망의 이익과 사활적 이익 추구는 항상 우선했지만, 기타 국익의 경우 프롤레타리아 국제주의의 실현 등과 같은 마르크스·레닌주의와 경쟁하는 경우가 많았다고 평가할 수 있다.

또한 소련의 외교정책 목표는 대상 지역 또는 상대 국가에 따라서 달리 나타났다. 즉 제3세계 국가들과의 관계에서는 사회주의 정권 및 친소 정권의 확대, 기존 사회주의 국가들과의 관계에서는 중국의 영향력을 견제하면서 소련과 동맹 강화, 그리고 이념적 대립 관계에 있는 미국 등 서방국가와 관계에서는 국가 안전의 유지, 이념 대립에서 승리 등이 외교정책의 최우선 목표였다. 물론 소련 경제의 발전·번영을 통해 공산주의 사회로 도약하기 위한 호의적 대외환경 조성, 서방 선진국과의 과학·기술 협력도 중요한 외교정책 목표로 간주되었지만 최우선 목표로 추구되지는 않았다.

---

7   金學俊, 앞의 책, 52쪽. 소련의 대외정책에 있어서 마르크스·레닌주의의 영향에 대한 상세한 설명은 金學俊, 앞의 책, 제4·5장 참조.

8   Vernon Aspaturian, "Soviet Foreign Policy," in Roy C. Macridis, ed., *Foreign Policy in World Politics*, 4th ed., New York: Prentice Hall, 1972, pp. 182-183.

9   로버트 도날드선과 조셉 노지는 제2차 세계대전 후 소련 외교정책에 지대한 영향을 미친 요소 7개를 다음과 같이 지적하고 있다. "국제 질서의 양극체제로부터 다극체제로의 변화, 국제공산주의운동의 다중심주의(polycentrism)와 뒤이은 종식, 적국을 전멸시킬 수 있는 무기 기술의 발달, 미·소 간 군사력 균형 달성, 소련 정치체제의 전체주의로부터 권위주의적 과두제로의 전환, 중앙통제적 계획경제체제의 실패, 각기 다른 리더십 유형 및 정책 성향." Robert H. Donaldson & Joseph L. Nogee, *The Foreign Policy of Russia: Changing Systems, Enduring Interests*, Armonk, NY: M. E. Sharpe, 1998, pp. 285-256.

## 2. 레닌 시기부터 고르바초프 시기까지의 외교정책

소련의 외교정책을 연구·분석하기 위한 시기 구분이 다양하게 제시되고 있으나, 이 책에서는 편의상 소련 공산당 최고지도자별로 구분하여 살펴보기로 한다.[10]

### 1) 레닌의 외교정책(1917~1924)[11]

볼셰비키 혁명으로 정권을 장악한 블라디미르 레닌(Vladimir Lenin)과 그의 동료들이 당면한 외교정책의 과제는 제1차 세계대전에 계속 참전할 것인지 여부였다. 레닌은 러시아군의 참전에 반대하는 입장을 견지했는데, 이는 실리적이고 이데올로기적인 고려에서였다. 레닌은 실리적 측면에서, 반전무드가 두드러진 일반 국민들의 지지가 없이는 볼셰비키 정권이 살아남지 못할 것으로 파악했다. 이데올로기적인 측면에서는 제1차 세계대전을 자본주의자들의 전쟁으로 간주했으며, 따라서 노동자당은 전쟁에 참여하지 말아야 한다고 주장했다. 따라서 레닌은 볼셰비키 혁명 직후 독일과 휴전을 선언했으며, 이에 독일은 공식적인 평화조약의 체결을 주장했다.

레닌의 이러한 대독 휴전안과는 달리, 독일과의 전쟁에 대한 당시 볼셰비키들의 견해는 첨예하게 대립하고 있었다. 니콜라이 부하린(Nikolai Bukharin)으로 대표되는 좌파그룹은 독일과의 전쟁은 반제국주의 전쟁이기 때문에 수치스럽게 항복하기보다는 끝까지 싸워 혁명전쟁을 완수해야 한다고 주장했다. 반면 당시 외무위원장을 맡고 있는 중도노선의 레온 트로츠키(Leon Trotsky) 등은 '반전, 반평화(no war, no

---

10  1960년대까지 소련 외교정책의 시기 구분에 대한 다양한 견해는 金學俊, 앞의 책, 제5장 제4절을 참조.
11  Peter Zwick, *op. cit.*, pp. 14-18 참조.

peace)'를 주장했다. 당중앙위원회는 처음에는 부하린 노선을 지지했으나, 레닌이 트로츠키 노선을 마지못해 수용하면서 당중앙위원들을 설득하자 '반전, 반평화'안을 승인했다. 트로츠키는 독일군 사령관에게 러시아는 전쟁도 원하지 않고 평화조약의 체결도 원하지 않는다는 사실을 통보했으며, 이에 독일군은 군사적 공세 강화로 대응했다.

레닌은 러시아군의 패전에 직면하여 당중앙위원회가 자신의 반전정책을 수용하지 않을 경우 사임하겠다는 견해를 강력히 피력했고, 이에 당중앙위원회는 1918년 2월 23일 평화를 위한 독일의 조건을 수용했다. 트로츠키는 3월에 국경 지역에서 독일 측과 일종의 평화조약인 '브레스트·리토브스크조약(Treaty of Brest-Litovsk)'을 체결했다. 이 조약으로 러시아는 인구의 34%, 농업 지역의 32%, 산업의 54%, 석탄광산의 89%, 그리고 발트 3국과 핀란드를 포기할 수밖에 없었다. 물론 이 조약은 러시아에게 수치스러운 항복이었으나, 레닌으로서는 당시 국내외 상황 때문에 다른 선택의 여지가 없었다. 즉 국내적으로는 반혁명 세력의 반격으로 3월 내란이 발발했으며, 국외적으로도 러시아의 삼국동맹 이탈에 대한 반감 및 공산주의 혁명의 확산에 대한 우려 때문에 미국·영국·프랑스·일본 등이 같은 해 여름부터 서북부 지역과 동부 지역에서 백군을 지원하기 위한 대러 침공을 감행하기 시작했다. 전쟁은 연합군의 승리로 끝났고, 러시아가 종전 과정에서 큰 역할을 하지 않았음에도 1919년 체결된 베르사유조약(Treaty of Versailles)은 브레스트·리토브스크조약을 무효화했고, 러시아는 독일에게 빼앗겼던 영토의 대부분을 회복했다. 하지만 1920년 폴란드 지역을 통제하려던 러시아의 군사작전이 실패하면서 크렘린 당국은 폴란드와 함께 발트 3국의 독립을 인정하지 않을 수 없었다.

종전과 더불어 레닌이 당면한 외교정책의 딜레마는 마르크스·레닌주의에 입각하여 프롤레타리아 세계혁명을 실현하기 위한 외교정책을 적극적으로 추진하느냐, 아니면 당면한 국내 경제의 어려움을 극복하기 위하여 친서방정책을 추진하느냐 여부였다. 레닌은 일종의 이중정책으로, 한편으로는 소련 통제하의 국제공산주의운동 단체를 통하여 자본주의 국가에서 혁명운동을 촉진하면서, 다른 한편으로는 경제 지원을 얻기 위한 서구와의 화해정책을 추진했다. 레닌은 전자를 위하여 1919년 3월 코민테른(Comintern)을 창설했고, 후자를 위하여 일련의 이데올로기적·정치적 타협을 통한 '자본주의 국가들과의 공존(coexistence with capitalism)'을 모색했다.

1920년 8월 40개국 이상 대표들이 참석한 가운데 모스크바에서 코민테른 제2차 회의가 개최되었다. 레닌은 이 회의를 이용하여 소련이 국제공산주의운동의 중심이며, 소련 공산당이 국제공산주의운동을 이끌어갈 것임을 분명히 했다. 또한 코민테른 제2차 회의는 레닌의 국제공산주의혁명 전략을 수정하는 계기가 되었다. 제국주의론에 입각하여 유럽에서 10월 혁명 후 공산당혁명이 촉발할 것으로 믿었던 레닌은 이 지역들에서 공산당혁명이 실패로 돌아가자 혁명 전략을 바꾸어 식민지 국가에 대한 혁명운동 지원을 강조했다. 그 결과 마오쩌둥(毛澤東)을 비롯한 일부 중국 공산주의자들의 우려에도 중국에서 제국주의 세력을 몰아내기 위한 국공합작을 주장해 이를 관철시켰다. 그러나 국공합작은 장제스(蔣介石)가 1927년 중국 공산당에 대해 대대적인 체포와 학살을 자행함으로써 붕괴되었는데, 이는 중국에 대한 레닌의 코민테른정책의 방향성이 여타 공산주의운동의 이익보다는 소련 우선주의 정책을 중시했음을 증명해주는 사건이었다.

레닌은 또한 소련 공산당 정권의 생존을 위해서는 서방 세계의 경제 지원을 이끌어낼 우호적인 정책이 불가피함을 인식했고, 이에 따라 일종의 '한숨 돌리기(Peredyshka; breathing space)'정책을 추진했다. 그러나 볼셰비키 정부에 대한 경제 지원 및 외교적 승인을 얻기 위한 친서구(특히 연합국) 정책은 실효를 거두지 못했고, 이후 레닌은 유럽의 경제 문제를 다루기 위하여 1922년 4월 소집된 제노아회의(Jenoa Conference)에서 독일과의 화해를 시도했다. 양국 대표들은 라팔로에서 비밀리에 만나 전비 보상의 거부, 교역의 정상화, 외교 정상화 등을 공동으로 합의했다. 또한 독일은 소련군의 훈련과 군장비를 지원하고 군수산업의 육성을 돕는 반면, 러시아는 독일군이 '베르사유조약'에 반하는 군사훈련을 러시아에서 할 수 있게 한다는 것 등을 비밀리에 합의했다. 레닌의 이러한 대독정책은 서방진영을 분열시키면서 이 국가들이 반소동맹을 결성하는 것을 막고자 하는 고도의 실리 추구 외교였다. 실제로 영국과 여타 서방국가들은 독일이 소련과의 교역을 독점하는 것을 우려하여 소련을 외교적으로 승인했다.

레닌 시기 소련 외교정책의 특징은 브레스트·리토브스크조약과 라팔로조약이 증명해준 바와 같이 소련 공산당 정권의 생존이라는 사활적 국익을 위해서는 국제공산주의운동도 희생될 수밖에 없다는 것을 극명하게 보여주었다.

## 2) 스탈린의 외교정책(1924~1953)[12]

레닌은 자신의 상호 모순된 두 가지 외교정책의 목표의 딜레마를 해결하지 못한 상태에서 1924년 1월 심장마비로 사망했다. 이후 이는 이오시프 스탈린(Joseph Stalin)과 트로츠키의 권력투쟁에서 핵심 이슈로 부상했다. 양인은 일정 수준 자본주의와의 타협이 필요하다는 레닌의 주장에 동의했으나, 타협의 정도와 내용에는 견해가 달랐다. 스탈린은 장기적으로는 세계 혁명이 불가피하겠지만 단기적으로는 국내 발전을 통하여 소련에만 사회주의를 건설할 수도 있다는 '일국 사회주의론(Socialism in One Country)'을 주장했다. 반면에 트로츠키는 유럽에서의 공산주의혁명이 세계 혁명의 핵심이며, 따라서 러시아는 유럽 혁명의 성공을 위한 지속적인 투쟁을 전개해야 한다는 '영구혁명론'을 주장했다.

권력 투쟁에서 스탈린의 승리는 소련 외교정책에 심대한 영향을 미쳤다. 즉 스탈린은 소련에서 사회주의를 급속히 건설하기 위해서는 자본주의 국가들과 타협·협력이 필요하다는 것을 인식하고 보다 친서방주의적인 정책을 지향했다. 그 결과 스

---

12　Peter Zwick, *ibid.*, pp. 18-31 참조.

탈린 시기, 특히 1920~1930년대의 외교정책은 국제공산주의운동이 소련의 안보·경제 이익에 부수적으로 것으로 전락하는 등 비혁명적인 성향이었다.[13]

스탈린은 1934년 8월 히틀러의 등장으로 소련에 대한 안보 위협이 증대되자 1달 후 국제연합(UN)에 가입했다. 그는 1935년 5월 프랑스, 체코슬로바키아와 협력협정을 체결하기 위한 협상을 시작했으며, 같은 해 코민테른에 반파쇼투쟁 동참을 촉구했다. 다시 말해, 스탈린은 자본주의체제를 전복하고 공산당 정권을 수립하려던 혁명 전략을 수정하여 코민테른으로 하여금 반파쇼투쟁을 전개하도록 기존 노선을 수정했다. 그러나 스탈린은 아돌프 히틀러(Adolf Hitler)와 베니토 무솔리니(Benito Mussolini)에 대한 투쟁에 동참하는 일이 소련의 국익에 꼭 긍정적으로 작용하지는 않는다는 것을 인식했다. 그리고 프랑스·영국과의 전쟁에서 승리하기 위해서는 후방 세력인 러시아와 평화 상태를 유지하는 것이 바람직하다는 히틀러의 인식과 상호결합하여 1939년 8월 23일 '독·소 부전조약(Nazi-Soviet Nonaggression Pact)'을 체결했다.

그러나 독·소 부전조약 체결은 소련이 제2차 세계대전에 개입하는 것을 잠시 연장시켰을 뿐이었다. 실제 독일군은 1941년 6월 21일 소련 영토에 대한 침략을 감행했고, 스탈린은 이에 대응하여 자본주의 국가들의 반파쇼투쟁연합에 복귀했다. 그러나 소련과 연합국들은 몇 가지 중요한 이슈들, 즉 소련이 5년 기한으로 1941년 4월 일본과 체결한 전쟁중립화조약의 폐기 여부, 미·영 연합군의 노르망디상륙작전 조기 개시 여부, 전후 세계에 대한 비전과 세계 평화와 안전을 위한 국제기구 창설 문제 등을 둘러싸고 갈등을 겪었다. 이 문제들을 처리하는 과정에서 스탈린의 외교정책 목표는 소련의 안전보장이었다. 그러나 이들의 견해 차이, 전쟁 수행 과정에서의 전략·전술의 차이, 그리고 세계관의 차이는 제2차 세계대전의 종식과 더불어 세계 냉

---

13  Robert C. Tucker, ed., *Stalinism: Essays in Historical Interpretation*, New York: W. W. Norton & Company, Inc., 1977.

전 질서를 구축하는 근본 요인이 되었다.

스탈린은 연합국의 반파쇼투쟁 참전을 계기로 중동부 유럽에 대한 군사 점령과 독일의 분할에 적극 참여했으며, 이 지역들에 공산당 정권을 수립하여 위성국화(또는 우호국화)하는 데 성공했다. 한편 종전이 가까운 시점에서 대일 전쟁에 참전하면서 소련은 사할린의 일부 지역과 쿠릴열도를 병합했으며, 이후 한반도 분단의 요인이 되었다. 일본의 패전과 더불어 종식된 제2차 세계대전은 소련과 여타 연합국들 간의 협력 관계에 마침표를 찍으면서 지난 45여 년간 지속된 냉전적 국제 질서가 구축되는 계기가 되었다.

스탈린의 이러한 영토 팽창정책과 공산국가 확대정책은 미국 등 서방 세계의 우려를 자아내기 시작했다. 당시 처칠 영국 총리는 1946년 3월 미국 미주리주 풀턴시에 소재한 대학에서 한 연설에서 "발트해의 스테틴에서 아드리아해의 트리에스테를 연결한 유럽대륙에 철의 장막이 설치되어 있으며, 이 장막 주변에 산재한 유명한 도시 및 주민들은 소련의 영향력하에 있으며, 정도의 차이는 있지만 모스크바 당국의 통제하에 있다"[14]고 주장했다. 이러한 처칠의 주장은 당시 서방 세계의 대소련 인식을 단적으로 표현해주는 것이었다.

미국의 소련 팽창주의에 대한 위협인식은 전후 소련이 그리스·터키 문제에 관여함은 물론 주변국에 대한 영향력을 확대하려는 시도 속에서 더욱 확산되었으며, 헨리 트루먼(Henry Truman) 미국 대통령은 1947년 3월 12일 소위 '트루먼 독트린'으로 명명된 연설을 했다.[15] 이 연설에서 트루먼은 미국의 대외정책은 소수 무장세력이나 외세의 압력에서 벗어나려는 자유 국민을 지원하는 것이어야 한다고 주장했다. 미국 정부는 유럽의 경제 부흥과 안정을 위한 유럽 부흥 프로그램, 즉 마셜플

---

14 "Winston Churchill's Iron Curtain Speech," http://www.historyguide.org/europe/churchill.html (검색일: 2018년 5월 1일).

15 "Truman Doctrine Speech (March 12, 1947)," https://www.youtube.com/watch?v=-LMXGFhfbCs (검색일: 2018년 5월 1일).

랜(Marshal Plan)을 채택했다. 한편 조지 케넌(George Kennan)은 1947년 7월 발간된 잡지 *Foreign Affairs*에서 이러한 미국을 포함한 서구의 대소 정책을 '봉쇄정책(containment policy)'으로 명명했다.[16]

스탈린은 서방 세계의 봉쇄정책이 궁극적으로는 중동부 유럽에서 반혁명 세력을 지원하여 소련의 영향력을 없애기 위한 전략으로 인식했고, 따라서 이 지역들에 대한 소련의 통제권을 강화하는 조치를 취하기 시작했다. 즉 스탈린은 코민테른의 후계 조직으로 1947년 9월 22일 소련 공산당과 중동부 유럽의 9개 공산당으로 구성된 '코민포름(Communist Information Bureau)'을 출범시켰다. 그러나 스탈린과 요시프 티토(Josip Bros Tito) 유고슬라비아 대통령의 불화로 1948년 6월 28일 유고슬라비아가 코민포름에서 축출되었으며, 이후 유고슬라비아의 대소 독자노선이 강화되는 등 공산권에 대한 소련의 통제권이 약간 약화되었다. 또한 서방 세계는 1948년 2월에 발생한 스탈린의 베를린봉쇄를 계기로 집단방위동맹의 필요성을 절감했고, 1949년 4월 4일 NATO를 창설했다.

대(對)동아시아 정책의 경우, 스탈린은 1927년 국공합작이 깨어진 이후 중국혁명에 대한 개입을 자제해오면서 중국에서 공산당혁명이 성공하기보다는 분열된 접경 중국이 계속 유지되기를 바랐다. 그러나 1949년 마오쩌둥이 중국 대륙 지역의 공산화에 성공했고, 스탈린은 마지못해 중국과 협력조약을 체결했다. 스탈린과 마오쩌둥이 합의한 30여 년 기한의 협력조약은 ① 소련이 중국의 군사방위를 지원하며, ② 소련이 점령하고 있는 항구 및 철도를 중국에 반환하며, ③ 중국의 경제 발전을 위한 지원을 약속하는 내용을 담고 있었다. 한편 스탈린은 한반도에 대한 영향력 확대를 목표로 미국이 제안한 한반도 분할 점령안을 받아들였고, 38도선 이북 지역에 대한 공산화에 성공했다. 그러나 스탈린은 김일성의 남침계획을 허가함으로써 한국전쟁으로 수많은 인적·물적 피해를 초래했음은 물론 서방 세계의 대소 봉쇄정책을 강화시

---

16   "X," "The Sources of Soviet Conduct," *Foreign Affairs* 25 (July, 1947), pp. 575-576.

키면서 냉전체제가 고착화하는 계기를 만들었다.

결론적으로 스탈린의 외교정책은 경직성과 유동성, 호전주의와 방어주의, 팽창주의와 현상유지주의, 정확성과 오판, 성공과 실패 등이 상호 혼합된 형태였다. 또한 스탈린의 외교정책 우선 목표는 세계 혁명의 촉진이라기보다는 소련의 안전보장이었다. 실제 스탈린의 중동부 유럽과 중국에서의 공산당에 대한 지원은 국경 지역에 적대국가가 수립되는 것을 막기 위한 정책의 일환이었다고 평가할 수 있다. 스탈린이 팽창주의적 외교정책을 추진하도록 한 동인이 무엇이든지 간에 소련은 스탈린 시기를 거치면서 국제사회에서 강대국의 지위를 확립했다.

### 3) 흐루쇼프의 외교정책(1953~1964)[17]

10여 년에 걸친 소련 공산당 제1서기 니키타 흐루쇼프(Nikita Khrushchev) 시기 동안 소련 외교정책은 그 내용과 형식에 많은 변화가 일어났다. 흐루쇼프의 외교정책은 대체로 세 시기로 구분할 수 있다. 제1기는 1953~1955년 사이로 총리 게오르기 말렌코프(Georgy Malenkov)·흐루쇼프의 동구 진영에 대한 '뉴 코스(New Course)' 정책과 대(對)서구 화해정책이 모색된 시기, 제2기는 1956년으로 스탈린의 격하가 추진된 시기, 제3기는 1957~1964년으로 제3세계에 대한 모험주의, 미·소 대립과 중·소 분쟁 등이 심화된 시기다.

제1기 동안 소련 공산당 지도부가 직면한 공산 진영 내 문제는 스탈린 시대에 강요된 정치·경제 모델에 대한 공산권 국가들의 반발과 스탈린의 후원으로 정권을 장악한 지도자들의 개혁의지 부족 등이었다. 내각 수반인 말렌코프와 당 제1서기인 흐루쇼프는 중·동구 유럽 국가들의 특수한 국내 여건과 특수 이익이 존중되는 뉴 코스

---

17   Peter Zwick, *op. cit.*, pp. 31-45 참조.

정책을 추진했다. 특히 흐루쇼프는 1955년 5월 유고슬라비아를 방문하여 스탈린의 대유고 정책에 유감을 표명하면서 소련·유고 관계를 정상화시켰다. 신 지도부는 스탈린 사망 직후 중국과 무역협정을 체결했음은 물론 1953년 7월에는 한국전쟁 정전협정을 체결하는 데 직·간접적으로 기여했다. 하지만 소련·유고 관계의 개선 및 스탈린 격하정책으로 중·소 관계는 점차 악화되었다.

대서구 정책과 관련하여, 흐루쇼프는 평화공존정책을 재개했다. 우선 말렌코프 총리는 1953년 8월 8일 최고회의에서 행한 보고에서 핵전쟁의 위험을 강조하면서 분쟁의 평화적 해결의 필요성을 지적했다. 이 연설 직후 소련은 1954년 1월 베를린에서 개최된 미·영·프·소 4개국 외상회담에 참석했으나 큰 성과는 없었다. 동서 화해의 두 번째 기회는 1954년 4~6월 한국 문제와 인도차이나 문제를 논의하기 위한 제네바 회의의 참석이었다. 이 회의 참석을 계기로 소련은 한편으로는 서방 국가들에 대한 유화정책을 강화하면서 다른 한편으로는 NATO에 대응하여 1955년 5월 '바르샤바조약기구(WTO: Warsaw Treaty Organization)' 창설과 같은 대결정책을 추진했다.

제2기인 1956년은 흐루쇼프의 외교정책 방향이 분명하게 제시되는 해였다. 흐루쇼프는 같은 해 2월에 개최된 제20차 전당대회에서 행한 비밀연설을 통하여 스탈린의 죄상을 낱낱이 파헤치면서 스탈린 격하운동을 본격적으로 추진한 것 외에도 소련 외교정책 방향을 제시했다. 흐루쇼프는 당중앙위에 대한 보고서에서 소련 외교정책의 3대 기본 방향, 즉 서방과의 평화공존, 공산진영 내 사회주의에 대한 상이한 접근노선 인정, '평화의 영역(zone of peace)'으로서의 제3세계 등을 제시했다. 물론 이 외교정책들의 방향이 새로운 것은 아니었다. 일찍이 레닌이 제시했던 것을 흐루쇼프가 재생시킨 것에 불과했다.

제3기인 1957~1964년, 특히 쿠바 미사일 위기가 발생한 1962년까지의 소련 외교정책에 대해 소련 외교정책 연구 전문가들은 '공격적 공존(offensive coexistence),' '미사일 속임수(missile deception)' 또는 '덜 성숙한 세계주의(premature globalism)' 등으로 묘사했다.[18] 스탈린 격하운동을 본격적으로 추진한 1956년 이후 흐루쇼프는 대외관계에서 몇 가지 딜레마에 빠졌다. 우선 중국을 포함한 다양한 공산주의체제의 등장은 소련과 이 공산주의 국가들과 국제공산주의운동 등 많은 분야에서 이해관계의 대립을 노정했다. 흐루쇼프가 당면한 또 하나의 딜레마는 제3세계의 공산당만 지원하느냐 아니면 지향하는 이데올로기에 상관없이 모든 반제국주의 탈식민운동을 지원하느냐의 여부였다. 서방 세계와의 관계에서도 베를린 문제의 해결과 전후에 형성된 현상 유지를 위한 정책을 성공적으로 추진하는 것이었다. 흐루쇼프는 핵전쟁의 위험을 십분 고려하여 한편으로는 평화공존을 위한 대서구 화해정책을 추진하면서도 1962년 발생한 쿠바 미사일 위기가 증명해주듯이 지극히 모험주의적인 대립정책을 추진하기도 했다.

각 지역에 대한 흐루쇼프의 외교정책을 살펴보면 다음과 같다. 흐루쇼프의 공산권 국가에 대한 외교정책 목표는 강제적인 방법보다는 호혜적인 방법을 동원하면서 사회주의 공동체를 건설하여 소련의 영향력을 유지하는 것이었다. 또한 대서구 외교정책 목표는 세계 문제에 있어서 양극질서를 공고화하고, NATO의 결속력을 약화 또는 해체시키며, 독일의 재무장을 막고, 미국과 동등한 핵 무장력을 유지하는 것이었다. 마지막으로 제3세계에 대한 외교정책 목표는 서구 식민제국의 붕괴와 소련 영향력의 확대, 그리고 제3세계 국가들을 사회주의 국가로 체제 전환시키는 것이었다.

흐루쇼프의 외교정책을 정확히 평가한다는 것은 불가능한데, 이는 그의 정책이 극도의 이중성, 즉 서구에는 대립과 공존을, 제3세계에는 모험주의와 보수주의를, 그리고 공산권 국가들에는 경직성과 유연성 등을 동시에 보여주고 있기 때문이었다. 그럼에도 흐루쇼프의 외교정책은 고립된 지역국가였던 소련을 세계적인 초강대국

---

18  Richard F. Rosser, *An Introduction to Soviet Foreign Policy*, Englewood Cliffs, NJ: Prentice Hall, 1969, p. 309; Joseph Nogee and Robert Donaldson, *Soviet Foreign Policy Since World War II*, New York: Pergamon Press, 1984, p. 124; Zbigniew Brzezinski, "How the Cold War Played," *Foreign Affairs* 51(October, 1972), pp. 181-209. Peter Zwick, *ibid*, p. 37에서 재인용.

의 지위로 끌어올려놓았다. 흐루쇼프가 대외관계에서 이러한 성과를 거둔 것은 그가 변화된 서구사회, 공산권, 제3세계의 현실을 이해하려 노력하면서 이에 대응한 외교정책을 추진한 결과이다.

### 4) 브레즈네프의 외교정책(1964~1982)[19]

레오니트 브레즈네프(Leonid Brezhnev) 서기장과 그의 동료들은 흐루쇼프가 추진했던 외교정책에 대해 여러 측면에서 변화를 꾀했다. 그들은 흐루쇼프의 대외적 행위들이 비전문적이고, 황당하고, 가끔은 역효과를 냈다고 평가하면서, 그러한 행위는 초강대국으로서 소련의 새로운 역할을 위축시킴은 물론 품위를 손상시켰다고 믿었다. 따라서 브레즈네프의 대외적 행위들은 무모한 협박이나 감언에 호소함이 없이 보다 보수적·유화적·사업적인 성격을 띠었다.

브레즈네프와 그의 동료들은 가능한 한 서구와의 대립을 회피하면서 흐루쇼프가 쿠바와 베를린 사태에서 보여준 정책과는 달리 위기촉발형 정책을 추진하지 않았다. 실제로 브레즈네프는 재임 18년 동안 아프가니스탄에 대한 무력침공을 제외하곤 WTO 가맹국 외의 어떠한 지역에 대해서도 소련군을 동원하지 않았다. 또한 일관성이 부재했던 흐루쇼프의 외교정책들과는 달리 브레즈네프의 외교정책은 상당히 일관성을 유지하면서 추진되었다. 이는 브레즈네프하 소련 정치의 중요한 특징인 소련 공산당 지도부의 빈번한 교체의 부재 및 정책 결정 과정에서 집단주의 강조, 그리고 전문적인 외교관에 대한 신뢰에 기인한다. 실제로 1957년부터 외무장관직을 수행해온 안드레이 그로미코(Andrei Gromyko)는 브레즈네프 전 재임 기간 동안 외교정

---

[19] 브레즈네프 시대의 소련 외교정책에 대해서는 다음 문헌 참조. Janathan Steele, *Soviet Power: The Kremlin's Foreign Policy--Brezhnev to Chernenko,* New York: Simon and Schuster, 1984; Robin Edmonds, *Soviet Foreign Policy: The Brezhnev's Years,* Oxford: Oxford University Press, 1983.

책을 총괄했다.

하지만 브레즈네프가 흐루쇼프하에서 추진된 모든 정책을 다 폐기한 것은 아니었는데, 이는 그의 서구와의 평화공존 추구 및 데탕트정책에서도 알 수 있다. 사실 1968년 WTO 군의 체코 사태에 대한 무력 개입 후 모스크바 당국의 주요 정치적 목표는 서구와의 데탕트였다. 이는 소련에게 정치적·경제적·군사적 이익을 가져다주는 것이었다. 사실 데탕트는 당시 약화되기는 했지만 여전히 강력했던 미군을 중립화시키면서 소련이 군사적 이득을 취하는 데 기여했다.

미·소 간 데탕트는 1969년 양국이 관계 개선의 필요성을 천명하면서 시작되었다. 미국은 리처드 닉슨(Richard Nixon) 대통령이 당선된 후 소련과의 군사력의 균형을 인정했고, 브레즈네프 또한 1971년 개최된 제24차 소련 공산당 전당대회에서 데탕트를 지지한다면서 '평화 프로그램'을 추진하겠다고 보고했다. 이후 양국은 1971년 대륙붕조약, 위성통신을 이용한 핫라인 연결 합의, 우발적인 핵전쟁의 위험을 방지하기 위한 조치를 채택했고, 1972년에는 모스크바 정상회담에서 '제1단계 전략무기제한협정(SALT I: Strategic Arms Limitation Talks I)'이 체결되었다. 비록 중동 사태 등으로 인하여 불편한 관계가 종종 발생하기도 했으나 양국은 수차례의 정상회담을 통하여 국제 문제에 대한 이견을 해소하고 데탕트를 증진하기 위한 노력을 기울였다. 즉 양국은 1975년 헬싱키 헌장의 채택을 위하여 협력했고, 1979년에는 제2단계 전략무기제한협정(SALT II)을 체결했다. 그러나 1979년 12월 있었던 소련군의 아프가니스탄 침공과 미국 공화당 로널드 레이건(Ronald Wilson Reagan) 대통령의 당선은 미·소 관계를 크게 악화시키면서 신냉전을 초래했다. 미국은 소련군의 아프가니스탄 침공에 대한 보복으로 1980년부터 대소 제재를 가하기 시작했는데, 이 중에는 모스크바 하계올림픽 불참, 교역 감소, 카터 독트린(페르시아만 지역에서의 서구 이익 보호 천명), 레이건 대통령의 '전략방위구상(SDI: Strategic Defense Initiative)' 프로그램의 추진 등 군사력 강화계획 발표 등이 포함되었다.

비록 대미 관계가 브레즈네프 시기 소련 외교의 핵심을 차지했으나 모스크바 당국은 공산권을 포함한 기타 지역에도 계속 관심을 쏟았다. 유라시아 국가로서의 소련은 특히 국경 지역에 대한 외교·안보적 관심이 지대했고, 그 결과 서·동유럽, 아시아, 특히 중국 등의 지역 문제에 대한 개입정책을 추진했다. 특히 중동 지역은 그 경제·전략적 이익의 중요성으로 인하여 소련 외교정책에서 상당한 우선순위를 차지했다.

브레즈네프는 서유럽에 대해서도 데탕트정책을 선호했다. 브레즈네프는 서유럽에 대한 데탕트정책이 서유럽, 특히 서독으로부터의 안보위협을 감소시킴은 물론 동유럽에 대한 안보 이익을 확대해준다고 믿었다. 또한 데탕트정책은 소련의 군비 부담을 감소시킴은 물론 서구에서 대규모 선진 기술을 유입해올 수 있게 해주었다. 소련의 서유럽에 대한 데탕트정책은 브레즈네프가 흐루쇼프의 대서구 대립정책을 비난한 1960년대 중반부터 시작되었다. 소련은 미국이 베트남 문제에 골몰하고 있는 기회를 이용하여 1965년 1월 폴란드가 제안한 유럽 안보 문제를 논의하기 위한 유럽회의를 찬성했다.

브레즈네프는 또한 샤를 드골(Charles De Gaulle) 프랑스 대통령의 NATO 탈퇴 등 독자노선을 이용하여 소·프 관계 개선을 위한 노력을 기울였고, 그 결과 1966년 드골 대통령의 방소 및 알렉세이 코시긴(Aleksei Nikolaevich Kosygin) 수상의 파리 답방 등이 이루어지면서 1979년까지 매우 우호적인 양국 관계가 지속되었다. 1969년 11월 빌리 브란트(Willy Brandt) 서독 수상의 핵확산방지조약(NPT: Non-Proliferation Treaty) 가입 및 '동방정책(Ostpolitik)'의 추진 선언은 소련의 대서독 관계를 개선하는 데 크게 기여했다. 즉 소련은 서독과 1970년 부전조약을 체결했고, 베를린에 관한 '4자 협정'을 체결함으로써 서베를린이 서독의 일부가 아니라는 서구 진영의 동의를 받아내는 등 제2차 세계대전 이후 문제시되어온 독일 관련 국경·영토 문제를 해결했다. 또한 소련은 1973~1975년 사이에 개최된 헬싱키회담을 계기로 제2차 세계대전 결과 변경된 동유럽의 국경을 확정하면서 안보협력을 위한 '유럽안보협력회의(CSCE: Conference on Security and Co-operation in Europe)'의 창설 멤버가 되었다.

브레즈네프의 동유럽에 대한 정책은 흐루쇼프의 정책을 그대로 계승했다고 할 정도로 일관성을 띠고 있다. 브레즈네프는 1968년 체코슬로바키아의 개혁정책에 제동을 걸기 위한 군사 개입을 계기로 사회주의 국가 연대론 또는 주권제한론을 제창하면서 동유럽의 탈사회주의화에 제동을 걸기도 했지만 동유럽 국가들의 다양한 정치·경제 정책을 용인했다. 브레즈네프는 소련과 동유럽이 군사통합을 위하여 WTO를, 경제통합을 위하여 코메콘(COMECON: Communist Economic Conference)을 각각 이용했지만 동유럽 국가들의 대서방 교역을 허용했다. 그 결과 1970년대 말까지 폴란드·헝가리·루마니아 등은 미국과의 교역에서 최혜국 대우를 받는 등 서방 국가들과 비교적 활발히 교역했다. 물론 소련도 동유럽국가들에게 국제시세보다 낮은 가격에 석유 등 원자재를 공급한 반면, 조악한 소비재를 수입함으로서 1970년대 수백억 달러의 경제 지원을 했다.

브레즈네프의 대중 정책은 실패한 외교정책의 표본이었다. 소·중 간 분쟁은 1960년대 초부터 점차 심화되기 시작하다가 결국에는 1969년 우수리강 다만스키 섬(Damansky Island; 중국명 전바오섬)의 영유권을 둘러싸고 무력충돌이 발생했다. 브레즈네프의 대중 위협인식은 마오쩌둥이 문화대혁명을 추진하면서 교조주의적 정책을 추진하고 1964년 중국이 핵무기 보유국이 됨에 따라서 더욱 증대되었다. 더욱이 소련은 1972년에 닉슨 미국 대통령이 중국을 방문하는 등 소련에 대응한 미·중 연대가 강화됨에 따라서 그 대응책 마련에 부심했다. 브레즈네프의 미·중 연대에 대한 대응은 아시아 지역에서 중국을 고립화하는 정책으로 나타났고, 인도·베트남 등과 관계를 강화하는 등 상당한 성공을 거두었다. 하지만 공통의 이데올로기를 신봉하는 접경 공산주의 대국이 거의 20여 년 동안 상호 갈등을 해소하지 못한 것은 소·중 양측의 국익에 결코 이득이 되지 못했다.

브레즈네프의 제3세계 정책은 큰 성공을 거두지 못했고, 소련의 제3세계에 대한 영향력은 흐루쇼프하에서 크게 신장했다. 흐루쇼프 시대 미국의 중남미에 대한 영향력은 1959년 쿠바가 공산화되는 등 크게 위협을 당했으며, 아시아와 아프리카에서도 사회주의 정권 또는 준사회주의 정권이 크게 증가하면서 국제사회주의의 미래에 대한 밝은 전망이 제기되기도 했다. 그러나 브레즈네프 시기 동안 자본주의와 자유민주주의를 신봉하는 제3세계 국가들이 점차 증가했으며, 대부분의 준사회주의 정권이 붕괴되면서 흐루쇼프하에서 고양되었던 제3세계에서의 사회주의혁명의 확산에 대한 믿음이 상실되었다. 소련 당국도 제3세계에서 사회주의 정권의 지지기반이 취약하다는 것을 인정했고, 서구와의 데탕트 우선 정책 때문에 제3세계에서 미국이나 서유럽의 주도권을 침해하는 정책을 자제했다.[20]

## 5) 고르바초프의 외교정책(1985~1991)[21]

1982년 11월 브레즈네프가 사망하면서 크렘린 당국은 국내외 정책에 대한 새로운 접근을 모색하기 시작했다. 18년간이나 지속된 브레즈네프 정권은 1970년대 말부터 체제 역동성이 상실되고 경제위기가 점차 심화되면서 대외관계에서도 수세적인 입장에 직면했다. 서구와의 데탕트가 1979년 소련군의 아프가니스탄 침공을 계기로 종말을 고하고 있었으며, 경제 침체로 미국과의 군비경쟁을 더 이상 지속할 수 없었다. 서유럽 국가들과 소련의 관계도 악화되었고, 유로커뮤니즘(Eurocommunism)은 그 세력이 점차 약화되고 있었다. 더욱이 동유럽 및 중국 등 공산주의 국가들은 심각한 경제위기에 직면하여 정치·경제 개혁을 추진 또는 모색하고 있었다. 중동은 물론

---

20 보다 구체적인 것은 Jonathan R. Adelman & Deborah A. Palmieri, *The Dynamics of Soviet Foreign Policy,* New York: Harper & Row, Publishers, 1989, chap. 13 참조.
21 고르바초프의 외교정책에 관한 몇 개의 문헌을 소개하면 다음과 같음. Mikhail Gorbachev, *Perestroika: New Thinking for Our Country and the World,* New York: Harper & Row, Publishers, 1987; *idem, Toward A Better World,* New York: Richardson & Steinman, 1985; Mike Bowker, *Russian Foreign Policy and the End of the Cold War,* Aldershot, England: Dartmouth, 1997; George E. Hudson, ed., *Soviet National Security Policy Under Perestroika,* Boston: Unwin Hyman, 1990, etc..

아시아·아프리카·라틴아메리카 등 제3세계에서도 소련에 대한 기대와 믿음이 약화하면서, 이 국가들에 대한 소련의 영향력 또한 감퇴하고 있었다.

당시 소련의 국내 상황은 이러한 대외관계보다 훨씬 심각한 문제점들을 내포하고 있었다. 1970년대 말부터 연간 경제성장률은 1~3% 정도밖에 안 되었고, 이에 따라 지하경제와 부정부패가 만연해 있었다. 소련은 1980년대 중반 들어 세계 경제에서 규모상 2위의 자리를 일본에게 내주었다.

이러한 국내외 문제 해결을 위해서는 강력한 정치 리더십이 필요했으나, 상황은 그렇지 못했다. 소련의 최고권력기관인 정치국은 '노인정치(gerontocracy)'의 중심이라고 칭할 만큼 연로한 인사들로 구성되어 있었으며, 그 결과 브레즈네프 서기장의 후임으로 동년배 정치국원인 유리 안드로포프(Yuri Andropov), 콘스탄틴 체르넨코(Konstantin Chernenko)가 연이어 서기장에 취임했다. 물론 소련 국가안보위원회(KGB: Committee for State Security) 의장이었던 안드로포프 서기장은 미하일 고르바초프(Mikhail Gorbachev) 정치국원을 비롯한 신진 인사들을 대거 기용하면서 대내적으로는 경제 활성화와 사회 안정화를 위한 개혁정책을, 그리고 대외적으로는 대미 관계를 개선하기 위한 정책을 적극 추진하려 했으나 큰 성공을 거두지 못한 상태에서 사망했다. 안드로포프 서기장이 1984년 2월 사망하고 체르넨코 정치국원이 후임 서기장으로 임명되었으나 지병으로 서기장 역할을 제대로 수행하지 못했고, 이에 따라 고르바초프가 사실상 소련 공산당 서기장직(1990년 3월 이후 대통령)을 체르넨코가 사망한 1985년 3월까지 대행했다.

고르바초프는 당서기장으로 임명되기 훨씬 전부터 소련이 심각한 경제·사회 위기에 직면해 있고, 이를 효과적으로 단기간에 해결하지 않으면 체제 붕괴를 초래할 수도 있다는 진단을 했다. 그는 소련의 최고권력자가 되자마자 '사회경제적 발전의 가속화'가 필요하다면서 이를 위해서는 사회 전반의 혁명적인 '페레스트로이카(perestroika, 개혁·개조)'가 필요하다고 강조했다. 그는 국내 개혁이 성공을 거두기 위해서는 서방 국가들의 경제·기술 지원은 물론 호의적인 대외환경이 필요함을 절감하고 전임자들과는 크게 다른 신사고적 대외정책, 즉 탈냉전적, 탈이데올로기적, 탈군사적, 민주적 사고에 입각한 외교정책을 적극 추진했다.

　고르바초프 서기장은 우선 핵무기 시대에 군비경쟁은 국제평화와 안정은 물론 전 인류의 파멸을 초래할 수 있다고 주장하고, 미국과 핵군축 논의를 적극 진행했다. 그 결과 미·소 간 1987년에 중거리핵전력조약(INF: Intermediate-Range Nuclear Forces), 1991년 7월에 제1단계 전략무기감축협정(START I: Strategic Arms Reduction Treaty I)이 체결되었다. 또한 유럽 지역에서 재래식 무기를 감축하기 위한 유럽재래식무기감축조약(CFE Treaty: Conventional Armed Forces in Europe Treaty)이 체결되었다. 특히 고르바초프 서기장은 소위 '시나트라 독트린(Sinatra Doctrine)'으로 명명되는 동유럽에 대한 내정 불간섭 정책을 추진하여 동유럽의 민주화는 물론 냉전체제의 해체에 기여했다. 또한 중국과의 관계 개선을 모색하면서 1989년 양국 간 정상회담을 베이징(北京)에서 개최했으며, 영국·서독·프랑스, 심지어 한국 등 세계 주요 국가들과의 관계를 크게 개선했다. 그러나 고르바초프 서기장의 대내정책, 특히 민주화, 글라스노스트(glasnost, 언론 자유 허용) 등과 같은 개혁정책은 소수민족 공화국의 분리·독립운동을 발흥시켜 소연방의 해체를 가져왔다.

제2장

# 러시아 외교정책의 결정 요인과 행위자

# 1. 서론

2012년 5월 블라디미르 푸틴(Vladimir Putin) 대통령(이하 푸틴)의 권좌 복귀를 전후해 점차 악화되던 러시아와 서방 세계 간, 특히 미국과의 관계가 2014년 3월 발생한 러시아의 크림반도 합병과 우크라이나 분리주의 세력 지원을 계기로 탈냉전기 최악의 관계로 악화되었다. 러시아는 코소보 독립과 동일하게 크림반도 주민들의 투표를 통한 영토합병이기 때문에 민족자결주의에 입각한 합법성을 강조하고 있다. 그러나 서방 세계는 러시아의 크림반도 합병을 제2차 세계대전 후 유럽 내에서 발생한 최초의 국제법 위반 영토 변경 사례로 비난하면서 전례 없이 강력한 외교·경제적 대러 제재를 지속하고 있다.

냉전 시대 때부터 러시아 외교정책 연구에서 계속되고 있는 논쟁은 '균형/경쟁 vs 편승/협력', '팽창 vs 공존', '국익 vs 공산주의 이념', '계속성 vs 변화', '유럽 국가 vs 아시아 또는 유라시아 국가', '초강대국 vs 강대국' 등이다. 이 논쟁들에서 균형/경쟁, 팽창, 국익, 계속성, 유라시아 국가, 강대국 등에 대한 주장이 주류를 이루고 있다. 과거는 물론 현재까지 계속되고 있는 러시아와 미국/서방 세계 간 갈등과 대립 또는 소위 '제3의 길'은 이러한 러시아의 외교정책 성향 또는 특징을 반영한 결과라고 볼 수 있다.

탈냉전기 러시아 외교정책의 결정 요인에 관해서는 학자마다 다양한 분석을 제시하고 있으나 대체로 국내외 요인으로 구분하고 있다. 예를 들어, 지오바니 발도니(Giovanni Baldoni)는 푸틴 정부하에서 외교정책의 변화요인을 분석하기 위해 4가지 요인, ① 절대적 리더(predominant leader), ② 관료의 지지(bureaucratic advocacy), ③ 국

---

\* 이 장은 필자의 다음 논문을 수정·보완해 작성한 것임. 고재남, 「러시아 외교정책 결정요인과 행위자」, 정책연구시리즈 2018-03, 국립외교원 외교안보연구소.

내 개혁(domestic restructuring), ④ 외부 충격(external shocks) 등을 사용하고 있다.[1] 보보 로(Bobo Lo)는 혼란하고 변화하는 국제 질서하에서 러시아가 추구하는 외교정책의 결정 요인들을 국내적 요인과 국제적 요인으로 구분하고 있다. 그는 국내적 결정 요인으로 정책 결정 환경, 정치문화, 정치적 조건, 경제 요인, 사회 세력 등을 제시한다. 또한 그는 대외 요인으로 러시아의 세계관, 신홉즈적 비전(A Neo-Hobbesian Vision), 다극질서 등 국제질서에 대한 러시아의 정책 목표 등을 제시하고 있다.[2] 니콜라스 그보스데프(Nikolas K. Gvosdev)와 크리스토퍼 마르쉬(Christopher Marsh)는 러시아 외교정책 결정 과정에서 주요 역할을 하는 대통령·총리·외무장관 등 정부 인사와 정부·비정부 기관들의 역할을 소개하고 있다.[3] 그리고 유키 나루오카(Yuki Naruoka)는 러시아 외교정책의 변화 요인으로 ① 푸틴, ② 국내 환경, ③ 대외적 영향 등 3가지를 제시하고 있다.[4] 로버트 도날드선(Robert H. Donaldson)과 조셉 노기(Joseph L. Nogee)도 러시아 외교정책 결정에 영향을 미친 5개 국내외 요인들, 즉 ① 국제체제의 양극체제로부터 변화, ② 러시아의 군사력 쇠퇴, ③ 러시아의 명령경제로부터 시장경제로의 변화, ④ 러시아의 세계경제로의 편입과 의존도 증가, ⑤ 국내 정치 및 리더십 변화 등을 제시함과 동시에 역사적 요인으로 팽창주의를 지적하고 있다.[5] 그리고 마크 레스코프(Mark Leskoff)는 케네츠 월츠(Kenneth Waltz)의 3가지 수준 요인에 입각해 러시아에서의 반미주의(anti-Americanism)의 유래와 함의를 분석

---

1   Giovanni Baldoni, "A Theoretical Analysis of Russian Foreign Policy: Changes Under Vladimir Putin," www.w-ir-info/2016/09/10/a-theoretical-analysis-of-foreign-policy-changes-under-vladimir-putin(검색일: 2016년 12월 26일).
2   Bobo Lo, *Russia and the New World Disorder*, London: Chatham House, 2015.
3   Nikolas K. Gvosdev & Christopher Marsh, *Russian Foreign Policy: Interests, Vectors, and Sectors*, London: Sage, 2014.
4   Yuki Naruoka, "Russian Foreign Policy Shift and Its Sources," https://polisci.ucsd.edu/_files/Naruoka%20Thesis.pdf(검색일: 2018년 5월 2일).
5   Robert H. Donaldson and Joseph L Nogee, *The Foreign Policy of Russia: Changing Systems, Enduring Interests*, 4th edition, New York: M. E. Sharpe, 2009, pp. 3-15.

하면서 푸틴 집권을 가장 중요한 요인으로 결론짓고 있다.[6]

또한 신생 러시아 출범 후 '국가 정체성(state identity)'이 러시아 외교정책 노선과 결정에 미치는 영향에 대한 연구가 활발했다. 예를 들어, 로만 스즈포르룩(Roman Szporluk)은 표트르 대제 이후 지속적으로 제기된 '러시아는 어떤 국가인가?'에 대한 의문을 제기하면서 정체성이 외교정책에 미치는 영향을 분석하는 책을 편집했다.[7] 알라 카시아노바(Alla Kassianova)도 공식 외교·안보 문건 속에 나타난 러시아의 정체성과 그것이 서방 세계에 대한 정책에 미친 영향을 분석하고 있다.[8] 이 외에도 국가 정체성이 외교정책의 노선과 결정에 미친 영향에 대한 수많은 연구가 있다.[9] 한편 러시아의 독특하고 수수께끼 같으며, 약간은 불분명한 외교정책의 근원을 국가 정체성과 일부 관련된 '정치문화(political culture)'에서 찾고 있는 학자도 있다. 로버트 날반도프(Robert Nalbandov)는 기존 연구는 외교정책 결정 요인으로 정치문화의 중요성을 무시했다면서 정치문화적 접근을 통해 러시아 외교정책의 독특성을 분석하고 있다.[10]

한편 21세기 시작과 더불어 러시아 외교정책이 보다 공세적·독자적·개입적 경향을 보임에 따라서 외교정책 결정에서 '푸틴 요인'을 중시하는 연구가 활발히 이루

---

6   Mark B. Leskoff, *Russian Anti-Americanism: Origins and Implications,* iBooks in, https://itunes.apple.com/si/book/russian-anti-americanism-origins/id985903449?mt=11.

7   Roman Szporluk, ed., *National Identity and Ethnicity in Russia and the New States of Eurasia,* New York: M. E. Sharpe, 1994.

8   Alla Kassianova, "Russia: Still Open to the West? Evolution of the State Identity in the Foreign Policy and Security Discourse," *Europe-Asia Studies,* Vol. 53 No. 6, 2001, pp. 821-839.

9   Igor Ivanov, "The New Russian Identity: Innovation and Continuity in Russian Foreign Policy," *The Washington Quarterly* 24:3(Summer, 2001), pp. 7-13; Andrei P. Tsygankov, "Finding a Civilizational Idea: 'West,' 'Eurasia,' and 'Euro-East' in Russia's Foreign Policy,"*Geopolitics* 12, 2007, pp. 375-399; Margot Light, "In Search of an Identity: Russian Foreign Policy and the End of Ideology," https://www.tandfonline.com/doi/abs/10.../13523270300660017(검색일: 2018년 1월 13일); Peter J. Duncan, "Contemporary Russian Identity Between East and West," *The Historical Journal* 48, 1, 2005, pp. 277-294; Nikolas K. Gvosdev, "Russia: 'European But Not Western,"*Orbis* (Winter, 2007), pp. 129-140 등 참조.

10   Robert Nalbandov, *Not by Bread Alone: Russian Foreign Policy under Putin,* Nebraska: Potomac Books, 2016.

어지고 있다. 예를 들어, 로저 카네트(Roser Kanet)의 동료들은 러시아의 외교·안보 정책에서 우선성이 변동된 것은 푸틴의 집권과 그의 국내외 정세에 대한 정책 정향이 핵심 요소로 작용했다고 주장하고 있다.[11] 로버트 날반도프도 푸틴 정부하에서 외교정책을 분석하면서 외교정책 결정에 정치문화와 관련된 4가지 요소가 영향을 미치고 있다면서 그중 가장 중요한 요인은 푸틴이라고 주장하고 있다.[12] 또한 드미트리 트레닌(Dmitri Trenin)은 러시아와 서방 세계의 관계 악화 과정이 푸틴의 서방 세계에 대한 인식의 변화와 궤를 같이한다고 주장했다.[13] 이 외에도 많은 러시아 전문가 및 언론인들이 러시아 외교정책 결정 및 실행 과정에서 푸틴 요소를 크게 강조하고 있다.[14] 보보 로도 '러시아 외교정책의 푸틴화(the Putinization of Russian foreign policy)'를 강조하면서 그 사례로 2014년 3월 발생한 크림반도 합병을 들었다.[15]

결론적으로 러시아의 정치체제의 성격, 즉 초집권적 권위주의체제에서 절대적 권력을 행사하고 있는 푸틴과 그의 측근들이 외교정책의 결정 과정에서 핵심적인 역할을 한다고 볼 수 있다. 그리고 푸틴을 포함한 소수 지배 엘리트들은 당면한 국내외 정세 및 중·장기적 외교정책의 목표를 고려하면서 국익 제고 및 확보에 최적인 외교정

---

[11] Roger E. Kanet and Remi Piet, ed., *Shifting Priorities in Russia's Foreign and Security Policy*, Burlington, VT: Ashgate Publishing CO., 2014.

[12] Robert Nalbandov, *op. cit.*.

[13] Dmitri Trenin, "Russia's Breakout from the Post-Cold War System: The Drivers of Putin's Course," *Carnegie Endowment for International Peace* (December, 2014); *idem*., "Russia as a Disrupter of the Post-Cold War Order: To What Effect?," *Raisina Files* (January, 2018), pp. 18-37.

[14] Marvin Kalb, *Imperial Gamble: Putin, Ukraine, and the New Cold War*, Washington, D.C.: Brookings Institution, 2015; Fionia Hill, "How Vladimir Putin's World View Shapes Russian Foreign Policy," in David Cadier and Margot Light, eds., *Russia's Foreign Policy*, London: Palgrave Macmillan, 2015; Sergei Medvedev, "Rethinking the National Interest: Putin's Turn in Russian Foreign Policy," U.S. Government, Marshall European Center for Security Studies; Keir Giles, *The Turning Point for Russian Foreign Policy*, Strategic Studies Institute and U.S. Army War College Press (May, 2017); Walter Laqueur, *Putinism: Russia and Its Future with the West*, New York: St. Martin's Press, 2015; Richard Sakwa, *Russia Against the Rest: The Post-Cold War Crisis of World Order*, Cambridge: Cambridge University Press, 2017 등 참조.

[15] Bobo Lo(2015), *op. cit.*, p. 8.

<표 1> 러시아 외교정책 결정의 주요 요인과 행위자

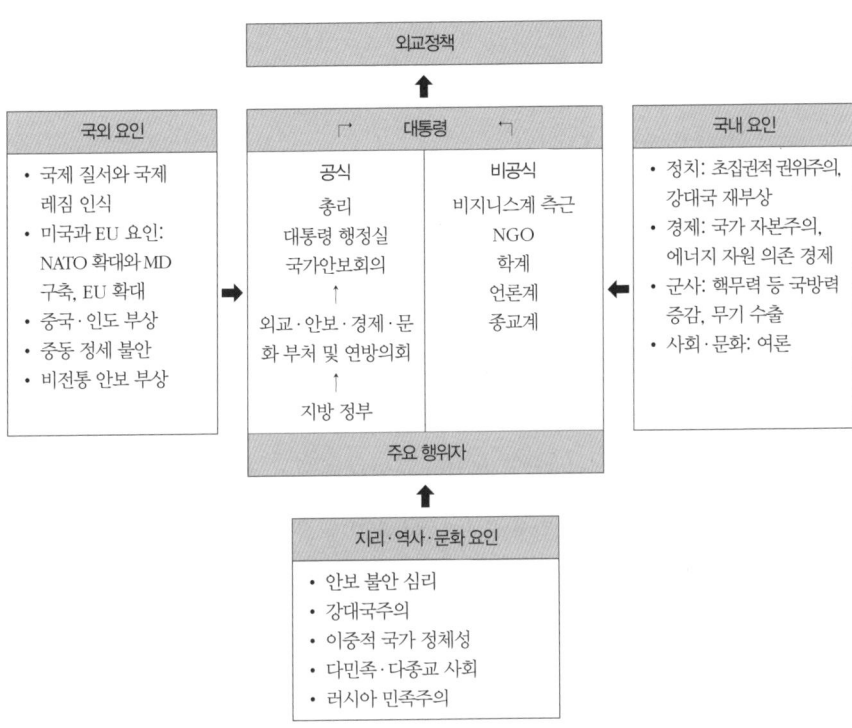

책을 결정할 것이다. 물론 이 외교정책들은 선제적(preemptive)·예방적(proactive)일 수도 있지만 방어적(defensive)·대응적(reactive)일 수도 있다. 또한 이들은 국제 질서와 러시아의 대외관계에 긍정적 또는 부정적일 수도 있다. 그리고 외교정책 결정 과정에서 상수(constant variable)로 작용하고 있는 역사적·지리적·종교적·민족적 요인들은 푸틴을 포함한 지배 엘리트들은 물론 일반 국민들의 외교정책 정향과 목표에 지대한 영향을 미치고 있다.

이러한 여러 요인들을 고려해 러시아 외교정책 결정 요인과 이 요인들 간 상호관계를 <표 1>과 같이 도식화할 수 있다.

## 2. 외교정책 결정의 주요 요인

### 1) 지리·역사·문화 요인

#### (1) 안보불안 심리

러시아 외교정책 결정자들(차르, 황제, 공산당 서기장, 대통령 등을 포함한 집권 엘리트)의 안보불안 심리(a sense of insecurity), 특히 정치체제와 영토 통합성을 위협하는 국내외 위협에 대한 안보불안 심리는 외교정책 결정 과정에서 가장 많은 영향을 미치는 요소이자 상수(constant variable)로 작용해왔다. 이에 따라 몽골 지배에서 벗어난 후 현재까지 지난 500여 년간 수행된 러시아 외교정책에서 '안보 이익' 또는 '지정학적 이익'은 어떠한 다른 이익들 보다 우선한 목표로 고려되었다.

이러한 안보 이익과 지정학적 이익 우선주의는 수백 년간 지속된 영토 팽창주의와 러시아가 유라시아(옛 소련 지역)를 '세력권(sphere of influence)' 또는 '특수 이익(privileged interests)'이 존재한 지역으로 주장하면서 역내 영토·민족·종교 분쟁에 적극 개입함은 물론 안보·경제 통합정책을 추진하고 있는 것이 증명해주고 있다.[16] 또한 러시아는 NATO의 유라시아로의 동진과 미사일 방어(MD: Missile Defense)체제 구축 그리고 미국 등 서방 세계의 시민혁명 지원을 매우 심각한 안보위협들로 간주해 강력히 대응하고 있다. 러·조지아전쟁(2008), 우크라이나 크림반도 합병(2014), 돈바스 분리주의 세력 지원은 이 양국의 NATO 가입을 저지하기 위한 선제 조치였다. 또한

---

16 메드베데프 대통령은 2008년 8월 7일 발발한 러·조지아전쟁 종식 후 러시아 외교정책 토대의 5원칙을 발표하면서 유라시아 지역은 러시아의 '특수 이익'이 존재하는 곳이라고 주장했음. "Interview given by Dmitry Medvedev to Television Channels Channel One, Russia, NTV," http://en.kremlin.ru/events/president/transcripts/48301(검색일: 2018년 5월 15일).

신생 러시아 출범 후 발표된 외교·안보 관련 공식 문건들도 러시아가 직면한 위협과 이에 대응한 외교·안보정책들을 제시하고 있다(제3장 참조).

러시아 외교정책 결정 과정에서 안보불안 심리가 핵심 요인이라는 주장은 1946년 2월 모스크바 주재 미국 대사관에 근무하던 조지 케넌의 전문에서 볼 수 있는데, 이는 미국의 대소 봉쇄정책과 냉전 질서의 태동에 기여했다. 조지 케넌은 장문의 전문, 소위 '롱 텔레그램(Long Telegram)'에서 "크렘린 당국의 세계 문제에 대한 견해의 근저에는 러시아의 전통적·본능적인 안보불안 심리가 자리 잡고 있다"고 주장하면서 소련은 주변국들과 항구적인 평화공존보다는 세력권을 확장하기 위한 팽창정책을 추진할 것이며 그 첫 번째 대상은 이란과 터키가 될 것이라 주장했다.[17] 그 이후 수많은 학자들이 소련/러시아의 외교정책과 안보불안 심리의 상관성에 관한 저작을 발표했다.[18]

그렇다면 러시아의 외교정책 결정 과정에서 상수로 작용하고 있는 안보불안 심리는 어떻게 형성되어 지속되고 있는가? 러시아 외교정책 결정자들의 안보불안 심리는 지리·역사·정치·경제 요인들에 의해 형성되었으며, 이는 과거는 물론 현재에도 주요 요인으로 작용하고 있다고 본다.

지리적 측면에서 볼 때, 러시아는 이반 3세 때인 15세기 중반부터 지속적으로 영토 팽창정책을 추진해왔으며,[19] 그 결과 소련 시기에는 지구 육지 면적의 6분의 1, 현 러시아 시기에는 8분의 1을 차지하는 세계 최대의 영토를 보유한 국가가 되었다. 그 결

---

17  "The Charge in the Soviet Union(Kennan) to the Secretary of State," https://nsarchive2.gwu.edu//coldwar/documents/episode-1/kennan.htm (검색일: 2018년 5월 12일).

18  최근의 저작으로 Robert Person, "Balance of threat: The Domestic insecurity of Vladimir Putin," *Journal of Eurasian Studies* 8, 2017, pp. 44-59; Thomas Graham, "The Sources of Russia's Insecurity," *Survival* vol. 52 no. 1(February-March, 2010), pp. 55-74; Stephen Kotkin, "Russia's Perpetual Geopolitics: Putin Return to the Historical Pattern," *Foreign Affairs* (April 18, 2016) 등 참조.

19  러시아는 1450년경부터 1917년 10월 혁명 때까지 450여 년간 하루 평균 약 50평방마일씩 영토를 확장했음. 영토팽창은 자연적 방어물의 부재, 상업적 동기, 농민들의 대대적인 이주, 러시아 정교권의 확장, 왕조의 영광 구현, 부동항의 확보 등과 같은 요인들에 의해 끊임없이 추구되었음. 고재남, 『구소련지역 민족분쟁의 해부』, 마산: 경남대학교 출판부, 1996, 129-137쪽 참조.

과 러시아는 북극해를 고려할 경우 16개국, 그렇지 않을 경우 14개국과 접경하고 있다. 이러한 다국과의 접경이 러시아가 접경국들 또는 비접경국들과 국경 지역에서 끊임없이 지정학적 경쟁을 할 수밖에 없는 요인으로 작용했기 때문에 영토 통합성 유지에 위협이 되는 요소들을 제거 또는 해결하기 위한 외교정책을 추진할 수밖에 없었다. 특히 영토 팽창 요소들 중 자연적 방어물의 부재와 수많은 국가들과의 접경은 러시아 외교정책 결정자의 안보불안 심리를 가중시켰고, 접경 지역에 완충지대와 우호·협력국의 확보 등 지정학적 이익을 중시하는 정책을 우선시하는 요인으로 작용했다.

역사적 측면에서 러시아는 잦은 외침을 경험했다. 모스크바공국 시대부터 동부 스텝 지역에 거주하는 유목민들이 빈번히 러시아를 침략했고, 13~15세기에는 몽골의 침략과 정복에 따른 식민지배를 장기간(1238~1480, 카잔에 근거지를 둔 킵차크 한국의 정복은 1552년 달성) 경험했다. 또한 1571년 모스크바를 점령한 적이 있는 크림 타타르는 18세기 말 러시아가 흑해 북부 지역에서 크림 타타르와 오스만 투르크를 몰아낼 때까지 남부 지역에서 끊임없이 러시아와 군사적으로 충돌했다.

이후에도 러시아는 접경 지역 국가들과 군사적으로 빈번히 충돌했다. 예를 들어, 러시아는 17~18세기에 북동부 지역에서는 폴란드·스웨덴과, 남서부 지역에서는 오스만 투르크와, 남부 지역에서는 페르시아와, 동부 지역에서는 중국과 무력충돌 또는 세력경쟁을 벌였다. 또한 1812년에는 나폴레옹이 60~70만 명의 군인을 동원해 러시아를 침공했으며, 1941년에는 히틀러의 독일군이 소련을 침공했다. 비록 이 두 전쟁에서 러시아가 승리해 유럽의 5대 강국 또는 세계적 초강대국으로 부상하는 계기가 마련되었지만 엄청난 인명 피해와 물적 손실을 경험했다. 한편 러시아는 1853~1856년 발발한 크림전쟁, 1904~1905년 발발한 러·일전쟁, 제1차 세계대전에서 패배했고, 그로써 러시아인들의 안보불안 심리는 가중되었다. 특히 1917년 2월 혁명에 따른 제정러시아의 몰락과 1991년 12월 세계 초강대국으로 군림하던 소련의 붕괴는 집권자들이 정치체제의 안전 확보를 최우선 과제로 인식하는 계기가 되었다.

한편 정치·경제적 측면에서, 서유럽에 비해 상대적으로 경직되고 독재적인 정치체제와 후진적 경제 상황은 러시아의 대(對)서구 안보불안 심리를 촉발하는 요인으로 작용했다. 250~300여 년에 걸친 몽골 지배와 비잔틴제국의 정치·종교 문화에 뿌리를 둔 황제교황주의(Caesaropapism)[20]는 러시아에 '동양적 전제주의'와 유사한 정치체제의 발전을 가져왔다. 이러한 국내 정치상황으로 러시아는 유럽에서 일어났던 종교개혁, 르네상스, 산업혁명, 자본주의의 발전을 지나쳤고, 그 결과 정치·경제가 후진화했으며 내부 분열이 심화되었다. 특히 농노제의 폐단은 수차례에 걸친 농민봉기를 가져왔다. 또한 영토 팽창에 따른 다민족·다종교 사회의 탄생과 지속은 소수 민족들의 분리 독립 움직임 등 변경 지역의 정치불안 요인으로 존재해왔다. 특히 소련 시기 러시아인들이 비(非)러시아 지역으로 대거 이주해 거주(소련 붕괴 시 약 2,500만 명)하면서 러시아의 이 국가들에 대한 정책에 많은 영향을 미치고 있다.

경제적으로 러시아는 서유럽에 비해 상대적으로 낙후된 국가였으며, 특히 상기한 산업화와 자본주의화 경로가 회피 또는 지연됨에 따라 군사·산업 부문에서는 상대적 낙후성이 더 심각했다. 이는 크림전쟁에서 러시아가 참패한 요인 중의 하나였다. 크림전쟁에서의 패배는 알렉산더 2세 등 러시아 집권 세력의 대서구 안보불안 심리를 가중시키는 요인으로 작용하면서 외교정책의 변화를 포함한 대대적인 내정 개혁을 촉발했다. 스티븐 코트킨(Stephen Kotkin)은 러시아가 1900년 당시 유럽에서 최대 농산물 생산국이자 세계 4~5위의 경제대국이었지만 국민 1인당 GDP의 경우 영국의 20%, 독일의 40% 정도였다고 주장했다. 또한 당시 러시아 국민들의 평균 수명은 비록 영국 식민지 인도의 23세보다 높고 중국과 비슷한 30세였지만, 52세의 영국, 51세의 일본, 49세의 독일과 비교해볼 때 매우 짧은 수준이었다. 또한 당시 러시아의 문자 해득율도 33% 이하였는데 이는 영국의 18세기 수준보다 낮았다. 스티븐 코트킨은 러시아 고위인사들의 잦은 유럽 여행과 출장을 고려할 때, 이들이 서유럽과

---

20  황제가 교황의 권위를 겸해 갖는다는 의미로, 최고권력자에게 정치종교권이 귀속되는 통치 형태를 의미함.

비교해 러시아의 사회·경제적 낙후성을 잘 인식했을 것이고, 이는 대서구 안보불안 심리를 심화하는 요인으로 작용했을 것이라고 주장했다.[21]

결론적으로 이러한 지리·역사적 배경하에서 태동한 러시아인들, 특히 정책 결정자들의 안보불안 심리는 초강대국 소연방의 붕괴와 뒤이은 소위 '잃어버린 10년'을 경험하면서 재생, 심화되었다. 특히 미국의 러시아의 안보 이익을 무시하는 일방적 NATO 확대와 MD 구축, 테러와 대량살상무기(WMD: Weapon of Mass Destruction) 확산, 접경 지역인 중동과 아프가니스탄 정세 불안 등과 같은 안보위협 요인들의 부상은 러시아가 외교적 대응책을 강구하도록 했다.

(2) 강대국주의

러시아의 '강대국주의(Greatpowerhood, 러시아어로는 Derzhavnost)'는 지난 수백 년간 외교정책을 포함한 국내외 정책 결정 과정에서 지대한 영향을 미치는 요인으로 존재해왔다. 강대국주의는 국가와 국민 정체성의 발현으로 역대 정부의 외교·안보 정책은 물론 정치·경제·문화 정책에도 심대한 영향을 미쳐왔다.

푸틴은 2000년 대통령으로 취임하고 소연방 붕괴 후 극도로 약화·악화된 국내 정치·경제·사회·군사력 상황에 직면해 "러시아가 강대국이 되거나 또는 전혀 그렇지 못하거나"의 두 가지 선택밖에 없지만 "러시아의 무한한 잠재력과 역사·문화 등을 고려할 때 사실상 강대국이다"라고 자신 있게 주장했다.[22] 또한 그는 "러시아는 강대국이었고 또 (현재는 물론 미래에도) 강대국으로 남아야 한다. 이는 분리할 수 없는

---

21  Stephen Kotkin, *op. cit.*, p. 1.
22  Bobo Lo, *Russian Foreign Policy in the Post-Soviet Era: Reality, Illusion and Mythmaking*, Houndmills, Basingstoke: Palgrave Macmillan, 2002, p. 20; Bo Petersson, "The Eternal Great Power Meets the Recurring Times of Troubles: Twin Political Myths in Contemporary Russian Politics," in Conny Mithander, John Sundholm and Adrian Velicu, eds., *European Cultural Memory post-1989*, European Studies: Rodopi, 2012, p. 2.

지정학적·경제적·문화적 특성에 의해 이미 결정되어 있다"고 주장했다.[23] 이러한 러시아 외교정책 결정자들의 강대국주의는 1990년대에도 나타났다. 즉 보리스 옐친(Boris Yeltsin) 정부의 초대 외교장관이자 친서방주의자인 안드레이 코지레프(Andrey Kozyrev)는 "러시아는 강대국의 운명을 타고 났다"고 주장했으며, 1998년 8월 외환위기로 심각한 정치·경제 환란에 빠졌을 당시 볼고그라드 출신 의원도 "러시아는 현재까지 그리고 현재나 미래에도 강대국으로 남을 것이다"고 주장했다.

러시아의 강대국주의는 1996년 1월 외교장관으로 취임한 예브게니 프리마코프(Evgeny Primakov)의 '다극화된 국제 질서' 비전에도 그대로 반영되고 있다. 또한 푸틴 정부하에서 채택된 여러 외교·안보 문건도 강대국으로서의 러시아의 국제적 역할을 강조했다. 예를 들어, 2013년 채택된 '외교정책개념'은 "현대 세계에서 영향력 있고 경쟁력 있는 축들(poles) 중의 한 국가로 국제사회에서 높은 지위를 보장하는 것"이 외교정책의 목표라고 기술한다. 드미트리 메드베데프(Dmitry Medvedev)도 2008년 러시아 외교정책 5원칙을 소개하면서 "세계는 다극질서로 변해야 한다. 단극질서는 받아들일 수 없으며, 지배는 용납되지 않는다. 우리는 한 국가에 의해 모든 결정들이 이루어지는 세계 질서를 받아들일 수 없다"고 선언했다.[24] 세르게이 라브로프(Sergey Lavrov) 외교장관도 "러시아의 강대국 지위는 영토의 크기나 국민 수에 의해 결정되는 것이 아니라 세계적인 문제 해결의 책임을 받아들이면서 창조적인 방법을 통해 해결하려는 정부와 국민들의 능력에 의해 결정된다"고 주장했다.[25]

그렇다면 러시아의 강대국주의는 역사적으로 언제, 어떻게 형성되고 발전되어왔는가? 학자들은 러시아의 강대국주의의 근원을 지리적, 정치·종교적, 군사적 측면에서 찾고 있다. 지리적으로, 러시아는 오랜 팽창정책의 결과 유럽과 아시아에 걸쳐 펼

---

23  Vladimir Putin, "Rossia na rubege tysyacheletiya [Russia at The Turn of The Millennium]," *Nezavisimaya Gazeta* (December 30, 1999), http://pages.uoregon.edu/kimball/Putin.htm (검색일: 2018년 2월 5일).
24  Dmitri Medvedev, *op. cit.*.
25  Sergei Lavrov, "Russia's Foreign Policy in a Historical Perspective," *Russia in Global Affairs*, 2, 2016.

쳐진 광대한 유라시아 국가가 되었다. 비록 국토의 대부분이 북위 50도 이상 지역에 위치해 있지만 막대한 에너지·광물·수산·식량 자원을 보유하고 있다. 영토의 광대성은 영토 통합성 유지와 안보를 위한 정치·경제 비용 지출(중앙집권적 독재체제, 국경 안보를 위한 막대한 군비 지출 등)을 불가피하게 했지만, 유럽과 아시아에 걸쳐 있는 세계 최대의 영토 보유 국가라는 사실은 러시아인들에게 자긍심의 원천이 되고 있다.

한편 러시아의 강대국주의는 그 어원으로 국내 정치·종교적 의미, 즉 신격화된 차르의 권력을 의미하는 용어가 사용되었다. 아나톨리 레셰트니코프(Anatoly Reshetnikov)에 따르면, 원래 '강력한 권력(great power, 러시아어로는 derzhava)'은 종교적으로 신이 대공(Grand Prince)에게 일시적으로 부여한 권한/권력이었으나 15~16세기경 강력한 권력을 가진 '정치체제(a polity)'로 의미가 전환되었다.[26] 이후 러시아 정치체제와 권력의 강력함이 더 강조되어 '강력한 보다 강력한 권력(great great power, 러시아어로는 velikaya velikaya derzhava),' 즉 차르는 신으로부터 무조건적이고 분할할 수 없는 항구적인 강력한 권력을 부여받았다는 식으로 해석되었다. 이는 당시 폴란드에서와 같이 왕이 귀족들에 의해 선출되거나, 스웨덴에서와 같이 최고 권한들이 지배계층에 분산되어 있지 않고, 모든 권력이 차르에게 집중되어 있다는 러시아 지배 엘리트들의 믿음을 반영하고 있다.

이러한 차르의 강력한 권력에 대한 믿음과 수용은 18세기 초 '표트르 대제(Pyotr Velikiy, 영어로 Peter the Great; 1721년부터 Emperor; 1682~1725 재위)' 하에서 더욱 강화되었음은 물론 국제정치적 의미로 사용되었다. 국내적으로 표트르 대제는 자신을 신격화하는 여러 조치들을 취했으며, 종교개혁을 통해 정교회 수장이 되었고, 그 결과 그는 정치권력과 종교권력을 장악한 절대 권력자가 되었다. 국제적으로 표트르 대제의

---

[26] Anatoly Reshetnikov, "Russia's great power identity on its bumpy journey through time," CEEISA-ISA Joint International Conference(June 23-25, 2016, Ljubljana, Slovenia) 발표문. 이 외에도 강대국주의의 역사적 요인에 대해서는 Iver B. Neumann, "I Remember When Russia Was a Great Power," *Journal of Regional Security* 10:1, 2015, pp. 5-16; *idem*, "Russia as a Great Power, 1815-2007," *Journal of International Relations and Development* 11.2, 2008, pp. 128-151 등 참조.

22년에 걸친 유럽 강국 스웨덴과의 전쟁, 즉 북방전쟁(1700~1721) 및 여타 전쟁에서의 승리와 영토 확장은 러시아가 유럽 강대국으로 부상하는 계기가 되었다. 러시아는 제국으로 격상되었고, 표트르 대제의 칭호도 황제 표트르로 변화되었다. 이후 러시아의 서구화정책과 영토 팽창정책은 독일 공주 출신인 예카테리나 여제(Yekaterina Velikaya, 영어로는 Catherine the Great; 1762~1796 재위)에 의해 계승되었으며, 예카테리나 여제는 1766년 러시아가 유럽 국가임을 공식 천명했다.

한편 19세기 세계 정치·경제·외교의 중심이었던 유럽의 지정학적 환경에서 러시아가 강대국으로 우뚝 서게 된 것은 1812~1814년 나폴레옹 치하 프랑스군과의 전쟁에서 승리와 1815년 빈체제의 일원이 되면서부터다. 빈체제는 유럽에서 5대 강국들로 구성된 세력균형체제를 형성시켰으며, 이는 1914년 제1차 세계대전 발발 때까지 지속되었다. 물론 러시아의 지중해와 발칸반도로의 진출을 우려한 영국, 프랑스, 오스만 투르크, 사르디니아 왕국으로 구성된 연합군과의 싸움인 크림전쟁에서 패해 러시아는 유럽에서 강대국의 위상이 크게 추락했지만, 중앙아시아와 극동 지역에서 영토 팽창을 지속하면서 강대국의 지위를 유지했다. 또한 1941년 6월 나치 독일군의 침공으로 시작된 제2차 세계대전에의 참전과 승리, 점령 지역의 공산정권으로의 위성국화, 군사동맹 및 경제연합의 구축을 통해 소련은 냉전기 양극 세계 질서에서 공산진영을 대표하는 초강대국으로 자리매김했다.

결론적으로 러시아의 강대국주의는 광대한 영토, 정치·종교적 권력의 통합, 적어도 3차례에 걸친 강대국과의 전쟁에서의 승리 등과 같은 요인들에 의해 형성·발전되어왔다. 그 결과 러시아 강대국주의는 과거는 물론 현재에도 외교정책 결정자들과 일반 국민들의 국가 비전과 애국주의의 토대로서 외교·안보 정책 결정과 실행에 지대한 영향을 미치고 있다.

## (3) 이중적 국가 정체성

강대국주의와 마찬가지로 역사·지리·민족·문화·종교·정치 등의 총합체로 형성된 '이중적 국가 정체성'은 과거는 물론 현재에도 러시아의 외교정책에 큰 영향을 미치고 있다. 상술한 바와 같이 러시아에서 정체성 논란은 신생 러시아 출범 후 바람직한 외교정책 노선은 물론 정치·경제 발전 방향을 둘러싸고 벌어졌다.

역사적으로 러시아에서 국가 정체성 논란은 표트르 대제의 서구주의에 대한 반성에서 1830년대 '서구주의자 vs 슬라브주의자' 간의 논쟁으로 시작되었다.[27] 논쟁의 핵심은 러시아가 서구의 발전모델을 따라야 하는지 아니면 러시아의 전통에 충실한 독자 발전의 길을 가야 하는지였다. 표트르 대제와 예카테리나 여제가 서구화정책을 적극 추진했지만 러시아에게 서구는 여전히 통합된 서구의 일원이 아니라 타자(the other)로서 존재하고 있음을 의미했다. 그리고 마르크스·엥겔스의 예견과는 달리 후진 농업 사회에서 발생한 공산주의혁명과 소련의 탄생은 서유럽과의 정치적 정체성이 대치되는 상황에서 서구의 대(對)소 포위·압박 정책을 강화했다. 이에 따라 소련은 정체성과 정치·경제 발전 모델, 이를 뒷받침하기 위한 외교·안보 전략을 수립할 필요가 있었고, 그 결과물의 하나로 1920~1930년대 소위 고전적 유라시아주의가 탄생했다. 즉 당시 유라시아주의자들은 러시아의 문화, 지정학적 독립성 또는 자립성(self-standing, 러시아어로는 samostoyaniye)을 강조하면서 독자적 또는 독특한 발전의 길이 필요함을 강조했다. 이들은 국경 지역의 안정 및 유라시아 변경 지역은 물론 중심부 내 다양한 민족과 문화의 통합을 위해서 유라시아 심장부에 위치한 러시아/소

---

27 Nikolas K. Gvosdev, "Russia: European But Not Western?" *Orbis*(Winter, 2007), pp. 129-140; Iver B. Neumann, *Russia and the Idea of Europe*, New York: Routledge, 1996; "The History of Slavophiles and Westernizers in Russia," http://en.ria.ru/analysis/20100902/160436673-print.html(검색일: 2014년 2월 13일) 등 참조.

련의 역할을 강조했다.[28] 또한 소련의 마르크스·레닌주의에 입각한 정치·경제·외교·안보·문화예술 정책, 즉 공산당 일당 독재, 중앙계획적 명령경제, 사회주의 리얼리즘, 프롤레타리아 국제주의 등은 서방 세계 등 비공산권 국가들과 국가 정체성에서 확연한 차이를 형성하는 요인으로 작용했다.

그러나 당면한 경제위기 극복과 냉전 구조의 해체를 위한 고르바초프의 신정치적 사고는 소련의 유럽 정체성을 복원하는 계기가 되었다. 고르바초프는 당서기장에 임명되기 전인 1984년 리스본에서 행한 연설, 1989년 유럽의회 연설 등을 통해 '유럽 공동의 집(The Common European Home)'을 유럽 국가들과 소련이 공동으로 건설하자고 제안했다.[29]

소연방 붕괴는 러시아인들의 정체성 혼란을 야기했다. 일단 옐친 정부가 탈공산화라는 체제 전환을 하면서 자유민주주의와 시장경제를 바람직한 발전 방향으로 설정하고 이를 위한 친서방주의 외교정책을 추진함에 따라서 서유럽 정체성이 강화되었다. 그러나 1993년 초부터 러시아는 기대에 못 미친 서방 세계의 경제·재정 지원, 갑작스런 체제 전환에 따른 극심한 정치·경제·사회 혼란의 발생과 지속, 러시아 내 소수민족의 분리주의와 러·체첸전쟁 발발, 러시아 변방 국가들(옛 소연방 구성 공화국들) 내 민족·종교·영토 분쟁의 발발로 인해 러시아인들의 위험은 물론 지정학적 불안정 등과 같은 국내외 문제에 직면했다. 이에 따라 정치권은 물론 학계에서 바람직한 국내외 정책을 둘러싼 논쟁이 활발히 일어났다.

외교정책의 경우 니콜 잭슨(Nicole Jackson)은 당시 일어난 바람직한 외교정책에 대한 담론을 ① 자유주의적 서방주의자, ② 실용적 민족주의자, ③ 근본적 민족주의자

---

28 Andrei P. Tsygankov, "Finding a Civilizational Idea: 'West,' 'Eurasia,' and 'Euro-East,' in Russia's Foreign Policy," *Geopolitics* 12, 2007, pp. 375-399 참조.
29 Tom Casier, "Gorbachev's 'Common European Home' and Its relevance for Russian Foreign Policy," *Debater A Europa*(N. 18 jan/jun, 2018), pp. 17-34.

등 세 부류로 나누어 제시하고 있다.[30] 한편 안드레이 치간코프(Andrei Tsygankov)는 '문명의 관점(civilizational ideas)'에서 서구, 유라시아, 유럽·아시아 등 세 부류로 구분하면서 옐친, 프리마코프, 푸틴을 각각의 범주 정책 결정자로 내세우고 있다. 제3기 푸틴 정부 들어 서방 세계와의 갈등이 심화하고 보수적 가치(정교)가 중시되면서 러시아의 국가 정체성은 유라시아 국가(Eurasian State)로 경도된 상태이다. 그 결과 러시아 국내외 정책의 독특성(uniqueness) 또는 독자성이 두드러졌다.[31] 즉 정치적으로는 주권민주주의, 경제적으로는 국가 자본주의, 외교적으로는 유라시아주의가 지배적인 국내외 정책 노선이 되었다.[32] 특히 푸틴 정부의 외교정책에서 독자주의, 공세적 방어주의, 수정주의, 지정학적 방어주의가 두드러진 경향을 보이고 있다.

그렇다면 외교정책을 포함한 러시아 국내외 정책에서 독특성과 예외주의(exceptionalism)가 강조되는 국가 정체성의 근원은 무엇인가? 지리적으로 러시아는 동서로 약 9,000km, 남북으로 2,000~4,000km에 걸쳐 있는 거대한 국가로, 우랄산맥을 경계로 영토의 25%를 차지하는 서부 러시아는 유럽, 75%의 영토를 차지하는 동부 러시아는 아시아에 각각 속한다. 따라서 지리적으로 볼 때 아시아 국가일 가능성이 더 많다. 그러나 표트르 대제는 서구화정책을 펴면서 러시아가 유럽 국가라는

---

30 Nicole J. Jackson, *Russian Foreign Policy and the CIS*, New York: Routledge, 2003, chap. 3. 이 외 다양한 외교정책 노선에 대해서는 Alexander Sergunin, *Explaining Russian Foreign Policy Behavior: Theory and Practice*, Stugart: Ibidem, 2016, chap. 2 참조.

31 물론 제1~2기 푸틴 정부와 메드베데프 정부가 탈유럽을 지향했던 것이 아님. 예를 들어, 2008년에 공개된 '러시아 외교정책개념'은 '분리된 선이 없는 진정으로 통합된 유럽(a truly unified Europe without divisive lines)'의 건설을 제안했으며, 메드베데프 대통령도 재임 중 '유럽안보조약(European Security Treaty)'과 '현대화를 위한 파트너십(Partnership for Modernization)' 등을 제안했음.

32 혹자는 푸틴 시대 정치·경제 현상을 매우 부정적으로 평가하면서 '부정축제 정치' 또는 '약탈 국가(Kleptocracy)'로 규정하고 있음. Karen Dawisha, *Putin's Kleptocracy: Who Owns Russia?*, New York: Simon & Schuster, 2014; Miriam Lanskoy and Dylan Myles-Primakoff, "The Rise of Kleptocracy: Power and Plunder in Putin's Russia," *Journal of Democracy* 20:1 (January, 2018), pp.76-85 등 참조. 한편 정치·문화 영역에서 유라시아주의가 무엇이며, 유라시아주의가 러시아 외교정책에 미친 영향에 대해서는 다음 문헌 참조. Mark Bassin and Gonzalo Pozo, eds., *The Politics of Eurasianism: Identity, Popular Culture and Russia's Foreign Policy*, New York: Rowman & Littlefield International, 2017.

지리적 정체성을 확보하기 위해 1720년대 초 궁정 지리학자 바실리 타티셰프(Vasily Tatishchev, 1686~1750)에게 명해 기존의 돈강 경계선을 우랄 경계선으로 변경했다. 러시아 내에 유럽의 계몽주의와 건축·예술 문화를 적극 이식했던 예카테리나 여제는 1766년 "러시아는 유럽 국가다"라고 공식 선언했다.[33] 그러나 이러한 지리적 변경과 유럽화를 위한 정치·문화적 노력에도, 유럽 국가들은 러시아를 진정한 유럽 국가로 간주하지 않았으며, 아시아 국가들도 러시아를 아시아 국가로 인식하지 않았다. 따라서 국가 토대인 영토의 이중적 정체성으로 러시아는 그동안 유럽에 대해 접근과 회피, 협력과 갈등 관계를 지속해왔다. 즉 지리적 이중성으로 러시아는 완전히 유럽 국가화 또는 아시아 국가화되지 못했고, 결국 푸틴 정부 들어 러시아는 '유라시아 국가'라는 정체성을 확립했다. 물론 푸틴은 이러한 이중적인 지리적 정체성을 외교에 활용해왔다. 즉 유럽 국가들과의 관계 개선과 협력 확대를 모색할 때는 러시아가 유럽 문명의 일원이었음을 강조한 반면, 아시아 국가들과 협력을 추구할 때는 아시아 국가라는 정체성을 강조하고 있다.

정치적으로 러시아는 ① 장기간의 몽골 지배와 정교에 영향을 받은 황제교황주의, ② 다민족 혼재 사회로서 광대한 영토 통합성 유지의 필요성, ③ 외침 대비와 영토 팽창과 같은 요인들에 의해 동양적 전제주의와 유사한 중앙집권적 독재체제를 발전시켜왔다. 이러한 정치체제는 러시아로 하여금 유럽에서 15세기 이래 진행된 종교개혁, 르네상스, 산업혁명, 자본주의 발달 등과 같은 정치·경제·사회적 변혁을 건너뛰게 하는 요인으로 작용해 서유럽의 자유민주주의 및 시장경제와 다른 러시아식의 독특한 정치·경제 제도를 발전시켰다. 특히 1917년 발발한 볼셰비키 혁명과 공산주의 국가로의 변화는 소련과 서유럽 간 정치·경제체제의 차별성을 더욱 심화하면서 외교·

---

[33] "The History of the Eurasian Idea," http://greater-europe.org/archives/2036(검색일: 2018년 5월 25일). 유럽 학자로는 독일 지리학자 필립 스트라홀렌베르크(Philip J. von Strahlenberg)가 1725년 기존의 돈강 경계선을 우랄강으로 변경해 남북으로 뻗은 우랄산맥을 경계로 유럽과 아시아의 경계선을 획정했다. https://en.wikipedia.org/wiki/Boundaries_between_the_continents_of_Earth(검색일: 2018년 5월 31일) 참조.

안보 정책에서 협력과 통합보다는 대립과 갈등을 지속시키는 원인이 되었다.

실제로 1990년대 초 옐친 정부는 유럽 국가 정체성을 강조하면서 정상적인 서구 국가로 발전할 것임을 강조했다. 그러나 푸틴 정부 들어 서구 국가들, 특히 미국의 세계적 민주화와 시장경제의 확산을 위한 압력과 인도적 개입 및 국내의 분리주의 테러 발생은 푸틴 등 집권 엘리트들의 정치적 위기의식을 불러일으켰다.[34] 예를 들어, 유고연방, 이라크, 리비아 등에 대한 군사적 개입과 옛 소련 지역인 조지아·우크라이나·키르기스스탄에서 2003~2005년 발생한 시민혁명 또는 색깔혁명(color revolution) 및 2004년 9월 초 발발한 북오세티야 공화국 베슬란시 학생 인질 테러사태(380명 이상 사망) 등이 있었다. 이후 푸틴 정부는 불가피하게 외세의 개입을 배격하면서 독자적인 정치·경제 발전과 이를 위한 독자적·공세적 외교를 전개했다. 푸틴과 블라디슬라프 수르코프(Vladislav Surkov) 등 측근들은 서구적 가치가 아닌 러시아의 '고유한 가치(distinct values)'와 문명화 등에 기초한 독자적인 정치 발전 방향을 제시했다. 즉 그들은 역사적으로 러시아가 서방식 자유민주주의를 경험한 적이 없으며 따라서 러시아의 고유한 가치와 국내외 실정에 부합되는 '주권 민주주의(sovereign democracy)'가 필요하다고 강조했다. 주권 민주주의와 서방 세계의 대러 제재는 러시아 외교·안보 정책에서 독자주의, 방어적 공세주의, 대안주의[35]를 추동하는 요인으로 작용하고 있다.

종교적으로 러시아는 988년 비잔틴제국으로부터 정교를 국교로 받아들임으로써 가톨릭교와 신교를 믿는 서유럽 국가들과 종교적 장막을 형성했으며, 이는 서유럽 국가들과 정치·종교적 갈등 요인으로 작용하기도 했다. 특히 정교의 국교화는 러시

---

[34] 푸틴 정부 들어 러시아의 '고유한 가치'와 이에 기초한 '국가 주도의 문명화(state-civilization)' 정책이 어떻게 추진되었는지, 그것이 국내외 정책에서 가진 함의는 무엇인지에 대해서는 다음 문헌 참조. Andrei Tsygankov, "Crafting the State-Civilization: Vladimir Putin's Turn to Distinct Values," *Problems of Post-Communism* vol. 63, 2016, pp. 146-158.

[35] 대안주의의 예로는 독립국가연합(CIS: Commonwealth of Independent States), 중국 등 비서방 국가들과 협력 확대 모색 등이 있음.

아가 기독교의 원조라는 의식과 '제3의 로마'라는 의식과 결합해 이교도 국가들과의 전쟁은 물론 국내 이교도 소수민족들에 대한 정교도화 정책을 적극 추진하는 요인으로 작용했다. 실제로 이반 4세 때인 16세기 중반부터 18세기 말까지 러시아와 폴란드 · 리투아니아 연합은 발트해 연안의 통제권과 동슬라브 민족 거주 지역을 장악하기 위한 전쟁을 벌였다. 당시 러시아와 폴란드의 세력경쟁은 단순히 영토 확장만이 아닌 가톨릭과 정교를 동슬라브 민족 거주 지역에 각각 전파하려는 일종의 종교전쟁의 성격도 갖고 있었다. 새뮤얼 헌팅턴(Samuel Huntington)도 『문명의 충돌(The Clash of Civilizations and Remaking of World Order)』에서 탈냉전기 국가 간 분쟁과 갈등의 핵심 요인으로 문명 간의 충돌을 주장했으며, 유럽 지역에서 문명의 경계선을 신교와 가톨릭 국가, 정교 국가, 이슬람 국가로 구분 지었다.[36]

볼셰비키 혁명 후 공산주의의 무종교 원칙에 입각해 정교가 탄압을 받았으나 스탈린은 나치 독일과의 전쟁 중 애국주의를 고취하고 인적 · 물적 자원을 동원하기 위해 정교에 대한 믿음을 허용했으며, 이후 성당과 정교가 점진적으로 부흥했다. 신생 러시아 출범 후 종교의 자유가 인정되면서 정교는 빠르게 부흥했다. 비록 러시아 헌법 제13~14조는 러시아가 세속국가이고 국가종교의 비지정을 강조하고 있지만, 푸틴 정부는 정교를 사실상 국가종교로 대우하면서 러시아의 '고유한 가치'의 모태로서 정교의 보수주의 가치를 국내외 정책에 반영하고 있다. 특히 푸틴은 정교 대주교 키릴(Patriarch Kirill)과의 긴밀한 협력 관계를 유지하면서 정교를 가족 중시, 동성애 불허, 애국주의 등의 고취와 정교 국가는 물론 가톨릭, 이슬람 국가들과의 관계 개선 등을 위해 활용하고 있다.[37]

---

[36] 헌팅턴은 탈냉전 기 국가 간 분쟁 또는 전쟁 요인으로 '문화와 종교 정체성,' 즉 '문명'을 강조하는 논문인 "The Clash of Civilization"을 1993년 Foreign Affairs(Vol. 72 No. 3, Summer)에 처음 발표했으며, 이를 확장시켜 1996년 *The Clash of Civilization and the Remaking of World Order*(New York: Simon & Schuster)를 출간했음.

[37] Alicja Curanovic, "The Religious Diplomacy of the Russian Federation," ifri-Russia/NIS Center, *Russie.Nei.Reports* No. 12(June, 2012); "Patriarch Kirill Visits Britain Amid Tense Russia-U.

## (4) 다민족·다종교 사회와 러시아 민족주의

러시아는 수백 년간 지속된 영토 팽창의 결과로 다민족·다종교 사회로 발전했다. 이러한 다민족·다종교 사회는 러시아 민족주의의 형성과 발전은 물론 대외관계에도 심대한 영향을 미치고 있다.

소연방의 인구통계에 따르면, 소련 내 민족 수가 1926년에는 190개, 1939년에는 62개, 1959년에는 109개, 1979년에는 92개, 1989년에는 128개로 구분하고 있으나 이러한 민족 수의 증감 현상에 대한 설명은 하지 않고 있다.[38] 러시아는 여타 14개 소연방공화국이 떨어져나갔음에도 여전히 다민족 사회를 유지하고 있는 연방국가이다. 2010년 인구통계에 따르면 러시아 연방 내 200여 개의 민족 및 민족집단이 살고 있으며, 전 인구 중 러시아인이 77.7%, 타타르인이 3.7%, 우크라이나인이 1.1%, 추바시인이 1%, 체첸인이 1%, 고려인을 포함한 여타 민족들이 14.1%를 차지하고 있다.[39] 이러한 민족(nationality) 및 민족집단(ethnic community) 구분에 대한 개념 정의가 시대에 따라 서로 상이한 데서 비롯된 것으로 볼 수 있다.

러시아의 다민족 혼재성은 다수를 차지하는 러시아, 우크라이나인들이 믿는 정교를 지배적인 종교로 자리매김하면서, 여타 민족들이 믿는 이슬람교, 불교, 유태교, 토착종교 등과 더불어 다종교 사회를 형성·발전시키는 요인으로 작용했다. 2006년 통계에 따르면 전 국민 중 러시아정교도가 15~20%, 이슬람교도가 10~15%, 기타 기독교도가 2% 정도로 나타나고 있다. 국가종교라고 여겨지는 정교도 수가 적은 것

---

K. Relations," https://www.rferl.org/a/russian-orthodox-patriarch-kirill-visits-britain-queen-elizabeth-amid-tense-uk-russia-relations/28054438.html(검색일: 2018년 5월 30일); Vitaly Shevchenko, "Russian Orthodox Church lends weight to Putin patriotism," http://www.bbc.com/news/world-europe-33982267(검색일: 2018년 5월 30일) 등 참조.

38 보다 자세한 설명은 다음 문헌 참조. 고재남(1996), 앞의 책, 31-35쪽.
39 "The World Factbook," https://www.cia.gov/library/publications/the-world-factbook/geos/rs.html(검색일: 2018년 7월 10일).

은 소련 시기 동안 지속된 종교 탄압과 젊은 세대들의 무(無)신앙의 증가 결과이다.[40] 러시아는 러시아정교, 이슬람교, 유태교, 불교 등 4개 종교를 전통적 종교로 인정하고 있다.

러시아연방의 다민족·다종교성은 러시아 민족주의의 형성과 외교정책에 많은 영향을 미치고 있다. 즉 소연방의 붕괴는 여타 소연방 14개 구성국 내에 1992년 기준 2,500만 명 정도의 러시아인들이 비(非)러시아 지역에 거주하는 결과를 가져왔다. 이는 러시아가 여타 옛 소연방 공화국 내 러시아의 권익과 재산 보호, 지정학적 이익을 위해서 유라시아 통합정책과 군사적 개입정책을 추진하는 요인으로 작용하고 있다. 예를 들어, 러시아는 2008년 8월 조지아군이 남오세티야를 침략했을 때 그곳에 살고 있는 러시아 국적의 오세티야인들과 평화유지군으로 파견된 러시아 군인들을 보호한다는 명목으로 맞대응해 러·조지아전쟁이 발발했다. 2014년 3월 발생한 러시아의 크림반도 합병과 4월부터 시작된 돈바스 등 우크라이나 동부 지역 내 분리주의 지원도 현지 거주 러시아인들을 활용한 전략이었다. 그리고 발트 3국 내 러시아인들도 이 국가들에 대한 러시아의 정책에 지대한 영향을 미치고 있다.[41] 옐친 정부 때부터 현재까지 채택된 국가안보전략, 외교정책개념, 군사독트린 등은 해외 러시아인들의 생명과 권익 보호가 주요 과제임을 명시하고 있다.

또한 다민족 혼재성은 다종교 혼재성으로 귀결되었으며, 특히 21개 소수민족 공화국 중 이슬람 공화국이 압도적으로 많은 관계로 이슬람교도가 전체 인구 중 약 15% 정도를 차지한다. 또한 이슬람 소수민족 공화국들이 중동 지역에 인접한 북코카서스 지역에 위치할 뿐만 아니라 극소수 이슬람교도들은 급진 이슬람단체 또는 테러단체에 가입해 활동한 관계로 다종교 혼재성은 러시아 외교정책에 영향을 미치

---

40   *Ibid.*.
41   고재남(1996), 앞의 책, 215-243쪽 참조.

는 요인으로 작용하고 있다.⁴² 즉 러시아는 중동 국가들과 우호·협력 관계를 중시하는 정책을 추진해오고 있으며, 이슬람 극단주의자들의 러시아 유입을 차단하기 위한 양자·다자 차원의 외교적 노력을 경주해오고 있다. 예를 들어, 러시아는 당면한 분리주의, 소수민족 테러리즘에 대응하기 위해 중국과 협력해 2001년 '상하이 포럼 (Shanghai Forum)'을 토대로 상하이협력기구(SCO: Shanghai Cooperation Organization)를 창설해 '3가지 악(three evils),' 즉 종교적 극단주의, 테러리즘, 분리주의를 척결하기 위해 회원국들과 협력해오고 있다. 또한 러시아는 소연방 붕괴 후 이스라엘로 이주한 소련 거주 유태인들을 러·이스라엘 간 협력의 중재자로 활용하고 있다. 또한 푸틴 정부는 중동 지역 내 이슬람 테러리스트들의 러시아 유입을 차단하기 위해 2015년 9월 30일 시리아 내 반 IS 군사작전에 전격적으로 참여했다.

한편 다민족 사회에서 러시아 민족의 지배적 위치와 국가종교로서의 러시아정교는 역사적으로 러시아 민족주의 형성에 결정적인 역할을 했다. 러시아에서 민족주의는 제정러시아 때부터 국내외 정책의 수행 또는 동원 기제로서 활용되었다. 예를 들어, 황제 니콜라스 1세(Emperor Nicholas I)는 공식 이데올로기로 '정교, 독재, 민족 (Orthodoxy, Autocracy, Nationality)' 즉 러시아 정교의 보호, 로마노프가에 대한 무조건적 충성과 모든 사회 계급에 대한 온정주의적 보호, 러시아 민족의 국가 건설 인정 등을 제도화하고 이를 전 사회에 확산하기 위한 정책을 추진했다. 이어 1830~1840년대에 서구주의에 대항하는 '슬라브주의(Slavophilia)'가 대두되었으며, 이어 19세기 중·후반에 모든 슬라브족 정교국가들의 연합을 강조하는 '범슬라브주의(Pan-Slavism)'가 오스만 투르크로부터 슬라브족 국가들의 해방을 위한 투쟁의 이데올로기 또는 민족주의로 강조되었다. 그리고 이는 러시아가 제1차 세계대전에 참전하는 주요 요인으로도 작용했다.

---

42  이와 관련한 주장은 다음 문헌 참조. Olga Ermolaeva, "An Analysis of Identity-based and Security-oriented Russian Foreign Policy in Relation to Syria," Ph.D. Dissertation, Middlesex University School of Law(December, 2016).

한편 1905년 2월 발발한 러시아혁명은 '러시아인을 위한 러시아'라는 슬로건을 지지하는 신(新) 민족주의를 발흥시켰으나 1917년 10월 혁명을 통해 정권을 장악한 레닌 등 볼셰비키 지도자들은 프롤레타리아 국제주의를 내세우면서 원칙적으로 반(反)민족주의, 반(反)애국주의를 표방했다. 즉 소련은 러시아 민족주의와 애국주의를 억제하는 정책을 폈으나 나치 독일의 침략으로 전세가 불리하게 돌아가자 다시 정교를 동원해 애국주의와 민족주의를 고양하는 대대적인 선전·홍보 정책을 추진했다.[43]

소연방 붕괴 후 러시아 내 러시아인의 구성비는 소련 내 약 52%에서 81.5%로 증가했다. 즉 소연방의 붕괴는 러시아 내 민족·문화적 동질성을 높여주었다. 그러나 러시아는 여전히 다민족·다종교 사회로 남아 있었으며, 따라서 러시아 정부의 민족정책은 국내외적 함의가 많았다. 옐친 정부는 러시아 내 민족 간 화합과 융합을 강조하는 소련식 비인종적/비민족적 '러시아/러시아인(Rossiskii/Rossiane)'을 강조했다. 그러나 푸틴 정부는 이 개념들을 유지하면서도 국가 발전에서 러시아 민족들의 '임무(mission)'와 '책임'을 강조하고 있다. 폴 콜스토(Pal Kolsto) 등 많은 학자들은 푸틴 정부 들어 국내외 정책 수행의 필요성에 의해 러시아 민족주의가 과거 '국가 민족주의(state nationalism)', '제국 민족주의(imperial nationalism)'에서 '인종 민족주의(ethnonationalism)' 또는 '러시아 민족 민족주의'로 변질되었다고 주장하고 있다.[44]

한편 소연방의 붕괴와 신생 러시아의 출범은 러시아정교의 부활과 러시아 민족주의를 촉진하는 기제로서의 역할을 재개시켰으며, 푸틴 정부 들어 그러한 역할이 더욱 커진 상황이다. 푸틴 대통령은 키릴 대주교와 긴밀한 협력 관계를 유지하면서 국

---

[43] 실제로 소련/러시아는 나폴레옹과의 전쟁(1812~1814)을 '애국전쟁(Patriotic War)'으로, 나치 독일과의 전쟁(1941~1945)을 '대 애국전쟁(Great Patriotic War)'으로 칭하고 있음.

[44] 푸틴 정부하 러시아 민족주의의 변화와 내용에 대해서는 다음 문헌 참조. Pal Kolsto & Helge Blakkisruo, eds., *The New Nationalism: Imperialism, Ethnicity and Athoritarianism 2000-15*, Edinburgh: Edinburgh University Press, 2016.

내외 정책의 추진 동력을 강화하고 있다. 특히 제3기 푸틴 정부(2012~2018) 들어 정교 교리에 입각한 보수주의는 러시아의 국내정책은 물론 외교정책에도 많은 영향을 미치고 있다. 또한 국민들의 애국주의, 강대국주의를 더욱 고양하려는 정부와 친정부 시민단체의 홍보와 활동이 두드러진다. 특히 우크라이나 사태를 계기로 서방 세계의 대러 외교·경제 제재에 따른 경제 여건의 악화와 외교적 고립이 심화되면서 이를 극복하기 위한 민족주의 강화정책이 두드러지고 있다. 즉 푸틴은 '강한 러시아(Strong Russia), 위대한 러시아(Strong Russia)' 등을 표방하면서 애국주의, 국민단합을 강화시키고 있다.[45]

## 2) 국내 요인

상기한 지리·역사·문화 요인은 외교정책 결정 과정에서 일반적으로 상수(constant variable)로 존재한다. 그러나 국내외 요인은 외교정책 결정 과정에서 변수로 작용한다. 남궁곤은 외교정책 결정 요인을 4가지 분석 수준, ① 정책 결정자 개인 수준(개인 특성, 인지), ② 정책 결정 집단 수준(제도와 조직, 관료정치, 집단사고), ③ 국가·사회 수준(국가의 특성, 통치 형태, 사회적 요구), ④ 국제체제 수준(힘의 분배, 상호의존, 종속, 정체성과 규범) 등으로 구분하고 있다.[46] 물론 이 요인들이 외교정책 결정 과정에서 미치는 영향력은 외교의 목표와 수단, 영역, 이슈, 상황 등에 따라서 상대적 차이가 있다. 즉 민주주의체제와 비교해볼 때, 권위주의체제에서는 제도와 조직 혹은 사회적 요구보다는 정책 결정자 개인 수준의 영향력이 더 크다. 또한 평화 시와 위기 시, 안보 이슈와 경제·통상 이슈, 군사적 수단과 경제적 수단 등 이슈 또는 상황에 따라서 이 요인

---

45 푸틴 정부하 민족주의 고양정책에 대해서는 다음 논문 참조. 우평균, 「러시아 민족주의와 푸틴주의: 지향성 및 평가」, 『슬라브학보』 제29권 3호, 2014. 9, pp. 115-152.
46 남궁곤, 「외교정책 결정요인」, 김계동 외 공저, 『현대 외교정책론』제3판, 서울: 명인출판사, 2017, 46쪽.

들이 미치는 영향력에 차이가 있다.

여기에서는 러시아 외교정책 결정에 영향을 미치는 국내 요인을 정치적 요인, 경제적 요인, 군사적 요인으로 구분해 각 부문별 핵심 요인들을 살펴보려 한다.

## (1) 정치적 요인

러시아 외교정책 결정에 영향을 미친 정치적 요인으로 ① 갑작스러운 소연방 붕괴에 따른 정체성 혼란, ② 탈공산화를 위한 체제 전환 추진에 따른 극심한 정치·경제·사회적 혼란, ③ 푸틴 정부의 등장과 초집권적 권위주의체제의 확립을 지적할 수 있다.[47]

소연방의 붕괴로 옐친 정부는 탈공산화를 위한 민주주의 및 시장경제로 체제 전환을 추진하면서 새로운 외교정책 노선을 모색해갔다. 소연방의 붕괴는 영토의 대폭 축소, 국제적 위상의 대폭 추락, 경제·군사력의 취약화, 탈공산화에 따른 신(新)정치·경제 체제의 모색 등 전례 없는 변화를 초래했고, 이는 러시아인들 사이에서 국가 정체성과 바람직한 외교정책 방향에 대한 담론을 격화시켰다.

소연방 해체 후 옐친 정부는 시장경제로의 체제 전환을 위한 '충격요법식 경제개혁'을 1992년 1월 2일 전격적으로 발표했고, 이를 추진하기 위해서는 서방 세계의 경제 지원이 시급한 실정이었다. 이에 옐친 정부는 친서방정책을 정책기조로 삼아 국제통화기금(IMF: International Monetary Fund), 세계은행(World Bank) 등 국제금융기구는 물론 미국·독일 등 서방 국가로부터 재정 지원을 받기 위한 경제외교를 강화했다. 그러나 급진개혁에 따른 사회·경제·정치적 혼란, 독립국가연합(CIS: Commonwealth of Independent States) 지역 내 분쟁에 따른 국외 거주 러시아인들의 생명과 재산 위협의 증대, 그리고 기대에 못 미친 서방 세계의 재정 지원과 반서방 정서

---

[47] 쟝 로버트 라비오트는 푸틴을 정점으로한 권력집중 현상을 '크렘린 집중주의(Kremlincentrism)'라고 규정하고 있음. Jean-Robert Raviot, "Putinism: A Praetorian System?," *Russie.Nei.Visions* No. 106, ifri(March, 2018).

의 비등은 옐친 정부가 CIS 정책을 중시하게 되는 요인으로 작용했다.

1993년 12월 12일 대통령제 헌법 채택을 통해 외교정책에 대한 대통령의 배타적 권한이 확립되었음에도 새로이 신설된 국가두마(State Duma) 내 여소야대 현상, 옐친 대통령의 건강 이상에 따른 효율적인 국정 수행 불가, 정경유착의 심화 등 부정부패의 만연과 과두재벌들의 정치 개입 등으로 옐친 정부의 외교정책 수행 능력이 현저히 저하되었다. 예를 들어, CIS 정상회담에서 채택한 수많은 합의들이 이행되지 않았으며, 미국과 1993년 체결한 제2단계 전략무기감축협정(START II: Strategic Arms Reduction Treaty II)도 임기 말까지 비준되지 않았다. 특히 집권 2기(1996~1999) 들어 옐친 대통령의 건강 이상이 지속되면서 정상외교의 효율성이 약화되며, 미국 주도의 국제 질서에 순응하는 외교정책 추진이 불가피해졌다. 물론 옐친 정부는 국제사회에서 소련의 합법적 계승자로서 자리매김하면서 이에 따른 각종 양자·다자 조약과 협정을 체결했고, 심지어 채권·채무를 계승하고, 수많은 국가 또는 국제기구들과 새로운 협력 관계를 구축하는 등 외교적 성과를 거두었다.

러시아 내 '정치통수(politics-in-command)' 전통, 신민적 정치문화, 시민사회의 미발달, 언론통제 등을 고려해볼 때, 러시아 외교정책 결정 과정에서 최고 정책 결정자가 결정적인 역할을 한다고 평가할 수 있다. 특히 푸틴 정부 들어 구축된 초집권적 권위주의체제는 대통령의 외교정책 결정 권한을 과거 제정러시아 때와 같이 절대적인 것으로 만들었다.[48]

한편 2000년대 중반 러시아가 강대국으로 재부상한 것도 러시아의 외교정책에 지대한 영향을 미치는 요인으로 작용했다.[49] 이는 제2기 푸틴 정부 들어 푸틴의 권력

---

[48] 푸틴의 강력한 권력기반 확립 정책과 배경에 관해서는 다음 논문 참조. 고재남, 「러시아의 재부상과 글로벌 외교 전망」, 고재남·엄구호 엮음, 『러시아의 미래와 한반도』, 서울: 한국학술정보(주), 2009, 제4장.

[49] 푸틴 집권 2기 들어 러시아의 재부상과 그것이 국제정치 환경 및 양자 관계에 미칠 영향에 대한 다양한 연구물 및 기사들이 쏟아져 나왔음. Jakob Hedenskog, Vilhelm Konnandt, Bertil Nygren, Ingmar Oldberg and Christer Pursianen (eds), *Russia as a Great Power: Dimensions of Security under Putin*, New York: Routledge, 2005; Cecil E. Maranville, "Russian Resurgence in a Unipolar World," www.

공고화와 강력한 리더십, 성장경제의 지속과 풍부한 에너지 자원, 군사력의 점진적 강화, 푸틴의 강대국 지향 실용외교라는 내부 요인과 함께 외부 요인[50]이 작용했기 때문이다. 러시아가 강대국으로 재부상하면서 푸틴 정부는 국제 문제에 대한 '개입·참여 정책'을 확대·강화하면서 독자적이고 공세적인 외교정책을 추진할 수 있게 되었다. 또한 푸틴 정부는 다극화 외교, 다자주의 외교, 에너지 외교, 동방정책 등을 적극 추진했다.

한편 러시아에서 대통령 및 주요 권력 엘리트들의 국내외 정세 인식과 정책 정향(policy orientation)은 외교정책 결정의 핵심 요인이다. 〈표 1〉이 증명해주듯이, 러시아 정치체제의 성격상 외교정책 결정 과정에서 대통령과 측근들이 막강한 권한을 행사하고 있다. 제정러시아 시대 외교정책이 차르의 외교정책이라 칭해졌듯이 2000년대 들어, 특히 푸틴 정부하에서 러시아 외교정책은 푸틴의 외교정책이라 해도 과언이 아니다.

옐친 대통령은 소연방 해체의 촉매자임과 동시에 친서방 외교정책의 수립자였다. 옐친은 1990년 5월 러시아 공화국 최고회의 의장이 되자마자 6월 주권선언을 주도했다. 그리고 1991년 6월 직선 대통령으로 당선된 후에는 연방정부와 다른 외교정책을 개발하기 시작했고, 같은 해 8월 쿠데타 후에는 UN 안보리 상임이사국 등 소련의 국제적 지위와 협정들을 접수했다. 그리고 신생 러시아 출범 후에는 경제개혁의 효율적 추진과 약화된 국력 속에 국제적 역할 보전을 위한 친서방주의정책을 추진했다. 그러나 외교정책을 둘러싼 보·혁 간의 대립은 물론, 행정부와 최고회의 간의 갈등과 대립은 적어도 1993년 12월 대통령제 신헌법 채택 시까지 계속되었다. 신헌법에 의해 옐친이 외교·안보정책에서 거의 전권을 행사할 수 있었으나, 공산당과

---

wnponline.org/wnp/wnp0605/russia(검색일: 2007년 8월 21); Vlad Sobell, "The re-emerging Russian Superpower," *Russia Profile*(January 29, 2006).

50 외부 요인으로는 미국의 이라크정책 실패와 전통적 친미 국가들의 대러 관계 개선, 중앙아시아 국가들의 러시아 주도 각종 다자협력체의 적극 참여, 러·중 관계의 긴밀화 등이 있음.

민족주의 정당이 국가두마를 장악하는 여소야대의 현상은 옐친의 외교정책 결정과 집행을 크게 제약했다. 또한 소연방 붕괴 후 발생한 CIS, 즉 옛 공화국 내에서의 영토·민족 분쟁의 발발과 러시아인들의 안위 문제 부상으로 옐친 정부는 CIS 우선 외교를 추진했다. 또한 옐친은 1996년 6월 대선을 앞두고 국민들의 반서방, 특히 반미 정서의 확대와 국제적 위상 약화에 따른 국민들의 상실감 증폭 등을 고려해 지정학적 이익과 다극주의에 기초한 유라시아 외교를 강조하는 프리마코프를 외무장관으로 임명했다. 그 결과 한편으로는 NATO 확대 반대와 G7 합류 등을 위한 서방외교를 강화하면서 다른 한편으로는 중국, 인도, CIS 국가들과의 협력을 확대하는 정책이 적극 추진되었다. 하지만 공학도이자 토목건설 부문 경력자인 옐친의 외교에 관한 전문성 부재, 국가두마 내 여소야대와 보·혁 갈등의 지속, 집권 2기 동안 지속된 건강 이상과 이에 따른 효율적 정상외교의 부재 등으로 옐친은 외교정책 결정 과정에서 핵심적인 역할을 하지 못했다고 평가할 수 있다. 그 결과 외교정책 결정 과정에서 외교장관, 국가안보회의 서기관, 크렘린 외교보좌관, 국방부, 정보부 등 관련 부처의 장 등의 역할이 컸다고 볼 수 있다.

이에 반해 푸틴은 외교정책 결정 과정에서 핵심적인 역할을 해오고 있다. 푸틴의 역할 증대는 정치제도 요인과 개인 요인에 기인한다. 이미 언급한 바와 같이 러시아는 강력한 대통령 중심제 헌법하에서 대통령이 외교·안보 정책을 전적으로 책임지고 있다. 푸틴은 집권과 더불어 권력의 수직화·집중화 작업을 1999년 12월 실시된 총선에 의해 여대야소로 변한 국가두마의 협력에 힘입어 손쉽게 완성되었다. 이후 정부 요직에 KGB, 군 출신 등 실로비키(Siloviki)의 전진배치, 올리가르히(Oligarch) 장악과 주요 전략기업(에너지·방산·광물)에 측근 임명, 언론 및 반정부 시민단체의 통제 등을 통해 초집권적 권위주의체제를 확립했다.[51] 또한 국내 문제에 대한 외세 개

---

51  장 로버트 라비오트는 푸틴 정부하에서 구축된 푸틴과 측근들의 정치권력과 주요 전략기업들의 장악과 이에 기초한 소수 정치·경제 엘리트들의 공생정치를 '프레토리안 체제(praetorian system)'라고 규정하면서 이것이 푸틴주의의 주요 특색이라고 주장하고 있음. Jean-Robert Raviot, "Putinism: A Praetorian

입을 차단하고 러시아식 민주주의를 발전시킨다는 목표하에 '주권 민주주의'를 발전시켜왔다. 이러한 국내 정치 여건은 푸틴으로 하여금 외교정책 결정 과정에서 절대적인 역할을 수행하게 했다. 물론 대통령을 보좌하는 측근들과 외교정책 관련 부서들의 역할도 무시할 수는 없지만 대통령의 국내외 정세에 대한 인식과 정책 정향이 외교정책 결정에 절대적인 영향을 미치고 있다.

한편 푸틴의 외교정책 정향도 러시아 외교정책 결정과 실행에 절대적인 영향을 미치고 있다. 푸틴은 다른 러시아인들과 마찬가지로 지리·역사·문화 요인들에 의해 형성된 안보 우선주의, 강대국주의, 유럽친화형 정체성 등을 갖고 있었다. 따라서 푸틴은 집권 초기 경제위기 극복과 강대국 지위회복을 위한 친서방주의정책[52]을 표방했다. 그러나 9·11테러 사태를 계기로 심화된 미국의 일방주의[53]와 CIS내 색깔혁명 지원(2003~2005)과 NATO 가입 추진, 아랍혁명 지원과 리비아 사태 주도, 2011년 말과 2012년 초 러시아 내 반푸틴 시위 지원 등은 푸틴의 대미/대서방 불신과 위협인식을 심화시켰다. 이러한 상황 속에서 푸틴의 집권 초기 실리 추구의 서방 경사적 전방위 외교정책이 점차 지정학적 이익이 중시되는 현실주의정책으로 변화되었다. 그 결과 제2기 푸틴 정부 이후 NATO 확대에 대한 반대, 러·조지아전쟁, 크림반도 합병 및 우크라이나 사태가 발발했으며, 신동방정책, 유라시아 통합정책, 중국·인도 등 아시아 국가들과의 협력 확대 등 아시아 중시 정책이 추진되고 있다. 또한 SCO, 브릭스(BRICS: Brazil, Russia, India, China and South Africa) 등 다극화정책과 시리아 내전의 군사 개입 등이 적극 추진되고 있다.

---

Systems?," IFRI Russia/NIS Center, Russie.Nei.Visins 106(March, 2018).
52 친서방주의정책의 예로는 미국의 반테러 협력, NATO/EU와의 긴밀한 협력의사 표명 등이 있음.
53 미국의 일방주의에 대한 예로는 아프가니스탄 및 이라크 군사작전, NATO 확대 및 MD 추진 등이 있음.

## (2) 경제적 요인

경제적 요인도 러시아 외교정책 결정에 많은 영향을 미쳐왔다. 우선 옐친 정부의 시장경제로의 전환을 위한 경제 개혁정책과 서방 세계 주도의 세계 경제·금융 질서로의 편입정책은 경제외교는 물론 여타 양자·다자 차원의 협력 외교를 촉진하는 요인으로 작용했다. 옐친 정부는 1992년 1월 2일 미국 경제학자 제프리 삭스(Jeffrey Sachs) 및 IMF 등 국제금융기구의 제안을 받아들여 자유화·민영화·안정화 등으로 구성된 급진 개혁 조치를 취했다. 가격 자유화 조치는 1992년 약 2,700%의 인플레이션을 촉발하는 등 엄청난 경제 혼란을 초래했고, 그 결과 옐친 정부는 국제금융기구는 물론 주요 국가들로부터 경제 지원 및 협력을 확대시키기 위한 경제외교를 적극 추진했다. 러시아의 G8(1997년 가입, 2014년 크림반도 합병 후 참여 배제), 세계무역기구(WTO: World Trade Organization, 2012년 8월 156번째 회원국 가입), 경제협력개발기구(OECD: Organization for Economic Co-operation and Development, 우크라이나 사태로 협상 중단) 가입 추진도 러시아의 경제외교를 촉진하는 요인으로 작용했다.

또한 1998년 8월 발발한 아시아발 외환위기와 2008년 여름 미국발 세계 경제·금융 위기도 러시아가 대외적으로는 경제위기 극복을 위한 경제외교를, 대내적으로는 산업 다변화 또는 경제 현대화 정책을 적극 추진하게 했다. 상기한 바와 같이, 제1기 푸틴 정부의 친서방 정책도 경제위기 극복이 목적이었으며, 메드베데프 정부하에서 추진된 독일·프랑스 등 서방국들과의 '현대화를 위한 파트너십(Partnership for Modernization)'과 G20 정상 외교도 미국발 경제·금융 위기의 극복에 그 목적이 있었다.

한편 러시아의 풍부한 에너지·광물 자원도 외교정책에서 상당히 중요한 결정 요인으로 작용하고 있다. 풍부한 에너지·광물 자원은 러시아 경제의 에너지·광물 자원 의존도를 높여서 일종의 '렌트 국가(Rentier state)' 또는 '자원종속형 경제구조'를 고착시키는 부정적 요인으로 작용했다. 그 결과 러시아의 대외적 산업경쟁력이 약화되고 선진국가들과 자유무역협정(FTA: Free Trade Agreement) 체결 등 전면적인 경제·통상 협력 관계를 저해하는 요인으로 작용하고 있다. 하지만 풍부한 에너지 자원, 특히 가스는 에너지 빈국 또는 수입국에 대한 정치·외교적 영향력의 지렛대로 활용되고 있다. 또한 2008년 12월 러시아 주도로 출범한 가스수출국포럼(GECF: Gas Exporting Countries Forum)이 증명해주듯이 풍부한 에너지는 러시아의 가스·석유 생산국 또는 수출국들과의 협력 외교를 촉진하고 있다.

또한 유라시아 국가 및 아·태 지역 국가들과의 경제협력 확대 및 통합정책은 푸틴 정부가 신동방정책과 유라시아 경제통합 정책을 적극 추진하는 요인으로 작용하고 있다. 푸틴 정부는 서방 세계와 관계가 악화된 상황에서 국토의 균형 발전, 그리고 경제적으로 부상하는 동북아 국가들과의 경협 확대를 위해 신동방정책과 아·태 지역 경제권으로 편입하는 정책을 적극 추진하고 있다. 또한 신흥국 다자 경제협력체로 발전한 BRICS도 러시아가 주도해 2009년 정상회의체로 발전했다.

### (3) 군사·안보적 요인

러시아 외교정책 결정에 영향을 미치는 군사·안보적 요인으로는 유라시아 안보동맹, 미국과 거의 대응한 핵 무장력, 반테러 국제공조, 무기 수출, 국방개혁 및 군 현대화 정책 등을 들 수 있다.

러시아는 소연방 붕괴 후 CIS 차원의 통합군체제를 추진했으나 여타 CIS 국가들이 1992년 초부터 독자군 창설을 추진함에 따라서 이를 포기하고 러시아와 군사동맹을 원하는 일부 국가들과 1992년 5월 집단안보조약(CST: Collective Security Treaty)을 출범시켰다. 러시아는 이 회원국들과 안보협력을 강화시켜오면서 우크라이나 등 비가입국의 가입을 촉구하는 외교를 추진했으며, 2002년에는 동 기구의 책임과 역할을 강화하기 위해 집단안보조약기구(CSTO: Collective Security Treaty Organization)로 업그레이드했다. 러시아는 CSTO를 SCO와 더불어 유라시아 국가들은 물론 중국·인도·파키스탄·몽골 등 아시아 국가들과도 역내 안보를 위한 양자·다자 외교를 적극 추진해오고 있다.

또한 미국에 거의 대응하는 러시아의 핵 무장력과 WMD 비확산정책은 러시아의 외교·안보 정책에 많은 영향을 미치고 있다. 러시아는 소련 시기부터 미국과 핵무기 감축과 글로벌 차원의 WMD 비확산을 위한 공조 외교를 적극 추진해왔으며, 2010년에는 버락 오바마(Barack Obama) 행정부의 '핵 없는 세계' 구상 실현을 위한 신전략무기감축조약(New START: New Strategic Arms Reduction Treaty)을 체결했음은 물론, 동 행정부가 추진한 '핵안보 정상회의'에 양국 관계가 극도로 악화된 2015 워싱턴 회의 외에도 적극 참여했다. 그러나 미국이 NATO MD를 추진함은 물론 발트 3국과 폴란드에 신속대응군을 상주시킴에 따라서 러시아는 역외 영토인 칼리닌그라드에 이스칸데르 미사일을 배치했다. 미·러 양국은 미국의 MD 추진과 이스칸데르 배치가 각각 중거리핵전력(INF)조약 위반이라는 주장을 하면서 갈등을 계속하고 있으며, 추가 핵감축협상을 중단하고 있다. 푸틴은 대선을 앞두고 2015년 3월 1일 행한 연방회의 연설(국정연설)에서 자신이 집권한 후 추진한 국방력 강화정책으로 러시아가 미국과 핵 무장력의 균형을 달성했으며, 핵추진 최첨단 미사일과 드론, 잠수함의 개발로 미국의 MD를 무력화할 수 있다고 공언했다.[54] 이러한 핵 무장력에 대한 자신감은 푸틴 정부의 외교정책에서 보다 공세적이고 독자적인 경향을 강화시킴은 물론, 미국 등 핵 강국들과 군축외교를 적극적으로 추진할 수 있는 요인으로 작용할 것이다.

한편 러시아는 1990년대부터 체첸 분리주의자들의 테러 행위로 많은 인명이 살상되면서 이에 따른 정치·사회적 위기감을 경험해왔다. 또한 지리적 특성으로 이슬람 테러리스트들이 중동·코카서스 지역은 물론 이란·아프가니스탄·중앙아시아 지역에서부터 유입될 가능성이 있으므로 관련국들과 반테러 협력을 적극 추진해오고 있

---

54　고재남, 「제4기 푸틴 정부의 국내외 정책 전망」, 『주요국제문제분석』 2018-14, 국립외교원 외교안보연구소, 12쪽.

〈표 2〉 2011~2015년 러시아의 국가별 무기 수출액[55]

(단위: 백만 달러)

| 순위 | 국가 | 액수 | 순위 | 국가 | 액수 | 순위 | 국가 | 액수 |
|---|---|---|---|---|---|---|---|---|
| 1 | 인도 | 13,419 | 9 | 미얀마 | 619 | 17 | UAE | 270 |
| 2 | 중국 | 3,826 | 10 | 우간다 | 616 | 18 | 페루 | 200 |
| 3 | 베트남 | 3,718 | 11 | 카자흐스탄 | 614 | 19 | 방글라데시 | 177 |
| 4 | 알제리 | 2,642 | 12 | 이집트 | 591 | 20 | 수단 | 170 |
| 5 | 베네수엘라 | 1,898 | 13 | 인도네시아 | 484 | 21 | 몽골 | 155 |
| 6 | 아제르바이잔 | 1,819 | 14 | 아프가니스탄 | 441 | 22 | 나이지리아 | 144 |
| 7 | 시리아 | 983 | 15 | 벨라루스 | 372 | 23 | 파키스탄 | 134 |
| 8 | 이라크 | 853 | 16 | 투르크메니스탄 | 271 | 24 | 쿠웨이트 | 113 |

다. 예를 들어, 러시아는 테러, 분리주의, 종교적 극단주의 등 '세 가지 악(3 evils)'에 공동 대응하기 위해 SCO를 창설했으며, 미국의 아프가니스탄 내 반테러전에 협력했다. 또한 러시아는 반ISIS전은 물론 중동 지역 내 전략적 거점인 시리아의 바샤르 알 아사드(Bashar al-Assad) 정권을 보호하기 위해 2015년 9월 직접적인 군사작전을 시작함은 물론 시리아 사태를 해결하기 위한 여러 평화 프로세스를 주도하거나 여타 협상(예: UN의 제네바 프로세스, 아스타나 평화 프로세스)에 적극 참여해오고 있다.

러시아는 무기 수출을 외화 획득은 물론 정치·외교·안보 협력의 촉진 수단으로 활용하고 있다. 러시아는 미국에 이어 세계 두 번째 규모의 무기 수출국이다. 스톡홀름 국제평화연구소(SIPRI: Stockholm International Peace Research Institute)에 따르면 2011~2015년 사이 미국의 무기 수출은 전 세계 무기 수출액의 32.8%인 464억 달러에 이른 반면, 러시아는 25.3%인 354억 달러를 기록했다. 이에 비해 3, 4위인 프랑스와 중국은 81억 달러, 79억 달러를 각각 기록했다. 러시아의 주요 무기 수출국과 수출액은 〈표 2〉와 같다.

---

[55] "Mapping the World's Biggest Exporters and their Best Customers," https://bigthink.com/strage-

러시아의 주요 무기 수출국은 주로 아시아 국가들로 미국과 비교적 높은 수준의 군사협력 관계를 유지하지 않는 국가이거나 냉전기 소련과 긴밀한 군사협력을 했던 국가들이다. 한 국가가 무기체계를 유지하기 위해서는 부품이 안정적이고 지속적으로 공급되어야 하므로, 무기 수입·수출국 관계는 긴밀한 정치·외교·군사 협력이 필요하다. 따라서 무기 수출국의 입장에서 볼 때, 수입국은 수출국의 지정학적 이익을 일정 부문 확보해주기 때문에 냉전 시대부터 미국과 소련/러시아는 특정 국가 또는 지역에 대한 무기 수출 경쟁을 벌였다.

크라우제(K. Krause)는 무기 수출국은 무기 수입국의 전쟁승리를 위해 지원을 아끼지 않는데, 이는 수입국의 무기 공급의 독점권 보장, 군사기지 사용권 확보, 외부 위협에 대한 효과적인 공동방위체계 구축, 신무기 실험 기회 제공 등과 같은 목적을 이루어주기 때문이라고 주장했다.[56] 실제로 러시아의 시리아·아르메니아·타지키스탄 등에 무기 수출은 이 목적 달성과 부합된다. 또한 러시아가 2018년 들어 NATO 회원국인 터키와 최첨단 방공미사일인 S-400을 수출하기로 합의했는데, 이는 경제적 목적보다 NATO 분열과 러·터 협력 강화라는 정치·외교적 목적이 더 크게 작용했다.

1990년대 2차례에 걸친 러·체첸전쟁이 증명해주었듯이 소연방 붕괴 후 러시아의 재래식 전력과 군 지휘체계는 매우 취약한 상황에 처했으며, 이는 다시 2008년 러·조지아전쟁에서 드러났다. 푸틴은 제1기 정부 출범과 더불어 국방력 강화를 위한 국방개혁과 무기 현대화 작업을 추진했다. 그러나 국방개혁이 본격적으로 추진된 것은 러·조지아전쟁 시 전쟁 수행 능력에 문제가 드러나면서 민간 출신 국방장관을

---

maps/mapping-the-worlds-biggest-weapons-exporters-ni…(검색일: 2018년 7월 8일).

[56] K. Krause(1992), *Arms and the State: Patterns of Military Production and Trade*, Cambridge: Cambridge University Press 참조. 또한 러시아 무기 수출의 전략적·경제적 함의에 대해서는 다음 문헌 참조. Richard Connolly and Cecilie Sendstad, "Russia's Role as an Arms Exporter: The Strategic and Economic Importance of Arms Exports for Russia," Chatham House Research Paper(March, 2017).

임명해 대대적인 국방개혁과 무기 현대화를 단행하면서부터이다. 그 결과 러시아의 국방력은 푸틴 제3기 정부 들어 상당히 강화되었다. 2015년 9월 말부터 시작된 러시아의 시리아 내 군사작전은 미국 등 서방 세계의 군사전략가들이 깜짝 놀랄 정도로 효율적인 군 작전 능력은 물론 신무기의 성능을 증명해주었다. 이러한 국방 능력의 강화는 시리아 사태, 우크라이나 사태가 증명해주듯이 러시아 외교정책 결정 및 수행에 영향을 미치고 있다.

### 3) 국외 요인

#### (1) 현 국제 질서와 국제 레짐에 대한 인식

탈냉전기 러시아의 국제 질서에 대한 인식은 외교정책 결정에 지대한 영향을 미치고 있다. 러시아는 고르바초프의 신사고(新思考)정책을 계승해 탈공산화를 위한 체제 전환을 추진하면서 서방 세계와 긴밀한 협력 또는 편입 정책을 추진했다. 실제로 1990년대 옐친 정부는 러시아의 이익과 상호 존중이 보장되는 조건에서 NATO · EU · WTO 등의 국제기구 가입을 추진했다. 그러나 서방 세계는 이에 호의적인 반응을 보이지 않았다.[57] 그 결과 옐친 정부는 이 기구들로 편입하는 일이 사실상 불가하다는 판단하에 한편으로는 이 기구들과 일정한 협력 관계를 유지하는 정책을,[58] 다른 한편으로는 자국의 이익을 보호, 확대하기 위한 별도의 기구를 창설[59]하

---

57 세계무역기구(WTO: World Trade Organization)도 미국 등 일부 국가의 반대로 2012년 8월에야 156번째 가입국이 됨.
58 러시아는 미국이 자국의 반대에도 NATO 확대를 추진함에 따라 1997년 5월 NATO-Russia Founding Act를 체결해 NATO-Russia Permanent Joint Council을 확립해 양국 간 외교 · 국방 협력을 진행시킴.
59 유럽안보협력회의(CSCE: Conference on Security and Co-operation in Europe)의 유럽안보협력기구(OSCE:

기 위한 외교정책을 추진했다.

특히 옐친 정부는 소연방의 붕괴로 국제 질서가 경제·군사적 초강대국인 미국 주도로 형성·발전되고 있으며, 이는 러시아의 국익에 위협이 된다고 판단했다. 따라서 미국의 일방주의(unilateralism)에 대항하기 위한 다자주의(multilateralism)정책을 추진하기 위해 1996년 1월 예브게니 프리마코프를 외교장관으로 임명해 중국·인도와 '전략적 3자 연대'를 추진했다.[60] 프리마코프의 다자주의는 푸틴 정부에서 더욱 강화되었는데 이는 러시아의 취약성에 대한 푸틴의 인식과 미국의 대외 정책의 결과이다. 즉 푸틴은 1999년 12월 말 발표한 '밀레니엄 메시지(Millennium Message)'에서 "러시아는 지난 수백 년간의 역사에서 가장 힘든 시기 중의 하나를 경험하고 있다. 아마 지난 200~300년간 처음으로 제2세계 또는 심지어 제3세계로 추락할 실제적 위험에 직면해 있다"고 진단했다.[61]

또한 대통령 포함 러시아 외교정책 결정자들은 현 미국 주도의 국제 질서가 러시아와 인접 국가들의 안보에 위협이 되고 있으며 유라시아 지역에 대한 러시아의 영향력을 훼손하고 있다고 인식하고 있다. 예를 들어, 푸틴은 2007년 2월 뮌헨 국제안보회의에서 현 국제 질서를 미국 주도의 '단극질서(unipolarity)'로 규정하면서 이는 실제적인 세력균형(balance of power)을 반영하고 있지 않고, 따라서 미국의 외교·안보정책이 매우 위험한 정책이라고 비판했다. 따라서 푸틴은 미국의 일방주의 모델을 "수용할 수도 없을 뿐만 아니라 현 세계에서 불가능하다"면서 이는 어느 한 국가가 그러한 일방주의 모델을 지탱할 수 있는 충분한 군사·경제·정치적 자원을 가질 수 없을 뿐만 아니라 그 정책을 추진하기 위한 도덕적 기초를 갖고 있지 않기 때문이라

---

Organization for Security and Co-operation in Europe)로의 변화, CIS 차원의 다자지역협력체 창설 등이 있음.

[60] "Primakov: The man who created multipolarity," https://www.rbth.com/blogs/2015/06/27/primakov_the_man_who_created_multipolarity_43919(검색일: 2018년 7월 24일).

[61] Fionia Hill and Clifford Gaddy, *Mr. Putin: Operative in the Kremlin,* Washington, D.C.: Brookings Institution Press, 2013, p. 81에서 재인용.

고 지적했다. 또한 푸틴은 "우리는 국제 관계에서 미국의 거의 통제되지 않은 과도한 군사력의 사용을 목격하고 있으며… 거의 매일 국경 밖에서 (미국의) 그러한 것을 목격하고 있다"고 지적했다.[62] 푸틴의 이러한 미국 주도의 국제 정세에 대한 인식은 이후 여타 연설에서도 피력되었다.

라브로프 외교장관도 2016년 3월 기고한 글에서 "우리는 미국과 그 동맹국들이 그들의 지배적인 위상 또는 미국의 용어에 따르면 글로벌 리더십을 유지하기 위해 가능한 모든 수단을 동원하고 있는지를 보고 있다"고 주장했다. 그는 미국이 정치적 목적을 달성하기 위해 경제 제재, 직접적인 군사 개입, 대규모 정보전, 비헌법적인 정부 교체 등과 같은 수단을 사용하고 있다고 비난했다.[63] 여타 러시아 학자들도 미국 등 서방 세계의 보편주의, 일방주의의 위협요소를 지적하고 있다. 중국 전문가인 알렉산더 루킨(Alexander Lukin)은 서구 민주주의 철학이 정치적 자유주의, 인권 사상, 계몽주의적 세속주의, 식민주의와 강하게 연관된 서구 우월주의 등이 혼합된 일방주의라고 지적했다. 그는 "서구 국가들은 후진국들이 자유와 민주주의의 기쁨을 누리게 하기 위해서는 이 국가들을 서구 주도의 경제·정치 동맹에 편입시키는 것"이라고 믿으면서 그 믿음에 기초한 정책을 추진하고 있다고 주장했다. 표도르 루키야노프(Fyodor Lukyanov)도 미국의 일방주의가 현 국제 질서의 세력균형은 물론 국제 정세의 흐름을 반영하고 있는지에 대해 의문을 제기했다. 또한 여타 러시아 학자들도 러시아·중국·인도 등 신흥국의 부상에 주목하면서 서구 주도의 현 국제 질서에 대항하는 새로운 다자협력체(예: BRICS, SCO 등)와 레짐들의 등장에 주목하고 있

---

[62] Vladimir Putin, "Putin's Prepared Remarks at 43rd Munich Conference on Security Policy," http://www.washingtonpost.com/wp-dyn/content/article/2007/02/12/AR2007021200555_pf.html(검색일: 2018년 7월 25일). 보다 자세한 내용은 Andrew Radin & Clint Reach, "Russian Views of the International Order," https://www.rand.org/content/dam/rand/pubs/research_reports/RR1800/RR1826/RAND_RR1826.pdf(검색일: 2018년 7월 25일) 참조.

[63] Sergey Lavrov, "Russia's Foreign Policy: Historical Background," *Russia in Global Affairs*(March 5, 2016). Andrew Radin & Clint Reach, *ibid.*, p. 33 재인용.

다.[64] 결론적으로 러시아 외교정책 결정에 결정적인 역할을 하는 대통령, 외교장관 및 학자들은 현 국제 질서하에서 미국이 주도적인 역할을 하고 있으며, 미국의 일방주의가 러시아의 국익 또는 외교·안보정책에 위협 또는 제약 요인이라고 판단하고 있다.

한편 UN, 국제안보기구, 지역기구 등 국제 질서의 주요 요소 또는 레짐에 대한 러시아 지도부의 인식도 외교정책 결정에 많은 영향을 미치고 있다.[65] UN의 경우, 러시아는 UN안보리의 상임이사국으로서 UN을 ① 미국의 일방주의 견제, ② 자국의 외교·안보 이익 보호와 확대, ③ 국제 문제 논의와 해결 과정에서 일익 담당, ④ 국제적 위상 유지 등을 위한 수단으로 적극 활용하고 있다.

한편 러시아는 냉전 질서의 붕괴와 더불어 바르샤바조약기구(WTO)가 해체되었음에도 NATO가 그 역할과 기능을 심화하고 회원국을 확대하는 것에 대해 매우 부정적으로 인식하고 있다. 러시아는 1990년대 초부터 NATO가 WTO가 해체된 상황에서 정치적 협력체로 변화되고 이에 대응해 자국이 창설 멤버이자 범유럽안보협력기구인 CSCE의 기능과 역할이 강화되기를 희망했다. 그 결과 1994년 CSCE가 유럽안보협력기구(OSCE: Organization for Security and Co-operation in Europe)로 제도화되었다. 그러나 미국 주도로 NATO의 확대와 MD가 추진되면서 러시아는 이에 대응해 유라시아 차원의 집단안보조약, 즉 CST를 집단안보조약기구(CSTO)로 제도화하고 중국·중앙아시아 국가들과 양자·다자 차원의 안보협력을 강화하는 외교정책을 추진했다.

또한 러시아는 경제·에너지 상호 의존성이 높은 EU와의 협력 확대에 외교적 우선성을 부여했으며, 그 결과 1994년 EU와 '동반자협력협정(PCA: Partnership Cooperation Agreement)'을 체결(1997년 발효)하고 EU 가입을 추진하기도 했다. 그러

---

64  Andrew Radin & Clint Reach, *ibid.*, pp. 33-35.
65  *Ibid.*, pp. 36-61 참조.

나 EU가 러시아의 EU 가입에 대해 소극적인 상황에서 2009년 5월 체코의 제안으로 '동방파트너십(Eastern Partnership)' 정책을 추진하여 유라시아 국가들과 정치·경제 협력을 확대시키려 하자 크게 반발했다.[66] 러시아는 EU의 동방파트너십을 유라시아에서 러시아의 영향력을 축소시키려는 EU의 정책으로 판단하면서 이에 대응해 2010년 관세동맹(Customs Union)의 출범 등 유라시아 경제통합을 위한 외교를 적극 추진했다. 우크라이나 사태는 EU의 동방파트너십과 러시아의 유라시아 경제통합 정책이 충돌한 결과이다.

한편 러시아는 시장경제로 체제 전환을 시작한 이후 IMF, 국제부흥개발은행(IBRD: International Bank for Reconstruction and Development) 등 국제금융기구는 물론 WTO·OECD 등 국제무역기구과 경제협력기구에 가입하기 위한 정책을 적극 추진했다. 또한 세계 경제·금융 위기를 극복하기 위해 2008년부터 시작된 G20은 물론 선진국 모임인 G7에 1997년부터 동참해 G8의 일원이 되었다. 또한 러시아는 국제사회의 핵무기, 생화학무기 등 WMD 비확산 정책은 물론 테러, 환경 등 비전통적 안보 협력을 지지하면서 이를 주도하거나 이러한 정책 관련 레짐에 적극 참여하고 있다.

(2) 미국과 EU 요인

러시아의 외교정책 결정에 미국의 대러 또는 글로벌·지역·개별국 차원의 외교·안보 정책은 매우 중요한 요인으로 작용하고 있다. 소연방 붕괴 후 미국은 유일 초강대국으로 남아 세계·지역 차원의 전반적 정세를 좌지우지해왔다. 미국은 1990년대 초부터 민주주의와 시장경제를 확산하기 위해 다양한 수단을 동원해 지역 정세는 물론 각국의 국내 정세에 개입해왔다. 러시아도 체제 전환과 국가 발전은 물론 국제 문제

---

66 '동방파트너십'에 벨라루스·우크라이나·아르메니아·조지아·아제르바이잔·몰도바 등이 참여하고 러시아는 불참. 2014년 우크라이나·몰도바·조지아는 EU와 제휴협정(Association Agreement)을 각각 체결해 정치·경제 협력을 확대해오고 있음.

를 해결하기 위해 미국과 다면적인 협력을 모색했다. 그러나 미국의 대러 정책은 물론 글로벌·지역 차원의 정책에서 상호 갈등이 노정되면서 양국 관계가 갈등과 협력, 접근과 회피라는 이중적 행태를 보여왔으며, 2001년 2월 조지 부시(George W. Bush) 행정부 출범 이래 갈등과 회피가 두드러지고 있다.

미·러 갈등과 회피가 두드러진 이유는 부시 행정부의 일방주의 심화와 러시아의 외교·안보·경제 이익에 배치된 유럽·유라시아·중동 정책에 기인한다. 미국은 러시아의 반대에도 NATO의 확대와 MD를 추진했다. 특히 부시 행정부의 우크라이나와 조지아의 색깔혁명 지원과 친미 정권 수립 및 이 국가들의 NATO 가입 추진은 러시아의 미국·유럽 정책은 물론 우크라이나·조지아 등을 포함한 유라시아 정책에도 영향을 미쳤다. 또한 미국이 추진한 러시아의 중동 내 전략거점인 시리아 아사드 정부 붕괴 정책과 UN 안보리의 결의안을 확대 해석한 무아마르 카다피(Muammar Gaddafi) 정권 붕괴 정책은 러시아의 중동정책에 많은 영향을 끼쳤다. 또한 유라시아 내 지정학적 다원주의를 촉진해 동 지역에 대한 러시아의 영향력 약화 정책의 일환으로 추진된 GUAM[67]의 창립 및 활동에 대한 지원, 아제르바이잔의 에너지 수출선 탈(脫)러 다변화를 위한 BTC(Baku-Tbilisi-Ceyhan) 송유관, BTE(Baku-Tbilisi-Erzurum) 가스관 구축도 러시아의 카스피해정책은 물론 에너지 외교에 많은 영향을 미쳤다. 또한 미국의 러시아 내 국내 문제 개입, 즉 주권 민주주의에 대한 비판, 인권과 언론자유에 대한 비판, 2011~2012년 겨울 반정부/반푸틴 시위의 지원 등은 러시아의 대미국 정책에 부정적인 요인으로 작용했다.

한편 EU의 러시아와 PCA 체결, 유럽의회 참여 허용 등 대러 협력 확대 정책은 러시아의 EU 정책에 영향을 미쳤다. 또한 EU의 중유럽 국가들 편입 정책 및 높은 수준의 경제·에너지 상호 의존도 또한 러시아의 EU 정책에 많은 영향을 미쳤다. 그러나

---

[67] 탈러·반러 성향의 국가들인 조지아(Georgia)·우크라이나(Ukraine)·아제르바이잔(Azerbaijan)·몰도바(Moldova) 등이 서방 세계의 지원을 받으며 1997년 창설함.

상기한 바와 같이 EU의 동방파트너십 정책은 러시아의 유라시아 정책에 많은 영향을 미치면서 결국에는 2014년 3월 발발한 러시아의 크림반도 합병과 동부 분리주의자들의 지원과 이에 따른 탈냉전기 최악의 관계 발전이라는 비극적 결과를 가져왔다. 현재 우크라이나 사태, 영국 내 전 KGB 요원 암살 기도, 미국 대선 개입 의혹 등을 둘러싸고 서방 세계의 대러 경제·외교 제재와 러시아의 맞제재가 계속되고 있다.

### (3) 중국·인도의 부상과 이들의 유라시아 정책

중국은 1978년부터 개혁·개방 정책의 성공적 추진을 통해 21세기 경제대국으로 부상했다. 중국의 경제적 부상은 군사력의 강화, 세계적·지역적 차원의 영향력 증대로 이어졌고, 이는 미국의 대중 견제정책을 강화하는 요인으로 작용하고 있다. 러시아는 초강대국인 미국 견제와 접경국인 중국과 다면적인 협력 확대를 위해 양자·다자 차원, 지역·세계 차원에서 전면적 전략적 동반자 관계를 발전시켜오고 있다. 권위주의체제라는 정치적 동질성, 미국의 일방주의에 대한 공동 대응 필요성, 경제·에너지 분야의 상호 의존성, 중국·한반도 포함 유라시아 국가들의 평화와 번영에 관한 인식 공유 등은 러시아의 대중국 정책에 많은 영향을 미치고 있다. 또한 중국의 '일대일로' 정책 등 유라시아 국가들과의 협력 확대 정책도 러시아의 중국·중앙아시아 정책에 영향을 미치고 있다.

한편 인도의 전통적 친러 정책과 최근 들어 경제적 부상 및 대중앙아시아 접근정책은 러시아의 대인도 정책 결정에 영향을 미치고 있다. 인도는 소련 시기부터 소련/러시아와 긴밀한 협력 관계를 유지해왔으며, 최근에는 양자 차원은 물론 BRICS, SCO 등 다자 차원에서도 협력을 확대·심화해가고 있다. 물론 인도의 일종의 비동맹정책 기조에 따른 실리 추구의 대미 협력 확대 정책 및 잠재적인 중·일 갈등도 러시아의 대인도 정책에 영향을 미치고 있다. 물론 나렌드라 모디(Narendra Modi) 총리 취임 후 적극적으로 추진되고 있는 중앙아시아 국가들과의 협력 확대 정책도 러시아의 대인도 정책에 영향을 미칠 것이다.

### (4) 중동 정세 불안 및 비전통 안보 부상

중동 정세는 러시아의 외교정책에서 주요 결정 요소 중 하나였다. 중동 지역은 러시아의 이슬람 공화국이 위치해 있는 남부 지역에 있을 뿐만 아니라 에너지 부국이 다수 위치하여 경제·에너지·반테러 협력이 필요한 지역이다. 특히 탈냉전기 중동 지역에 대한 미국의 영향력이 절대 우위인 상황에서 전통적 우방국인 이라크 사담 후세인(Saddam Hussein) 정권이 몰락하면서 유일한 전략적 거점으로서의 시리아의 중요성이 커졌다. 따라서 후세인 정권의 몰락에 이어 중동·북아프리카에서 2011년 발발한 시민혁명과 시리아 내전은 러시아의 대중동 정책에 중요한 결정 요인으로 작용했다. 또한 이란과 터키의 국내외 환경과 이에 따른 이 국가들의 외교·안보 정책도 러시아의 이 국가들에 대한 정책 결정에 영향을 미치고 있다.

한편 테러, 환경, 사이버 안보 등 비전통 안보 이슈도 러시아 외교정책 결정에 많은 영향을 미치고 있다. 러시아는 1990년대 초부터 체첸인, 다게스탄인 등 이슬람 분리주의 테러리스트들에 의한 참극을 수차례 경험했으며, 중동·아프가니스탄으로부터 이슬람 테러리스트가 국내에 유입되는 것을 극도로 경계하고 있다. 따라서 러시아는 미국의 반테러전 등 반테러 국제공조에 적극 참여하고 있다. 또한 러시아는 환경, 사이버 안보 등 여타 비전통 안보 분야에서도 국제공조를 적극 추진해오고 있다.

## 3. 외교정책 결정의 주요 행위자

러시아 외교정책 결정 과정에는 대통령이 정점에 있고, 그 아래 정부 기관의 행위자 중 제1그룹으로 총리, 대통령 행정실, 국가안보회의, 제2그룹으로 외교·안보·경제·정보·문화 부처와 연방의회, 제3그룹으로 지방정부가 있다. 그리고 비정부 기관의 행위자로 비즈니스계 측근들, NGO, 언론, 학계, 연구기관 등이 있다(〈표1〉 참조).

### 1) 대통령

대통령은 소련 시대인 1990년 대통령직을 첫 도입한 이래 러시아 주요 외교정책 결정의 최고결정자이다. 이러한 대통령의 정책 결정 권한은 푸틴 정부 들어 권력의 수직화 작업과 측근 정치가 강화된 초집권적 권위주의체제가 구축되면서 더욱 커졌다. 따라서 과거 제정러시아 시대 황제가 외교정책 결정에 전권을 행사했듯이, 러시아의 주요 외교정책은 대통령의 외교정책이라고 판단해도 무리가 없을 정도로 대통령이 전권을 행사하고 있다. 물론 러시아의 핵심 외교·안보·경제 이익과 관련되지 않은 상당 부분의 외교정책은 외교부 등 정부 관련 부처 차원에서 결정돼 실행되고 있다.

러시아가 1993년 12월 채택한 현 헌법은 외교정책 결정구조를 대통령을 정점으로 피라미드형으로 구성하고 있다. 예를 들어, "대통령은 대외관계에서 국가를 대표하며(헌법 제80조), 러시아 외교정책의 실행을 감독하고 모든 국제조약에 서명하며(헌법 제86조), 국군 통수권자이며(헌법 제87조), 모든 장관·대사·기관장을 임명하고 국가의 외교·안보 전략을 수립한다(헌법 제83조)" 등의 임무를 명시하고 있다. 또한 러시아 헌법은 외교·안보·국방·정보 부처의 장관에 대한 임명권과 이들의 직접 통

〈표 3〉 대통령 · 총리 · 외교장관[68]

| 대통령 | 총리 | 외교장관 |
|---|---|---|
| 옐친 1기(1991~1996) | 옐친(1991~1992)<br>가이다르(1992)<br>체르노미르딘(1992~1996) | 코지레프(1990~1996) |
| 옐친 2기(1996~1999) | 체르노미르딘(1996~1998)<br>키리엔코(1998)<br>체르노미르딘(1998)<br>프리마코프(1998~1999)<br>스테파신(1999)<br>푸틴(1999~2000) | 프리마코프(1996~1998)<br>이바노프(1998~1999) |
| 푸틴 1기(2000~2004) | 카시아노프(2000~2004)<br>흐리스텐코(2004) | 이바노프(1999~2004) |
| 푸틴 2기(2004~2008) | 프라드코프(2004~2007)<br>주브코프(2007~2008) | 라브로프(2004~2008) |
| 메드베데프 1기(2008~2012) | 푸틴(2008~2012) | 라브로프(2008~2012) |
| 푸틴 3기(2012~2018) | 메드베데프(2012~2018) | 라브로프(2012~2018) |
| 푸틴 4기(2018~2024) | 메드베데프(2018~?) | 라브로프(2018~?) |

제권을 갖고 있다.[69] 즉 이들은 총리에게 보고하기보다는 대통령에게 모든 외교 · 안보 · 정보 관련 사안을 보고, 지시받아 정책을 수립 · 집행하도록 규정하고 있다. 또한 대통령은 국가안보개념, 군사독트린, 외교정책개념, 정보독트린 등의 최종 승인권자이다.

대통령의 외교정책 결정 과정에서 영향력은 이러한 피라미드형 결정구조를 고려해볼 때, ① 대통령의 외교 현안과 이슈에 대한 정향, ② 외교정책 목표에서 우선순위와 이를 위한 달성 전략, ③ 국내외 정세에 대한 인식, ④ 공식 · 비공식 기관의 외교 현안에 대한 정책 제안 등 외교정책 결정에서 결정적인 요소라고 볼 수 있다.

---

68  *Ibid.*, p. 28의 Table 2.1을 수정 보완.
69  Nikolas K. Gvosdev & Christopher Marsh, *Russian Foreign Policy: Interests, Vectors, and Sectors*, Washington, D.C.: Sage, 2014, pp. 27-28.

푸틴은 집권 후 국내외 정책 결정 과정에서 본인의 주재하에 2개의 최고위급 모임을 개최해오고 있다. 즉 올가 크리슈타놉스카야(Olga Kryshtanovskaya)와 스티븐 화이트(Stephen White)에 따르면 푸틴은 매주 월요일과 토요일에 고위급회의를 크렘린 회의실과 대통령 관저에서 각각 개최하고 있다.[70] 월요일 회의는 일종의 국무회의 성격을 가지며 총리, 부총리, 사회보장 및 보건 장관, 경제 개발 및 무역 장관, 대통령 행정실장, 외교·국방·내무 장관 등과 회의 의제와 관련된 정부 부처의 주요 인사들이 다수 참석한다. 반면에 토요일 대통령 관저회의에는 총리, 국방·외교·내무 장관, 대통령 행정실장, 정보부서장, 국가안보회의 서기 등 7~8명이 참석해 주로 당면한 국내외 문제와 외교·안보 현안을 논의하고 대응 방안을 결정한다. 러시아 미디어들은 토요일 회의를 국가안보회의 미팅이라고 칭한다. 따라서 대통령 관저회의가 외교정책 결정에 결정적인 역할을 한다고 볼 수 있다.

## 2) 정부 기관의 행위자

대통령의 외교정책 결정에 영향을 미치는 정부 기관의 행위자로는 총리, 대통령 행정실 내 관련 부서와 장, 국가안보회의, 외교정책 수립 관련 부처와 연방의회 내 관련 상임위와 장 및 지방정부 등이다.

헌법상 총리는 외교·안보·정보 부서의 장을 지휘·감독하지는 않지만 대통령과 면담, 국무회의, 국가안보회의, 외교·안보·정보 장관회의, 비공식 다자회의 등의 참석을 통해 주요 외교정책 결정에 영향력을 행사한다고 볼 수 있다. 또한 헌법은 총리에게 외교정책의 일일 집행 과정을 감독하는 권한을 명시하고 있다. 즉 헌법 제

---

70　Olga Kryshtanovskaya & Stephen White, "Inside the Putin Court: A Research Note," Europe-Asia Studies Vol. 57, No. 7(November, 2005), pp. 1065-1075.

114조는 "국방, 국가안보, 외교정책 수행 등을 보장할 수 있는 방안을 채택"하는 책임을 총리에게 부과하고 있다. 또한 총리는 외교·안보·정보 장관 이하 관련 부처 주요 책임자를 임명하는 권한을 보유하고 있어서 일정 부분 외교정책의 결정과 실행에 영향을 미치고 있다. 푸틴은 메드베데프 정부하에서 총리직을 수행하면서 '양두체제(tandem)'를 구축해 주요 외교·안보 정책 결정·실행에 관한 역할을 확대하는 법 개정 및 대통령령을 통해 상당히 중요한 역할을 수행했다. 그러나 제3기 푸틴 정부 출범 후 이 법령들이 취소되면서 외교·안보 정책 결정·수행에서 총리의 권한이 축소 또는 원상 복구되었다.[71]

대통령 행정실(Presidential Administration)은 거대 조직(옐친 정부하 1,500여 명에서 푸틴 정부하에서 1,200여 명으로 축소)으로 국내외 정책의 수립과 집행에 지대한 영향력을 행사하고 있다. 특히 외교·안보·정보 관련 부서와 부서장은 공식·비공식 기관에서 올라온 외교정책 관련 현안과 이슈에 대한 보고서를 취합하여 최종보고서를 작성해 일단 행정실장의 승인을 거쳐 대통령에게 사전 보고거나 회의 자료를 작성하는 기관이다. 따라서 행정실장과 행정실 내 대통령 외교·안보·정보 담당 보좌관(Aide) 및 고문(adviser)은 외교정책 결정 과정에서 1차적인 역할을 수행하고 있다고 볼 수 있다.[72]

국가안보회의(National Security Council)는 대통령을 보좌하는 기관으로 1992년 옐친 정부하에서 새로이 출범했으며, 대통령, 총리, 외교·안보·정보 담당 부서의 장관, 안보회의 서기, 관련 전문가들이 회합해 주요 외교·안보 정책을 심의 및 결정하는 기관이다. 국가안보회의 기능은 대통령에 따라서 강약이 변동되었으나 국가안보

---

71  *Ibid.*, p. 29. 또는 Dimitri K. Simes and Paul J. Sanders, "The Kremlin Begs to Differ," *National Interest* (November/December, 2009) 참조.
72  대통령 행정실은 소련 시기인 1991년 7월 대통령을 보좌하기 위해 출범했으며, 거대 관료 조직화되다가 푸틴 정부인 2004년 3월 기구 개편과 축소가 이루어졌음. 그럼에도 역대 행정실장이 권력실세였던 알렉산더 볼로신(Aleksandr Voloshin), 전 대통령이자 총리인 메드베데프, '주권 민주주의' 이론을 정립한 블라디슬라프 수르코프(Vladislav Surkov), 푸틴의 최측근으로 분류되는 국영석유기업 로스네프트(Rosneft) 회장 이고르 세친(Igor Sechin) 등이었으며, 이는 행정실장이 외교정책 결정에 매우 중요한 역할을 한다는 것을 증명해주고 있음.

개념, 군사독트린, 외교정책개념 등 공식적인 외교·안보 문건의 검토와 채택을 통해 외교·안보 정책의 목표와 정책 방향을 제시하는 역할을 하고 있다. 예를 들어, 국가안보회의는 2009년 5월 '국가안보전략 2020'을 채택, 공개했다. 2011년 5월 채택된 대통령령에 따르면, 국가안보회의는 국방조직, 국방조직 발전, 방산, 외국과의 군·군기술 협력, 그리고 외교정책의 수립과 실행, 국방기구·국가안보기구·법집행기구의 공공 지출에 관한 대통령의 결정과 이와 관련된 이슈들에 대한 조사를 담당한다고 명시하고 있다.[73]

법적인 근거에 따르면 외교부가 러시아 외교정책 결정 과정에서 핵심 정부기관이다. 1992년 2월 25일 채택된 대통령령에 따르면 대통령이 외교부·국방부·법무부·내무부 등을 직접 지휘·통제하며, 장·차관을 임명한다. 또한 1992년 11월 3일 채택한 대통령령에 따르면, 외교부는 외국 또는 국제기구와의 관계에서 러시아의 통일된 정책 기조를 유지하기 위해 여타 정부기관의 대외활동을 조정하고 모니터하는 권한을 가진다.[74] 또한 외교부 외 정부기관들은 외국과의 조약이나 협정 그리고 고위 인사들의 해외 방문 또는 외국 고위 인사들의 러시아 방문 일정 등을 외교부와 협의하여야 한다. 이러한 대외관계에서 외교부의 주도적 역할은 1995년 3월 14일 채택된 대통령령과 1996년 3월 12일 채택된 '러시아 연방의 통일된 외교정책 수행에 있어서 러시아 외교부의 조정 역할에 관한 대통령령(Decree of the President of Russian Federation On the Co-ordinating Role of the Ministry of Foreign Affairs of the Russian Federation in Conducting a Unified Foreign Policy of the Russian Federation)'으로 규정되었

---

[73] "Security Council of Russia," https://en.wikipedia.org/wiki/Security_Council_of_Russia(검색일: 2018년 7월 26일). Robert H. Donaldson and Joseph L. Nogee, *The Foreign Policy of Russia: Changing Systems, Enduring Interests*, 4$^{th}$ ed., London: M. E. Sharpe, 2009, pp. 126-132 참조.

[74] 외교정책의 수립 및 실행에 관련된 정부 부처는 4개 부서, 즉 외교정책 수립과 실행 부처(외교부), 국가안보 부처(국방부·정보부 등), 경제 부처(경제개발 및 무역부, 재정부, 관세청 등), 사회·문화 부처(사회발전 및 보건부, 문화부, 교육·사회부 등)가 있음. 외교정책 결정 과정에서 이 정부 부처들의 역할에 대한 보다 자세한 분석은 Alexander Sergunin, *Explaining Russian Foreign Policy Behavior: Theory and Practice*, Stugart: ibidem, 2016, pp. 168-195 참조.

다.[75] 대통령 권한이 푸틴 정부 때보다 집중되지 않았던 옐친 정부하 코지레프 외교장관은 "러시아는 대통령의 외교정책을 갖고 있다. 외교부는 의회의 모니터링하에 외교정책에 관련된 모든 부서의 주요 조정자이자 조타수의 역할을 담당하고 있다"고 언급했다.[76] 따라서 외교부는 외교정책 결정·실행 과정에서 중심적인 역할을 하며, 그 정도는 대통령의 통치 스타일, 외교부장관의 위상과 외교 현안의 성격 등에 영향을 받는다고 볼 수 있다.

외교부의 외교정책 결정 과정에서 책임은 ① 외교 관계에 관련된 자료(정보)를 수집·분석하고 이들을 대통령, 총리, 여타 정부 부처, 의회에 공급하며, ② 특별한 문제에 대한 주요 정책 결정자들의 관심을 끌 수 있는 정책보고서를 작성해 해법을 제안하며, ③ 지역·글로벌 정세의 흐름과 특수 관계에 있는 국가들과의 양자 관계에 관한 전망을 하며, ④ 특정 이슈에 관해 외국과 협상하고 조약과 협정의 문안을 작성하며, ⑤ 외국과 다자 국제기구와 외교채널을 유지, 소통하며, ⑥ 러시아 정부 대표단의 해외 방문을 조직하고 외빈들을 접대하며, ⑦ 해외 대사관, 총영사관, 무역대표부 등과 협력체제를 유지하며, ⑧ 연방·지방 수준에서 모든 행정기관들의 외교활동을 조정하는 것 등이다.[77]

비록 민주주의 정치체제에 비해 그 역할이 적지만 러시아 연방의회도 외교정책 결정 과정에서 일정한 역할을 담당하고 있다. 대통령은 의회의 승인을 얻어 대사를 임명하며(헌법 제83조), 국제조약을 폐기 또는 비준한다(헌법 106조). 또한 비록 대통령이나 행정부의 법규에 비해 영향력은 적지만 연방의회는 외교·안보정책에 관련된 법률(교역, 국방, 방산의 민수전환, 국가안보 등)을 제정한다. 또한 행정부에 구속력이 없는 특정 사안에 관한 결의안을 채택해 외교정책 결정과 실행에 영향을 미치고

---

75　*Ibid.*, p. 170.
76　*Ibid.* 재인용.
77　*Ibid.*, p. 172.

있다. 또한 연방의회는 군의 해외파견에 관한 승인권을 보유하며, 외국 의회나 국제 기구들과 양자 협정을 체결해 러시아의 대외 관계에 영향을 미치고 있다.[78] 연방의회는 청문회 개최, 외교 관련 세미나 개최 등 외교정책에 영향을 미치는 위원회를 두고 있다. 즉 하원격인 국가두마에는 국제 문제를 다루는 3개의 위원회, 즉 국제문제위원회, 국방위원회, 통상 문제를 다루는 경제위원회 등이 있다. 상원격인 연방회의도 이와 유사한 위원회를 구성해 활동하고 있다.

러시아 헌법은 연방정부에 외교정책 수행의 배타적 권한을 부여하지만(헌법 제71조), 대외 경제 관계에서 지방정부의 일정한 역할을 인정하고 있다(헌법 제72조). 이는 이고르 이바노프(Igor Ivanov) 전 외교장관이 인정하듯이 연방구성체의 반 이상이 넘는 지방정부가 외국과 국경 또는 해양과 접해 있기 때문에 현실적으로 대외 경제 관계를 유지할 수밖에 없기 때문이다. 또한 러시아의 다민족 혼재성과 이에 따른 소수 민족 지방정부의 존재는 인접한 동일 민족 또는 동일 종교 국가들과의 협력 관계에 연방정부보다 관심이 많고, 그 결과 어떤 형태로든 협력 관계를 발전시켜오고 있다. 예를 들어, 연방정부가 유럽과의 협력 관계를 중시한 반면 이슬람 공화국이 위치한 남부 지역 지방정부들은 중동 국가들과의 협력 관계를 중시하면서 여러 영역에서 협력 관계를 형성, 발전시켜오고 있다.[79] 또한 긴 국경선의 공유도 지방정부와 접경 국가 간 협력을 확대시키는 요인이 되고 있는데, 예를 들어 러시아 남부 지역의 오렌부르크는 1,800km를 접경하고 있는 카자흐스탄과, 극동·시베리아의 지방정부들은 약 4,000km를 접경하고 있는 중국과 경제협력은 물론 여타 문화·예술·스포츠 분야 협력도 활발히 추진하고 있다. 다시 말해, 러시아 영토의 광대성과 이에 따른 다민족·다종교·다국경 공유는 지방정부가 일정 부분 연방정부의 외교행위를 대신하게 하는 여건을 만들어주고 있다.

---

78  *Ibid.*, p. 182.
79  Nikolas K. Gvosdev & Christopher Marsh, *op. cit.*, p. 38.

## 3) 비정부 기관의 행위자

### (1) 비즈니스계 측근

러시아 외교정책, 특히 경제외교에 푸틴의 비즈니스 측근들의 영향력은 러시아 사회·경제 개발 정책은 물론 정경유착의 심화를 가져온 국가 자본주의의 경제구조에 기인한다.

푸틴 정부는 2000년대 들어 경제 발전을 통한 강국 건설과 강대국 지위 회복을 국정 과제로 설정, 이를 달성하기 위한 사회·경제 발전 정책을 추진해왔다. 실제로 2007년 9월 채택한 '러시아 연방의 장기 사회·경제 발전 개념'은 효율적인 경제외교를 통해 ① 글로벌 에너지 인프라 형성에서 러시아의 입지 강화, ② 러시아를 국제금융센터 중의 하나로 발전, ③ CIS·중유럽·유라시아 경제연합 등의 금융시장에서 주도적인 역할 보장 등과 같은 목표를 달성할 것을 제시했다. 이와 같은 정책 목표는 외교정책 결정 과정에서 관련 국영·민간 기업을 위한 경제 이익을 중시하는 외교정책이 결정·실행되는 데 영향을 미치고 있다.

또한 푸틴 정부 들어 더욱 심화된 국가 자본주의도 비즈니스계가 외교정책 결정에 직·간접적인 영향을 미치는 요인으로 작용하고 있다. 푸틴 정부는 전략산업 및 기업에 대한 국제 통제를 강화하기 위해 국가 투자 또는 지분 매입을 통해 에너지·전력·방산 분야의 주요 기업들을 전략산업으로 지정해 국영기업화[80]했다. 또한 푸틴은 이들 기업, 특히 에너지 산업에 대한 통제를 강화시키기 위해 일종의 소위 '코르포크라투라(Korpokratura)' 체제를 확립했다.[81] 즉 주요 에너지 산업의 총수 자리에

---

80　예컨대 국영 가스 생산업체인 가스프롬(Gazprom), 국영 석유기업 로스네프트(Rosneft) 등이 있음.
81　'코르포크라투라'란 개념은 러시아어 *korporatsia*(cooperation)와 *nomenklatura*(공산당원만이 차지할 수 있는 요직 명부 또는 그 요직을 차지한 사람들 또는 집단)를 합친 것으로 소수의 엘리트들에 의해 최고 정치·경제 권력 또는 요직이 장악되고 있는 형태를 의미함. Jean-Robert Raviot, *op. cit.*, p. 11.

본인이 신임하는 정부 내 또는 비정부 내 측근들을 임명해 주요 국영기업들에 대한 푸틴 정부의 영향력을 확보하는 정·재계 연합권력체제이다. 이러한 정·재계 연합 권력체제는 2003년 10월 발발한 유코스(Yukos) 회장 미하일 호도르콥스키(Mikhail Khodorkovsky) 구속사건을 계기로 강화되었다.[82] 예를 들어, 푸틴은 국영 가스회사인 가스프롬(Gazprom)에는 메드베데프 총리, 국영 석유회사인 로스네프트(Rosneft)에는 이고르 세친(Igor Sechin), 국영기업 로스테흐(Rostekh)에는 세르게이 체메조프(Sergey Chemezov) 등 최측근을 각각 최고경영자로 임명했다. 이 외에도 많은 푸틴의 측근들이 정부와 국영기업의 요직에 동시 임명되어 활동하고 있으며, 그 결과 이 국영기업들은 정부의 해외 부문 경제협력을 주도하는 동시에 정부는 이 국영기업들의 해외사업 확장 또는 수익 증대를 위한 외교정책을 추진하는 상부상조형 공생구조가 확립되었다.[83]

## (2) 시민단체·학계·언론계·종교계

시민단체·학계·언론계·종교계 등 비정부 단체 및 행위자들도 외교정책의 형성 과정에 많은 영향을 미친다. 알렉산더 세르구닌(Alexander Sergunin)은 이 단체들이 ① 다양한 이익단체의 외교정책 표출, ② 다양한 사회그룹들의 외교정책 목표와 플랫폼의 형성, ③ 정치 캠페인과 대중매체를 통한 국민 지지 동원, ④ 공개 토론의 주제에 대한 유익한 정보 제공, ⑤ 관심 있는 외교정책 결정에 참여하는 인사들에 대

---

[82] 당시 러시아 최고 갑부 호도르콥스키가 푸틴 정부의 에너지 정책에 반해 독자적인 파이프라인을 건설할 계획을 세우고 유코스의 지분 상당 부분을 미국 엑슨모빌(ExxonMobil)에 팔아 세계기업화하려는 작업을 진행하자 그를 사기·탈세 혐의로 체포해 구속한 사건임.

[83] 푸틴과 긴밀한 협력 관계에 있는 재계 인사들에 대한 분석은 다음 문헌 참조. Emma Burrows, "Vladimir Putin's Inner Circle, Who's who, and how are they connected?," https://edition.cnn.com/2017/03/28/europe/vladimir-putins-inner-circle/index.html(검색일: 2018년 7월 20일); Richard Sakwa, Putin and the Oligarch: The Khodorkovsky-Yukos Affair(London: I. B. Tauris, 2014); Karen Dawisha, *Putin's Kleptocracy: Who Owns Russia?*, New York: Simon & Schuster Paperbacks, 2014.

한 로비, ⑥ 정부의 대외적 행위에 대한 국민들의 감독, ⑦ 정부 정책의 효과에 대한 긍·부정적 피드백 제공 등의 기능이 있다고 주장했다.[84]

이고르 이바노프 전 장관도 2000년 '외교정책개념'을 공개하면서 외교부는 정부 부처는 물론 저명한 외교관·학자·언론인·사회지도자 등의 의견을 수렴해 반영했다고 밝혔다.[85] 러시아 내 시민사회는 아직 서구 세계에 비해 잘 발달되지 않았고 또 활동도 많은 제약을 받고 있지만 외교정책에 관한 한 상당히 자유롭고 활발하게 목소리를 내고 있다. 물론 일부 시민단체가 반정부·반푸틴 활동을 주도하자 제3기 푸틴 정부는 외국의 재정 지원을 받은 시민단체의 경우 법무부에 외국의 재정 후원 시민단체로 등록하고 결산신고를 의무화하는 시민단체법을 재정해 이들의 활동을 관리하고 있다. 언론매체들도 정치 문제에 비해 외교정책에 관해서는 자유롭게 논조를 개진하고 있으며, 이는 외교정책 결정과 실행에 영향을 주고 있다.

한편 대학·연구소 등에 근무하는 학자들, 특히 외교·안보·경제 분야를 연구하는 학자들은 직·간접적인 방법을 통해 외교정책 결정에 영향을 미치고 있다. 일부 학자들은 외교부 또는 대통령 행정실 산하 외교·안보·경제정책과 관련된 자문에 응하거나 외교·안보 문건 채택을 지원하기 위한 연구사업을 실행하고 있다. 예를 들어, 1992년 출범해 러시아 외교·안보 정책 결정 과정에서 상당한 역할을 해온 '외교·국방 정책위원회'에 여러 학자들이 참여하고 있다. 또한 일부 학자들은 대학[예: 모스크바 국제관계대학(MGIMO)과 외교아카데미과 연구소에서 외교관을 양성하거나 외교관 재교육에 참여하면서 외교정책 결정과 실행에 필요한 역량을 키워주고 있다.

이미 언급한 바와 같이 종교계, 특히 러시아정교계도 외교정책 결정에 영향을 미치고 있다. 러시아정교계는 가장 거대하고 강력한 비정부 행위자로서 국제사회에서 러시아의 소프트파워의 중요한 원천이 되고 있다. 특히 소연방 붕괴 후 러시아 정교

---

84  Alexander Sergunin, *op. cit.*, pp. 195-196.
85  Nikolas K. Gvosdev & Christopher Marsh, *op. cit.*, p. 47. NGOs의 영향에 대해서는 Alexander Sergunin, *op. cit.*, pp. 195-204 참조.

는 여타 국외 종교 세력(예: 카톨릭·이슬람 세력)과의 관계 개선과 협력 관계 구축에 매우 적극적인 자세를 보이고 있다. 또한 러시아정교계는 서구 세계의 가치와 문화의 무분별한 유입과 오염을 막기 위해 러시아·슬라브·유라시아 문화공간의 형성과 발전을 주창하면서 이를 위한 외교의 필요성을 주장하고 있다. 또한 제3기 푸틴 정부 들어 국내외적으로 강조되고 있는 정교 교리에 토대를 둔 보수주의, 특히 동성 결혼 불허는 러시아의 대서구 관계에 부정적 영향을 미치면서 양자 관계에도 영향을 주고 있다.

제3장

러시아의 외교 · 안보 전략

# 1. 서론

신생 러시아 연방 출범 후 러시아는 변화하는 국내외 정세에 대응해 시의적절형 ① 국가안보전략(National Security Strategy)과 이에 기초한 ② 외교정책개념(Foreign Policy Concept), ③ 군사독트린(Military Doctrine), ④ 정보안보독트린(Information Security Doctrine)을 수립해 이를 실행하려고 노력해왔다.

신생 러시아 출범 후 러시아의 국가안보전략은 주어진 국내외 정세, 특히 미국과 EU의 대러 정책을 포함한 글로벌 정책, 옛 소연방 국가들의 정세, 국내 사회·경제 여건 등에 많은 영향을 받아 변화되어왔다. 러시아 정치인과 학자들은 소연방 붕괴 후 급변하는 국내외 정세 속에서 러시아의 국가 정체성(national identity), 당면한 국익과 이를 보호 또는 증대하기 위한 바람직한 국가안보전략 또는 외교·안보 정책이 무엇인가에 대한 논쟁을 벌였다. 이러한 논쟁은 국가안보전략 수립과 뒤이은 외교정책개념, 군사독트린, 정보안보독트린에 반영되었고, 구체적인 정책 수립과 집행에 지대한 영향을 미쳤다. 논쟁의 핵심은 ① 러시아가 유럽 국가인지 또는 유라시아 국가인지, ② 옛 소련 지역을 포함한 지역 및 글로벌 수준에서 어떤 외교·안보 정책을 추진해야 하는지, 그리고 ③ 어떤 국가 또는 지역과 외교·안보 협력을 우선적으로 추구해야 하는지 등이었다.[1]

---

* 이 장은 필자의 다음 논문을 수정·보완해 작성한 것임. 고재남, 「제3기 푸틴 정부의 신 외교·안보 전략과 실제」, 정책연구시리즈 2016-16, 국립외교원 외교안보연구소.

1 보다 자세한 것은 다음 문헌 참조. Margot Light, "Foreign Policy Thinking," Neil Malcolm, Alex Pravda, Roy Allision, Margot Light, eds., *Internal Factors in Russian Foreign Policy,* Oxford: Oxford Unversity Press, 1996; Nicole J. Jaction, *Russian Foreign Policy and the CIS: Theories, Debates and Actions,* London: Routledge, 2003; Alexander Sergunin, *Explaining Russian Foreign Policy Behavior: Theory and Practice,* Stugart, Germany: *ibidem*-verlag, 2016; Andrey P. Tsygankov, *Russia's Foreign Policy: Change and Continuity in National Identity,* 3rd edtion, New York: Roman and Littlefield Publishers, Inc., 2013 등.

러시아의 국가안보전략 초안 작성은 소련 시기 말부터 시작되었으나 급변하는 세계 정세와 소연방 붕괴로 신생 러시아가 출범할 때까지 마무리되지 않았다. 옐친 정부는 중유럽의 탈공산화, 소연방의 붕괴와 민족·영토 분쟁의 발발, 군사력의 약화, 정치·사회·경제적 위기 심화 등에 대비해 국가안보전략을 수립할 필요가 있었다. 이에 옐친 정부는 1992년 소련의 국가안보회의를 계승한 국가안보회의를 대통령 자문기구로 출범시켰다. 국가안보회의는 1996년 하반기 당시 대통령 후보로 대선 결선투표에서 옐친과 연대해 옐친 대통령의 재집권에 결정적인 기여를 한 아나톨리 레베드(Anatoly Lebed)가 국가안보회의 서기로 임명되면서 역할이 크게 강화되었다. 이후 국가안보회의는 대통령, 국가안보전략에 관련된 부처, 각계 전문가 등의 의견을 모아 국가안보전략을 수립하는 데 주도적인 역할을 해오고 있다. 러시아 국가안보전략은 1997년 처음 채택된 이후 국내외 정세의 변화, 즉 신 정부 등장, 국내외 정세의 급변 등을 반영해 2000·2009·2015년 새롭게 발표되었다. 그리고 외교정책개념, 군사독트린, 정보안보독트린 등이 뒤이어 발표되었다.

2012년 5월 제3기 푸틴 정부 출범 후 러시아는 급변하는 국내외 정세를 반영해 과거보다 많은 외교·안보 문건들을 채택했다. 즉 2013년 외교정책개념, 2014년 군사독트린, 2015년 국가안보전략, 그리고 2016년 외교정책개념, 정보안보독트린이 각각 채택되었다. 우크라이나 사태 발발을 전후해 단기간에 이 문건들이 채택된 것은 제3기 푸틴 정부 들어 시리아 사태 등 아랍 내 정치 변동, 서방 세계의 러시아 총선 및 대선(2011~2012) 개입, 우크라이나 사태 발발과 서방 세계의 대러 제재, 제3기 푸틴 정부 출범, 사이버 안보의 중요성 증대 등과 같은 국내외 정세 변화와 이에 대한 외교·안보적 대응의 필요성에 기인한다. 특히 2014년 3월 러시아의 크림반도 합병과 이에 대한 서방 세계의 대러 외교·경제 제재와 NATO의 러시아 접경 지역에서의 군사적 대응 태세 강화는 러시아와 미국·EU 관계를 탈냉전기 이후 최악의 상황으로 악화시켰다. 따라서 제3기 푸틴 정부는 서방 세계의 대러 조치에 따른 국내외 정세의 변화에 대응해 2014년부터 신 외교·안보 전략을 수립할 필요가 있었다.

비록 이 문건들이 구체적인 외교·안보 정책을 제시하고 있지는 않지만, 러시아의 세계 정세에 대한 인식(위협 포함)과 우선적으로 추구하는 국익 및 이 위협들을 극복하기 위해 추구하는 정책 방향들을 제시하고 있다. 러시아 외교·안보 전략과 구체적 정책이 세계 정세와 지역 정세에 미치는 영향이 지대한바 그동안 러시아의 외교·안보 전략에 관한 연구는 국내외에서 많이 생산되었다.[2] 그러나 러시아의 크림반도 합병 후 제3기 푸틴 정부가 채택한 신 국가안보전략이나 여타 외교·안보 문건들에 대한 종합적이고 체계적인 연구가 없다.

따라서 이 정책 연구는 2014년 3월 크림반도 합병 후 미국·EU·NATO와 대립이 심화된 가운데 제3기 푸틴 정부가 채택한 신 국가안보전략과 이를 반영한 외교·안보 문건들을 종합적으로 분석해 제3기 푸틴 정부의 현 세계 정세 및 주요 현안에 대한 인식과 이에 대한 신 외교·안보 전략을 분석하는 데 목적이 있다. 이에 따라 우선 2절에서 제3기 푸틴 정부 이전 채택된 외교·안보 문건들의 채택 배경과 주요 내용, 그리고 변화를 정부별로 평가하고, 3절에서 제3기 푸틴 정부에서 채택된 신 외교·안보 문건들의 주요 내용과 특징들을 살펴보기로 한다.

---

[2] 국내 연구로는 김태웅, 「'국가안보전략-2020'에 나타난 러시아 국가안보정책의 주요 변화와 전략적 함의」, 『한국동북아논총』 제59호, 2011, 25-50쪽; 제성훈·강부균, 「3기 푸틴 정부의 '대외정책개념'과 정책적 시사점」, 대외경제정책연구원 전략지역심층연구 13-09, 2013; 김성진, 「러시아 안보정책의 변화: 주요 안보문서를 중심으로」, 『슬라브학보』 제33권 2호, 2018년 6월 30일, 91-128쪽 등이 있음. 국외 연구로는 Alexander Sergunin, *ibid.*; Francisco J. Ruiz Gonzalez, "The Foreign Policy Concept of the Russian Federation: A Comparative Study," Framework Document 06/2013 of ieee.es.; Leon Aron, "Drivers of Putin's Foreign Policy," *AEI*(June 14, 2016); Dmitri Trenin, "Russia's Breakout From the Post-Cold War System: The Drivers of Putin's Course," Carnegie Moscow Center(December, 2014); Roger E. Kanet and Remi Piet, eds., *Shifting Priorities in Russia's Foreign and Security Policy*, Burlington, VT: Ashgate, 2014; Emma Duner, "Russia's Foreign Policy Concept: A qualitative analysis," Bachelor Thesis of Faculty of Humanities and Theology, Lund University(May 22, 2017), etc..

## 2. 러시아 외교·안보 문건들의 채택 경과

### 1) 옐친 정부 시대

소연방의 붕괴는 옐친 정부(1991~1999)에게 새로운 국내외 정세에 부합되는 외교·안보 전략을 시급히 수립해야 하는 과제를 안겨주었다. 비록 고르바초프의 신(新)사고에 입각한 외교·안보 정책은 냉전 질서를 붕괴시키고 중유럽의 탈공산화를 촉진했지만, 그의 정치·경제·언론 개혁, 소위 페레스트로이카(Perestroika)는 1922년부터 존속해온 소연방을 붕괴시켰다.

소연방 붕괴 후 러시아가 UN 등 다자 국제기구에서는 물론 양자 관계에서 소련을 국제적으로 계승했지만 러시아가 직면한 국내외 전략환경은 소련 시기와 전혀 달랐다. 러시아 인구는 소련 인구의 50%로, 산업생산력은 60%, 그리고 영토는 70%로 각각 축소되었다. 또한 위성국이자 군사동맹국이었던 중유럽 국가들은 민주주의와 시장경제를 발전시키면서 서방 세계의 정치·경제·군사 동맹체, 즉 EU와 NATO의 가입을 위한 정책을 추진했다. 또한 형제지국으로 여겼던 우크라이나와 벨라루스는 물론 여타 소연방 구성국들이 독립국가로서 독자적인 외교·안보 정책을 추진하고 있었다.[3]

옐친 정부는 이러한 국내외 환경 속에서 정치적으로는 신 헌법 제정, 경제적으로는 급진 경제개혁, 외교적으로는 경제·통상외교 강화, 그리고 안보적으로는 통합군 창설, 핵감축, CIS 차원의 집단안보조약의 체결 등을 추진했다. 옐친 정부는 1992년 3월 5일 '러시아 연방의 안보에 관한 법(The Law on Security of the Russian Federation)'

---

[3] 소연방 붕괴 후 러시아가 직면한 전략환경과 외교·안보 정책 환경에 대해서는 다음 문헌 참조. Dmitri Trenin, *The End of Eurasia: Russia on the border between Geopolitics and Globalization*, Moscow: Carnegie Moscow Center, 2001.

을 제정하여, 러시아 안보정책에 관한 법적이고 제도적인 틀을 마련했다. 또한 이 안보법은 "안보란 개인, 사회, 국가의 생존이익(vital interest)을 대내외적 위협으로부터 보호"하는 것이라고 정의하면서 소련 시대의 절대적·군사적·계급적 안보개념과 달리 정치·경제·외교·정보·환경 영역에서의 안보를 포괄하는 포괄적 안보개념(Comprehensive security concept)으로 사용하고 있다. 또한 이 안보법은 국가안보회의, 국방부, 국경수비위원회 등 안보 관련 부서의 창설을 제안하고 있다.[4] 이에 따라 1992년 5월 소련 시대 존재했던 국가안보회의가 새로 구성되었고, 동시에 CIS 차원의 통합군 창설과 유지가 사실상 무산되자 옐친 정부는 카자흐스탄·우즈베키스탄·타지키스탄·키르기스스탄·아르메니아 등 6개국(1993년 조지아·벨라루스·아제르바이잔 참여)이 참여하는 '집단안보조약(CST)'을 타슈켄트(Tashkent)에서 체결했다. 그러나 이 안보법은 러시아 최고회의에서 소연방 붕괴 후 조급하게 그리고 옐친 정부와 권력·정책 투쟁하에서 채택되었기 때문에 구체적이고 체계적인 국가안보전략을 제시하지 못했다.

한편 옐친 정부는 1993년 들어 외교정책개념과 군사독트린을 각각 채택했다. 1993년 초 외교부는 외교정책개념을 작성해 최고회의에 제출하여 승인을 받았고, 이어 옐친 대통령이 서명했다. 이는 비록 많은 결점과 비정합성을 갖고 있음에도 러시아가 독립국가로 탄생한 후 최초로 채택한 외교정책 관련 문건으로 러시아의 국익과 우선적인 외교정책을 제시하고 있다. 또한 동 외교정책개념은 외교정책은 주권수호, 국가독립과 영토의 통합, 모든 영역에서의 안보강화, 자유롭고 민주적인 국가 건설, 효과적인 시장경제 구축에 호의적인 대외 환경 조성, 강대국 지위 유지, 러시아의 세계공동체 진입 등과 같은 기본적인 국익 실현을 위해 추진되어야 한다고 적고 있다. 또한 시장경제로의 전환과 경제위기 극복을 위한 경제외교의 중요성, 그리고 글로벌·지역 안정의 유지, 분쟁 방지, 국제법과 인권, 소수자 권리 보호를 위한

---

[4] Alexander Sergunin, *op. cit.*, pp. 137-138.

러시아의 책임을 강조하고 있다. 그리고 군사전략의 목적으로 다자협력체제로의 국제질서 변화, 군축과 군비 축소의 촉진, 군개혁 등을 제시하고 있다. 그러나 동 외교정책개념은 러시아에 심각한 대외적 위협을 제시하지 않고 있다. 알렉산더 세르구닌(Alexander Sergunin)은 이 외교정책개념에 대해 전반적으로 자유주의적 · 친서구적인 정책 기조를 보이고 있다고 평가하고 있다.[5] 이는 신생 러시아 출범 후 옐친 정부가 체제 전환을 순조롭게 추진하기 위해 친 서방정책을 적극 추진한 것을 고려해볼 때 당연한 외교 · 안보정책 방향이었다.

국가안보회의는 1993년 11월 2일 신 군사독트린을 채택했다. 신 군사독트린은 외교정책개념과 달리 대내외적 군사위협을 명확하게 정의하고 있다. 군사안보를 위협하는 10개의 대외적 도전은 러시아와 동맹국들의 영토에 대한 영유권 주장, 지역분쟁, 여타 국가들에 의한 WMD의 잠재적 사용 또는 확산, 전략안정의 훼손, 국내문제 개입, 러시아 국민들에 대한 불이익, 해외 주둔 러시아 군 시설에 대한 공격, 러시아 군사안보를 약화하기 위한 군사블록의 팽창, 국제테러 등이라고 밝혔다. 한편 대내적 위협 요소로는 국내 안정을 해치는 민족주의자, 분리주의자 등의 불법 행위, 정부 전복 행위, 원전, 생화학 시설 등에 대한 공격, 불법적인 무장 세력의 구축, 불법적인 WMD 확산 등이다. 동 군사독트린은 소련 시대와 달리 미국과 NATO를 주요 군사위협의 근원으로 적시하지 않았지만 NATO 확대, 국경 지역에서의 군비 증강 등 전략적 안정을 훼손하는 어떠한 군사적 행위도 반대하고 있다. 한편 동 군사독트린은 CIS 지역에서의 민족 · 영토 분쟁을 역내 불안정 요인으로 지적하고 있다. 즉 옐친 정부는 국가 간 대규모 전쟁 가능성이 줄어든 상황에서 지역분쟁과 갈등으로부터 러시아의 안전을 보장하고 이 분쟁들을 해결하기 위한 역할 증대를 위해 군사태세와 군사적 역할을 중시하고 있다. 그리고 동 군사독트린은 고르바초프 시대 방어적 측면의 군사안보를 중시하던 것과 달리 방어적이고 공세적인 군사안보를 강조하고 있

---

5   *Ibid.*, pp. 138-139.

다. 이 외에도 분쟁 지역에 대한 러시아군의 파견과 역할, 대규모 전쟁에 대한 대비 태세, 핵정책(CTBT 이행, 핵 감축, 비확산 레짐 강화 등), CIS는 물론 러시아 내 분쟁 발발 시 군의 역할 등을 명시하고 있다. 또한 러시아의 핵 정책은 러시아와 동맹국들에 대한 공격을 억제하면서 핵전쟁의 위협을 피하는 하는 것이라고 명확히 밝히고 있다.[6]

옐친 정부는 1994년 국가안보회의를 통해 소련 시대와 다른 국가안보전략의 초안을 작성했으나 채택되지 않았다. 옐친 대통령은 1996년 5월 신 국가안보 전략의 작성을 국가안보회의에 지시했고, 제2기 정부하인 1997년 12월 17일 대체로 이 초안에 기초한 '국가안보개념'이 발표되었다. 국가안보개념은 4개 부문, 즉 세계 속에서 러시아(Russia within the World Community), 러시아 국익(Russia's National Interests), 러시아에 대한 안보위협(Threats to the National Security of the Russian Federation), 러시아 안보의 수호(Safeguarding the Russian Federation's National Security)로 구성되어 있다.[7]

국가안보개념은 전문에서 "국가안보개념은 정치·경제·사회·군사·환경·정보, 그리고 국내외 위협으로부터 개인·공중·국가의 안전을 보장하기 위한 구체적인 목표와 적절한 국가 전략에 관한 공식적인 견해를 종합한 정치적 문건"이라고 밝히고 있다. 또한 제1절에서 1993년 외교정책개념과 유사하게 세계 질서가 다극질서로 점차 발전하고 있다면서 러시아가 이러한 세계 질서 변화 과정에서 일익을 담당해야 하고 다극질서의 한 축을 형성해야 한다고 주장하고 있다. 그리고 러시아 안보에 위협 요인으로 유럽을 위한 보다 종합적이고 보편적인 안보 모델의 부재, NATO의 확대 추진, 기존 평화유지 및 안보체제의 효율성 결여 등을 지적하고 있다. 또한 직면한 경제위기를 국가안보에 대한 심각한 요인으로 파악하면서 이에 대한 적극적인 대응을 요구하고 있다.

또한 이 국가안보개념은 개인·사회·국가 차원에서 국익을 제시하면서 이들이

---

6   보다 구체적인 내용은 다음 문헌 참조. *Ibid.*, pp. 139-147.
7   "Russian National Security Blueprint," *Rossiiskaya Gazea* (Dedember 26, 1997), pp. 4-5/FBIS-SOV-97-364(December 30, 1997).

경제, 국내 정치, 정신생활·문화·과학, 세계, 국방, 정보 등의 분야에서 어떠한 것인지를 제시하고 있다. 제3절에서는 국가안보에 대한 위협 요인으로 경제 침체 및 위기의 심화, 민족 간 분쟁, 사회분열의 심화, NATO 확대, WMD 확산 등을 제시하고 있다. 제4절에서는 국가안보를 수호하기 위한 정책 혹은 대책을 경제, 문화·정신·도덕, 환경, 외교정책, 국방, 국경, 비상상태, 정보 등의 분야에서 제시하고 있다. 외교정책의 경우, 러시아는 국가안보를 위해 국제사회의 모든 국가들과 동등한 파트너십을 바탕으로 협력을 진행할 것이며, 세계 주요국들과 협력 관계 구축, CIS 틀에서 협력과 통합 강화, 벨라루스와 국가연합의 달성 등을 우선적인 외교정책으로 추진할 것이며, 유럽·아시아 국가들과도 동등한 파트너십을 바탕으로 협력을 확대, 심화해 나가겠다고 밝히고 있다. OSCE의 역할 강화와 지역 분쟁을 해결하기 위한 평화유지활동에 적극 참여해야 한다고 적고 있다.

한편 국방정책의 경우, 러시아 군의 가장 중요한 임무는 핵과 대규모 또는 지역 전쟁을 예방하기 위한 억지력의 확보와 동맹국들에 대한 의무를 수행하는 것이라고 밝히고 있다. 따라서 군은 적절한 핵 무장력을 확보, 유지할 필요가 있으며, 동시에 핵 감축과 WMD 비확산을 위한 주도적인 역할을 강조하고 있고, 국가안보를 보장하기 위한 군사작전의 조건들을 제시하고 있다.

## 2) 제1·2기 푸틴 정부 시기

푸틴 대통령은 옐친 대통령의 조기 사임에 따라서 대통령 직무대행 중 실시된 2000년 3월 대선에서 비교적 쉽게 승리했다. 푸틴 대통령은 정국 혼란과 경제위기, 사회분열, 국제적 지위 약화 등으로 점철된 옐친 시대를 종식하고, 다시금 강대국으로 부상하기 위한 국내외 정책을 추진했다. 즉 푸틴 대통령은 법치 확립과 경제 성장을 통한 강국 건설과 이를 바탕으로 강대국 지위 회복을 국정 목표로 설정했다.

<표 4> 러시아 외교·안보 문건들의 채택 현황

| 정부 | 채택 연월일 | 외교·안보 문건 |
|---|---|---|
| 옐친 정부<br>(1991~1999) | 1992. 3. 5 | The Law on Security of the Russian Federation(RF) |
| | 1993. 3. 23 | Foreign Policy Concept of the RF |
| | 1993. 11. 2 | The Military Doctrine of the RF |
| | 1997. 12. 17 | The National Security Concept of the RF |
| 제1·2기 푸틴 정부<br>(2000~2008) | 2000. 1. 10 | The National Security Concept of the RF |
| | 2000. 6. 28 | The Foreign Policy Concept of the RF |
| | 2000. 4. 21 | The Military Doctrine of the RF |
| | 2000. 9. 9 | The Information Security Doctrine of the RF |
| 메드베데프 정부<br>(2008~2012) | 2008. 7. 12 | The Foreign Policy Concept of the RF |
| | 2009. 5. 12 | The National Security Strategy of the RF until 2020 |
| | 2010. 2. 5 | The Military Doctrine of the RF |
| 제3기 푸틴 정부<br>(2012~현재) | 2013. 2. 12 | The Foreign Policy Concept of the RF |
| | 2014. 12. 25 | The Military Doctrine of the RF |
| | 2015. 12. 31 | The National Security Strategy of the RF |
| | 2016. 11. 30 | The Foreign Policy Concept of the RF |
| | 2016. 12. 5 | The Information Security Doctrine of the RF |

　이러한 국정 목표의 설정은 특히 21세기를 맞이하면서 새로운 외교·안보 정책의 수립과 실행을 필요로 했다. 따라서 <표 4>가 증명해주듯이 푸틴은 대통령직 수행 첫 해인 2000년 새로운 국가안보개념·외교정책개념·군사독트린·정보안보독트린을 채택했다. 푸틴 대통령의 이러한 신 외교·안보 문건의 채택은 당시 러시아가 직면한 국내외 상황을 잘 반영한다. 즉 러시아의 강력한 반대를 무릅쓰고 미국 주도의 NATO는 1999년 폴란드·체코공화국·헝가리를 신 회원국으로 받아들였으며, 코소보 사태에 개입했다. 특히 NATO는 1999년 4월 워싱턴에서 개최된 창설 50주년 기념식에서 유고 사태에 대한 개입의 정당화 또는 유사한 사태에 대한 NATO의 역할 확대를 위하여 '인도적 개입(humanitarian intervention)'을 명시한 신전략을 채택했

으며, 이는 옛 소련 지역 내 민족·영토 분쟁에 개입하고 있는 러시아로 하여금 위협 인식을 갖게 했다. 그리고 클린턴(Bill Clinton) 행정부는 옐친 정부의 반대 및 재정·기술 부족 등 국내 요인에 의해 잠시 추진을 중단했지만 미국은 유럽 MD 구축을 완전히 포기하지는 않았다. 또한 러시아는 국내적으로 1998년 8월 외환 위기에 직면해 모라토리엄을 선언하면서 루블화의 폭락 등 극심한 경제위기에 직면했다. 그리고 푸틴의 대통령 등극에 큰 기여를 한 제2차 체첸전쟁이 1999년 8월 발생했다. 이러한 국내외 상황은 푸틴 정부로 하여금 상기한 새로운 외교·안보 정책의 수립과 이에 기초한 구체적인 정책 집행을 하게 했다.

1월에 발표된 '국가안보전략'은 1997년 발표한 것과 포맷은 거의 동일하나 국제정세에 대한 평가와 이에 대한 외교·안보적 대응은 상당한 차이를 보이고 있다.[8] 동 국가안보전략은 1997년 국가안보전략에서 국제 질서가 다극화된 질서로 점차 발전해 갈 것이라는 낙관론을 버리고 세계 정세가 상호 배타적인 경향이 공존하고 있다고 평가했다. 즉 첫 번째는 상당한 수의 국가들과 그들의 통합체의 정치·경제적 지위가 강화되는 경향 속에 국제 문제의 다자적 관리체제가 개선되는 경향이고, 두 번째는 국제 공동체에서 미국의 리더십하에 선진 서구 국가들의 주도권에 기초한 국제 관계의 토대를 구축해 국제법을 무시하면서 국제정치의 문제들을 어떤 경우 군사력을 동원해 일방적으로 해결하려는 경향이다. 또한 동 국가안보개념은 1997년 것과 달리 대외적 위협들, 즉 OSCE와 UN의 역할 약화, 러시아의 국제사회에 대한 정치적·경제적·군사적 영향력 약화, 국경 지역에 대한 외국군의 주둔과 군사기지의 배치 가능성 증대를 포함한 군사·정치 블록 및 동맹의 공고화(특히 NATO의 동진), CIS의 결속력 약화와 CIS 국경 지역에서의 갈등 고조, 외국의 러시아 영토의 요구 등을 적시하고 있다.

2000년 6월에 발표된 '외교정책개념'의 구성도 1993년의 것과 거의 동일하게 일

---

8  Jakub M. Gozdzimirski, "Russian national security concepts 1997 and 2000: A comparative analysis," *European Security* 9:4, 2000, pp. 79-81 참조.

반 원칙(General principles), 현 세계와 러시아 외교정책(Modern world and foreign policy of the Russian Federation), 글로벌 문제의 해결에서 러시아의 우선 정책, 지역에서 우선 정책(Regional priorities), 러시아 외교정책의 디자인과 수립(Design and start-up of foreign policy of the Russian Federation) 등으로 구성되었다.[9] 세계 정세와 관련해, 동 외교정책개념은 러시아에 기회 요인과 위협 요인을 적시했다. 기회 요인으로는 탈냉전에 따른 국제 질서에서 대립 요인의 감소, 핵전쟁 가능성의 최소화, 군사적 역할의 축소, 대부분 국가들의 시장경제 및 민주주의 가치 옹호, 과학·기술의 발전 등을 들고 있다. 반면에 위협 요인으로 미국의 일방주의, 서구 기구들(NATO 등)들의 국제법을 무시한 군사력의 사용, 지역 국가 간 정치·군사적 경쟁, 분리주의와 종교적 극단주의, WMD 확산, 국제 테러리즘, 마약과 무기 밀매, 자금 세탁 등을 지적하고 있다.

따라서 동 외교정책개념은 국제안보를 증진시키기 위해 국제 관계에서 군사력의 역할을 감소시키고 동시에 전략적·지역적 안정을 강화, 미국과 양자협정에 의해 핵감축, WMD 비확산을 위한 협력, 군사 부문에서 신뢰구축조치(CBM: Confidence Building Measures)의 강화 등을 통한 지역 안정의 강화, UN과 지역 기구들의 평화유지활동에의 적극 참여, 재난구조와 반테러리즘에의 적극 동참, 초국경 범죄 척결 동참 등을 강조하고 있다. 한편 러시아 외교정책의 지역적 우선순위로는 CIS, 카스피해 국가, EU, USA 등 유럽과 북유럽 국가, 한국·중국·일본 등 아시아 국가, 중동, 아프리카, 중남미 순으로 배열하면서 해당 국가와 지역에 대한 정책 목표를 제시하고 있다.

한편 2000년 4월 채택된 '군사독트린'은 외교정책개념에서와 같이 러시아가 직면한 위협을 적시하고 있다. 그리고 현재와 미래 전쟁의 경향을 제시하면서 국내 군사적 갈등(체첸, 조지아·남오세티야 등), 지역전쟁(1980년대 이란·이라크, 나고르노·카라바

---

[9] 푸틴 정부와 메드베데프 정부하에서 채택된 외교정책개념의 비교연구는 다음 문헌 참조. Francisco J. Ruiz Gonzalez, "The Foreign Policy Concept of the Russian Federation: A Comparative Study," Framework Document, 01/2013(April, 2013) from ieee.es.

흐를 둘러싼 조지아·아제르바이잔 전쟁 등), 여러 국가가 개입된 지역전쟁, 제2차 세계대전과 같은 대규모 전쟁, 군사적 충돌 유형을 제시하고 있다. 또한 동 군사독트린은 코소보나 아프가니스탄에서와 같은 미국의 일방적 군사력 사용, UN과 OSCE의 전통적 안보기구 역할 약화, NATO의 확대, 군축과 군비 통제의 지지부진 등을 주요 안보 우려로 지적하고 있다.

푸틴 정부는 이러한 국제 정세의 흐름에 대응해 CIS와 유라시아 차원은 물론 전 세계적 차원에서 대미 견제를 위한 양자·다자 차원의 대응책을 강구했다. 즉 푸틴 정부는 CIS와 유라시아 차원에서는 2002년 CIS의 군사동맹체인 '집단안보조약 (CST)'을 제도화하는 조치로 '집단안보조약기구(CSTO)'로 변화시켰으며, 경제통합을 촉진, 구체화하기 위한 외교적 노력을 경주했다. 또한 푸틴 정부는 세계적 차원에서 골드만삭스의 BRICS 그룹화를 구체적인 다자협력체로 발전시키기 위한 외교적 노력을 기울여 성사시켰다. 또한 중국과 2001년 '상하이포럼'을 제도화된 다자협력기구인 '상하이협력기구(SCO)'로 변화시켰다. 특히 푸틴 집권 2기 들어 러시아의 강대국으로의 재부상은 러시아의 외교·안보 정책을 보다 공세적·독자적으로 변화시켰다.[10]


### 3) 메드베데프 시기

푸틴 대통령의 8년 재임은 비록 2000년 이후 국내외적으로 의미 있는 수많은 사건이 발생했음에도 새로운 외교·안보 문건들이 채택되지는 않았다. 즉 푸틴 대통령의 재임 기간 동안 2001년 9·11테러 사태와 미국 주도의 반테러 전쟁(아프가니스탄, 이

---

10 강대국으로의 재부상 후 러시아의 외교·안보 정책의 변화는 다음 도서 참조. 고재남·엄구호 엮음, 『러시아의 미래와 한반도: 러시아의 강대국으로의 재부상』, 서울: 한국학술정보(주), 2009.

라크 침공), 2003~2005년 사이에 발생한 CIS 내 서방 후원의 시민혁명 발생(조지아, 우크라이나), 2004년 이후 2차례에 걸친 NATO 확대와 미국의 유럽 MD 추진 등에도 푸틴 정부는 신 외교·안보 문건들을 채택하지 않았다.

그러나 푸틴 정부 2기 들어 러시아가 강대국으로 재부상하면서 푸틴 정부는 과거보다 공세적이고 독자적인 외교·안보 정책을 추진하기 시작했으며, 이는 부시 행정부의 일방주의정책과 충돌하면서 추가적인 핵감축협상의 중단, 미국의 우크라이나·조지아 NATO 가입과 유럽 MD 추진을 둘러싼 미·러 갈등이 심화되었다. 그리고 2008년 8월 본격적으로 시작된 미국발 세계 금융·경제 위기는 에너지·자원 의존경제인 러시아에 치명타를 안겨주었다. 또한 같은 해 8월 7일 베이징 하계올림픽 전야제에 발발한 러·조지아전쟁은 러시아가 승리했음에도 러시아 군의 전쟁수행 능력과 군 장비의 낙후성을 전 세계에 알려주는 매우 부정적인 계기로 작용했다. 또한 2006년 1월에 이어 2009년 1월에 재발한 러·우크라이나 간 가스분쟁도 양국의 국내외 정세는 물론 중유럽 에너지 안보에도 상당히 부정적인 영향을 미쳤다.

이러한 국내외 정세에 따라 2008년 5월 출범한 메드베데프 대통령과 푸틴 총리의 양두체제에서는 새로운 외교정책개념, 국가안보전략, 군사독트린을 채택했다. 2000년 7월 발표된 '외교정책개념'은 2008년 것과 구성은 똑같이 4절로 구성되었다. 동 외교정책개념은 특정 국가의 일방주의를 비판하면서 국가 간 평등, 호혜적 협력, 국제법 등에 기초한 다자주의적 글로벌 질서가 새롭게 발전되어야 하며 국제 안보, 국제 경제·환경 협력, 국제적 인도적 협력과 인권 보호, 공공외교 등을 우선 외교정책의 과제로 제시했다. 외교정책의 지역 우선성도 2000년 것과 동일하게 CIS 국가들과의 협력을 가장 우선시하면서 유럽, 북미, 아시아·태평양 지역, 아프리카, 중남미 등에 대한 외교정책 목표와 방향을 제시하고 있다.

2009년 5월 채택한 '국가안보전략 2020'은 향후 10년을 바라보면서 안보전략을 제시하고 있기 때문에 과거 것보다 중장기적인 미래 전략을 제시했다고 볼 수 있다. 그리고 국가안보전략 2020에서는 과거의 것에 비해 인간안보에 대한 비중을 증대했다. 또한 군사위협은 과거의 것과 동일하게 제시되었고, 핵감축의 필요성을 강조하면서도 기존의 핵무기 중시 기조는 변함이 없었다.[11]

한편 메드베데프 정부는 2010년 2월 신 '군사독트린'을 채택했다. 이는 상기 국가안보전략과 유사하게 러·조지아전쟁 등 세계 전략환경의 변화에 대응한 전략과 정책 방향을 제시하고 있다. 동 군사독트린은 과거 것에 비해 군 전략의 사회·경제적 측면을 중시함과 동시에 국방외교의 중요성을 강조하고 있다. 상기한 바와 같이, 러·조지아전쟁은 러시아의 재래식 군사력과 전략 운용의 실상을 적나라하게 드러냈으며, 그 결과 메드베데프 정부는 2008년 말부터 대대적인 국방개혁과 군비 현대화 작업을 추진했다.

## 3. 제3기 푸틴 정부의 신 외교·안보 전략의 개요

### 1) 외교·안보 문건들의 채택 경과와 배경

상기한 바와 같이 제3기 푸틴 정부는 2013년 2월 신 '외교정책개념'을 발표했다. 이는 푸틴 대통령이 총리이자 당선자 시절이던 5월 초 외교부에 지시해 작성한 것으로 초안이 같은 해 12월에 완성되었다. 이후 초안은 전문가와 관련 정부 기관들의 의견을 반영해 최종본이 작성되었고, 2013년 2월 12일 푸틴 대통령이 서명한 후, 공개되었다.[12]

---

11  Alexander Sergunin, *op. cit.*, pp. 160-162; 김태웅, 「'국가안보전략-2020'에 나타난 러시아 국가안보정책의 주요 변화와 함의」, 『한국동북아논총』 제59호, 2011, 25-50쪽 참조.

12  "Foreign Policy Concept of the Russian Federation"(February 12, 2013), http://www.mid.ru/(검색일: 2016년 11월 2일).

이 외교정책개념은 2000·2008년 발표된 것과 동일한 포맷으로 구성되었으며, 글로벌 이슈에 대한 외교정책의 방향이나 지역적 우선성도 거의 동일했다. 하지만 2008년 8월 전 세계적으로 확대된 미국발 경제·금융 위기는 신 외교정책개념에 약간의 변화를 주었다. 예를 들어, 신 외교정책개념은 2008년 냉전 잔재의 점진적 청산과 이데올로기 시대의 종언을 언급했던 것과 달리 문명의 다양성, 가치 경쟁, 국제 문제의 재이념화의 부정적 영향 등을 지적했다.[13]

그러나 2014년 3월 발생한 우크라이나 사태는 러시아 외교·안보 정책의 주요 내용들을 수정하게 되는 요인으로 작용했다. 특히 서방 세계의 대러 외교·경제 제재와 NATO의 군사적 대응은 러시아로 하여금 기존의 외교·안보 전략과 정책을 크게 변화시켰다. 즉 미국은 2014년 6월 소치에서 개최될 예정이었던 G8 정상회담을 무산시키면서 러시아를 G8에서 축출했으며, EU와 더불어 대러 경제제재를 주도했다. 또한 NATO는 한편으로는 2002년 이후 지속된 NATO·러시아 위원회(NRC: NATO-Russia Council)의 활동을 중단시켰으며, 다른 한편으로는 발트 3국과 폴란드, 흑해 등 러시아 접경 지역에서의 군사훈련을 강화하고 우크라이나에 대한 경제·군사적 지원을 확대했다. 또한 미국은 러시아의 군사적 위협을 강조하면서 NATO와 MD 구축을 가속화했다. 한편 서방 세계의 대러 경제 제재, 그리고 러시아의 에너지·자원 의존 경제와 부정부패 등 러시아 국내 경제 여건 등에 기인해 루블화와 증시의 폭락 등 러시아 경제 여건이 극도로 악화되었다. 또한 러시아의 중동 내 전략적 거점인 시리아 내전에 미국, GCC 등이 적극 후원하면서 아사드 정권의 입지가 점점 약화되고 있었다.

이러한 국내외 외교·안보 환경의 급격한 변화로 제3기 푸틴 정부는 외교·안보적 대응책을 강구하기 시작했다. 푸틴 대통령은 2014년 12월 14일 신 '군사독트린'에서

---

13  Andrew Monaghan, "The New Russian Foreign Policy Concept: Evolving Continuity," Russia and Eurasia REP 2013/03, Chatham House(April, 2013); Francisco J. Ruiz Gonzalez, *op. cit.*; 제성훈·강부균, 앞의 논문 참조.

명했다.¹⁴ 58항으로 구성된 신 군사독트린은 일반 조항, 러시아에 대한 군사적 위험과 위협, 러시아의 군 정책, 방위를 위한 군사적·경제적 지원 등 4절로 나뉘어 있다.¹⁵

2015년 2월 우크라이나 사태를 해결하기 위한 '민스크협정 II'가 채택되면서 돈바스 지역 분쟁이 해결될 것이라는 기대감이 커졌으나 우크라이나 내 동 협정의 이행을 반대하는 세력이 워낙 강력하여 사태 해결에 진전이 없었다. 이런 상황에서 서방 세계의 대러 제재는 더 강화되었고, NATO의 대러 군사력 강화정책이 지속적으로 추진되었다. 또한 시리아 사태는 ISIS의 준동으로 최악의 국면으로 빠져들었다. 이러한 국내외 정세하에서 푸틴 정부는 '러시아 안보법'이 규정한 대로 6년차인 2015년 국가안보회의에서 국가안보개념을 업데이트할 필요가 있었다. 특히 같은 해 2월 오바마 행정부의 '국가안보전략'¹⁶ 발표는 러시아 국가안보회의에 신 국가안보전략의 업데이트를 촉진하는 요인으로 작용했다.

미국의 국가안보전략은 우크라이나 사태 이후 완성된 것이기 때문에 러시아를 주적으로 지적하면서 러시아의 위협에 대응한 미국의 외교·안보적 대응을 밝히고 있다. 실제로 국가안보회의는 미국의 국가안보전략을 검토하기 위한 회의를 같은 해 3월 개최했으며, 국가안보회의는 미국의 국가안보전략이 본질적으로 '반러적 정향'을 갖고 있다고 판단했다. 드미트리 페스코프(Dmitry Peskov) 러시아 대통령 대변인은 "러시아 국가안보에 대한 모든 위협이 고려되면서, 필요 시 그에 대한 대응이 새로운 문서에 반영될 것이다"라고 밝혔다. 또한 국가안보회의는 미국의 국가안보전략이 러시아를 약화시키면서 글로벌 패권을 촉진하기 위한 목적을 드러냈다고 매우

---

14  "Military Doctrine of the Russian Federation," http://static.kremlin.ru/media/events/files/41d527556bec8deb3530.pdf(검색일: 2016년 11월 21일).

15  신 군사독트린에 대한 분석, 평가는 Polina Sinovets and Bettina Renz, "Russia's 2014 Military Doctrine and beyond: threat perceptions, capabilities and ambitions," *NATO Research Paper* No. 117(July, 2015) 참조.

16  White House, National Security Strategy(February 1, 2015), http://www.whitehouse.gov/sites/default/files/docs/2015_national_security_strategy.pdf(검색일: 2016년 9월 10일).

부정적으로 평가했다. 또한 미국이 러시아 등 여타 국가 내에서 시민혁명을 획책하고 있으며, 따라서 러시아도 이에 대한 대응책을 강구해야 한다고 판단했다.[17]

푸틴 대통령도 2015년 7월 3일 공식적으로 국가안보전략을 변화된 국내외 정세를 반영해 연말까지 수정안을 마련할 것을 지시했다. 이후 국가안보회의는 국가안보회의 내 전략계획을 위한 부서 간 위원회를 구성해 본격적인 개정 작업에 들어갔다. 2달 후 국가안보회의는 초안을 작성해 푸틴 대통령에게 제출했고, 이는 12월 31일 서명·공표되었다. 116개 조항으로 구성된 신 국가안보전략은 2009년 것과 동일한 포맷, 즉 기본 사항, 현 세계와 러시아, 국익과 전략적 우선순위, 국가안보 확보 방안, 국가안보전략 수행을 위한 조직적·법적 기반 등으로 구분되어 있다.

한편 푸틴 대통령은 2016년 11월 30일 제3기 정부 들어 2번째로 신 외교정책개념을 서명·발표했다. 이는 2013년 것과 동일한 포맷으로 구성되었다. 이 외교정책개념의 조기 업데이트는 국내적으로는 국가두마 선거에서의 여당인 통합러시아당의 압승과 경제위기의 지속, 대외적으로는 유럽 난민 사태의 심화, 시리아에서 러시아의 성공적 군사작전, 그리고 도널드 트럼프(Donald Trump)의 대선 승리 등에 영향을 받았다. 비록 대부분의 내용은 큰 변화가 없으나, 신 외교정책개념은 2008년 것과 약간 차이가 있다.

신 외교정책개념은 미국과 EU의 쇠퇴를 지적하면서 EU와 유라시아 통합체 간 조화로운 발전과 협력을 희망하고 있다. 그리고 외교정책의 우선 지역에서 순위는 거의 동일하나 G7과의 협력 항목이 삭제되었다. 또한 CIS 내에서 러시아의 우선적인 협력 국가 순위가 약간 변경되면서 우크라이나와의 협력이 과거에 비해 강조되었다. 또한 신 외교정책개념은 미국과 비자 면제, 제재 해제 등에 대한 문구가 삭제된 대신 평등, 상호 이익 존중, 내정 불간섭 등에 기초해 대미 관계를 발전시켜나가야 한

---

17　Roger McDermott, "Russia's 2015 National Security Strategy," *Eurasian Daily Monitor* Vol. 13 Issue. 7(January 12, 2016).

다고 밝히고 있다.[18]

　결론적으로 제3기 푸틴 정부의 신 외교·안보 전략은 길게는 2000년대 초반부터 시작된 미국의 NATO 확대와 MD 추진, 미국의 우크라이나·조지아 등 CIS 내 색깔혁명 지원과 NATO 가입 추진, 집권 2기 들어 러시아의 강대국으로의 재부상, 그리고 짧게는 미국의 2011~2012년 러시아 국가두마 선거 및 대선을 전후한 레짐 체인지 획책 의혹, 리비아·시리아 사태를 둘러싼 미·러 갈등, 우크라이나 사태 발발과 서방 세계의 대러 제재와 국내 경제 여건의 악화, 푸틴 대통령의 보수주의 가치 중시 등 국내외 정세를 반영해 업데이트되었다.[19] 특히 우크라이나 사태의 조기 해결이 난망한 가운데 2016년 발생한 러시아의 미국 대선 개입 의혹과 미국의 대러 독자 외교·경제 제재 강화, 2018년 3월 발생한 영국 내 스크리팔 부녀 독살 의혹 사건을 둘러싼 러·영 간 외교관 맞추방 사건 발생, 푸틴 제4기 정부의 출범 등으로 러시아의 신 외교·안보 전략에 입각한 외교·안보 정책이 더욱 강화, 지속될 전망이다.

---

18　신 외교정책개념(2016)에 대한 평가는 다음 문헌 참조. Witold Rodkiewicz, "Threatening a pivot towards Asia: a New Foreign Policy Concept of the Russian Federation," Analyses(2016. 12. 7), OSW, http://www.osw.waw.pl/print/24921; Matthew Frear, "What's New in Russia's Latest Foreign Policy Concept," http://www.leidenruslandblog.nl/articles/whats-new-in-russias-latest-foreign-policy-...(검색일: 2016년 12월 5일); Artem Kureev, "Decoding the Changes in Russia's new foreign policy," *Russia-Direct*(December 9, 2016), http://www.russia-direct.org/opinion/decoding-changes-russias-new-foreign-policy-c...(검색일: 2016년 12월 15일), etc.

19　제3기 푸틴 정부 들어 러시아의 외교·안보 정책의 변화 요인의 경중에 관한 다양한 주장들에 대해서는 다음 문헌 참조. Dmitri Trenin, "Russia's Breakout from the Post-Cold War System: The Drivers of Putin's Course," Carnegie Moscow Center(December, 2014); Yuki Naruoka, "Russian Foreign Policy Shift and Its Sources," Dept. of Political Science, University of California at San Diego(March 28, 2016); Richard Sakwa, *Russia against the Rest: The Post-Cold War Crisis of World Order*, Cambridge: Cambridge University Press, 2017 등.

〈표 5〉 신 외교·안보 문건들의 구성

| | 군사독트린(2014) | 국가안보전략(2015) | 외교정책개념(2016) |
|---|---|---|---|
| 1절 | 기본 사항(1~8항) | 기본 사항(1~6항) | 기본 사항(1~3항) |
| 2절 | 군사적 위험과 위협 (9~16항) | 현 세계와 러시아 (7~29항) | 현 세계와 러시아 외교정책 (4~22항) |
| 3절 | 군사정책(17~42항) | 국익과 전략적 우선 순위 (30~31항) | 글로벌 도전 극복에서 외교정책 우선 순위(23~48항) |
| 4절 | 국방을 위한 군사적·경제적 지원(43~58항) | 국가안보의 확보 방안 (32~107항) | 외교정책의 지역적 우선 순위 (49~99항) |
| 5절 | | 국가안보전략 실행을 위한 조직적·법적·정보 기반(108~114항) | 외교정책의 수립과 실행 (100~108항) |
| 6절 | | 국가안보 상태의 주요 지수 (115~116항) | |

## 2) 신 외교·안보 문건들의 주요 내용

우크라이나 사태 발발 후 제3기 푸틴 정부하에서 채택된 신 외교·안보 문건들의 주요 내용들은 〈표 5〉와 같다. 이 절에서는 세계 질서와 안보위협에 대한 인식, 국익과 외교·안보 정책의 우선 순위, 그리고 이러한 인식에 기초한 외교·안보 정책의 방안을 보다 구체적으로 살펴보았다.

### (1) 세계 질서와 안보위협에 대한 인식

신 국가안보전략(12항)은 형성되어가고 있는 다극화된 세계 질서에서 러시아의 역할 증진과 경제적·정치적·군사적·정신적 잠재력을 배증하기 위한 토대가 형성되었다고 밝히고 있다. 또한 한편으로는 러시아가 독자적인 외교·안보 정책을 추진하는 과정에서 미국과 그 동맹국들의 반대에 직면하고 있다고 주장하고 있다.

신 국가안보전략(13항)은 세계 질서가 글로벌·지역 차원의 불안정을 수반하면서 신 다극질서로 변화하는 과정에 있다고 지적하고 있다. 특히 현 세계 질서는 불균등한 발전, 국가 간 경제력 격차의 심화, 자원·시장·물류망 확보를 위한 투쟁 등 부정적 현상들이 가중되고 있다고 주장하고 있다. 세계 질서 다극화의 필요성과 불가피성에 대한 주장은 이미 1997년 발표된 국가안보개념에서도 나타났으며, 2000년 푸틴 정부 이래 지속되었다. 신 외교정책개념(4항)도 세계는 다극질서의 출현과 관련된 본질적인 변화를 겪고 있다고 주장하고 있다. 즉 국제 관계의 구조가 점차 복합화되고, 세계화는 신(新) 정치·경제력의 중심을 형성시키며, 글로벌 파워와 발전의 잠재력이 점차 분산화되면서 아시아·태평양 지역으로 이동하고, 세계 문화와 문명의 다양성 및 다양한 발전모델의 존재가 과거 어느 때보다도 분명해지는 등 다양한 변화가 일어나고 있다고 밝히고 있다.

또한 신 국가안보전략(14~15항)은 국제 관계에서 군사력의 역할이 축소되지 않으면서 주요국과 군사블록에 군비 증강이 촉진되어 글로벌 안보체제는 물론 군축을 위한 조약과 제도들이 취약해지고 있다고 지적하고 있다. 이 국가안보전략은 러시아 접경 지역에서 군사화와 군비경쟁이 진행되고 있다면서 NATO 접경 지역에서의 군사활동 강화와 상비군 주둔, NATO 확대 등을 심각한 안보위협으로 지적하고 있다. 또한 미국의 글로벌 MD 추진, 글로벌 타격 개념(global strike concept)의 도입, 전략적 비핵 정밀무기체계의 배치, 이 무기들의 우주 배치, 국제 문제 해결을 위한 군사블록 접근법 등도 군사적 안보위협이라고 지적하고 있다. 이러한 지적은 신 외교정책개념(6~7항)은 물론 신 군사독트린(제12항)에도 나타나고 있다.

한편 신 국가안보전략은 러시아의 유라시아 통합정책을 저지·억제하려는 서구의 정책은 러시아의 대유라시아 정책에 부정적인 영향을 미치고 있다고 지적하고 있다. 신 국가안보전략(17항)은 우크라이나의 반헌법적 쿠데타를 위한 미국과 EU의 지원이 우크라이나 사회의 극심한 분열과 군사분쟁을 촉발했다고 비난하고 있다. 또한 동 전략은(18항) 중동, 한반도 등 세계 여러 지역에서 발발하고 있는 전쟁, 내란, 그리고 테러 등은 일부 국가들의 영향력 확대를 위한 이중정책에 기인한다고 미국 등 서방 세계의 정책을 간접적으로 비난하고 있다.

또한 신 국가안보전략(19~24항)은 WMD 확산, 미국의 러시아 인접 지역에서의 군사·생물 실험실(military-biological laboratories) 네트워크 운용, 국내 정세가 불안한 국가 내 위협 물질과 시설들의 허술한 관리와 이 물질들의 테러집단으로 유입 가능성 상존, 지정학적 목적 달성을 위한 글로벌 정보 영역에서의 치열해지는 반목, 정치·외교적 목적 달성을 위한 경제 제재의 남발, 환경 악화와 식수·식량 공급의 위기 등을 안보위협 요소들로 지적하고 있다. 신 외교정책개념(13~17항)과 신 군사독트린(12~15항)도 이들과 유사한 안보위협 요소들을 제시하고 있다.

한편 신 국가안보전략(43항)은 국가와 공중 영역에서의 안보위협 요소로 국익을 해치는 외국과 개인의 특수 기관에 의한 정보수집 활동, 헌법질서를 변화시키기 위한 테러리스트와 극단주의 조직의 활동, 국가기관, 군과 산업 시설, 주요 인프라 등을 파괴하는 행위, 영토의 통합성과 시민혁명을 포함한 정치·사회적 여건의 불안정화, 전통적인 러시아 종교와 도덕적 가치의 훼손, 초국가적 범죄 행위, 파시즘·극단주의·테러리즘·분리주의 확산활동, 부패, 개인·사유재산·국가기관·공중안보 등에 대한 범죄 행위, 글로벌 온난화 등 자연재해 등을 소개하고 있다.

신 국가안보전략(26항)은 이러한 안보위협에 대응해 러시아는 사회통합의 강화, 사회적 안정의 확보, 민족 간 화합, 종교적 관용, 구조적 불균형의 해소, 경제 현대화, 방위 능력의 개선 등을 위한 정책적 노력에 초점을 맞춰야 한다고 적고 있다. 또한 국가안보전략(27항)은 이러한 정책적 노력을 실행함에 있어서 고비용의 대립을 피하면서 공개적·합리적·실용적 외교정책을 추구할 것이라고 밝히고 있다. 또한 동 국가안보개념(28항)은 국제법, 국민 간 상호존중, 국가 간 문화, 전통, 이익의 다양성 존중 등을 바탕으로 상호 유익하고 동등한 경제·통상 협력을 발전시켜나갈 것이라고 밝히고 있다.

## (2) 국익과 외교·안보 정책의 우선순위

신 국가안보전략(30항)은 러시아의 장기 전략적 이익으로 6개를 제시하고 있다. 이들은 ① 국방 능력의 강화, 헌법 질서, 주권, 독립, 국가와 영토의 통합성 등의 확보, ② 국민 화합, 정치·사회적 안정, 민주적 제도의 발전 등의 강화와 국가와 시민사회 간 협력을 위한 메커니즘의 개선, ③ 생활 수준의 향상, 국민들의 건강 증진, 안정적 인구 증가 추세 유지, ④ 러시아 문화와 러시아의 전통적 정신적·도덕적 가치의 유지, ⑤ 국가경제의 경쟁력 제고, ⑥ 다극체제에서 전략적 안정과 호혜적 동반자 관계의 유지에 목표로 둔 러시아의 세계 주요국가로서의 역할 공고화 등이다.

신 국가안보전략(31항)은 상기한 러시아의 국가 이익을 실현하기 위하여 8개 전략적 우선 정책 분야와 방안(33~107항)을 제시하고 있다. 즉 이들은 ① 국방, ② 국가와 공공 안보, ③ 경제 성장, ④ 과학, 기술 및 교육, ⑤ 건강보험, ⑥ 문화, ⑦ 국민생활의 생태환경과 자원의 합리적 이용, ⑧ 전략적 안정과 동등한 전략적 파트너십 등이다.

## (3) 신 외교·안보 정책 목표의 실현 과제

신 국가안보전략(87항)은 국가안보는 국제법과 동등원칙, 상호존중, 내정 불간섭, 호혜인 협력, 글로벌·지역 위기 상황의 정치적 해결 등에 기초한 안정적이고 지속적인 국제 관계 체제의 창설을 위한 적극적인 외교에 의해 더 확보된다고 밝히고 있다.

신 외교정책개념은 외교정책 목표의 실현 방안으로 글로벌 차원(23~48항)과 지역적 차원(49~99항)으로 구분해서 우선적으로 추구하는 정책 과제를 제시하고 있다.

① 글로벌 차원의 외교정책 우선 과제

공정하고 지속적인 세계 질서의 형성

신 외교정책개념은 공정하고 지속적인 세계 질서의 형성 과정에서 UN의 역할을 강조했다. 즉 "UN은 다른 대안이 없고 국제적 정통성을 갖고 있는 것이 증명해주듯이 국제 관계를 규제하고 21세기의 세계 정치를 조정하는 데 있어서 중추적인 역할을 해야 한다"고 했다. 이를 위해 UN은 UN 헌장의 핵심 원칙과 규정을 엄격히 준수해야 하며, UN 안보리의 효율성 증진이 필요하다고 지적하고 있다. 그리고 UN 안보리 개혁은 UN 회원국들의 대다수 의견을 반영해 이루어져야 하지만 기존 5개 상임 이사국의 지위가 유지되어야 한다고 적고 있다.

또한 신 외교정책개념(25항)은 글로벌 발전의 지속적인 관리를 위해서는 UN의 중추적·조정적 역할을 전적으로 존중하면서 지리적·문명적 대표성을 갖는 주요 국가들의 집단적 리더십의 중요성을 강조하고 있다. 러시아는 이러한 인식을 구현하기 위해 G8, BRICS, SCO 등을 여타 조직 및 대화체들과의 파트너십을 강화해야 한다고 밝히고 있다. 신 국가안보전략도 다자협력체들과의 협력을 강조하고 있다(88항).

국제 관계에서 법치의 강화

신 외교정책개념은 국제 관계에서 법치의 강화와 유지가 외교정책의 우선 과제라고 적고 있다. 동 외교정책개념(26항)은 국제 관계에서 법치는 국가 간 평화적이고 유익한 협력을 보증함과 동시에 글로벌 공동체의 전반적인 안정을 보장하기 때문에 러시아는 다음과 같은 정책을 추진하겠다고 적고 있다. 즉 러시아는 국가 관계의 법적인 토대를 강화하는 집단적인 노력을 지지하며, UN 헌장 등 국제적으로 합의된 헌장 원칙을 수정 또는 위반하는 국가들의 노력 저지, R2P(responsibility to protect) 개념을 적용한다는 명목하에 국제법을 위반한 군사적 개입의 저지, UN의 감독하에 국제법의 발전 촉진, UN 안보리에 의해 채택되는 제재안의 이행 개선 노력, 러시아 육지 및 해상 경계선을 확정시키기 위한 국제법적 절차를 완료하려는 외교적 노력 제고 등이다.

국제안보의 강화

신 외교정책개념(27항)은 국제안보의 강화를 위해 ① 국제 군축협정의 엄격한 이행, ② 2010년 4월 8일 체결한 New START의 이행에 대한 중요성 부여, ③ 핵 비확산과 다른 WMD와 발사체 비확산 레짐의 정치적·법적 기반을 강화시키기 위한 정책 유지, ④ 러시아의 국익과 전략 안정에 기여하는 새로운 군축조약의 참여, ⑤ 우주에서의 군비경쟁 저지를 위한 노력, ⑥ 전략 안정과 국제안보를 저해하는 일방적인 MD 추진의 반대와 미사일 관련 도전과 위협에 공동 대응하는 제도 확립, ⑦ 다자수출통제레짐의 참여를 통한 이중용도 목적의 물질과 기술 확산 방지, ⑧ 중동 지역 등에서 비핵지대화 창설 지원, ⑨ 전 세계적으로 핵 안전의 강화와 핵 테러의 방지를 위한 국제원자력기구(IAEA: International Atomic Energy Agency)의 역할 강화, ⑩ 전략 안정과 관련된 이슈, 원자력의 평화적 이용 등 공동 안보를 증진하기 위해 핵보유국을 중심으로 양자·다자 차원의 협력 촉진 등과 같은 외교정책을 추진하겠다고 밝히고 있다.

또한 신 외교정책개념은 국제안보를 강화하기 위해 국내·국제 사이버 안보를 위한 독자적, 국제기구(UN 포함)와의 협력 확대(28항), 소형무기 밀매단속을 위한 국제적 노력지지(29항), 현실에 맞게 유럽재래식무기감축조약(CFE Treaty)의 개정 노력(30항), 국제분쟁 해결을 위한 평화유지활동의 적극 참여(31항), 필수 정부 과제이자 핵심 국제안보 과제로 국제적 테러와의 전쟁 지속(33항), 지역분쟁의 정치적·외교적 해결 촉진(34항), 초국경 범죄와 관련된 조직범죄의 반대(35항), UN이나 여타 국제기구의 관리하에 자연재해와 인재에 대응한 협력기구 확립(36항), 이민 문제에 관련된 문제들을 해결하기 위한 국제협력에 참여(37항), 문화·종교·문명 간 대화와 파트너십의 촉진(38항) 등과 같은 외교정책을 추진하겠다고 밝히고 있다.

### 국제적 경제·환경 협력의 확대

신 외교정책개념은 러시아는 글로벌 경제·금융 안정과 경제·금융 위기를 극복하는 과정에서 상당한 기여를 했으며, 향후에도 평등하고 민주적인 통상·경제·통화·금융 기구의 창설, 글로벌 경제 도전의 극복, UN의 지속 가능 발전 목표의 달성 등을 위해 보다 적극적으로 기여하겠다고 밝히고 있다(39항). 이를 위해 러시아는 국제발전과 글로벌 경제 어젠다를 다루는 주요 국제포럼에서 공통의 입장을 찾아내는 데 보다 적극적인 참여, WTO를 중심으로 다자통상기구의 효율성 증대 및 지역경제 통합의 촉진, 글로벌 시장에서 러시아의 존재감 신장을 위한 호의적 여건 마련, 신 시장 개척 지원과 러시아 수출입 업자에 대한 차별 방지 노력, 외국의 러시아 기업에 대한 비우호적 조치 제어, 외국인 투자와 선진 노하우 및 기술 유입을 통한 기술의 현대화와 경제의 다변화 추구, 에너지 협력의 확대, 유럽과 아시아·태평양 지역 국가들과의 경제·통상 협력 확대를 통해 물류 거점으로의 발전 도모 등과 같은 외교정책을 추진하겠다고 밝히고 있다(40항).

한편 신 외교정책개념은 환경안보와 지구온난화의 방지 등을 위한 '파리기후협정(Paris Climate Change Accord)'의 이행 등 국제협력을 확대해나가겠다고 밝히고 있다(41항). 또한 외교정책개념은 UN과 그 특별임무 부여 기관들이 제안한 것에 기초해 글로벌 발전을 촉진하려는 양자·다자 차원의 노력에 적극 동참하겠다고 밝히면서 세계보건기구(WHO: World Health Organization)의 활동에도 적극적으로 참여하겠다고 공언하고 있다.

### 국제적 인도주의 협력과 인권

신 외교정책개념은 러시아는 보편적인 민주적 가치를 신봉하며, 따라서 러시아는 각국의 문화·역사·가치를 고려하면서 건설적이고 평등한 국제 대화를 통해 인권과 자유를 존중하는 것으로 보증하며, 세계의 인권 상황을 모니터하며, 이 과정에서 러시아 시민사회의 참여를 촉진할 것이라고 밝히고 있다. 또한 러시아는 인권이론을 동원해 국내 문제에 개입하는 것을 배격하며, 전 세계에서 기본적인 인권과 자유를 보장하기 위한 사회제도가 인도적이 되도록 노력하며, 국제사회에서 국민의 권리와 정당한 이익을 보호하며, 해외 거주 러시아인이 보호를 위해 지원하며, 세계적으로 러시아어의 공부와 사용을 확대하며, 슬라브 국가 간 문화와 인문학적 교류를 촉진하며, 극단주의, 신나치주의, 민족차별, 호전적 민족주의 등을 배격하며, 러시아 외교정책의 효과를 신장하기 위한 시민사회의 활동을 권장하며, 공공외교를 강화하고, 해외에 입양된 러시아 어린이들을 보호하기 위한 외교적 노력을 경주하겠다고 밝히고 있다(45항).

외교활동을 위한 정보 지원

신 외교정책개념은 주요 국제 문제, 외교정책 구상과 정책, 사회경제적 발전, 러시아의 문화와 연구 성과 등에 대한 왜곡되지 않은 정보를 국제사회에 제공하는 것은 외교정책에서 매우 중요한 영역이라고 강조하고 있다(46항). 따라서 러시아는 글로벌 정보 영역에서 러시아어의 사용을 확산하고 러시아어 미디어를 확산할 필요가 있다. 또한 신 외교정책개념은 글로벌 정치와 국제안보에 관해 러시아 학자·전문가와 해외 전문가 간 대화를 촉진하는 것이 공공외교의 주요 사업 중 하나라고 밝히고 있다(48항).

② 지역별 외교정책의 우선 과제

CIS 지역

신 외교정책개념은 CIS 정책의 목표로 CIS 국가들과 양자·다자 차원의 협력을 촉진하고 러시아가 참여하는 통합구조를 더욱 강화시키는 것이라고 적고 있다(49항). 신 국가안보전략도 CIS 국가들과의 협력 관계를 가장 우선적인 외교·안보 정책으로 지정해 다양한 협력 방안을 제시하고 있다(89~91항).

이를 위해 러시아는 벨라루스와 연합국가(Union State)와 통합을 확대하기 위한 전략적 협력을 확대하며, 유라시아경제연합(EAEU: Eurasian Economic Union) 참여국 간 통합을 확대·강화하며, 집단안보조약기구(CSTO)를 주요 국제기구로 발전시키고, CIS를 영향력 있는 지역기구, 다자 정치대화를 위한 플랫폼, 그리고 다면적인 경제적·인도적 협력을 위한 메커니즘, 전통적이고 새로운 도전과 위협을 처리하는 기구로 발전시키는 정책을 추진하겠다고 밝히고 있다(50~53항). 또한 신 외교정책개념은 CIS 국가들과 우호협력을 확대하기 위해 CIS 국가들과 공통의 문화와 역사적 유산의 보존, 인문학, 연구, 교육과 문화 협력의 확대, CIS 내 러시아인의 보호 등과 같은 정책을 적극 추진하겠다고 했다. 또한 CIS 국가들과 경제협력과 안보협력을 증진해나가겠다고도 밝히고 있다(55항).

한편 우크라이나와의 관계에서, 신 외교정책개념은 상호 존중, 파트너십 구축을 기반으로 정치·경제·문화·정치 영역에서 관계를 발전시키길 바란다고 적고 있다. 또한 국제사회의 주요국들 및 국제기구와 협력해 우크라이나 분쟁을 정치·외교적으로 해결하기 위해 모든 노력을 경주하겠다고 밝히고 있다(56항). 또한 압하지야 공화국과 남오세티야 공화국의 국제사회의 입지 강화 및 사회경제적 부흥을 지원하겠다고 밝히고 있다(57항). 또한 트랜스니스트리아(Transnistria) 문제, 나고르노·카라바흐 분쟁 등을 해결하기 위한 정치·외교적 노력을 기울이면서 몰도바·조지아, 그리고 흑해와 카스피해 연안국들과의 협력도 확대, 강화할 것이라고 밝히고 있다(58~60항).

EU·NATO

신 외교정책개념은 NATO·EU가 러시아가 제안하는 공동 유럽안보협력 틀의 창설을 거부하면서 지정학적 팽창정책을 적극 추진함에 따라서 러시아와 서구 국가들 간 위기가 심화되었다고 주장하고 있다. 미국과 그 동맹국들의 대러 봉쇄정책은 지역적·세계적 안정을 해치고 있으며, 양측의 장기적 이익을 저해하고 초국가적인 도전과 현 세계의 위협에 적절히 대응하지 못하게 하고 있다고 지적하고 있다(61항). 신 국가안보전략도 NATO의 접경 지역에서의 군사력 증강과 군사훈련 실시, MD 구축 등은 러시아가 받아들일 수 없다고 강조하고 있다(106항).

신 외교정책개념은 러시아가 EU와 평등과 상호존중의 원칙에 입각해 건설적이고 안정적인 그리고 예측 가능한 협력 관계의 구축에 관심을 갖고 있다고 밝히고 있다. 또한 러시아가 EU와 외교정책, 군사·정치 문제에서 실질적인 협력이 촉진되기를 희망한다면서 실제로 양측은 대테러(counter terror), 불법 이민, 인신매매, 마약밀매 등을 포함한 조직범죄, 폭발물 유입, 사이버 범죄 등의 분야에서 협력할 수 있다고 밝히고 있다. 또한 러시아는 동 개념에서 EU와 비자면제 제도를 단계적으로 추진하자고 제안하고 있다(63~65항).

한편 신 외교정책개념은 독일·프랑스·이탈리아·스페인, 그리고 여타 EU 국가들과 호혜적인 양자 관계를 발전시켜나가기를 희망하고 있다. 또한 OSCE 역할의 중요성을 강조하면서 시대 상황에 맞게 헌장과 기구들이 수정 또는 개혁되어야 한다고 주장하고 있다. 그리고 NATO와 협력 관계를 유지·확대하기를 바라지만 NATO의 확대와 접경 지역에서의 상비군 배치와 군사활동의 강화는 반대한다고 못 박았다(66~70항).

북미와 북극해

신 외교정책개념은 글로벌 전략 안정과 국제안보 그리고 무역, 투자, 과학기술 등의 분야에서 협력 잠재력 등을 고려해 러시아는 미국과 호혜적인 관계가 구축되길 바란다고 밝히고 있다. 그리고 미국과의 대화와 협력에서 내정불간섭 원칙이 존중되어야 한다고 주장하고 있다. 또한 러시아는 미국의 국제법을 뛰어넘는 치외법권적 관할권 행사를 용인하지 않으며, 군사·정치·경제적 압력을 통한 자국 이익의 성취를 위한 정책들을 수용할 수 없다고 밝히고 있다(72항). 한편 러시아는 미국과 군비 통제를 위한 건설적 협력을 지지한다고 밝히면서 전략핵무기 추가 감축 협상은 글로벌 전략적 안정에 영향을 주는 모든 요소들이 반드시 고려될 때 가능하다고 못 박고 있다. 또한 러시아는 미국의 글로벌 MD 구축을 심각한 안보위협으로 간주하면서 적절한 보복 조치를 할 수 있는 권한을 보유하고 있다고 주장하고 있다(73항).

한편 신 외교정책개념은 북극해를 포함한 여러 영역에서 캐나다와 호혜적인 협력 관계를 구축하길 바라고 있다. 러시아는 북극해에서 평화와 안정 그리고 건설적 협력을 유지하는 것을 목표로 한 정책을 추진하고 있으며, 현존하는 법적 틀을 잘 활용할 필요가 있다고 강조하고 있다. 러시아는 북극해를 정치·군사적 대립 지역으로 만들려는 시도에 단호히 반대할 것이며, 북극해 항로를 국내 물류망과 유럽과 아시아를 연결하는 항로로 발전시키는 것에 중요성을 부여하고 있다고 밝히고 있다(76항).

### 아시아·태평양 지역 국가들과의 협력

신 외교정책개념은 러시아가 아시아·태평양 지역에서 위상을 증대하고 역내 국가들과 협력을 제고하는 것에 전략적 중요성을 부여하고 있다면서 아시아·태평양 지역의 통합 과정에 적극 참여하고 이를 통해 시베리아와 극동의 사회경제적 발전을 도모하면서 역내 국가 모두에게 개방된 다자안보협력체를 창설하는 정책을 추진할 것임을 밝히고 있다(78항). 또한 SCO·ASEAN·ASEM·CICA 등 다자협력체들과의 긴밀한 협력 관계 구축을 강조하고 있다(79~80항).

또한 중국, 인도, 몽골, 일본, 베트남, 호주, 뉴질랜드, 남·북한과 양자 협력을 업그레이드해나가겠다고 밝히고 있다. 특히 러시아는 남·북한과 전통적인 우호 관계를 유지하는 데 관심을 표명하면서 한반도에서 대립을 약화하고 긴장을 해소하기 위한 정치대화의 추진 등 양자협력을 촉진하는 정책을 추진하겠다고 했다. 또한 러시아는 한반도 비핵지대화 정책을 고수하며, 이는 6자회담을 통해서 달성되어야 한다고 강조하고 있다. 또한 러시아는 동북아의 평화와 안정을 유지하는 메커니즘을 구축하기 위한 외교적 노력을 계속하겠다고 밝히고 있다(84~91항).

중동, 남미 및 아프리카

신 외교안보정책개념은 중동과 북아프리카의 안정을 위해 국제테러 그룹으로 야기되는 위협을 제거하기 위한 집단적 노력 지원, 지역갈등 해결을 위한 정치·외교적 해결의 지속적인 촉진, 이스라엘과 팔레스타인 간의 갈등 해결 등 의미 있는 기여를 계속할 것이라 밝히고 있다(92항). 또한 동 개념은 러시아는 시리아 사태의 정치적 해결을 지지하며, 이란과 모든 분야에서 협력을 증진하는 정책을 추진하겠다고 밝히고 있다. 또한 러시아는 이란 핵 프로그램에 관한 합의가 지속적으로 이행되어야 한다고 못 박고 있다. 또한 중동과 북아프리카 국가들과 양자 차원의 협력 확대를 지향할 것이며, 걸프만협력협의회(GCC: Gulf Cooperation Council) 국가들과의 전략적 대화도 계속할 것이라고 했다. 또한 동 개념은 러시아는 이슬람 협력기구(OIC: Organization of Islamic Cooperation)와 옵서버 국가로서의 지위를 활용해 다양한 분야에서 양자 간 협력을 더욱 확대하겠다고 밝혔다(92~96항).

신 외교정책개념은 아프가니스탄에서 NATO 중심의 안정화 군이 대부분 철수하면서 불안정이 심화되고 있고, 이는 중앙아시아 등 CIS 정세에도 부정적인 영향을 미치기 때문에 아프가니스탄, UN·CIS·CSTO·SCO 등 여타 국제기구들과 협력해 문제 해결을 위해 노력하겠다고 적고 있다(97항).

한편 신 외교정책개념은 러시아는 글로벌 관계에서 역할이 점증하고 있는 중남미와 카리브해 국가들과 양자 차원은 물론 역내 다자협력체[20]와 협력을 확대해나가겠다고 밝혔다(97항). 또한 동 개념은 러시아는 아프리카 국가들과 양자·다자 차원[21]에서 정치 대화와 호혜적인 경제·통상 협력을 촉진해 다양한 분야에서 협력을 증진해나가겠다고 적고 있다(99항).

---

20 예컨대 라틴아메리카·카리브해 국가공동체(Community of Latin American and Caribbean States), 남미공동시장(Southern Common Market), 남미국가연합(Union of South American Nations), 중미통합체제(Central American Integration System) 등.
21 예컨대 아프리카연합(African Union)과 하위 지역기구.

### (4) 국방정책의 목표와 주요 업무

신 국가안보전략은 국가안보를 확보하는 가장 우선적인 과제로 국방안보를 제시하고 있다. 또한 국방정책의 전략적 목표는 전략적 억제, 무력분쟁의 방지, 국방조직과 군 배치의 방법과 형태, 군 동원태세, 민방위군과 군 자원의 준비 태세 등의 개선 등이라고 밝히고 있다. 그리고 군사독트린이 군사정책의 기본 원칙, 국가 경제·군사 방어의 목표, 군사적 위험과 위협을 제시하고 있다고 했다(34~35항).

실제로 신 군사독트린은 무력분쟁을 봉쇄하고 예방하기 위한 주요 업무들로 글로벌·지역 차원에서 군사·정치 상황을 평가, 전망하고, 정치·외교·기타 수단들을 동원해 군사적 위험과 위협을 제거하며, 적정한 수준에서 핵 억지력과 글로벌·지역 안정을 유지하며, 실전에 즉각 동원될 수 있는 군사적 준비 태세를 유지하며, 군사작전에 필요한 경제적 지원 태세를 갖추며, UN 헌장에 따라서 국제안보의 강화에 공통된 관심을 갖는 국가들 및 BRICS, SCO 등 다자협력체들과 협력을 확대하며, CSTO의 틀 내에서 집단안보체계를 강화하며, 또한 OSCE·NATO·SCO 등과도 안보협력을 강화하며, 핵무기 감축조약을 이행하며, 특정 국가의 MD체제 구축을 통해 군사적 우위를 확보하려는 정책에 대응하며, 국제테러와의 전쟁에 동참하며, 정보통신기술(ICT: Information and Communications Technologies)의 국가안보에 대한 부정적 영향을 최소화하는 등으로 제시하고 있다(21항).


## 3) 신 외교·안보 정책의 특징

제3기 푸틴 정부의 신 국가안보전략과 이에 따른 신 외교·안보 정책은 러시아 외교·안보 정책 수립은 물론 실행 과정에서 결정적인 영향을 미치는 푸틴 대통령의 국내외 정세에 대한 인식과 대응을 반영하고 있다. 2012년 5월 제3기 푸틴 정부 들어 미·러 관계가 악화되었고, 러시아의 크림반도 합병과 우크라이나 분리주의자 지원으로 탈냉전기 최악의 러·미, 러·EU, 러·NATO 관계가 지속되면서 관련국들의 상대국에 대한 외교·안보 정책이 수정되었다.

러시아는 서방 세계의 대러 경제·외교 제재에 대응해 맞대응을 하면서 CIS 국가들과 경제·안보 통합의 강화, 중국·인도·중동·북한 등 아시아 국가들과 양자·다자 차원의 협력 확대 추진, 시리아 사태에 대한 군사적 개입 등과 같은 정책을 추진하고 있다. 심지 최근에는 일본의 영토 문제 해결에 대한 열망을 활용해 미국의 동맹국이자 G7 일원인 일본과 협력 강화를 도모하고 있으며, 러시아 정상으로서는 수 년 만에 일본을 방문했다.

이러한 푸틴 대통령의 외교·안보 정책을 일부 학자와 언론인들은 민족주의적(nationalistic), 신 수정주의적(neo-revisionistic), 신 유라시아주의적(neo-eurasiannistic) 외교·안보 정책이라고 규정하고 있다. 그러나 푸틴 대통령의 독자적이고 공세적인 유라시아 중시정책은 집권 2기 때부터 시작되었다고 평가할 수 있다. 즉 푸틴 대통령은 상기한 바와 같이 러시아의 강력한 반대에도 미국이 일방적으로 NATO 확대와 MD 추진, CIS 국가들의 시민혁명 지원과 친미 정권 수립, 리비아 사태 등 중동국가들에 대한 미국 주도 NATO의 군사 개입 등을 목격하면서 서방 세계에 대한 신뢰를 상실하고 적대감을 내면화했다.

푸틴 대통령의 미국의 일방주의에 대한 속내가 드러난 것은 2007년 2월 뮌헨 국제안보회의에서다. 푸틴 대통령은 당시 미국의 일방주의를 강력히 비난하면서 북한·이란의 핵개발 정책을 미국 탓으로 돌리기도 했다. 이후 메드베데프 정부하에서 일시 관계 개선이 이루어졌으나 2011년 중동에서 시민혁명의 발발, 시리아 사태의 발생과 해법을 둘러싼 이견, 특히 2011~2012년 러시아 총선과 대선 과정에서 발생한 대규모 반정부/반푸틴 시위에 대한 미국의 직·간접적 개입은 미국과 유럽에 대한 푸틴 대통령의 반감을 더욱 내재화하는 요인으로 작용했다. 당시 푸틴 대통령과 최고 정치엘리트들은 미국이 러시아에서 레짐 체인지를 획책하고 있다고 비난했으며, 이러한 인식은 미국의 대러 제재 주도와 연관시켜 아직도 계속되고 있다고 주장하고 있다.

특히 2014년 3월 발발한 우크라이나 사태와 2015년 9월 시리아 사태에 대한 군사 개입은 러시아가 신 국가안보전략과 신 외교·안보 정책을 수립하는 데 결정적인 요인으로 작용했다. 물론 상기한 바와 같이 신 외교·안보 문건들의 포맷과 내용은 대부분 이전의 것과 동일하나 그 내용이나 강조점에 차이가 크다.[22]

예를 들어, 신 국가안보전략에서는 러시아의 안보를 위협하는 핵심적인 요인으로 미국 주도의 NATO 확대와 MD추진, 그리고 접경 지역에 대한 군사력 배치와 군사 활동의 강화를 강조하고 있다. 또한 신 국가안보전략은 명시적으로 우크라이나에서 발생한 시민혁명이 미국 등 서방 세계의 사주와 지원에 의한 것이며, 이러한 내정 개입으로 인해 우크라이나가 분열되고 러시아와 관계가 극도로 악화되었다고 주장하고 있다. 그리고 미국 등 서방 세계의 국제법을 위반한 이러한 레짐 체인지 시도는 중동 등 여타 지역에서도 발생하고 있다고 비판했다. 신 국가안보전략은 이러한 상황에 대비해 국방력의 강화 등 국력을 강화하는 장기 전략을 추진해야 한다고 그 정책들을 소개하고 있다(30항).

또한 신 국가안보전략은 비록 서방 세계의 제재와 세계 경제 여건의 불안정에도 발전의 잠재력을 잘 활용해 경제 여건이 개선되었다고 평가하면서도 구 국가안보전략

---

22 신 국가안보전략과 신 군사독트린에 대한 평가는 다음 문헌 참조. Olga Oliker, "Unpacking Russia's New National Security Strategy," http://www.csis.org/analysis/unpacking-russia-new-national-security-strategy(검색일: 2016년 11월 3일); Michael Klimentyev, "Russia's national security strategy for 2016 in 9 key points," http://www.rt.com/news/327608-russia-national-security-strategy/(검색일: 2016년 3월 5일); Pavel Schlein, "Russian National Security Strategy: Regime Security and Elite's Struggle for 'Great Power' Status," *SLOVO* vol. 28 No. 2(Spring, 2016), pp. 85-105; Christoph Bilban, "The 2015 Russian Security Strategy-Comeback of the Cold War," http://sipol.at/en/2016/03/25/the-2015-russian-security-strategy(검색일: 2016년 11월 1일); Polina Sinovets and Bettina Renz, "Russia's 2014 Military Doctrine and beyond: threat perceptions, capabilities and ambitions," *NATO Research Paper* No. 117(July, 2015); Servane European Policy Department, "Russia's national security strategy and military doctrine and their implications for the EU"(January, 2017); Olga Oliker, "Russia's new military doctrine: same as the old doctrine, mostly," *The Washington Post*(January 15, 2015), Margatete Klein, "Russia's new military doctrine: NATO, the United States and the 'colour revolutions,'" SWP Comments 9(February, 2015), etc..

에 비해 경제 여건 개선을 위한 여러 방안들을 제시하고 있다. 또한 러시아가 직면한 국내적 도전들, 즉 부패, 조직범죄, 지하경제, 법과 질서에 대한 시민들의 신뢰 부재, 삶의 질 저하, 테러 위험, 기술적 후진성, 공공 재원의 부적절한 사용, 소득 불균형, 낮은 소비제품의 품질과 서비스, 인구 감소, 낮은 노동경쟁력, 낮은 수출경쟁력, 에너지·자원 의존 경제 등 수 많은 문제점들을 제시하면서 이를 해결 또는 개선하기 위한 방안들을 제시하고 있다. 즉 러시아는 국제사회에서 강대국으로 역할을 하기 위해서는 국내 역량의 강화가 시급하다는 인식을 신 국가안보전략을 통해 드러냈다고 볼 수 있다.

또한 모든 신 외교·안보 문건들은 국제 관계에서 군사력의 중요성을 강조하면서 국제 정세의 흐름에 적절히 대응할 수 있는 군사력의 확보와 군사적 위험에 대한 대응 태세를 갖추어야 한다고 강조하면서, 특히 미국의 첨단 재래식 무기의 위협을 강조하고 이에 대한 대응이 필요함을 지적하고 있다.

제4장

# 러시아와 CIS 통합운동의 전개

# 1. 서론

2018년 9월 타지키스탄의 수도 두샨베에서 제28차 CIS 정상회의가 개최되어 안보·경제 협력과 관련된 문건들이 채택되었다. 차기 CIS 정상회의는 1995년 말 UN 총회에서 중립국의 지위를 인정받은 후 다자지역협력에 소극적인 정책을 견지하면서 2005년 준회원국(associate member)으로 지위를 스스로 격하한 투르크메니스탄에서 2019년 10월 개최될 예정이다.

1991년 12월 8일 소연방 내 슬라브 3국 대통령이 벨라루스의 폴란드 국경 지역에 위치한 벨라베자(Belavezha) 자연보호구역에서 CIS를 창설하기로 합의한 지 27년이 경과했다. 3개국으로 출발한 CIS는 같은 해 12월 21일 카자흐스탄의 옛 수도 알마아타(Alma Ata, 현 알마티)에서 발트 3국과 조지아가 불참한 가운데 11개 가맹국으로 전 소연방 차원에서 공식 출범했다. 이후 1993년 12월 조지아가 CIS에 가입했다.

지난 27년 동안 CIS의 옛 소련 지역 통합운동은 러시아가 주도한 가운데 발트 3국(2004년에 EU·NATO 가입)을 제외한 12개 CIS 가맹국이 각국의 이해관계에 따라서 다양하게 추진되어왔다. 그리고 CIS 통합운동은 경제, 군사·안보, 정치 등의 분야에서 참여국 간 협력을 확대·강화하는 쪽으로 전개되어왔다. 그러나 이는 순조롭게 전개되었거나 또는 모든 가맹국 차원에서 가시적인 성과를 거둔 것은 결코 아니다.

실제로 그동안 가맹국 간 CIS의 기능과 권한, 그리고 주요 협력 분야에 대한 의견의 불일치 때문에 CIS 차원에서 합의된 사항들이 효율적이고 체계적으로 집행되지 못하고 있는 경우가 허다하다. 또한 가맹국 간 이해관계의 불일치는 CIS가 소연방을 대신하는 국가통합체로의 발전은 물론 심지어 영연방과 같은 수준의 국가협력체로도

---

\* 이 장은 필자의 다음 논문을 수정·보완해 작성한 것임. 고재남, 「CIS 통합 운동의 동향 및 전망: 러시아의 對CIS 통합정책을 중심으로」, 정책연구시리즈 2000-3, 국립외교원 외교안보연구소.

발전하지 못하는 요인으로 작용해왔다. 실제로 모든 CIS 가맹국 간 공통의 시민권, 전 CIS 차원의 공동방위군, 공동화폐 등을 유지하기 위한 초기 노력이 실패했으며, 가맹국 국민들도 CIS 내에서 어떠한 공통의 정체성을 발전시키지 못하고 있는 실정이다.

그럼에도 CIS는 강력한 중앙집권체제이자 다민족 혼재사회였던 소연방이 붕괴되는 과정에서 초래할 수도 있었던 '유고연방 타입의 붕괴'를 막으면서 소연방 구성국들이 독립국가로 발전하는 데 큰 공헌을 했다.[1] 또한 CIS는 소연방 구성국들 간 유일한 범지역 차원의 다자협의체로서 옛 소련 지역의 제반 문제들을 상호 협의하고 처리하는 모임의 장으로 이용되고 있다. 물론 2008년 발발한 러·조지아전쟁과 2014년 시작된 우크라이나 사태는 양국의 CIS 탈퇴와 불참, EU·NATO와의 협력 확대를 촉진했다.

러시아의 CIS 통합정책은 가맹국들이 처한 국내외적 환경에 많은 영향을 받아왔다. 통합 형태의 경우, 러시아·벨라루스 간의 국가연합식 통합이 추진되고 있는 반면, 가맹국들이 별개의 독립적 주권국가로 존재하면서 경제협력 또는 안보협력만을 추구하는 통합 움직임이 있다. 따라서 CIS 통합운동의 동향 및 전망을 논의할 때 우리는 '통합'이 갖는 의미를 규정할 필요가 있다. 이 글에서는 CIS 가맹국 간 '국가연합식 통합'은 물론 집단방위, 경제협력, 정치협력을 위한 다자협력체 또는 동맹체 구성을 위한 노력을 'CIS 통합운동'으로 파악하고자 한다.

이 장에서는 CIS 통합운동에 결정적인 영향을 미치고 있는 러시아의 CIS 통합정책을 중심으로 지난 27년간 이루어진 CIS 통합의 동향을 살펴보고 있다. 이를 위하여 첫째 CIS의 출범 및 발전 과정을 간단히 살펴보고, 둘째, 러시아의 CIS 통합정책의 목표 및 전개 과정을 분석하며, 셋째 정치, 경제, 군사·안보 분야에서의 통합운동의 전개 과정을 살펴보고, 마지막으로 최근 CIS 통합운동의 경향을 평가해보기로 한다.

---

1   푸틴은 2005년 4월 CIS가 소연방 국가들의 '문명적 결별(civilized divorce)'을 위해 창설되었다고 주장함. "Putin: CIS was created for a civilised divorce"(April 3, 2005), https://www.neweurope.eu/article/putin-cis-was-created-civilised-divorce(검색일: 2019년 1월 5일).

## 2. CIS의 출범 및 발전 과정 개관

### 1) CIS의 출범 과정

(1) 8월 쿠데타의 실패와 각 공화국의 독립선언

보수·강경파가 주도한 1991년 8월 쿠데타의 실패는 옛 소련 지역에서의 혁명적 변화 과정은 물론, 러시아와 여타 공화국이 채택한 반헌법적 조치들을 정당화해주었다. 또한 군을 제외한 소련의 모든 주요 정치기구들이 존재의 정당성을 상실했으며, 소연방체제는 단순한 위기가 아닌 완전한 붕괴로 치달았다.

이에 앞서 고르바초프 대통령은 각 공화국의 분리·독립 움직임에 대응하여 국민여론을 묻는 국민투표를 1991년 3월 17일 실시했다. 발트 3국, 아르메니아, 조지아가 불참한 가운데 실시된 국민투표에서 소련 전체 유권자의 75.4%가 투표에 참가하여 이들 중 76.4%가 소연방의 유지에 찬성했다. 고르바초프 대통령은 이러한 투표 결과에 힘입어 그해 4월 모스크바 근교에 위치한 노보 오가료보(Novo-Ogaryovo)에서 6개 공화국 지도자들이 불참한 가운데 소위 '1＋9 회담'을 개최했고, 신 연방조약안을 7월 이전에 확정한 후 연말까지 신 연방법을 제정하기로 합의했다. 당시 회담에서 합의된 내용은 ① 현 난국을 타개하기 위한 신 연방조약의 시급한 체결, ② 신 연방조약 체결 후 6개월 내 신 헌법 제정, ③ 신 연방조약에 서명하는 공화국 간 최혜국 대우 부여와 불참국의 조기 참여 권유 등이었다.[2]

이후 신 연방조약 안을 마련하기 위한 협상이 진행되었으며, 같은 해 8월 초에 확정된 신 연방조약안은 "모든 공화국은 주권국가이며, 자발적인 참여로 형성된 주권

---

2   *Sovetskaia Rossiia* (April 24, 1991).

연방 민주국가이다"라고 규정하고 있다.³ 이는 사실상 현 중앙집권적 연방체제가 붕괴되고 독립국가들로 구성된 주권국가 연합체제로 소연방의 성격이 변화하는 것을 의미했다. 따라서 중앙권력의 핵심 유지 메커니즘으로 작용하고 있던 소련 공산당, 군, 중앙정부 등 지도자들은 자신들의 기득권이 상실될 것을 우려했고, 이에 따라 각 공화국에서 신 연방조약안 비준을 막기 위한 보수반동 쿠데타를 비준 시작 하루 전인 1991년 8월 19일에 감행했다.

고르바초프 대통령은 쿠데타가 사실상 실패로 돌아간 하루 후인 8월 22일 휴양 중 강제로 연금을 당했던 크림반도에서 모스크바로 귀환한 후 모스크바가 완전히 다른 세계가 된 느낌을 받았다. 그의 권력기반이 크게 훼손되어 더 이상 소연방 최고 지도자로서의 역할을 할 수 없었던 것이다. 쿠데타는 각 공화국들의 독립선언을 촉진했으며, 이미 1990년 3월 11일, 1991년 4월 9일 각각 독립을 선언한 리투아니아와 조지아의 뒤를 이어 대부분의 공화국들이 독립을 선언했다. 즉 같은 해 8월 20일에는 에스토니아, 21일에는 라트비아, 24일에는 우크라이나, 25일에는 벨라루스, 27일에는 몰도바, 30일에는 아제르바이잔, 31일에는 키르기스스탄과 우즈베키스탄이 각각 독립을 선언했다. 9월 9일에는 타지키스탄, 23일에는 아르메니아, 그리고 10월 27일에는 투르크메니스탄이 독립을 각각 선언했다. 러시아와 카자흐스탄만이 CIS가 탄생될 때까지 독립선언을 보류하고 있었는데, 카자흐스탄의 경우 다른 국가와의 높은 경제적 통합성 및 자국 내 민족구성비 때문에 소연방의 유지를 바랐던 것이 그 이유였다.⁴

쿠데타의 실패는 공산당의 불법화와 재산의 압류 그리고 KGB의 무력화를 수반했다. 소련 공산당 중앙위 본부는 러시아 정부가 장악했고, 정치국은 각료회의가 열리는 장소로 이용되었으며, 각 공화국 및 지방정부에 소재한 공산당 본부 역시 똑같

---

3   *Sovetskaia Rossiia* (August 15, 1991).
4   Richard Sakwa, *Russian Politics and Society,* London: Routledge, 1993, p. 17.

은 운명에 처했다. 지난 70여 년간 스탈린식 체제의 중추적인 역할을 담당해왔던 소련 공산당은, 1990년 3월 소련 사회에서 당의 영도적 역할을 보장해주는 '소연방 기본법' 제6조가 수정되면서 역할이 크게 축소되었고, 1991년 7월 7월에는 마르크스·레닌주의마저 포기되면서 소련 사회에서 점차 설 자리를 상실해왔었다.

쿠데타의 실패는 또한 기존 정부기구의 철폐와 과도체제의 출범을 초래했다. 공산당 다음의 희생자는 1990년 출범 이후 준 민주적 대의기구로서 역할을 해오던 '소연방 인민대표대회'로서 이 기구는 발트 3국의 독립을 허용하는 조치를 취한 1991년 9월 3~6일의 비상회의를 끝으로 해체되었다. 쿠데타 실패 후 일시적이나마 러시아와 연방정부 간에 분명한 권한 구분이 부재하여, 두 대통령, 두 의회가 존재함으로써 정치권력의 공백 상태가 지속되는 듯했으나 옐친 정부는 이러한 이중적 권력 상태를 해소하기 위하여 연방기구의 기능을 하나씩 접수하기 시작했다.[5]

또한 쿠데타의 실패에 따른 연방정부의 무력화를 보완하고 각 공화국 간 문제를 조정해 해결하기 위하여 4개의 임시기구가 구성되어 과도체제를 관리했다.[6] 4개 기구는 소연방 인민대표대회를 대신하는 각국 대표들로 구성된 최고회의, 고르바초프 대통령과 12명의 각 공화국 수반들로 구성된 국가회의, 고르바초프 대통령을 의장으로 하는 정치협상회의, 그리고 경제협력을 유지·강화하기 위한 '공화국 간 국가 경제위원회'였다. 그러나 1991년이 저물어갈수록 고르바초프 대통령의 권한은 약화된 반면, 옐친 대통령의 권한은 점차 증대했다. 이는 러시아를 비롯한 각 공화국 지도자들이 정책 결정 권한을 연방정부에 집중시키지 않고, 국내외 문제를 독자적으로 처리하려는 정책을 펴면서 더욱 심화되었는데, 그 결과 고르바초프 대통령의 '주권국가연방' 결성을 통한 소연방 유지 노력은 물론, 과도체제 출범 후 체결된 소연방 구성국 간 경제·과학·생태·인권·국방 등 제반 분야에서의 공동협력을 위한 여러

---

5   *Ibid.*
6   구체적인 내용은 필자의 논문 참조. 고재남, 「민족문제와 소연방 제도의 과거와 현재 및 미래」, 한국슬라브학회, 『소련과 러시아: 정체성의 위기』, 서울: 民音社, 1993, 101-144쪽.

협정 또한 실행되지 못했다. 당시의 상황은 연방 유지를 위한 구심력보다는 무조건 독립하고 보자는 원심력이 팽배한 상황이었다.

(2) CIS의 출범

고르바초프 대통령은 1991년 11월 12개 공화국 지도자들에게 신 연방안인 국가연합식 주권국가연방 초안을 제시했으나, 누르술탄 나자르바예프(Nursultan Nazarbaev) 카자흐스탄 대통령을 제외한 나머지 지도자들은 그의 제안에 큰 관심을 기울이지 않았다. 특히 우크라이나는 러시아의 패권주의를 우려하여 어떠한 형태의 연방제도 거부했고, 이에 고르바초프 대통령과 옐친 대통령은 우크라이나의 참여가 없는 연방제는 의미가 없다고 주장하면서 우크라이나의 신 연방안 참여를 촉구했다.

그러나 같은 해 12월 1일 실시된 우크라이나의 국민투표에서 비연방주의자인 레오니드 크라프추크(Leonid Kravchuk)가 대통령에 당선됨으로써 우크라이나의 소연방 탈퇴가 기정사실화되었다. 한편 8월 쿠데타 저지에 결정적인 역할을 한 옐친 대통령의 국내외 인기는 날로 상승했으며, 옐친 대통령은 이를 이용하여 연방정부의 지방정부에 대한 통제권의 강화보다는 지방정부의 독자성을 강화하는 쪽으로 연방정책을 추진했다. 즉 소연방의 붕괴를 가져온 CIS의 창설은 고르바초프 대통령과 옐친 대통령 간 신 연방제 및 경제개혁을 둘러싼 상당한 의견 차이 및 권력투쟁 과정에서 옐친 대통령이 자신의 권력 강화 조치를 우선시한 결과라고 볼 수 있다.[7]

이후 같은 해 12월 8일 슬라브 3국 대통령인 옐친, 크라프추크, 그리고 슈슈케비치가 벨라베자 자연보호구역에서 회동, 크라프추크의 제안을 받아들이면서 각국이 정치적으로 독립된 주권국가로서 경제적 통합을 지향하는 CIS 창설에 합의했다. 원

---

7  다음 두 학자도 이와 비슷한 논지를 주장하고 있음. Willam E. Odom & Robert Dujarric, *Commonwealth or Empire?: Russia, Central Asia and the Transcaucasus,* Indiana, ID: Hudson Institute, 1995, pp. 8-14.

래 영연방 형태의 국가연합체제는 1989년 5월 개최된 제1차 소연방 인민대표대회에서 안드레이 사하로프(Andrei Sakharov)가 제안한 것이었다.[8]

카자흐스탄 대통령을 비롯한 중앙아시아 공화국 지도자들은 슬라브 3국 지도자들의 CIS 결성에 대한 합의를 비난했다. 그러나 이들은 1991년 12월 13일 투르크메니스탄의 수도 아슈하바트(Ashkhabad)에서 모임을 갖고, CIS에 참여하기로 결정했다. 그리하여 12월 21일 조지아와 발트 3국을 제외한 11개 공화국 지도자들이 카자흐스탄의 수도 알마아타에서 CIS 창설에 관련된 6개 문건, ① 알마아타 선언, ② CIS 정상회의 의정서(잠정 군지휘권 의정서), ③ CIS 국가원수평의회 결정(러시아의 UN 상임이사국 지위 승계), ④ CIS 조정기관에 관한 협정, ⑤ 핵무기 공동조치협정, ⑥ CIS 창설 협정에 관한 의정서에 서명함으로써 1922년 정확히 69년 전 레닌의 프롤레타리아 국제주의와 민족자결주의에 기초하여 성립되었던 소연방의 해체가 결정되었다. 이후 12월 25일 고르바초프가 소연방 대통령직 사임을 발표함으로써 소연방의 해체가 공식화되었고, CIS가 1992년 1월 1일 공식 출범했다.

## 2) CIS 헌장의 채택과 주요 기관[9]

### (1) CIS 헌장의 채택

CIS 가맹국들은 출범 후 사안에 따라 양자 또는 다자 간 협력을 모색해왔으며, 1993년 1월 22일 민스크에서 개최된 CIS 정상회담에서 CIS 헌장을 채택했다. CIS 헌장의 채택은 비록 당시 10개 가맹국 가운데 우크라이나·몰도바·투르크메니스탄

---

8   Richard Sakwa, *op. cit.*, p. 22.
9   이 절은 필자의 다음 분석을 수정·보완해 작성했다. 고재남, 「獨立國家聯合 憲章의 채택과 CIS 體制의 將來」, 『主要國際問題分析』, 국립외교원 외교안보연구소(1993년 6월 23일).

3개국이 서명을 거부했다는 약점에도 CIS 가맹국들의 권리와 의무, 그리고 양자 및 다자 간 관계를 규정하는 법적이고 제도적인 뒷받침을 마련했다는 데 큰 의미가 있다. 실제 당시까지 CIS 정상회담에서 300여 개 협정이나 문서가 조인되었으나 불이행에 대한 제재조치에 관해 가맹국 간 합의가 이루어지지 못해 극소수만 이행되었으며, 대부분은 현안 또는 미집행인 상태로 남아 있었다.

따라서 러시아를 비롯한 몇몇 CIS 가맹국 지도자들은 CIS의 집행 및 조정 기능을 강화하기 위한 노력을 기울여왔고, 그 방안으로 CIS 헌장 채택을 추진했다. CIS 헌장 채택에 대한 논의는 제1차 CIS 정상회담이 열렸던 1991년 12월 30일 처음으로 시작되었으나 대외정책의 제약과 주권 침해를 우려한 우크라이나의 반대로 채택되지 못했다. 그 후 CIS 헌장에 대한 문제는 1992년 5월 15일 개최된 타슈켄트 정상회담에서 다시 논의되었고, CIS 가맹국의 외무장관회담에서 차기 정상회담 전에 헌장 초안을 마련하도록 합의했다. 외무장관회담에서 마련된 초안은 각국이 CIS체제 통합의 정도 및 헌장의 구속성에 대해 이견을 보여 수정을 거듭했고, 그 결과 조항도 65항에서(1991년 12월) 48항으로(1993년 1월) 축소되었고, 이후 정상회담에서 45항으로 축소되었다. 이러한 우여곡절 끝에 채택된 CIS 헌장에 대해 당시 상기 3개국이 서명을 거부했으나 이 3개국은 장래에 각기 의사에 따라 서명할 수 있도록 한 '선언'에는 조인했다. 채택된 헌장은 서명국들이 1994년 1월 22일까지 비준함으로써 그 효력이 발휘되었다.[10]

CIS 헌장은 '알마아타 선언'이나 CIS 창설 이후 정상회담에서 채택한 협정 및 문서들의 내용과 일치한다. 그럼에도 우크라이나·몰도바는 CIS 헌장 채택이 새로운 중앙통제체제의 구축을 의미한다고 주장하면서 조인하지 않은 반면, 투르크메니스탄은 풍부한 지하자원, 국내 정치 안정 및 타지키스탄과 국경을 인접하지 않고 있는 점 등 때문에 CIS 헌장의 조인에 소극적인 자세를 보였다. 한편 나자르바예프 카자

---

10  CIS 헌장 전문은 다음 문헌 참조. *Rossiiskaia Gazeta* (February 12, 1993).

흐스탄 대통령은 CIS 구성국들의 침체된 경제를 회복하고 발전시키기 위해서는 강력한 조정기구와 공동 대책이 강구되어야 한다고 주장하면서 우크라이나의 서명 불참을 비난했으며, 옐친 대통령은 우크라이나를 비롯한 이 3개국이 장래에 조인할 것으로 희망했다.

### (2) CIS 헌장의 주요 내용

#### ① 목적과 원칙

CIS 헌장은 모든 가맹국의 주권과 평등의 원칙하에 채택되었으며, 가맹국은 국제법상 독립적이고 평등한 주체라고 밝히고, CIS는 그 자체가 국가가 아니며 초국가적 권력을 갖지 못한다고 규정하고 있다. 또한 CIS 헌장은 가맹국이 공동으로 추구하는 목표로서 정치·경제·환경·인도주의·문화 등 제반 영역에서의 협력, 공동경제권 내에서의 가맹국의 균형 있는 경제·사회적 발전과 협력, 국제법과 유럽안보협력회(CSCE)[11]의 문서에 따른 인간의 권리와 기본적 자유의 보장, 국제평화와 안전 도모 및 핵무기를 포함한 군축 조치 실시, 가맹국 내에서의 시민의 자유로운 왕래 보장, 사법공조체제의 확립 및 가맹국 간 분쟁의 평화적 해결 등을 제시하고 있다.

가맹국 간 관계를 규정한 조항에서는 일반적으로 승인된 국제법과 헬싱키 문서의 규범에 입각하여 가맹국의 주권 존중, 국경 변동의 침해 불허, 가맹국에 대한 무력 행사 금지, 국가 간에 있어서의 국제법 우위 인정, 가맹국의 국내외 문제에 대한 불간섭, CIS 가맹국으로서의 의무 이행, 과학기술·경제협력의 발전, 통합 과정의 확대 및 가맹국 국민들 간 정신적·문화적 유대 강화 등을 밝히고 있다.

CIS 가맹국이 평등한 입장에서 공동의 조정기관을 통하여 합동으로 실행해나가야 할 사항들은 ① 인간의 권리와 기본적 자유 보장, ② 대외정책의 조정, ③ 공동경

---

11　1994년 이후 유럽안보협력기구(OSCE: Organization for Security and Cooperation in Europe).

⟨표 6⟩ 소연방 구성국의 CIS/다자협력 참여 현황(2018년 말)

| 국가 | CIS 가입 | 지위 | CSTO | EAEU | GUAM | EU의 EP/NATO |
|---|---|---|---|---|---|---|
| 아제르바이잔 | 1993. 9 | 회원국 | 미가입 | 미가입 | 가입 | EP 참여 |
| 벨라루스 | 1991. 12 | 회원국 | 가입 | 가입 | 미가입 | EP 참여 |
| 카자흐스탄 | 1991. 12 | 회원국 | 가입 | 가입 | 미가입 | EP 불참 |
| 키르기스스탄 | 1992. 3 | 회원국 | 가입 | 가입 | 미가입 | EP 불참 |
| 아르메니아 | 1992. 2 | 회원국 | 가입 | 가입 | 미가입 | EP 참여 |
| 몰도바 | 1994. 4 | 회원국 | 미가입 | 미가입 | 가입 | EP 참여(AA 체결) |
| 러시아 | 1991. 12 | 회원국 | 가입 | 가입 | 미가입 | EP 불참 |
| 타지키스탄 | 1993. 6 | 회원국 | 가입 | 미가입 | 미가입 | EP 불참 |
| 우즈베키스탄 | 1992. 1 | 회원국 | 탈퇴 | 미가입 | 탈퇴 | EP 불참 |
| 투르크메니스탄 | 1991. 12 | 준회원국 | 미가입 | 미가입 | 미가입 | EP 불참/중립국 |
| **CIS 탈퇴·불참 국가** | | | | | | |
| 조지아 | 1993. 12 | 탈퇴 | 미가입 | 미가입 | 가입 | EP 참여(AA 체결) |
| 우크라이나 | 1991. 12 | 불참 | 미가입 | 미가입 | 가입 | EP 참여(AA 체결) |
| **EU · NATO 가입국** | | | | | | |
| 리투아니아 | 불참 | 불참 | 미가입 | 미가입 | 미가입 | EU · NATO 가입 |
| 라트비아 | 불참 | 불참 | 미가입 | 미가입 | 미가입 | EU · NATO 가입 |
| 에스토니아 | 불참 | 불참 | 미가입 | 미가입 | 미가입 | EU · NATO 가입 |

* EP: 동방파트너십(Eastern Partnership); AA: 제휴협정(Association Agreement), 심층적·포괄적 자유무역협정(DCFTA: Deep and Comprehensive Free Trade Area) 체결.
* 우크라이나의 경우, CIS 헌장을 비준하지 않았기 때문에 회원국은 아니나 준회원국(associate member) 자격으로 계속 CIS 활동에 참여했음. 그러나 러시아가 크림반도를 합병한 2014년 이후 CIS 활동을 중지하다가 2018년 불참을 공식 선언함.
* 투르크메니스탄의 경우, 2005년 자발적으로 준회원국으로 지위를 격하했으나 CIS 활동에 참여, 2019년 10월 제29차 CIS 정상회의를 주최할 예정임.

제시장과 공동관세정책을 형성하고 발전시키기 위한 협력, ④ 교통과 통신 체계의 발전에 대한 협력, ⑤ 건강과 환경의 보호, ⑥ 사회 및 이주정책에 대한 협력, ⑦ 조직범죄에 대한 대책, ⑧ 국방정책, ⑨ CIS의 대외적 국경 경비 등이다. CIS 헌장에 따르면 가맹국 간 관계의 주요 법적 기반은 양국 간 또는 다국 간 협정이며, 이러한 협정들은 CIS 헌장의 목적, 원칙 및 의무에 합치해야 한다.

② 가맹국의 구분

CIS 헌장은 가맹국의 지위를 ① 정회원국, ② 준회원국, ③ 옵서버국으로 구분하고 있다. CIS 창설국은 1991년 12월 8일과 12월 22일의 CIS 협정에 조인하고, CIS 헌장 채택 시까지 이를 비준한 국가로 규정하고 있다. CIS 가맹국은 본 헌장 채택 후 1년 이내에 헌장을 비준한 국가들이다. 또 CIS 출범 시 발트 3국과 조지아에 대한 참여 기회를 보장하기 위한 조항이 채택된 바 있는데, CIS 헌장도 이를 포함하고 있다.

CIS 헌장은 가맹국 정상회의의 동의에 의하여 특정 국가가 준회원국의 자격으로 특정 영역에 개별적으로 참여할 수 있는 조항을 두고 있다. 가맹국은 탈퇴 의사를 1년 전에 문서로써 통고해야 하며, 가맹국으로 참여할 시 발생하는 제반 의무를 이행해야 한다. 또한 CIS 헌장은 가맹국이 헌장에 규정된 사항과 이에 준하여 체결할 협정에 부과된 제반 의무를 이행하지 않을 때는 국제법이 인정하는 조치를 적용한다고 적고 있다.

③ 군사·정치·경제 협력의 추구

CIS 헌장은 ① 집단안보와 군사·정치 협력, ② 분쟁의 방지와 해결 및 경제·사회·법적 영역에서의 가맹국 간 협력을 명시하고 있다. 집단안전보장에 관한 조항에서는 국제적 안전보장을, 군축 및 군조직 등에 관해서는 가맹국이 동의한 원칙을 바탕으로 실행하고, 가맹국의 안전이나 세계평화가 위협을 받을 시 가맹국 정상회의는 이에 대한 공동 대처 방안을 강구해야 한다. 또한 가맹국의 대외 국경의 안전을 유지하기 위하여 상호 합의에 의한 조치를 취할 수 있으며, 국경경비대의 군사활동을 조정할 수 있다고 명시되어 있다.

CIS 헌장은 또한 가맹국 내 민족·종교 간 분쟁 방지와 가맹국 간 분쟁 해결을 위하여 관련국이 필요한 조치와 노력을 최대한 강구하도록 촉구하고 있으며, 필요 시 정상회의에서 적절한 조치를 강구해 권고하도록 하고 있다. 또 이 헌장은 가맹국들이 가맹국 간 시장경제에 기초한, 그리고 상품·서비스·자본·노동력 등의 자유로운 이동이 보장된 경제공동체의 건설, 사회정책의 조정, 가맹국 간 교역 증대 및 경제적 유대 강화, 정보 교류의 확대, 그리고 과학기술·교육·보건·문화·스포츠 영역에서의 공통적인 프로그램의 실시 등을 모색할 것을 밝히고 있다.

④ CIS의 기관

CIS 헌장은 CIS의 기관으로서 ① 국가정상회의, ② 정부수반회의, ③ 외무장관회의, ④ 조정·협의회의, ⑤ 국방장관회의, ⑥ 합동군 최고사령관회의, ⑦ 국경경비사령관회의, ⑧ 경제재판소, ⑨ 인권위원회, ⑩ 분야별 협력기관(54개) 등을 두고 있으며, CIS의 중심 소재지를 민스크로 규정하고 있다.[12]

국가정상회의와 정부수반회의는 1991년 12월 22일 알마아타 회의 때 구성되어 그해 12월 30일 채택한 임시 협정과 1992년 5월 15일 채택한 임시 운영협정에 따라서 개최되고 있다. 국방장관회의는 1992년 2월 14일에, CIS 가맹국 간 경제분쟁 및 경제 문제를 다루기 위한 경제재판소는 같은 해 7월에 각각 구성되어 운영되고 있다.

CIS 기관 가운데 가장 중요한 것은 국가정상회의와 정부수반회의로, CIS 가맹국의 공통 이익과 관련된 주요 관심사에 대하여 토의하고, 만장일치로써 어떤 조치를 결정한다.[13] 단, 어떤 사안에 대해 무관심을 표명한 국가는 만장일치의 당사자에서 제외되는데, 이 조항 때문에 지금까지 채택된 협정 및 문서들 가운데 극히 적은 수만이 CIS 전체 가맹국의 만장일치에 따라 채택되었다.

국가정상회의와 정부수반회의는 각각 매년 2회, 4회씩 개최되었으나 최근에는 연례적으로 개최되고 있으며, 일국의 요청에 따라 특별회의를 개최할 수 있다. 회의는 민스크 또는 회원국을 순환해 열리며, 회의 의장은 가맹국 이름의 러시아어 알파벳순으로 하기로 규정되어 있으나 이러한 규정은 잘 지켜지지 않고 있다. 상기와는 별도의

---

12  CIS 각 기구 및 기관이 갖는 보다 자세한 기능은 'CIS 헌장' 4·5·6장 참조.
13  CIS 정상회의는 1990년대 후반 들어 옐친 대통령의 건강 이상 지속으로 정상회담이 수차례 지연 또는 취소되는 등 정상적으로 운영되지 못하다가 푸틴 대통령하에서 다시 활성화되었음.

기관으로 1992년 3월 27일 알마아타에서 7개국 의회대표단으로 구성된 '의회 간 총회(Inter-Parliamentary Assembly)'가 있으며, 총회의 소재지는 상트페테르부르크이다.[14]

또한 CIS 헌장에 따르면 공용어는 러시아어이고, CIS 각 기관의 활동에 소요되는 자금은 가맹국이 분담하며, 예산은 정부수반회의의 신청에 따라서 국가정상회의에서 승인하게 되어 있다.

## 3. 러시아의 CIS 통합정책

### 1) 러시아의 CIS 통합정책의 목표와 발전 과정

#### (1) 러시아의 CIS 정책 목표

1990년대 러시아 대외정책의 주요 목표는 자유민주주의와 시장경제를 토대로 한 새로운 국가 형성 지원, 러시아 영토의 통합성 수호, 개혁 추진에 호의적인 대외환경 조성, 다극화된 국제 질서 형성 과정에서 과거와 다름없는 발언권 및 영향력 유지 등인데, 그 가운데 CIS 정책목표는 러시아와 CIS 국가들과의 역사적·지정학적 특수 관계가 고려되면서 추구되었다.

옐친 대통령이 1995년 9월 14일 서명, 발표한 대통령령 'CIS에 대한 러시아의 전략적 코스'는 러시아의 CIS 정책의 최대 목표가 "경제적 및 정치적으로 집적되며, 세계사회에서 훌륭한 지위를 지향할 수 있는 통합된 정치·경제의 공동체를 창조하는

---

[14] Jan S. Adams, "CIS: The Inter-parliamentary Assembly and Khasbulatov," *RFE/RL Research Report* Vol. 2 No. 26(June 25, 1993), pp. 19-23 참조.

것"[15]이라고 지적하면서 CIS 정책의 기본 과제를 다음과 같이 제시하고 있다. 첫째 정치·군사·경제·사회·법률 등의 정책 분야에서 상호협력체제의 구축, 둘째 러시아에 대해 우호적 정책을 추진하도록 CIS 가맹국들과의 관계 개선, 셋째 근외 지역(옛 소련 지역)의 국제적 정치·경제 관계의 새로운 제도 구축 과정에서 주도적인 역할 유지, 넷째 CIS의 통합 증진 등이다.[16] 또한 1996년 실시된 대선 직전 발표한 옐친 대통령의 선거공약도 "러시아 외교정책의 최우선 과제는 CIS체제하에서 통합정책을 지속적으로 추진하는 것이며, 이는 우리의 사활적 경제·정치·인도적 이익이다"라고 밝히고 있다.

이러한 러시아의 CIS 정책 기조는 이후에 발간된 외교·안보 문건에서 계속 표명되었으며, 푸틴 정부하에서는 이 정책 목표들을 달성하기 위한 노력이 더욱 강화되고 있는 실정이다. 예를 들어, 2000년 초 푸틴 정부가 출범하면서 채택된 외교·안보 문서들은 한결같이 CIS가 러시아 외교·안보 정책에서 가장 우선적인 순위를 차지하고 있다면서 이 지역들에 대한 러시아의 국익 유지 및 확대를 위하여 적극적인 개입과 전진 정책이 필요함을 강조하고 있다. 특히 러시아연방의 '외교정책개념'은 CIS 지역에 대한 러시아 외교정책의 우선 목표가 국가안보 과제를 달성하기 위하여 가맹국들과 양자·다자적 협력 관계를 강화하면서 제반 분야에서 CIS 통합을 확대해나가는 것이라고 지적하고 있다.[17] 특히 푸틴 정부 들어서 강조되고 있는 것은 근외 지역에 거주하는 러시아인들의 보호, CIS 지역에서 회교 근본주의 및 테러리스트들의 세력 확대 억제, 1990년대 영향력이 약화된 코카서스 및 중앙아시아 지역에 대한 러시아의 전통적 영향력 회복과 유지, 이를 위한 관련국들과의 협력 강화 등이다.

---

15  *Rossiiskaia Gazeta* (September 23, 1995).
16  *Ibid.*
17  "Kontseptsiia Vneshenei Politiki Rossiiskoi Federatsii," in http://www.mid.ru/mid/vpcons.htm. 기타 자세한 내용은 필자의 다음 문건 참조. 고재남, 「러시아 新 「외교정책개념」의 분석 및 평가」, 국립외교원 외교안보연구소(2000년 9월 22일); 「러시아의 新 「국가안보개념」 채택과 외교·안보 정책방향」, 국립외교원 외교안보연구소(2000년 3월 7일).

## (2) 러시아의 CIS 통합정책 발전 과정

그렇다면 러시아의 CIS 통합정책은 어떻게 전개되어왔는가. 마크 웨버(Mark Webber)는 옐친 정부하에서 추진된 옛 소련 지역에 대한 통합정책의 발전 과정을 다음과 같이 3단계로 구분하고 있다.[18]

### ① CIS 통합에 대한 무관심(1991~1992년 중반)

제1단계는 1991년부터 1992년 중반까지로 러시아의 근외정책에서 'CIS 통합에 대한 무관심(laissez-faire integration)'이 주류를 이룬 시기이다. 1991년 6월 실시된 선거에서 사상 최초의 민선 대통령으로 당선된 옐친의 국내외적 인기는 8월 쿠데타를 좌절시킨 후 급상승했고, 이를 계기로 옐친 대통령은 9월부터 러시아 공화국의 독자적인 국내외 정책을 적극 추진하게 되었다. 이 과정에서 옐친 대통령은 한편으로는 고르바초프 대통령의 중앙권력을 무력화하는 조치를 취해가면서, 다른 한편으로는 인접 슬라브 민족 국가들, 특히 우크라이나 공화국과의 협력을 통한 공화국 차원의 공동 경제공간 및 통합군 유지, 그리고 인권을 보장하는 독립된 주권국가연합의 창설을 모색했다.

소연방하에서 정치·경제·군사적으로 결정적인 비중을 차지하고 있던 이 두 공화국의 독립된 주권국가연합 창설을 위한 움직임은 12월 8일 구체화되었고, 소연방 해체에 결정적인 동인으로 작용했다. 당시 옐친 대통령을 비롯한 지도부는 소연방에서 러시아가 차지하고 있는 비중과 국제사회에서의 소련의 합법적인 계승국의 지위 등을 고려해볼 때, 러시아가 근외 지역에서 주도적인 역할을 담당할 것임은 물론 소연방 구성국 간 여러 측면에서 상호의존성과 역사적인 유산 때문에 긴밀한 협력 관

---

18　Mark Webber, *CIS Integration Trends: Russia and the Former Soviet South*, London: The Royal Institute of International Affairs, 1997, pp. 6-16. 이 절은 특별한 언급이 없는 한 이 문헌을 참고함.

계가 유지될 것으로 전망했다.

하지만 소연방 붕괴 직후 신생 러시아의 대외정책에서 CIS는 큰 비중을 차지하지 못했을 뿐만 아니라 러시아가 'CIS'라는 새로운 기구 또는 근외 지역에서 주도적인 역할을 담당하지 못했다. 이는 당시 옐친 정부가 서방과의 관계 개선을 우선시했을 뿐만 아니라 이 신생 독립국가들과의 협력 관계를 담당할 효율적인 정부기구가 부재했고, 러시아 국내정치 우선주의가 작용했으며, 근외 지역 국가들과 협력 관계가 잘 유지될 것이라는 정치권의 비교적 낙관적인 견해 등 때문이었다. 즉 당시 옐친 대통령 및 코지레프 외무장관은 CIS 가맹국 간 밀접한 경제·군사적 상호의존성 때문에 가맹국들이 탈공산화를 통한 새로운 국가 건설을 추진하는 과정에서 CIS의 공간을 선린 우호 및 동반자적 협력 관계의 공간으로 변화시켜나갈 수 있을 것으로 인식했다. 특히 이들은 이러한 통합 및 협력 강화 움직임이 자발적으로, 그리고 자연적으로 이루어질 것으로 믿었다.

그러나 1992년 초부터 CIS 가맹국들이 독자적인 경제정책을 추진함은 물론 독자군 창설을 위한 정책을 추진함에 따라서 가맹국 간 차별성과 독자성이 증대되기 시작했고, 그 결과 이러한 자발적인 CIS 통합론에 대한 낙관주의는 곧 허구임이 증명되었다. 특히 CIS의 국제기구로서의 저수준의 제도화 및 비강제적 결정 과정은 가맹국의 독자적인 행동 범위를 확대하면서 통합에는 부정적으로 작용했다.

러시아의 이러한 CIS 통합에 대한 무관심 또는 방임주의적 정책은 러시아 외무부의 CIS 정책과 담당기구에도 그대로 반영되었다. 즉 외무부 내 CIS 문제를 담당할 기구가 1992년 3월 구성되었음에도 제대로 역할을 하지 못했으며, 통일된 정책을 수립하지 못하고 있었다. 이러한 상황에서 몰도바·타지키스탄·트랜스코카서스(Transcaucasus) 등에서 민족분쟁이 발발하면서 옐친 정부의 CIS 정책이 부적절하다는 의회·학계·언론계 등의 비난이 증폭되었다.

② CIS 통합의 중요성에 대한 합의 도출(1992년 말~1994년)

제2단계는 'CIS 통합의 중요성에 대한 정치권의 합의가 도출'된 시기로서 1992년 말부터 1994년 사이이다. 근외 지역에서의 민족분쟁의 발발과 이에 대한 적극적인 대처의 필요성이 정치권 안팎에서 제기되면서 옐친 정부의 CIS 정책이 1992년 말부터 변화되기 시작했다. 즉 상기한 바와 같이 1992년 3월 CIS 담당 외무차관으로 임명된 표도르 셸로프-코베댜예프(Fedor Shelov-kovediaev)는 같은 해 가을에 제출한 CIS 정책에 대한 평가보고서를 통하여 러시아의 CIS 지역에 대한 소극적인 정책은 이 지역들에 대한 영향력 상실은 물론 역내기구로서 CIS가 발전하는 데 매우 부정적인 영향을 미쳤다고 주장했다. 특히 이 보고서는 옐친 정부의 무관심 정책이 러시아 국경 지역의 불안정을 심화하고, 러시아인들의 생명과 권익을 위협했다고 지적하면서 CIS 통합을 위한 적극적인 정책이 추진되어야 함을 강조했다.[19]

상기한 바와 같이 옐친 정부의 근외 지역, 특히 CIS 통합에 대한 관심은 1993년 11월에 승인된 '러시아연방의 외교정책개념 초안'이나 '러시아연방의 군사독트린의 기본 규정'에도 그대로 반영되었다. 즉 외교정책 초안은 근외 지역 국가들과의 관계가 러시아 외교정책의 우선적 과제이며, CIS 가맹국들 간의 협력이 강화되어야 함을 강조했다. 또한 군사독트린도 수정 과정에서 근외 지역에서의 분쟁 및 러시아인의 권리 침해가 러시아의 핵심적인 이익과 관련되어 있음을 부각했다. 특히 옐친 정부 내 지도자들은 근외 지역에서의 분쟁 발발 방지 및 평화유지활동을 위한 러시아의 특별한 지위를 강조하면서 CIS 통합의 중요성을 강조하기 시작했다. 코지레프 외무장관도 1993년 1월 근외 국가들에 대하여 무관심하지 않는 것이 러시아의 장기적인 국익이라면서 러시아의 근외 지역에 대한 이익은 CIS 지역에서 합법적인 러시아군의 주둔과 안보 공간의 확보, CIS 외부 국경의 공동방어, 단일 경제공간의 보존,

---

[19] John Lough, "The Place of the 'Near Abroad' in Russian Foreign Policy," *RFE/RL Research Report* Vol. 2 No. 3(September, 1993).

근외 지역에 거주하는 러시아인들의 인권 보호 등이라고 지적했다.[20]

옐친 대통령도 과거 CIS가 소연방의 평화적인 해체기구로서의 역할을 담당할 것이라는 주장을 했던 것과는 달리, 1993년 4월 개최된 CIS 정상회의에서 CIS가 공동의 외교정책 수립, 산업·투자·통상 및 통화 정책 조정, 분쟁 해결 및 평화유지를 위한 집단방위체제의 발전 등을 위한 기구로 발전시켜나가야 하며, 이를 위하여 CIS 기구를 강화해야 한다고 주장했다.

옐친 정부의 이러한 CIS 통합정책의 강화 필요성에 대한 인식 제고에도, 웨버는 CIS에 대한 분명하고 신뢰할 만한 정책노선이 존재하지 않았다고 평가하고 있다. 즉 그는 옐친 정부의 1992년 초 CIS에 대한 보다 강경한 정책 표명은 당시 정치권 및 군부의 보수·민족주의자들을 회유하면서 친서방주의자인 코지레프 외무장관을 보호하려는 목적이 컸으며, 그 결과 통일되고 확실한 CIS 정책이 수립되거나 러시아의 적극적인 CIS 개입정책이 구체화되지 않았다고 지적했다.

이 시기 동안 옐친 정부는 명시적으로는 CIS 통합의 필요성을 강조하면서도 묵시적으로는 조심스러운 접근 또는 현실주의적 접근을 지향했다. 즉 코지레프 외무장관은 1994년 6월에 개최된 외무부 외교위원회에서 행한 연설에서 CIS 통합 확대를 위한 지속적인 노력을 강조하면서도 각국이 처한 환경 등은 물론 통합이 가져올 이익과 손실을 감안하면서 통합 영역에 따라서 다양한 방식 및 속도 등이 추구되어야 한다고 주장했다. 특히 그는 현 상황에서 급속한 CIS 통합은 러시아가 지나친 경제·군사적 부담을 안게 될 것임을 지적했다. 옐친 대통령도 1994년 2월 행한 연설에서 CIS 통합이 러시아라는 국가 자체를 훼손하거나 러시아군의 과도한 희생 및 물질·재정 등과 같은 자원의 과도한 소모 등과 같은 부담을 초래해서는 안 된다는 점을 강조했다.

이 시기 동안 옐친 정부는 장기적 관점에서 어떠한 CIS 통합을 지향하는지에 대한 대체적인 윤곽을 제시했다. 즉 1994년 7월 세르게이 샤흐라이(Sergey Shakhray) 부

---

20  *Diplomaticheskii Vestnik* No. 1-2, 1993, pp. 3-4.

총리는 러시아가 지향하는 CIS 통합 형태는 CIS 가맹국 중 3~4개의 가맹국이 참여하면서 러시아가 중심적인 역할을 하는 국가연합체의 형성이며, 이 다자 국가연합체는 러시아를 중심으로 한 복합적인 양자 간 협정을 통하여 지지된다고 밝혔다.

③ CIS 통합 적극 추진기(1995년 말 이후)

제3단계는 '비용 부담도 감수하는 CIS 통합(cost-conscious integration)'을 적극적으로 추진한 1995년 말 이후의 시기이다. 1992년 말부터 시작된 옐친 정부의 조심스러운, 그러나 적극적인 CIS 통합정책은 1995년 말부터 변화되기 시작했다. 즉 그동안의 소극적인 CIS 통합정책이 통합 비용을 감수하더라도 CIS 통합을 적극 추진한다는 정책으로 변화되기 시작했다. 이런 CIS 통합에 대한 러시아 정치권의 태도 변화는 1995~1996년 사이의 정치 일정과 국제 정세와 밀접한 상관이 있다.

즉 1995년 12월의 국가두마 선거와 1996년 6~7월의 대통령 선거는 주요 정치 세력들이 민족주의와 대국주의를 내세우면서 국민 지지를 획득하려는 경향을 강화했고, 이는 러시아의 CIS 통합에 대한 적극적인 추진을 촉진했다. 실제로 당시 주요 정치 세력들은 근외 지역에서의 러시아 국익 수호를 선거운동의 주요 이슈로 삼았고, 당시 한 자리 수의 국민 지지를 받고 있던 옐친 대통령은 재선을 위해서라도 이에 대응한 CIS를 포함한 근외 지역 중시의 선거공약 제시는 물론 이에 관련된 여러 개의 문건들을 채택할 수밖에 없었다. 예를 들어, 옐친 대통령은 대선 공약에서 "러시아 외교정책의 우선적인 과제는 CIS 틀 안에서 통합 과정을 촉진하는 것이다"[21]라고 적고 있다. 옐친 대통령은 또한 1996년 1월 친서방주의자인 코지레프 외무장관을 해임하고, 옛 소련 지역을 포함한 유라시아 지역에 대한 외교·안보 정책의 중요성을 강조해왔던 프리마코프를 신임 외무장관으로 임명했다.

옐친 정부의 CIS 통합정책의 강화는 상기한 국내 요인 외에도 NATO의 확대, 코

---

21  SWB SU/2636 S1/44(June 12, 1996).

카서스 지역에 대한 미국 등 서방 국가들의 경제·안보 이익 추구를 위한 적극적인 세력 확장정책에 많은 영향을 받았다. 러시아의 서방과의 갈등은 1993년부터 유럽 재래식무기감축조약(CFE Treaty)과 전략무기감축조약(START)의 이행을 둘러싸고 이견이 노정되면서 시작되었으며, 이는 1994년부터 미국 등 NATO 국가들이 러시아의 강력한 반대를 무릅쓰고 NATO 확대를 추진함에 따라서 더욱 심화하기 시작했다. 옐친 정부는 미국 등 서방 세계의 이러한 NATO 확대정책은 냉전 시대 동구 진영의 군사블록이었던 바르샤바조약기구(WTO)가 해체된 상황에서 이루어짐에 따라서 러시아의 안보를 심각하게 위협할 것으로 파악했다. 따라서 이러한 동부 지역으로부터의 안보 위협에 대한 강력한 대응을 촉구하는 국내 여론이 증가하기 시작했고, 옐친 정부 또한 CIS 등 옛 소련 지역에 대한 통제권의 강화와 영향력 회복(특히 군사통합을 통하여)을 통하여 자국의 안전을 강화시킬 필요성을 느꼈다.

한편 당시 총리로 재직하고 있던 빅토르 체르노미르딘(Viktor Chernomyrdin)은 자신의 후견세력인 가스프롬 등의 경제적 로비집단에게 경제통합의 촉진에 대한 압력을 받았고, 그 결과 러시아·벨라루스 간 국가연합 창설을 위한 합의 외에 1996년 4월 개최된 총리회담에서 옛 소련 지역 내 'CIS 경제연합'의 창설을 제안했다. 이후 CIS 4개 가맹국이 참여하는 경제연합이 창설되었으나, 이것이 가져올 러시아의 경제적 부담을 둘러싸고 찬반 논쟁이 진행되었었다. 또한 전 단계에서 옐친 정부가 확립한 장기적인 CIS 통합 방법에 대한 합의, 즉 다자적 CIS 통합을 위한 양자주의의 적극 활용과 다자통합체에서 러시아의 중심적 역할에 대한 의견 일치는 그대로 유지되었다.

하지만 1994년 12월부터 1996년 8월까지 계속된 체첸 사태는 옐친 정부의 적극적인 CIS 통합정책에 부정적인 영향을 미쳤다. 즉 러시아군의 체첸 군사작전은 러시아군의 취약성을 드러내준 반면, CIS 가맹국들이 품은 러시아의 통합정책에 대한 의혹을 증대시키는 계기가 되었다.

러시아의 CIS 통합정책과 관련하여 한 가지 주목되는 사실은 이미 언급한 'CIS에 대한 러시아의 전략적 코스'라는 문건을 통하여 옐친 정부의 CIS정책의 목표 및 기본 방향을 정립했다는 점이다. 이 문건은 전문에서 "CIS정책은 러시아의 대외정책에서 가장 우선적인 순위이며 … CIS 지역에 대한 정책목표를 달성하기 위하여 러시아는 국제사회에 옛 소련 지역에 대한 특수한 지위를 인정받으면서 CIS를 정치·경제적인 연합체로 발전시키는 것"[22]이라고 밝혔다. 이 문건은 상기한 바와 같이 러시아가 추구하는 CIS 통합 방법은 양자주의와 다자주의이며, 후자는 CIS의 운영 및 협력 메커니즘으로 그 중요성이 크다고 평가하고 있다. 즉 다자주의는 다양한 형태의 경제·관세·결제 연합의 발전을 통한 경제협력의 확대, 집단안보체제, 공동 국경 방어, 옛 소련 지역에서의 러시아군의 주둔과 평화유지활동 등과 같은 안보 분야에서의 활동, 옛 소련 지역의 러시아인과 러시아어 사용 민족을 보호하기 위한 인도주의적 협력 및 인권 협력, 대외정책의 조정 등과 같은 영역에서의 협력 확대를 위하여 적용되어야 한다고 언급했다.

옐친 정부의 CIS 등 옛 소련 지역의 중요성에 대한 의지 표명은 1996년 대선 직전 발표된 '국가안보에 대하여'[23]라는 대통령령, 1997년의 12월 발표된 '러시아연방의 국가안보개념' 그리고 푸틴 정부하에서 채택된 외교·안보 관련 3가지 문건, 즉 2000년 1월에 발표된 '러시아연방의 국가안보개념', 같은 해 4월에 발표된 '러시아연방의 군사독트린', 그리고 같은 해 7월에 발표된 '러시아연방의 외교정책개념' 등에 그대로 반영되어 나타나고 있다. 하지만 재선 후 옐친 대통령의 건강 악화가 지속되면서 CIS 정상회담은 자주 연기되거나 취소되었고, 그 결과 러시아·벨로루시 국가연합의 구체화를 위한 노력이 계속되었음에도 전반적으로 효과적인 CIS 통합정책이 추진되지 못했다.

---

22 "Strategicheskii kurs Rossii s Gosudarstvami-uchastnikami Sodruzhestva Nezavisimykh Gosudarstv."
23 "O Natsional'noi Bezopasnosti," *Nezavisimaia Gazeta* (June 14, 1996), pp. 7-8.

## 2) 러시아의 CIS 통합정책의 추진 배경

### (1) 정치·외교적 영향력의 신장 및 유지

러시아의 CIS 통합정책은 정치·외교적 측면에서 볼 때, CIS 지역에 대한 러시아의 영향력과 발언권을 신장하고 유지하는 데 그 목적이 있다. 러시아는 옛 소련 지역이 소연방의 붕괴로 기존 영토의 약 24%를 상실하고 14개의 독립국이 수립되기는 했으나 이 지역들을 지정학적으로 볼 때, 러시아의 안보·경제 이익과 러시아인의 권익 보호 등 인도적 측면에서 특별한 지역으로 인식하고 있다.

러시아는 특히 CIS 국가들과 길게는 수백 년, 짧게는 수십 년 동안 통일된 국가를 유지해오면서 정치·경제·문화·사회 등의 제반 분야에서 밀접한 상호 연계성을 갖고 있으며 현실적으로 러시아와 CIS 국가들은 공동운명체적인 성격을 갖고 있다고 주장하고 있다. 실제로 러시아는 국제사회에서 러시아의 '근외 지역에 대한 특별한 역할' 또는 '배타적 권리'를 인정해주기 바라는 입장을 견지하고 있으며, 이를 실현하기 위해서라도 CIS 지역에 대한 정치적·외교적 영향력을 유지해야 한다고 인식하고 있다.

러시아는 CIS 지역에서 이러한 특별한 역할을 수행하면서 NATO 확대, 근외 지역에 대한 외부 세계의 영향력 증대 등과 같은 원외 국가들의 도전과 민족분쟁, 경제분쟁 등과 같은 근외 국가들 간의 분쟁을 정치·외교적인 측면에서 효과적으로 공동대응하기 위해서라도 CIS 통합이 강화되어야 한다고 보고 있다.

### (2) CIS 가맹국과의 경제협력 확대

CIS 국가들은 독립국가로 출범한 후 각기 경제개혁 등 독자적인 경제정책을 추진하고, 상이한 대외 경제 관계를 유지하고 있기는 하나 소련하에서 실시된 경제정책과 산업정책, 기후 및 부존자원의 차이 등 때문에 경제적인 상호보완성이 매우 높은 편이다. 한 자료에 따르면 CIS 국가 중 경제적으로 자립할 수 있는 국가라고 간주되는 러시아도 소련 시대 여타 공화국으로부터 102개의 생산부품을 수입했으며, 2,500만 개에 달하는 공산품을 여타 공화국과 합동으로 생산했다.

현재 CIS 국가들이 부품 공급을 중단하면서, 과거 생산품목의 40~60%, 군수용품의 18% 정도밖에 생산하지 못하고 있으며, 심지어 핵잠수함, 우주선, 항공기, 자동차 등은 CIS에서 부품 공급을 하지 않으면 생산을 중단해야 하는 실정이다. 또한 러시아는 CIS에서 증기기관차를 100% 수입하며, 상당 부분의 농기구와 첨단 기계도 CIS 국가들의 참여를 통하여 생산되고 있다.

또한 러시아와 CIS 국가들은 비록 국경 수비를 강화하고 있기는 하나 아직도 철도, 도로, 통신매체 등을 공동으로 사용해야 하는 실정이며, 국경의 개방에 따라서 완전한 경제적 고립이 불가능한 상태이다. 또한 CIS 국가들의 경제적 불안정과 열악한 투자 환경을 보면 단시일 내에 외국인의 투자 확대를 기대할 수 없고, 세계 경제의 블록화에 따른 불이익이 우려되고 있다.

따라서 러시아는 CIS 국가들과의 경제협력을 통하여 부동항을 이용하고, 교통과 통신매체를 이용하며, 자국에서 생산되지 못하는 원자재와 플랜트를 획득하기 위해서라도 과거 수십 년간 한 경제권을 형성했던 CIS 지역의 경제통합이 확대되어야 한다고 보고 있다.

### (3) 군사·안보 이익의 증진

러시아는 냉전 종식으로 주변 국제 정세가 호전되고 대규모 군사 충돌의 위협이 감소했음에도 WTO의 해체와 소연방의 붕괴로 자국의 안보와 방위 상태가 매우 취약해졌다고 믿고 있다. 특히 러시아는 자국의 강력한 반대에도 NATO의 동구 지역 확대가 추진되고 있고, 심지어 발트 3국과 우크라이나 등의 NATO 가입 또는 협력 확대가 이루어지는 상황에 심각한 위기감을 갖고 있다.

또한 소연방의 붕괴는 수십 년간 유지되어온 방위체제의 붕괴, 군사시설의 상실, 군조직의 해체 등을 가져와 결과적으로 러시아군이 크게 약화되었으나, 근외 지역에서 빈발하는 민족·영토·종교·경제 분쟁에 따른 평화 및 질서 유지의 부담은 러시아군이 지고 있는 상황이라고 보고 있다. 또한 CIS 가맹국들이 비록 독립 후 독자군 창설을 선언하고 군사력 증강을 추진해오고 있기는 하나 군사장비 및 훈련된 장교 부족, 국방비 부담 능력의 취약성 등 때문에 현재까지 자주 국방은 물론 국내 분쟁에 효과적으로 대처하지 못하고 있는 실정이다.

반면에 소연방 붕괴 후 몰도바·조지아·아제르바이잔·아르메니아·타지키스탄 등지에서 민족분쟁이 일어나 수많은 인적·물적 손실을 가져왔음은 물론 지역 안정을 크게 해쳤으며, 특히 타지키스탄 지역에서는 아프가니스탄으로부터 회교 원리주의자들의 침투가 우려되고 있다.

따라서 러시아는 CIS 내에서의 군 주둔을 유지하고, 집단방위체제를 구축하며, 민족분쟁 지역에 평화유지군을 파견하고, 자국은 물론 CIS 국가들의 국경 안전을 유지하기 위한 CIS 국가 간 다자 또는 양자 방식의 군사 협력을 위해서라도 CIS의 통합이 강화되어야 한다고 주장하고 있다.

(4) CIS 내 러시아인의 보호

지난 수백 년 동안 진행된 제정러시아와 소련의 팽창주의정책, 소련의 민족정책·산업정책은 옛 소련 지역을 다민족 혼재 사회로 만들었다. 소연방의 붕괴로 1989년 현재 약 5,500만 명이 자민족 공화국이 아닌 지역에 살게 되었고, 이 중 2,500만 명이 러시아인이다. 따라서 소연방의 붕괴는 근외 지역에 거주하는 러시아인의 입지를 크게 약화시켰으며, 심지어 자국민 우선주의를 적극 추진하는 국가에서는 러시아인들이 2등 국민 또는 무국적자로 전락했다.

<표 7> 비러시아 지역 내 러시아인 현황(1989년 현재)[24]

(단위: 천 명)

| 공화국 | 총인구 | 러시아인(%) | 러시아어 사용자* |
|---|---|---|---|
| 에스토니아 | 1,566 | 475 (30.3) | 78 |
| 라트비아 | 2,667 | 906 (34.0) | 228 |
| 리투아니아 | 3,675 | 344 (9.4) | 100 |
| 벨로루시 | 10,152 | 1,342 (13.2) | 1,900 |
| 우크라이나 | 51,452 | 11,356 (22.1) | 5,700 |
| 몰도바 | 4,335 | 562 (13.0) | 446 |
| 조지아 | 5,401 | 341 (6.3) | 142 |
| 아르메니아 | 3,305 | 52 (1.6) | 16 |
| 아제르바이잔 | 7,021 | 392 (5.6) | 137 |
| 카자흐스탄 | 16,464 | 6,228 (37.8) | 1,600 |
| 키르기스스탄 | 4,258 | 917 (21.5) | 174 |
| 우즈베키스탄 | 19,810 | 1,653 (8.3) | 500 |
| 투르크메니스탄 | 3,523 | 334 (9.0) | 87 |
| 타지키스탄 | 5,093 | 383 (7.6) | 107 |

* 소수 민족으로서 러시아어를 모국어로 사용하는 사람

또한 각지에서 민족분쟁이 격화되면서 러시아인이 지속해서 본국으로 이주하고 있고, 이는 무주택자·실업자의 양산 등 러시아의 사회·경제 문제를 심화하는 요인으로 작용하고 있다. 정부 당국의 자료에 따르면 1995년까지 약 200만 명의 러시아인이 유입되었으며, 이 중 1994~1996년 사이 최소 80만 명이 난민 지위를 신청했다.

러시아는 국내 정세에 부정적인 영향을 미칠 난민 유입을 막고, CIS 지역에 거주하는 러시아인의 권익 보호와 신변 안전을 위해서라도 CIS 국가들과의 통합을 강화할 필요가 있다고 보고 있다.[25]

---

24 고재남, 『구소련지역 민족분쟁의 현황』, 마산: 경남대학교 출판부, 1996, 405 쪽.
25 이와 관련해서는 다음 문헌 참조. Georgiy I. Mirsky, *On Ruins of Empire: Ethnicity and Nationalism in the Former Soviet Union*, London: Greenwood Press, 1997.

〈표 8〉 러시아인의 CIS로의 전·출입 현황[26]

(단위: 천 명)

|  | 1989 | 1990 | 1991 | 1992 | 1993 |
|---|---|---|---|---|---|
| CIS로부터 러시아로 이주 | 374.5 | 464.1 | 369.4 | 556.7 | 544.5 |
| 러시아로부터 CIS로 이주 | 318.2 | 278.5 | 264.7 | 200.3 | 171.9 |
| 순수 증가된 이주자 수 | 56.3 | 185.6 | 104.7 | 356.4 | 372.6 |

## 4. CIS 통합운동의 유형과 전개

CIS 통합운동은 경제, 군사·안보, 정치 등의 영역에서 진행되어오고 있다.[27] 또한 이러한 통합운동은 양자 또는 다자 간 협력 형태로, 그리고 친러 성향의 CIS 통합운동과 반러 또는 친서방 성향의 통합운동으로 나뉘어 동시에 진행되고 있다. 여기서는 우선 각 영역별로 CIS 통합운동이 어떻게 전개되어왔는지를 살펴보기로 한다.

### 1) 경제통합운동[28]

CIS 헌장은 가맹국들 간 시장경제에 기초한, 상품·서비스·자본·노동력 등의 자유로운 이동이 보장된 경제공동체의 창설, 사회정책의 조정, 가맹국 간 교역 증대 및 경제적 유대 강화, 정보 교류의 확대, 그리고 과학기술·교육·보건·문화·스포츠 영역

---

26 Leszek Buszynski, *Russian Foreign Policy after the Cold War*, London: Praeger, 1996, p. 100.
27 이 문제들은 특별한 언급이 없는 한, 다음 문헌을 참조했음. Richard Sakwa & Mark Webber, "The Commonwealth of Independent States, 1991-1998: Stagnation and Survival," *Europe-Asia Studies* Vol. 51 No. 3, 1999, pp. 379-415 그리고 Mark Webber, *op. cit,* 제4-6장.

에서의 공통적인 프로그램 실시 등을 모색한다고 밝히고 있다.[29]

그러나 CIS 결성 이후 가맹국들은 경제적 민족주의를 강화함으로써 물자 공급을 둘러싼 공화국 간 분쟁을 촉발했고, 각국이 독자 통화 도입을 추진함에 따라서 루블 경제권의 해체가 가속화되었다. 이러한 경제 전쟁과 루블권의 해체로 가맹국 내 물자 거래가 급격히 감소하고 경제위기가 심화되어 CIS 가맹국 지도자들이 가맹국 간 경제협력의 필요성을 더욱 실감하게 되었다.

CIS 차원에서 가맹국 간 경제협력 또는 통합운동에 관련된 결정은 비록 CIS 가맹국 정상회의(Council of Heads of State)에서 최종적으로 이루어지지만, 준비 과정은 가맹국 총리회의(Council of Heads of Government)에서 진행한다. 그리고 이 가맹국 정부수반회의를 보좌하는 기구는 1994년 9월에 신설된 '국가 간 경제위원회'이며, 이 초국가기구가 CIS 차원의 경제통합 및 협력운동을 실무적으로 준비하고 실행한다. 이 기구는 부총리급으로 구성되며, 1년에 적어도 4차례의 회담을 개최하여 당면 현안을 논의하며, 주요한 결정은 완전 합의로, 그리고 중요하지 않은 사항들은 다수결로 이루어진다. 하지만 이 국가 간 경제위원회는 초국가 차원의 경제통합 및 경제협력에 어떠한 결정을 내리는 역할을 수행하지 못했으며, 단지 CIS 가맹국 정상회의 및 총리회의를 위한 문서 준비 및 권고안을 마련, 결정 사항의 이행 감시, 그리고 부채 해결 등 양자 간 이슈의 토론을 위한 장으로 이용되었다.[30]

이 외에도 1992년 7월 결정되어 1994년 중반에 출범한 'CIS 경제법원'이 있으나, 각국에서 파견된 담당 판사들의 자국 우선주의와 이해관계의 차이로 큰 역할을

---

28   CIS의 경제통합에 대한 논의는 다음 문헌 참조. Abraham S. Becker, "Russia and Economic Integration in the CIS," *Survival* Vol. 38 No. 4(Winter, 1996-1997), pp. 117-136; Erik Whitlock, "The CIS Economies: Divergent And Troubled Paths," *RFE/RL Research Report* Vol. 3 No. 1(January 1, 1994), pp. 13-17; Constantine Michalopoulos and David Tarr, "The Economics of Customs Unions in the Commonwealth of Independent States," *Post-Soviet Geography and Economics* Vol. 38 No. 3, 1997, pp. 125-143.

29   *Rossiiskaia Gazeta* (February 12, 1993).

30   Mark Webber, *op. cit.*, pp. 48-49.

해오지 못하고 있다. 또한 CIS 경제 관련 소위원회들, 즉 농업, 철도운동, 기계산업, 석탄·철광 생산, 석유·가스 산업 등에 관련된 소위원회가 구성되어 가맹국 간 부 차원의 협력, 정책 조정을 담당해오고 있으나 이는 상설기구라기보다 문제 발생 시 구성되는 임시기구 성격이 강하다. 이 외 CIS 내 4개국이 참여하는 소지역 차원의 경제통합체인 '경제동맹' 내에 '통합위원회(Integration Committee)'가 구성되어 관련국 간 경제통합 관련 업무를 수행했다.[31]

CIS 가맹국들은 가맹국 간 다자경제협력을 통하여 옛 소련 지역의 경제통합을 모색해왔다. 즉 러시아·카자흐스탄·키르기스스탄·타지키스탄·우즈베키스탄 등 5개국이 참여한 '공동 관세지역 협정'이 1992년 3월 13일 체결되었다. 또한 아르메니아·벨라루스·카자흐스탄·키르기스스탄·몰도바·러시아·타지키스탄·우즈베키스탄 등 8개국이 참여한 '루블권 공동은행 창설'이 같은 해 10월 9일 체결되었다. 그러나 이러한 다자경제협력 시도는 각국의 전환기적 경제 상황에 따른 경제 혼란과 경제정책의 차이로 말미암아 제대로 실행되지 못했다.

이러한 상황에서 1993년 5월 14일 개최된 CIS 정상회의에서 투르크메니스탄을 제외한 9개국 정상들은 'CIS 경제동맹'을 창설하기로 합의하여 같은 해 9월 개최된 CIS 정상회의에서 협정이 체결되었다. 이 협정은 첫째 '국가 간 자유무역연합(Inter-State Free Trade Association)'의 창설, 둘째 'CIS 내 교역의 관세 인하 및 대외교역에 대한 공통 관세율의 적용 등을 포함하는 관세동맹'의 창설, 셋째 국가 간 은행 및 궁극적으로 통화동맹의 구축을 통하여 각국의 화폐 및 다자 간 결제를 위한 지불동맹(Payments Union)의 결성, 넷째 투자·회계·생산 등을 위한 범국가 차원의 벤처 발전 등과 같은 내용을 담고 있다.

이후 이 협정을 구체화하기 위한 양자·다자 간 협정들이 체결되었다. 예를 들어, 9월 7일에는 아르메니아·벨라루스·카자흐스탄·러시아·타지키스탄·우즈베키스

---

31  *Ibid.* p. 49.

탄 등 6개국이 루블권에 관한 다자협정인 '새로운 루블권 창설을 위한 실천 방안에 관한 협정'을 체결했다. 이 협정은 러시아 중앙은행의 주도하에 화폐, 금융, 예산 및 통화 부문에서 단일 정책을 추구하는 것을 골자로 하고 있다. 그러나 러시아가 여타 국가가 보유하고 있는 금과 외환 보유고 등을 러시아로 이관하라는 등 까다로운 조건을 제시하면서 다른 서명국들은 그에 반발하여 독자 화폐 발행을 결정했고, 그 결과 거의 대부분의 CIS 가맹국들이 1994년 초까지 독자 화폐의 발행 또는 임시 화폐인 쿠폰 등을 소개했다.

한편 1993년 9월 24일 개최된 CIS 정상회의는 그동안 준비해온 '경제동맹체 창설에 관한 협정'을 채택했고, 러시아·아제르바이잔·아르메니아·벨라루스·카자흐스탄·키르기스스탄·몰도바·타지키스탄·우즈베키스탄 등 10개국이 서명했다.[32] 우크라이나는 준회원으로 참여했다. 총 34항으로 구성된 이 협정은 경제동맹이 자유무역협의체로 시작하여 관세동맹, 노동·자본·상품·서비스 공동시장을 거쳐 통화동맹으로 발전한다는 단계적인 발전 전략을 제시하고 있다. 이후 1993년 12월, 그리고 1994년 4월과 9월에 개최된 CIS 정상회담에서 각국 정상들은 경제동맹을 단계적으로 구체화하기 위한 제반 협정에 서명했다. 특히 1994년 4월과 10월에는 각각 '자유무역지대 협정'과 '지불동맹에 관한 협정(Agreement on a Payment Union)'이 채택되었다. 그리고 1995년 5월 26일 민스크에서 개최된 CIS 정상회담에서 각국 정상들은 CIS 국가 간 미지불 채무상환 문제와 향후 역내 단일통화 도입을 전문적으로 연구하는 '국가 간 통화위원회(Inter-State Currency Committee)'를 창설하기로 합의했다.

전 CIS 차원 또는 지역적 차원의 경제협력과 통합을 위한 움직임이 큰 성과가 없는 상태에서 1996년 러시아·벨라루스·카자흐스탄·키르기스스탄 등이 참여하는 '관세동맹'이 창설되었다. 당시 우크라이나·몰도바·조지아·아제르바이잔·우즈

---

32 보다 자세한 것은 다음 문헌 참조. Vladimir Pankov, "Die GUS als Wirtschaftsraum: Weiterer Zerfall oder Reintegration?(The CIS as an Economic Area: Further Disintegration or Reintegration?)," Bericht des BIOst Nr. 2, 1995, pp. 7-31.

〈표 9〉 CIS 가맹국 간 수출입 현황[33]

(단위: %)

| CIS가맹국 | 수출 | | | | 수입 | | | |
|---|---|---|---|---|---|---|---|---|
| | 1995 | | 1997 | | 1995 | | 1997 | |
| | 대CIS | 기타국 | 대CIS | 기타국 | 대CIS | 기타국 | 대CIS | 기타국 |
| 아제르바이잔 | 45 | 56 | 47 | 53 | 34 | 66 | 44 | 56 |
| 아르메니아 | 63 | 37 | 41 | 59 | 50 | 50 | 34 | 66 |
| 벨라루스 | 62 | 38 | 73 | 27 | 66 | 34 | 68 | 32 |
| 조지아 | 62 | 38 | 73 | 27 | 40 | 60 | 36 | 64 |
| 카자흐스탄 | 53 | 47 | 45 | 55 | 68 | 32 | 62 | 38 |
| 키르기스스탄 | 66 | 34 | 53 | 47 | 68 | 32 | 62 | 38 |
| 몰도바 | 63 | 37 | 73 | 27 | 68 | 32 | 52 | 48 |
| 러시아 | 18 | 82 | 19 | 81 | 29 | 71 | 26 | 74 |
| 타지키스탄 | 34 | 66 | 40 | 60 | 56 | 41 | 63 | 37 |
| 투르크메니스탄 | 49 | 51 | 64 | 36 | 55 | 45 | 54 | 46 |
| 우즈베키스탄 | 39 | 61 | - | - | 41 | 59 | - | - |
| 우크라이나 | 53 | 47 | 39 | 61 | 65 | 35 | 59 | 41 |

베키스탄·투르크메니스탄 등은 동 기구 내에서의 러시아의 주도권을 우려하면서 참여하지 않았다. 또한 1997년 3월 개최된 CIS 정상회의는 'CIS 국가들의 경제통합의 개념'을 채택했다. 이 개념은 경제동맹 협정의 중요성을 반복하면서 2005년까지 'CIS 경제공간(CIS Economic Space)'을 확립시킨다는 목표를 제시했다.

전 CIS 차원에서의 경제통합 움직임이 큰 진전이 없는 상태에서 2000년 1월 푸틴 정부의 출범과 러시아 경제 상황의 호전은 CIS 경제통합운동을 활성화하는 요인으로 작용했다. 예를 들어, 푸틴 대통령은 대통령직을 수행하기 시작한 2000년 초부터 적극적인 CIS 정상외교를 추진했으며, 그 결과 2000년 10월 관세동맹 참가국

---

[33] *Sodruzhestvo Nezavisimykh Gosudarstv v 1997 Godu,* Moskva, 1998, p. 38.

들(러·카·벨·키·타·우즈베키스탄은 2006년 가입)과 '유라시아경제공동체(EURASEC: Eurasian Economic Community)'로 확대, 발전시키기 위한 조약을 체결했다. 또한 푸틴 정부는 2003년 러시아·벨라루스·카자흐스탄·우크라이나와 '단일경제공간(Single Economic Space)' 창설을 위한 조약을 체결해 2004년 발효됐으나 우크라이나에서 오렌지 혁명이 발발해 조약 이행이 중단되었다.

그 결과 푸틴 정부는 2007년 러시아·카자흐스탄·벨라루스가 참여하는 '관세동맹 조약'을 체결했으며, 2010년 공식 기구로 출범시켰다. 푸틴 정부의 CIS 경제통합 추진은 EU가 인접 CIS 국가들과의 정치·경제 협력을 심화·확대하는 동방 파트너십(EP)을 2009년에 출범시키자 가속화되었다. '관세동맹'은 2015년 1월 이 3국 외에 키르기스스탄과 아르메니아가 참여하는 유라시아경제연합(EAEU)으로 확대·개편되었다. EAEU은 출범 후 많은 문제점들을 노정하고 있지만 CIS 차원에서 현존하는 가장 제도화된 경제통합체이며, 타지키스탄·우즈베키스탄 등의 참여가 예상되고 있다.

## 2) 군사·안보 통합운동

옛 소련 지역의 군사·안보 통합운동은 CIS 가맹국을 중심으로 한 다자 또는 양자 간 군사·안보 협력의 형태로 발전해오고 있다. 그러나 CIS 출범 후 가맹국 간 안보 협력을 위하여 채택한 다양한 결의안 중, 다자조약으로 지금까지 구체화된 것은 러시아·카자흐스탄·벨라루스·아르메니아·키르기스스탄·타지키스탄 등이 참여한 '집단안보조약기구(CSTO)'와[34] '집단 평화유지군에 대한 협정'[35]밖에 없다.

---

[34] Bertil Nygren, *The Rebuilding of Greater Russia: Putin's foreign policy towards the CIS countries*, New York: Routledge, 2008, chapter 2; J. H. Saat, "The Collective Security Treaty Organization," Conflict Studies Research Center, Central Asian Series 05/09(February, 2005) 참조.

[35] 러시아의 CIS 내 평화유지활동에 대해서는 Lena Jonson and Clive Archer, eds., *Peacekeeping and the*

그렇다면 이러한 군사·안보 통합을 지향하는 안보협력 구상이 어떻게 발전되어 왔는가? CIS 안보협력 구상은 소연방의 해체에 따른 약 500만 명의 소련군 처리 문제, 옛 소련 지역에 배치된 핵무기 처리 문제, WTO 해체에 따른 CIS 지역의 안보 공백, 각 지역에서의 민족분쟁 등을 효과적으로 처리하기 위하여 CIS 출범과 더불어 논의되기 시작했다.

물론 CIS 차원의 군사·안보 협력 및 통합운동은 경제 영역과 마찬가지로 CIS 정상회의가 궁극적인 결정 및 조정 기관의 역할을 담당하면서 이를 CIS 총리회의가 지원하고 있지만, 여러 개의 하부기관들이 실무적이거나 특수한 업무를 담당하기 위하여 구성되어 활동해오고 있다. 실제로 이 두 기구의 결정은 하부기관들의 실무 작업과 협상을 그대로 반영하고 있는데, 이들 중 CIS 국방장관회의의 역할이 제일 중요하다. CIS 국방장관회의는 1992년 초에 구성되어 원칙적으로 매년 4차례 진행했으며, 러시아 국방장관이 이 회의를 주재해왔다. 그리고 이 CIS 국방장관회의는 상설 실무기관인 'CIS 국방장관회의 서기' 및 '군사협력 및 조정을 위한 스텝' 등의 보좌를 받고 왔다. 또한 CIS 국방장관회의는 '집단안보회의(1993년 12월 창설)' 및 '합동참모부(1996년 6월 창설)'와 긴밀한 협력 관계에 있다. 이 기구들의 특징 중 두드러진 것은 러시아군의 역할이 크다는 것이며, 군사·안보 협력에 미온적인 일부 국가들, 즉 아제르바이잔·투르크메니스탄 등은 이 기구들의 회합에 대표를 파견하지 않거나 단지 옵서버를 파견해왔다는 점이다.[36]

한편 CIS 가맹국들은 핵무기와 전략군을 CIS의 단일 통제하에 둔다는 원칙에 합의하면서 CIS 통합군 창설을 모색했으나, 우크라이나·몰도바·아제르바이잔 등이 독자군 창설을 구체화함에 따라 사실상 통합군의 창설이 무산되었다.[37] 이에 러시아

---

*Role of Russia in Eurasia,* Boulder, CO: Westview Press, 1996 참조.
36  Mark Webber, *op. cit.*, pp. 35-36.
37  Roy Allison, *Military Forces in the Soviet Successor States* (Adlphi Paper, No. 280), pp. 10-11.

는 1991년 3월부터 한편으로는 독자군 창설을 준비하면서, 다른 한편으로는 'CIS의 공동 군사·전략 공간'의 필요성을 강조했다. 또한 옐친은 1992년 3월 중순부터 국방부 및 독자군 창설을 위한 예비 조치를 취하기 시작했고, 5월에는 파벨 그라초프(Pavel Grachev)를 국방장관에 임명하는 등 독자군 창설을 공식화했다.

이러한 상황에서 러시아는 1992년 5월 15일 타슈켄트에서 개최된 CIS 정상회담에서 러시아·아르메니아·투르크메니스탄을 제외한 중앙아시아 4개국 등이 참여한 '집단안보조약(CST)'을 체결했고, 이는 1994년 4월부터 5년 시한(물론 연장 가능)으로 효력이 발생했다. 협정 체결 후 벨라루스와 투르크메니스탄도 가입했다. 이 조약은 NATO와 WTO의 정관과 유사한 내용을 담고 있는데, 예를 들어 제4조는 "체약국이 비체약국으로부터 침략을 당할 시, 이는 집단안보 가맹국 전체에 대한 공격으로 간주하여 이에 공동 대응한다"는 조항이 있을 뿐만 아니라, 제1조는 집단 안보에 참여하는 국가에 적대시하는 어떠한 군사동맹체에의 가입도 불허한다는 내용이 있다.[38]

당시 '집단안보조약'을 통한 군사 통합에 부정적인 입장을 견지하면서 서명하지 않고 있는 국가는 우크라이나·몰도바·아제르바이잔 등이었다. 우크라이나는 이 조약에 참여함으로 해서 러시아의 군사적 영향하에 들어가는 것을 우려했다. 몰도바도 이 조약에 서명함으로써 '집단안보조약'이 트랜스니스트리아 지역의 분쟁에 직접 적용되는 것을 우려한 반면, 아제르바이잔 역시 나고르노·카라바흐를 둘러싼 아르메니아와의 분쟁에서 러시아가 친아르메니아 정책을 고수하고 있는 데에 대한 불만을 갖고 있었다.[39]

반면에 러시아를 제외하고 카자흐스탄과 아르메니아도 '집단안보조약'의 필요성을 적극 지지했다. 나자르바예프 카자흐스탄 대통령은 통합군의 무력화를 크게 우려하면서 자국의 안보를 강화하기 위해서는 러시아와의 군사·안보 협력이 필연적이

---

[38] "Dogovor o kollektivnoi bezopasnosti," *Krasnaya Zvezda* (March 23, 1992), p. 1.
[39] Mark Kramer, "The Armies of the Post-Soviet States," *Current History* (October, 1992), p. 331.

라고 믿었다. 아제르바이잔의 경우도 나고르노·카라바흐를 둘러싼 아제르바이잔과의 분쟁에서 우위를 점하기 위해서는 러시아와의 군사·안보 협력이 필연적이라고 생각했다. 또한 카자흐스탄을 제외한 중앙아시아 4개국들도 아프가니스탄으로부터의 회교 원리주의자들의 침투는 타지키스탄에서와 같은 내란 또는 정치적 불안정이 야기될 것으로 믿었다. 따라서 이 국가들은 자국의 취약한 군사력을 보완하면서 국가 안보를 유지하기 위해서는 러시아와의 군사·안보 협력이 불가피하다고 여겼다.

러시아는 '집단안보조약'을 통하여 다른 가입국들에 대하여 과거 소련과 WTO 가입국 간 관계에 상응하는 정치·군사적 영향력을 행사하지는 못하지만, 여타 가입국들의 군사활동 및 동맹 관계 수립에 상당한 영향력을 행사하고 있다. 실제 러시아는 집단안보조약의 제1조, "체약국이 체약 동맹국에 적대시되는 군사동맹 또는 여타 종류의 연합에 가입할 수 없다"는 조항을 통하여 여타 가맹국에 대한 정치·군사적 영향력을 행사하고 있다.

소연방 붕괴 직후 러시아는 원래 옛 소련 지역의 평화유지활동을 'CIS 집단 정치·군사 조정기구' 등을 통하여 수행하려 했고, 따라서 통합군의 유지와 CIS의 '공동 군사·전략 공간'의 유지를 희망했다. 그러나 이에 대한 CIS 가맹국 간, 특히 러시아와 우크라이나 간의 견해 차이로 실효성이 희박해지면서 별도의 평화유지군 창설을 위한 조약을 채택한 것이다. 그 결과 1992년 3월 20일 키예프에서 개최된 제4차 CIS 정상회담에서 11개 가맹국들은 'CIS 내 군사 옵서버 및 집단 평화유지군에 대한 협정'을 체결했다.[40] 이 협정은 관련국이 평화유지군 파견을 요구할 시 CIS 정상들의 만장일치에 의해서만 이를 실행할 수 있다고 적고 있고, 동시에 평화유지군 참여는 자발적인 의사에 따른다고 밝히고 있다. 또한 비록 아제르바이잔·카자흐스탄·몰도바·투르크메니스탄·우크라이나 등이 서명하지 않았지만, CIS 정상회의는

---

40   당시 우크라이나와 아제르바이잔은 사안에 따라서 평화유지군 참여 여부를 결정한다면서 가서명을 했고, 투르크메니스탄은 서명식에 불참했음.

1995년 '집단 평화유지군에 대한 협정'을 채택했다.

이러한 가맹국들 간 군사·안보 협력의 견해 차이로 CIS 전 가맹국이 참여하는 평화유지군은 창설되지 못했다. 그 결과 러시아군을 주축으로 하고 관련국들이 약간의 병력을 지원하는 형태의 평화유지활동이 조지아의 남오세티야 지역, 몰도바의 트랜스니스트리아 지역, 아제르바이잔의 나고르노·카라바흐 지역, 조지아의 압하지야 지역, 타지키스탄 등에서 이루어졌다. 물론 이 평화유지활동 중 CIS 차원의 CIS 평화유지활동으로 간주할 수 있는 것은 타지키스탄(1993년 9월 CIS 정상회의에서 승인)과 압하지야(1994년 10월 동 회의에서 승인)에서 이루어지고 있는 평화유지활동이며, 여타 지역의 경우 러시아와 관련국 간 양자 협정에 따라 추진되었다.[41]

CIS 가맹국들은 또한 옛 소련 지역에 산재한 전술 및 전략 핵무기의 안전한 관리에 관심을 쏟으면서 이 문제 해결을 위한 노력을 기울였다. 이는 특히 세계적 핵확산과 관련된 사항이기 때문에 미국 등 기존 핵보유국은 물론 비핵보유국의 깊은 관심사항이었다. 특히 러시아·우크라이나·카자흐스탄·벨로루시에 배치된 전략핵무기는 미국의 관심 사항이었으며, 미국은 핵무기의 비확산을 위한 국제적 노력을 적극 주도했다. 러시아 또한 소연방 구성국 중 소련의 국제법적 계승자인 자국만이 핵무기 보유국으로 남는다는 전략적 목표하에 미국과 긴밀히 협조하면서 나머지 3국의 핵무기 보유 포기를 위한 공동 노력을 기울였다.

우선 당면한 문제는 소연방이 붕괴되기 몇 달 전인 1991년 7월 고르바초프와 부시 대통령 간에 체결된 START I의 이행에 관한 것이었다. 1991년 12월 핵무기 관련 수 개의 협정이 체결되었다. 이 문건들은 비록 불분명한 점이 많지만 매우 중요한 사항들을 포함하고 있다. 즉 1992년 7월 1일까지 비러시아 지역에 배치된 전술핵무기를 러시아로 이전 완료할 것, 우크라이나와 벨로루시에 배치된 전술핵무기를 제거

---

41  러시아의 CIS 내 평화유지활동의 목적과 전략에 관해서는 Dov Lynch, *Russian Peacekeeping Strategies in the CIS*, London: Chatham House, 1999 참조.

(카자흐스탄의 경우 언급이 없음)할 것, 이 두 국가가 NPT에 가입할 것, 핵무기에 대해 러시아군이 전적으로 통제하고 필요 시 여타 CIS 가맹국들과 협의가 가능하다는 등의 내용들을 담고 있다. 이 내용들은 이후 옛 소련 지역의 핵 문제 해결을 위한 지침이 되었다. 실제로 전략핵무기를 러시아로 이전하거나 현지 폐기하는 것은 예정보다 빠른 1996년 11월까지 완료되었으며, 러시아를 제외한 상기 3개국의 NPT 가입이 1994년 12월 우크라이나가 가입하면서 완료되었다.[42]

러시아는 '집단안보조약'이 통수·재정·구성 등의 문제 때문에 실질적인 운영이 곤란함을 인식하여 양자 조약을 바탕으로 한 안보·군사 협력을 확대·강화해오고 있다. 또한 여타 국가들이 독자군 창설을 추진하고 있지만 대부분의 국가들이 자국 경제 사정의 어려움, 고급 장교의 부족, 군수산업체의 부재 등 때문에 강력한 독자군 창설 및 유지가 사실상 불가능한 형편이며, 그 결과 어떤 형태로든 러시아와의 군사협력을 통하여 국가 안보를 보장받으려 하고 있다.[43] CIS 각국의 이러한 실정은 비록 지역적 경향을 보이고는 있으나 러시아 주도의 군사·안보 통합에 크게 기여하고 있다.

### 3) 정치통합운동

옛 소련 지역의 정치통합운동은 CIS의 창립, CIS 가맹국 의회총회의 신설 등으로 정리할 수 있다. 물론 카자흐스탄 대통령 나자르바예프가 제시한 '유라시아연방'의 창설, 러시아의 민족 문제 및 지역정책 담당 장관이었던 샤흐라이의 '신 국가연합'의 창설 등도 정치통합운동의 하나라고 볼 수 있다.

---

[42] 보다 자세한 내용은 다음 문헌 참조. George Quester, ed., *The Nuclear Challenge in Russia and the New States of Eurasia*, Armonk, NY: M. E, Sharpe, 1995.

[43] Stephen Foye, "The Armed Forces of the CIS: Legacies and Strategies," *RFE/RL Research Report* Vol. 3 No. 1(January 7, 1994), pp. 18-21.

하지만 CIS 정치통합운동은 큰 성과를 거두지 못하고 있다. 그 이유는 우선 소연방의 과도한 중앙집권주의 및 CIS 가맹국 지도부의 자국 주권 침해에 대한 과도한 위협 인식 등에 기인한다. 사실 CIS의 출범 목적은 소연방 구성국들이 과거 유산을 극복해가면서 주권 독립국가로서 상호 협력과 조정을 추구하는 것이지, 새로운 형태의 초국가적 또는 신연방 형태의 정치체제를 구축하는 것이 아니었다. 따라서 CIS 가맹국 간 정치협력은 가맹국의 대내외적 주권 신장을 촉진하는 경우에 잘 이루어졌지만, 그렇지 않고 초국가적 정치기구의 구축을 지향하는 경우에는 별다른 진전이 없었다.

CIS의 출범 과정 및 그 역할에 대해서는 이미 서술했기 때문에 여기서는 CIS 가맹국 간 정치협력의 장으로 이용되어온 CIS 가맹국 의회총회(IPA: Inter-Parliamentary Assembly)와 나자르바예프의 옛 소련 지역 통합안을 다루어본다.

CIS 가맹국 의회총회는 1992년 2월 27일 모스크바에서 개최된 CIS 가맹국 최고회의 의장단회의에서 당시 러시아연방 최고회의 의장이던 루슬란 하스불라토프(Ruslan Khasbulatov)가 제안했다. IPA의 창설에 대한 참석자들의 태도는 다양했다. 일부 대표들은 IPA를 통하여 각국이 현재 추진 중인 경제개혁 등을 상호 협의·조정할 수 있을 것으로 기대한 반면, 다른 참석자들은 소련최고회의와 같은 일종의 중앙집권화 기관을 재생시키려는 시도로 보았다.[44]

IPA 창설에 대한 제안은 1달 후 1992년 3월 알마아타에서 개최된 CIS 가맹국 최고회의 의장단 회의에 다시 상정되었고, 아르메니아·벨라루스·카자흐스탄·키르기스스탄·러시아·타지키스탄·우즈베키스탄 등 7개국이 승인했다.[45] 우크라이나는 IPA의 하부기관, 즉 위원회(Committee or Commission) 또는 양자 협정을 통하여

---

44 Jan S. Adams, "CIS: The Interparliamentary Assembly and Khasbulatov," *RFE/RL Research Report* Vol. 2 No. 26(June 25, 1993), p. 19.
45 합의안의 명칭은 "Convention on the Interparliamentary Assembly of Member Nations of the CIS"이며, 1995년 5월 26일 채택되었음.

각국 의회 간 정책 조정을 하자고 주장하면서 IPA 창설안에 서명하지 않았다. 이때 통과된 IPA 창설안은 IPA의 중앙집권화 및 조정 기능이 삭제되어 있었다.

IPA는 2018년 말 기준 CIS 9개 회원국의 의회대표단으로 구성되었다. IPA는 정치적, 사회·경제적 이슈들을 공동으로 논의하고, 의회 간 협력 방안을 협의하며, 서명국 의회와 CIS 정상회의 및 각료회의에 제출한 제안들을 작성할 권리 등을 갖고 있다. 그리고 서명국 의회대표단 대표로 구성된 총회위원회(Council of the Assembly)는 IPA의 활동을 조직화한다. IPA의 정기회의는 1년에 두 번 열리며, 임시회의는 총회위원회의 요구로 개최된다.[46]

나자르바예프는 중앙아시아에서 자국의 인구학적 특색, 즉 유럽계 민족과 아시아계 민족의 균형 상태 등을 감안하여 초국가적 유라시아연방을 창설할 것을 제안했다. 소연방 붕괴 이전에 나자르바예프는 가장 열렬한 연방주의자 중의 한 사람이었고, 소연방 붕괴 후에는 강력한 CIS체제 유지론자였다. 그러나 CIS가 자신이 구상하고 있는 역할을 제대로 수행하지 못함에 따라 그는 역내 교역을 위한 공동화폐 발행, 공동의 경제정책 추진을 기초로 다수 회원국이 참여하는 국제투자은행 설립, 다국적 의회, 각국 수반회의 등이 포함된 유라시아연방을 창설하자고 주장했다.[47]

유라시아연방의 창설은 카자흐스탄에게는 한편으로는 자치권의 축소를 의미하나, 다른 한편으로는 국가 분열을 막으면서 가맹국들과 동등한 지위를 유지할 수 있는 이점도 있다. 모든 중앙아시아 국가 지도자들은 지역 통합의 불가피성을 인식했기는 하나 각국의 이해관계가 달라 아직까지 큰 성과를 거두지 못했다. 따라서 제안 시점인 1994년 여름 키르기스스탄과 조지아가 나자르바예프의 제안에 찬성한 반면, 투르크메니스탄과 우즈베키스탄은 반대했다. 러시아는 유라시아연방의 창설보다는 CIS체제의 강화를 통해 옛 소련 지역의 통합을 달성하려는 정책을 고수했다.

---

46  *Ibid.*, p. 20.
47  Martha Brill Olcott, "The Myth of 'Tsentral'naia Aziia'," *Orbis* (Fall, 1994), pp. 560-561.

# 5. 최근 CIS 통합운동의 특성

## 1) 양자주의·다자주의 통합운동의 병용

CIS 가맹국 간 통합의 범위와 방법, 그리고 속도에 대한 견해 차이가 존재함에 따라 그동안 CIS 통합운동은 양자주의(bilateralism)와 다자주의(multilateralism)가 병용되면서 추진되어왔다. 양자주의는 CIS 가맹국 중 2개국이 특정 분야에서의 협력을 활성화하기 위하여 양자 간 협력체를 구성하거나 협정을 체결하는 반면, 다자주의는 CIS 가맹국 중 3개국 이상이 특정 분야에서의 목표를 공동으로 달성하기 위하여 다자 간 협력체를 구성하거나 협정을 체결하는 것이다.

CIS 통합운동에 있어서 다자주의는 제2항의 '지정학적 다원주의의 심화'에서 상세히 다루고 있기 때문에 여기서는 양자주의에 입각해 살펴보기로 한다.[48] 양자주의는 원칙적으로 CIS 헌장에 나타난 원칙에 어긋나지 않는다. 즉 CIS 헌장 제5조는 "양자주의는 CIS 내에서 국가 관계의 법적인 토대로서 인정된다"라는 규정을 담고 있다. 하지만 이 규정은 양자주의가 CIS 전 가맹국 차원의 공통적인 문제를 대변하고 있지 않으며, 가맹국 전체의 이익보다는 소수 관련국의 이익을 대변하고 있다고 주장하고 있다.

하지만 CIS가 창설된 이후 가맹국 간 현안을 둘러싼 이견이 노정되었음은 물론 제 기능을 수행하지 못하면서 양자주의는 가맹국 간의 관계에서 우선적인 수단으로 활용되었다. 심지어 투르크메니스탄은 CIS 가맹국들과의 관계에서 양자주의에 전적으로 의존했으며, 우크라이나·조지아·아제르바이잔·몰도바 등은 일정 정도 양자주의를 활용했다. 특히 이 국가들은 대외 관계에서 CIS체제보다는 양자주의적 접근을 선호했다.

---

[48] Richard Sakwa & Mark Webber, *op. cit.*, pp. 397-398.

러시아도 1990년대 CIS 전 가맹국 차원의 통합 노력이 큰 성과를 거두지 못하자 양자주의를 활용하여 여타 CIS 가맹국과 제반 분야에서 관계 개선 또는 확대를 모색했고, 그 결과 모든 CIS 가맹국과 '우호·협력 조약'을 체결했다.[49] 특히 러시아는 CIS 가맹국과의 군사·경제 협력을 위하여 양자협정을 체결했음은 물론 교역 레짐, 교통·통신 및 금융·산업 재벌의 형성 및 활동, 에너지 공·수급 등을 위한 방법에서도 양자주의에 의존했다.

특히 러시아는 양자주의를 CIS 가맹국 중 특정 국가와의 관계 강화를 위한 수단으로 활용했다. 예를 들어, 러시아는 1994년 벨라루스의 권력을 장악한 알렉산드르 루카셴코(Alexander Lukashenko) 대통령과 1995년 2월 우호·협력 조약을 체결했고, 1996년 4월에는 '주권국가 공동체'를 발전시켜나가기 위한 조약을 체결했다.[50] 이는 양국이 국가연합을 발전시켜나가겠다는 합의로 양국은 이를 현실화하기 위한 노력을 경주해오고 있으며, 그 결과 1997년 5월 23일에는 '러시아·벨라루스 연방 헌장'이 채택되어 같은 해 6월 양국 의회가 비준했다. 비록 이 헌장이 단일국가의 창설에 대한 언급을 포함하고 있지는 않지만, 양국 간 정치·경제 동맹의 결성 및 단일 경제공간의 창설을 위한 광범위한 경제협력을 명시하고 있다. 하지만 양국이 국가연합식 통합체를 구축하기 위해서는 향후 많은 장애물을 제거해야 하며, 특히 이러한 통합 노력을 여타 CIS 가맹국들이 러시아의 팽창주의로 이해하면서 국가연합식 통합에 부정적인 영향을 미치고 있다.

러시아는 우크라이나와의 관계 개선을 위해서도 CIS 차원보다는 양자주의를 활용해왔다. CIS 창설 과정에서 러시아와 우크라이나가 주도적인 역할을 했지만, 우크라

---

49　예를 들어, 아르메니아와는 1991년 12월과 1997년 8월, 카자흐스탄과는 1992년 5월과 1998년 7월, 우즈베키스탄과는 1992년 5월, 조지아와는 1994년 2월, 키르기스스탄과는 1992년 6월, 투르크메니스탄과는 1992년 7월, 타지키스탄과는 1993년 11월, 벨로루시와는 1995년 2월, 몰도바와는 1995년 2월, 우크라이나와는 1997년 5월, 아제르바이잔과는 1997년 7월 등이다.

50　Ustina Markus, "Russia and Belarus: Elusive Integration," *Problems of Post-Communism* Vol. 44 No. 5(September/October, 1997), pp. 55-61 참조.

이나가 러시아의 CIS 통합 강화 노력을 러시아의 패권주의 또는 옛 소련식 정치체제로의 회귀를 지향하는 것으로 인식함에 따라서 CIS가 효율적 다자협력체제로 발전하지 못하는 큰 요인이 되었다. 그 결과 소연방 붕괴 후 러·우크라이나 관계는 흑해함대는 물론 크림반도의 반환 문제 등을 둘러싸고 첨예하게 대립했다. 하지만 옛 소연방 내에서 두 번째로 중요한 비중을 차지함은 물론 같은 슬라브계 민족이라는 점을 공유하고 있는 우크라이나는 러시아의 근외 정책에서 가장 우선적인 국가였다. 하지만 민족주의 성향이 강한 크라프추크 대통령하에서는 양국 간 관계 진전이 없다가 1995년 친러 성향의 레오니드 쿠치마(Leonid Kuchma)가 우크라이나 대통령으로 당선되면서 양국 간 양자주의에 입각한 관계 개선이 크게 진전되었다. 즉 양측은 1997년 이래 우호·협력 협정의 체결은 물론 흑해함대의 분할, 무역장벽 제거, 경제 협력의 확대 등을 위한 수 개의 협정을 체결했다. 즉 러시아·우크라이나 관계는 CIS 차원보다는 양자주의 차원에서 해결되어왔다. 그리고 2014년 3월 러시아의 크림반도 합병과 돈바스 분리주의자들에 대한 경제·군사적 지원으로 양국 관계가 사상 최악의 수준으로 떨어졌으며, 그 결과 양국 관계에서 양자주의가 더욱 더 강화될 전망이다.

여기서는 CIS 통합운동에 있어서 양자주의를 러시아에 초점을 맞추어서 설명했다. 그러나 여타 CIS 가맹국들도 관련국 간 현안 문제의 해결 및 우호·협력 관계 구축을 위해서는 CIS 전 가맹국 차원보다는 양자주의를 우선시하고 있다.

## 2) 소지역 통합주의 경향의 심화

CIS 통합운동이 전 가맹국 차원에서 큰 성공을 거두지 못함에 따라서 다수의 가맹국들은 소지역 차원에서 통합운동을 활성화하는 여러 조치를 취해오고 있다. 즉 소위 '지정학적 다원주의(geopolitical pluralism)'가 최근 CIS 통합운동의 주류로서 자리 매김하고 있다.[51] CIS 가맹국 간 소지역 차원의 통합운동에는 CIS 차원에서 주도된 것도 있고, CIS와는 별개로 구성되어 참여국 간 특정 분야에서의 협력을 확대하기 위한 것이 있다.

CIS 차원에서의 소지역 통합운동은 러시아가 주도하고 있는 전 가맹국 차원의 경제, 군사·안보, 정치 분야에서의 통합운동에 대하여 반러 성향 또는 중립 성향의 가맹국이 참여하지 않고, 단지 수 개의 친러 성향의 가맹국이 참여함으로써 이루어졌다. 다시 말해, CIS 정상회의에서 합의하고 러시아가 주도적인 역할을 하고 있는 경제통합 및 군사·안보 통합을 위한 통합운동이 전 가맹국 차원에서 이루어지지 않고, 이에 참여를 원하는 국가들을 중심으로 추진되어오고 있는 것이다. 물론 CIS 헌장은 이러한 CIS 차원의 통합운동 또는 협력체에의 참여 여부는 가맹국이 자유로이 결정할 수 있다는 개방주의를 채택하고 있다.

예를 들어, CIS 정상회의는 가맹국 간 경제협력의 확대를 위하여 1993년 9월 경제공동체의 창설을 합의했으나, 구체화되지 않다가 러시아·카자흐스탄·벨라루스·키르기스스탄 등 4개국이 참여하는 '관세동맹 협정'이 1996년 3월 29일 체결되었다. 이 4개국은 관세동맹을 통하여 참여국 간 경제협력은 물론 여타 분야에서의 협력 증진을 위하여 국가 간 정상·총리·외무장관회의, 통합추진위, 국가 간 의회위원회 등과 같은 조정기구를 설치했다. 러시아는 이 기구를 이용하여 CIS를 활성화하기 위한 노력을 기울였다. 하지만 참여국 간 특정 문제들을 둘러싼 이견과 옐친 대통령의 건강 이상에 따른 추진력의 약화로 큰 성과를 거두지 못했다. 다행히 푸틴 정부의 출범은 이 기구를 활성화하는 계기로 작용했고, 그 결과 2000년 10월 개최된 참여국 정상회의

---

51  Paul Kubicek, "End of the Line for the Commonwealth of Independent States," *Problems of Post-Communism* Vol. 46 No. 2(March/April, 1999), pp. 15-24; Taras Kuzio, "Promoting Geopolitical Pluralism in the CIS: GUUAM and Western Foreign Policy," *Problems of Post-Communism* Vol. 47 No. 3(May/June, 2000), pp. 25-35.

에서 이를 '유라시아경제공동체(EURASEC)'로 발전시켜나가기로 합의했다.[52]

이후 유라시아경제공동체는 푸틴 정부가 EU의 CIS 국가들과의 협력 확대정책인 동방파트너십에 대응해 CIS 차원의 경제통합정책을 적극 추진함에 따라서 성과를 거두었다. 즉 푸틴 정부는 2010년 러시아·카자흐스탄·벨라루스가 참여하는 '관세동맹'을 출범시켰고, 2015년 이를 바탕으로 이 3국 외에 아르메니아·키르기스스탄이 참여하는 '유라시아경제연합(EAEU)'을 출범시켰다. 또한 푸틴 정부는 2011년 CIS FTA를 출범시켜 CIS 차원의 경제협력을 활성화하는 데 주도적인 역할을 했다.

CIS 차원이 아닌 특정 지역 내 또는 특정 지역 간 소지역 차원의 통합운동은 '중앙아시아경제공동체(CAEC: Central Asian Economic Cooperation, 1998년 이전까지 Central Asian Union)'와 'GUUAM'이 대표적인 예이다.

CAEC는 1994년 12월 중앙아시아 국가들인 카자흐스탄·우즈베키스탄·키르기스스탄·타지키스탄(1998년 3월 가입) 등이 역내 국가 간 제반 분야에서의 협력 확대를 위하여 결성했다. 이 국가들은 CAEC의 창립 목적을 달성하기 위하여 국가 간 정상·총리·외무장관회의 등을 정기적으로 개최하면서 현안들에 대한 정책을 조정하고 구체적인 정책들을 협의했다. 또한 이 기구를 통해 부족한 수자원의 보호와 관리, 공동투자 협정, 역내 관세동맹의 결성 등과 같은 문제를 처리하면서 상당한 성과를 거두었으며, 군사협력을 확대하는 방안도 강구했다. 예를 들어, 1996년에는 합동군(CentraBat)을 결성하고, 미국 대서양 주둔군이 계획하여 1997년 9월 카자흐스탄에서 실행한 합동 군사훈련에 참여했다. CAEC 가맹국들은 1997년 1월에는 알마티에서 '영구 우호조약(Treaty of Eternal Friendship)' 및 '공동방위 협정' 등을 체결했다.

그러나 가맹국 간 이해관계의 차이와 정치·군사적 경쟁의식의 상존, 러시아에 대한 높은 경제·군사적 의존도 등으로 성과가 저조한 상황에서 CAEC는 2002년 기능과 역할이 강화된 '중앙아시아협력기구(CACO: Central Asian Cooperation

---

52 Richard Sakwa & Mark Webber, *op. cit.*, p. 399.

Organization)'로 변화되었다. 중앙아시아 역내 국가 간 통합운동이 장기화되거나 큰 성과를 거둘지는 아직 미지수이다. 하지만 이 국가들의 유사한 정치·경제·종교적인 특성으로 말미암아 만약 이 통합운동이 러시아에 배타적인 통합체로 발전되지 않는다면, 어느 지역보다도 통합운동이 가시적인 성과를 거둘 수 있을 가능성이 많다. 실제로 러시아가 2004년 CACO에 가입한 후 동 기구는 2006년 러시아가 주도한 EURASEC으로 통합되었다.

상기한 CAEC와는 달리 GUUAM은 비교적 반러 성향의 국가들을 중심으로 구성되어 있다. GUUAM은 원래 'GUAM'으로 1997년 10월 결성되었으며, 명칭은 참여국인 조지아·우크라이나·아제르바이잔·몰도바의 이니셜을 따서 명명했다. 그리고 1999년 4월 워싱턴에서 개최된 NATO 창설 50주년 기념식 참석을 계기로 우즈베키스탄이 가입함으로써 'GUUAM'이 되었다.[53] GUUAM은 2001년 얄타 정상회의에서 헌장을 채택해 제도화했다. 그러나 우즈베키스탄은 2005년 안디잔 사태에 대한 서방 세계의 비난과 국내 문제에 대해 간섭이 증대되자 2005년 탈퇴를 선언했다. 이후 2006년에는 키예프에서 개최된 정상회의에서 기구 명칭을 '민주주의와 경제발전을 위한 GUAM 기구(GUAM Organization for Democracy and Economic Development)'로 바꾸면서 회원국 확대를 모색하고 있다.

자세히 설명하자면, GUAM은 1996년 비엔나에서 개최된 CFE 조약 개정을 위한 회의에서 러시아가 코카서스 등 서남부 지역에 대한 재래식 무기 배치를 증가하려는 노력을 기울이자 역내 관련국이었던 조지아·우크라이나·아제르바이잔·몰도바가 이를 저지하기 위해 외교적인 공동대응을 모색함에 따라서 출범했다. 창립 멤버인 4개국들은 1997년 10월 스트라스부르(Strasbourg)에서 회합을 갖고 '트랜스코카서스-중앙아시아 통과로(TRACECA: Transport Corridor Europe-Caucasus-Asia)'를 발전시키기 위한 공동성명을 발표했다. GUAM이 지향하고 있는 우선 과제들은 호

---

53  자세한 내용은 다음 논문들을 참조. Taras Kuzio, 앞의 논문, Paul Kubicek, 앞의 논문.

전적인 분리주의와 역내분쟁의 반대, 유라시아·트랜스코카서스 교통로의 개발, 주권 존중, 영토의 불가침성, 독립된 그리고 국제적으로 인정된 국경 유지 등과 같은 국제법의 기본 원칙과 규범의 지지, 유럽·대서양협력기구로의 통합 등이다.[54]

물론 이들은 이 국가 간 협력이 제3자를 겨냥한 것이 아니라고 선언했으나 당시 러시아 언론매체들은 반러 성향을 갖는 다자기구라고 비난했다.[55] 이들은 NATO 50주년 기념식에 참석하여 NATO와 평화를 위한 동반자 관계(PFP: Partnership for Peace) 프로그램을 통하여 협력 확대를 희망했음은 물론 '유럽·대서양동반자회의(EAPC: Euro-Atlantic Partnership Council)'와의 협력 확대 의지를 천명하는 공동성명을 발표했다. GUAM은 유럽 쪽의 우크라이나, 그리고 남코카서스의 조지아·아제르바이잔을 포함하면서 어떤 측면에서는 비러시아 지역을 포괄하는 범지역 차원의 협력체를 지향하고 있다. 그러나 GUAM은 회원국들이 직면한 국내 민족·영토 분쟁, 상이한 정치·경제 환경 등으로 협력 활동이 정체되어 있다.

## 3) 친러, 반러 통합운동 경향의 가시화

CIS 통합운동의 또 다른 특성은 상기한 소지역 차원의 다자주의적 통합운동 경향의 특성을 반영한 '친러 성향의 가맹국' 및 '반러(또는 중립) 성향의 가맹국'으로 구성된 통합운동의 경향이 심화되고 있다는 점이다. 즉 CIS 전 가맹국 차원의 통합운동이 가맹국 간 이해관계의 차이 때문에 큰 진전이 없는 상태가 계속되는 상황에서 친러 성향의 국가들이 러시아가 주도적인 역할을 하는 통합운동, 즉 CSTO 또는 EAEU에 적극 참여하고 있는 반면, 반러 성향 또는 중립적인 성향의 국가들이 반러 또는 탈

---

54  관련 문건은 다음을 참조. http://www.Guuam.org.
55  *Rossiiskaia Gazeta* (December 2, 1997); *Nezavisimaia Gazeta* (December 3, 1997) 참조.

러 성향이 강한 우크라이나를 중심으로 러시아가 포함되지 않은 통합운동을 추진해 오고 있다. 이러한 최근의 CIS 통합운동에 대해 일부 전문가들은 'CIS 지정학적 다원주의'가 강화되고 있다고 평가한다. 즉 타라스 쿠지오(Taras Kuzio)는 소연방 15개국을 3부류, 즉 CIS 비가입국(발트 3국인 리투아니아·에스토니아·라트비아), 친러 성향의 CIS 가맹국(러시아·벨로루시·카자흐스탄·키르기스스탄·아르메니아·타지키스탄), 그리고 친서방 가맹국 또는 불참국(조지아·우크라이나·아제르바이잔·몰도바·우즈베키스탄) 등으로 구분했다. 한편 투르크메니스탄은 중립적인 성향이 강한 국가로 구분했다.[56]

GUAM 회원국들로 구성된 친서방 성향의 국가들은 러시아가 주도하는 CIS 차원의 경제 및 군사·안보 통합운동이 자칫 자국의 주권을 침해하는 소연방식의 구체제로 회귀될지 모른다는 우려를 하고 있다. 따라서 이들은 한편으로는 러시아보다는 NATO·EU·OSCE 등 서구 협력체와의 협력을 강화하려는 움직임을 보이면서, 다른 한편으로는 정치·경제·군사적 협력을 강화하려 하고 있다.[57] 단적인 예가 러시아가 NATO 확대에 반발하여 참여하지 않은 NATO 50주년 기념식(1999년 4월 워싱턴 개최)에 GUUAM 회원국들이 모두 참여했으며, 이 국가들은 NATO·EU 등 유럽 국가 협력체와의 협력 확대는 물론 장기적으로 이 협력체에 통합되겠다는 목표를 갖고 있다. 실제로 우크라이나·몰도바·조지아는 우크라이나 사태가 발발한 2014년 봄 EU와 제휴협정(Association Agreement)을 각각 체결했으며, 이후 포괄적 정치·경제 협력을 위한 심층적·포괄적 자유무역협정(DCFTA: Deep and Comprehensive Free Trade Area)이 체결되었다.

원래 GUUAM 회원국들은 CIS 내에서 역내 안정과 회원국 번영을 위한 공동 협

---

56  Taras Kuzio, *op. cit.*, p. 26. 우즈베키스탄은 2016년 12월 샤브카트 미르지요예프(Shavkat Mirziyoyev) 정부 출범 후 러시아와 역내 여타 중앙아시아 국가들과의 우호·협력을 확대하는 정책을 추진하고 있으며, CIS 차원의 다자협력에 적극 참여하는 국가로 변화함.

57  Tomas Valasek, "Military Cooperation between Georgia, Ukraine, Uzbekistan, Azerbaijan and Moldova in the GUUAM Framework," http://ksgnotes.harvard.edu/BCSIA/Library.nsf/pubs/ValasekGUUAM(검색일: 2000년 8월 31일).

력을 강화해나가기로 합의했다. 즉 이들은 자국들이 국내에서 직면하고 있는 분리주의(예: 몰도바의 트랜스니스트리아, 우크라이나의 크림공화국, 조지아의 압하지야와 남오세티야, 아제르바이잔의 나고르노·카라바흐, 우즈베키스탄의 오슈 지방 등)에 대한 공동 대책을 강구할 필요가 있었다. 이들은 또한 가맹국 간은 물론 인접 유럽 국가들과 'The Great Silk Road', 'TRACECA', BTC 송유관 등과 같은 경제협력 프로젝트를 공동으로 추진해나가겠다는 계획을 갖고 있었다. 이 프로젝트들은 옛 소련 지역에 대한 러시아의 패권주의에 대항하면서 회원국들의 국익을 증대해나가겠다는 목적을 갖고 있었다.

반면에 친러 성향의 국가들은 CIS 출범 후 러시아가 주도하는 각종 통합운동, 즉 관세동맹, CSTO, EAEU 등에 적극 참여함은 물론 양자 조약을 통한 대러 협력을 확대해오고 있다. 물론 이 국가들은 여타 국가들과 마찬가지로 대러 경제 의존도 또는 몇 개 국가의 경우 대러 군사 의존도(예: 타지키스탄)가 매우 심한 편이기 때문에 자국의 국익을 증진하기 위해서도 친러 정책을 펼 수밖에 없는 실정이다. 특히 자국민 내에 러시아인이 다수 차지하고 있는 국가들의 경우(예: 카자흐스탄) 러시아에 적대적인 정책을 펼 수 없는 취약성이 있다. 또한 친서구적인 성향을 갖고 있는 국가들의 경우(예: 우크라이나·조지아·몰도바)도 자국 내 러시아인들의 구성비 또는 민족분쟁 등 때문에 노골적으로 러시아에 대한 적대적인 정책을 펴지 못하고 있다. 물론 우크라이나의 경우, 2014년 이후 대러 관계를 단절하면서 EU와 DCFTA 체결, 비자면제 협정 체결 등 친서방 정책을 적극 추진하고 있다.

한편 이러한 CIS 지정학적 다원주의는 전환기 러시아의 역내 강대국으로서의 역할 축소와 CIS 통합정책 추진, CIS 국가들의 대러 위협인식, 국내 민족·영토 분쟁 촉발 및 지속에 대한 반러 감정, 미국을 비롯한 서방 세계는 물론 터키·이란 등과 같은 인접 국가들의 의도적인 CIS 접근정책에 영향을 받은 바 크다.[58]

---

58 Paul Kubicek, *op. cit.*; 고재남, 「러시아의 對중앙아시아 정책」, 국립외교원 외교안보연구소, 2000. 12 참조.

제5장

# 러시아의 중앙아시아 정책과 다자협력

# 1. 서론

21세기의 진입을 10여 년 앞두고 발생한 소연방의 붕괴로 냉전 질서가 붕괴하면서 옛 소련 지역에서 신생 독립국들이 탄생했다. 중앙아시아에서도 소련이 철수하고 5개 독립국가가 탄생했다. 1990년대 초·중반 중앙아시아에 대한 러시아의 무관심과 영향력 약화는 중앙아시아를 '힘의 공백(power vacuum)' 상태로 빠트렸고, 그 결과 역내외 주요 국가들 간 '거대게임(Great Game)'의 장으로 재등장시켰다.[1] 그리고 이 거대게임은 1990년대 후반부터 러시아가 중앙아시아에 대한 영향력 복원 전략을 점차 강화하면서 더 심화되기 시작했다.

중앙아시아가 거대게임의 장으로 재등장했다는 것은 중앙아시아의 지정학적·지경학적·지전략적 중요성이 매우 크다는 것을 의미한다. 중앙아시아의 전략적 중요성은 1990년대보다 2000년대 들어서 크게 증대되었다. 이는 거대게임의 주요 행위자들의 중앙아시아에 대한 정책, 특히 러시아의 재부상과 CIS 통합정책의 강력한 추진, 중국의 부상과 에너지·자원 외교의 강화와 일대일로 정책 추진, 미국의 반테러 전쟁을 수행하기 위한 배후 지원기지 확보와 대중국 포위를 위한 신 실크로드 정책, 인도 나렌드라 모디(Narendra Modi) 정부의 대중앙아시아 연계성 강화정책 등에 기인한다.[2]

---

\*    이 장은 필자의 다음 논문들을 수정·보완해 작성한 것임. 고재남, 「러시아의 중앙아시아 정책과 다자주의」, 『한국과 국제정치』 제28권 1호, 2010, 199-234쪽; 고재남, 「CIS 국가들의 다자 지역협력」, 『변환기 국제정세와 한국외교』, 2006 정책연구과제 통합본, 국립외교원 외교안보연구소, 2007, 361-426쪽.

1    고재남, 「유라시아 중부지역의 '신 거대게임'과 관련국 대응」, 『중소연구』 제29권 3호, 2005, 13-51쪽 참조.

2    Geir Flikke and Julie Wilhelmsen, "Central Asia: A Region of Economic Rivalry Among Russia, China, the U.S. and the EU," Norwegian Institute of International Affairs, *NUPI Report* 2009, pp. 1-56; Maksim Bratersky and Andrei Suzadaltsev, "Central Asia: A Region of Economic Rivalry Among Russia, China, the U.S. and the EU," *Central Asia and the Caucasus* vol. 3(57), 2009, etc..

거대게임 참여국 중 중앙아시아의 전반적 전략환경은 물론 역내 국가들의 국내외 정세에 가장 많은 영향을 미치는 국가는 러시아이다. 러시아는 19세기 중반부터 소련 붕괴 시인 1991년 말까지 중앙아시아를 통합·지배해왔으며, 소연방 붕괴 후에도 양자·다자 차원의 협력·통합 기제를 구축해 국가별 차이는 있으나 역내 국가들과 긴밀한 협력 관계를 유지하고 있다. 물론 러시아의 중앙아시아 정책 목표와 이를 달성하기 위한 전략은 러시아와 중앙아시아 국내외 정세에 영향을 받으면서 변화되어왔다.

러시아는 당면한 외교·안보 정책 목표를 달성하기 위해 '다자주의(multilateralism)' 를 적극 옹호해왔다. 러시아의 친 다자주의 전략은 미국의 일방주의 견제, 자국의 군사·경제적 취약성 보완, UN 안보리 상임이사국 지위 활용, 역내 문제에 대한 외교활동 영역의 확대와 주요 행위자로서의 입지 강화, 다자 안보 메커니즘을 통한 역내 군비 축소 및 통제의 실현, 전통적·비전통적 안보 문제 해결을 위한 협력 확대 등과 같은 목적을 달성하기 위해 추진되어왔다.[3] CIS 국가들은 독립국가로 출범한 후 활발한 다자 지역협력을 추진했으며, 이는 다양한 요인에 기인한다. 러시아는 상기한 목표 달성을 위해 CIS 내 다자지역협력을 적극 추진해오고 있다.

푸틴 집권 2기 들어 러시아의 강대국 재부상은 러시아의 CIS 정책을 강화시키는 배경으로 작용했으며, 이는 친러 국가들을 중심으로 러시아의 리더십을 바탕으로 한 정치·경제·안보 협력을 위한 다자지역협력을 더욱 활성화하는 요인으로 작용하고 있다.[4] 러시아와 CIS 국가들 간 다자협력이 가장 활발한 곳은 중앙아시아인데, 이는 러시아가 전략적으로 중요한 중앙아시아에서 러시아의 영향력 유지·확대를 위해

---

[3] 러시아의 CIS 지역 내 다자주의에 대해서는 다음 문헌 참조. 고재남, 「CIS 국가들의 다자 지역협력」, 『변환기 국제정세와 한국외교』, 2006 정책연구과제 통합본, 국립외교원 외교안보연구소, 2007, 361-426쪽; Angela Borozna, "Russian Multilateralism since 1991," Paper to be presented at the ISA Panel held in Chicago, USA on March 2007; Mikhail A. Molchanov, *Eurasian Regionalisms and Russian Foreign Policy*, New York: Routledge, 2015 등.

[4] 러시아의 강대국 재부상 요인과 이것이 외교·안보 정책에 미친 영향에 대해서는 필자의 다음 논문 참조. 고재남, 「러시아의 재부상과 글로벌 외교의 전망」, 고재남·엄구호 엮음, 『러시아의 미래와 한반도』, 서울: 한국학술정보(주), 2009, 제4장.

⟨그림 1⟩ 러시아와 중앙아시아[5]

다자주의를 활용하고 있기 때문이다.

따라서 이 장에서는 소연방 붕괴 후 러시아의 중앙아시아 정책의 변화 과정을 살펴보고 러시아가 중앙아시아에서 영향력을 복원·유지하기 위해 다자지역협력을 어떻게 활용했는지를 분석해보기로 한다. 이를 위해 우선 2절에서 중앙아시아 전략환경 변화와 러시아 정책 목표를 살펴본 후, 3절에서 러시아의 중앙아시아 정책이 어떻게 변화·발전되어왔는지를 분석하며, 4절에서 러시아의 중앙아시아 내 다자협력 정책의 실제를 살펴보며, 5절에서 이를 종합해 정리해보기로 한다.

---

5  지도 출처: https://www.csis.org/analysis/vision-shared-prosperity-central-asia (검색일: 2019년 1월 19일).

## 2. 러시아의 중앙아시아 정책 목표

### 1) 러시아와 중앙아시아 전략환경의 변화

지리적 차원에서 중앙아시아는 좁은 의미로 옛 소연방 공화국이었던 5개 '-스탄 (-stan, 거주지 의미)' 국가들을 포함한 반면, 넓은 의미로는 이 '-스탄' 국가들의 변경 지역, 즉 아프가니스탄 북부, 신장·위구르 지역, 몽고 서부, 러시아 시베리아 지역 남부, 아제르바이잔 등을 포함한다. 따라서 중앙아시아 전략환경을 논할 때, 그 범주를 좁은 의미와 넓은 의미로 사용할 수 있으나 이 글에서는 러시아와의 정치·역사적 관계를 고려해 좁은 의미로 사용한다.

러시아제국이 중앙아시아에 대해 정복·병합 정책을 본격적으로 추진한 것은 19세기 중반이다. 러시아는 1860년대부터 1920년대 중반까지 중앙아시아 지역을 터키어계 언어를 사용하는 사람들이 사는 지역을 의미하는 '투르케스탄(Turkestan)'으로 칭했는데, 이후 이 지역은 소련 시대 '중간 아시아 및 카자흐스탄(Middle Asia and Kazakhstan)'으로 불렸다. 그러나 소연방 붕괴 후 5개 '-스탄' 국가 정상들이 이 지역을 중앙아시아로 칭하자고 선언하면서 좁은 의미의 지리적 범주가 획정되었다.

역사적으로 중앙아시아는 러시아제국의 마지막 영토 획득지였다. 19세기가 될 때까지 러시아제국은 중앙아시아 지역에 대해 큰 관심을 갖지 않았다. 그러나 러시아제국은 19세기 중반에 중앙아시아 정복정책을 적극 추진했고, 그 결과 1895년에야 완전히 병합했다. 당시 러시아는 크림전쟁(1853~1856)에서의 패배로 흑해 지역으로의 진출이 좌절되자 중앙아시아와 중국 북동부 지역에 대한 영토 팽창정책을 적극 추진했다. 러시아제국은 카자흐스탄 지역은 비교적 평화적인 방법을 통하여 획득한 반면 여타 지역은 군사적 수단을 통해 강제 병합했다. 러시아는 1860~1870년대 비교적 짧은 기간에 현재 우즈베키스탄·타지키스탄 지역인 히바(Khiva)·부하라

(Bukhara)·코칸트(Kokand) 등을 정복·병합했으며, 1880년대에는 투르크메니스탄 지역을 정복했다. 그리고 1890년대에는 '세계의 지붕'이라고 불리는 타지키스탄 파미르 지역을 정복했다. 중앙아시아에 대한 러시아제국의 정복정책은 당시 러시아인들을 납치해 노예로 삼던 히바인과 여타 부족들로부터 러시아인을 보호하고 러시아 공산품 수출시장으로 간주되는 인도에 육로를 개설하는 등의 목적을 갖고 있었다.[6]

러시아제국의 남진정책은 영국의 우려를 자아냈으며, 그 결과 19세기 중반 이후 아프가니스탄을 중심으로 러·영 간 소위 '거대게임'으로 칭해지는 치열한 정보전과 직·간접적 무력충돌이 발생했다. 그리고 이 거대게임은 1907년 러시아가 독일에 대항한 영·불동맹에 참여함으로써 종식되었다. 당시 중앙아시아는 러시아제국이 완전히 장악·통치했고, 아프가니스탄은 양측 간 완충지대로 남아 있었다. 그리고 이란은 영·러가 양분해 양국의 세력권으로 삼았다.

제1차 세계대전의 발발과 무슬림들의 징집 면제 제도 폐지는 1916년 중앙아시아인들의 반러 봉기를 불러일으켰다. 볼셰비키 혁명이 발발하자 '투르케스탄 무슬림 위원회(Turkestan Muslim Council)'로 알려진 '자디드 개혁파 정부(Government of Jadid Reformers)'는 코칸트에서 회합을 갖고 투르케스탄의 독립을 선언했다. 그러나 이 정부는 타슈켄트 소비에트군에 의해 곧 진압되었고, 타슈켄트 소비에트군은 준독립국의 지위를 보장받고 있던 부하라와 히바도 군사적으로 장악했다. 그 결과 중앙아시아 독립운동을 주도하던 주요 세력들은 진압되었으며, '바스마치(Basmachi)'로 불리는 게릴라 독립운동만이 1924년까지 지속되었다.[7]

한편 러시아혁명의 여파가 몽골을 휩쓸었으나 소비에트공화국이 건설되지 않고

---

6   Dmitri Trenin, "Russia and Central Asia: Interests, Policies, and Prospects," Eugine Rumer, Dmitri Trenin, and Huasheng Zhao, *Central Asia: Views from Washington, Moscow, and Beijing,* Armonk, NY: M. E. Sharpe, 2-7, pp. 76-77

7   "History of Central Asia," at http://en.wikipedia.org/wiki/History_of_Central_Asia(검색일: 2010년 1월 23일).

'몽골 공산주의 인민공화국'이 1924년 수립되었다. 투르케스탄(중국 신장·위구르 지역)에 대한 소련군의 점령 위협이 상존한 상황에서 현지 최고지도자는 소련과 협력하는 정책을 추진했다. 당시 중국에는 1911년 발생한 청조축출혁명으로 내란이 발생해 투르케스탄에 대한 국민당 정부의 지배력이 크게 약화되었다. 소련은 동 지역에 대한 점령보다는 협력 네트워크를 구축해 지원하는 정책을 폈다. 그 결과 1930년대까지 신장 정부의 소련과의 협력 관계는 국민당 정부보다 긴밀했다. 중국 내란이 지속되면서 투르케스탄 정세가 더욱 불안정해졌으며, 1933년에는 투르크 민족주의자들에 의해 제1투르케스탄공화국이 선포되었으나 소련군에 의해 진압되었다. 독일군의 소련 침공이 시작되자 신장 정부의 지도자는 소련과 결별하고 국민당 정부와 협력 관계를 구축했으며, 이는 이 지역에서 내란을 촉발시켰다. 소련은 신장 정부의 친 국민당 정부 지도자를 축출하고 제2투르케스탄공화국을 수립했다. 투르케스탄 지역은 1949년 중국 공산당 정부에 병합되었으며 이후 이 지역에 대한 소련의 영향력은 상실되었다.[8]

   중앙아시아를 점령한 볼셰비키 정부는 행정구역 개편을 수차례 단행했다. 볼셰비키 정부는 우선 1918년 '투르케스탄 자치 소비에트 사회주의공화국'을 수립했고, 뒤이어 부하라와 히바에도 소비에트 사회주의공화국을 수립했다. 1919년에는 '투르케스탄을 위한 화해위원회'가 출범해 현지인들과 공산주의자 간 관계 개선을 도모했다. 신 정책이 소개되고 현지 관습과 종교가 존중되었다. 그리고 1920년에는 카자흐스탄 지역을 포함하는 '키르기스 자치 소비에트 사회주의공화국'이 수립되었고 이는 1925년 '카자흐 자치 소비에트 사회주의공화국'으로 개칭되었다. 또한 1922년 소연방 탄생 후 소련 중앙정부는 1924년 '우즈벡 소비에트 사회주의공화국(Uzbek SSR)'과 '투르크멘 소비에트 사회주의공화국(Turkmen SSR)'을 각각 확립했다. 1929년에는 '타지크 소비에트 사회주의공화국(Tajik SSR)'이 우즈벡 SSR로부터

---

8  *Ibid.*.

분리되었으며, 1936년에는 키르기스 자치주가 '키르기스 SSR'로 승격되었다. 이로 써 1936년 중앙아시아 내 5개 소비에트 사회주의공화국의 수립이 완료되었으며, 이 들은 소연방 붕괴 후 각기 독립국이 되었다.[9]

## 2) 러시아의 중앙아시아 정책 목표와 전략

러시아의 중앙아시아 정책 목표는 19세기 중반 이래 형성된 러시아제국/소련·중앙아시아 지역 간 특수 관계(병합과 지배)와 소연방 붕괴 후 형성된 중앙아시아 국가들의 국내외 정세에 따라 결정되어왔다. 실제로 러시아는 중앙아시아를 배타적 이익이 상존하고 있는 지역으로 간주하면서 러시아의 세력권으로 보존하기 위한 적극적인 협력·통합정책을 추진해오고 있다. 이러한 러시아의 중앙아시아 정책은 푸틴 정부 들어 강대국으로의 재부상과 주요국 간 세력경쟁이 심화되면서 더욱 강화되었다.

러시아는 신생 독립국으로 출범한 후 외교·안보 정책의 대강을 밝히는 공식 문건들을 발표했다. 즉 러시아는 옐친 정부하에서 군사독트린(1993)과 국가안보개념(1997)을 채택·발표했으며, 푸틴 정부 출범 직후인 2000년에는 변화된 국내외 정세를 반영해 새로운 국가안보개념·군사독트린·외교정책개념을 각각 발표했다. 그리고 메드베데프 정부 출범 직후인 2008년 7월에는 신 외교정책개념이 발표되었다. 이 외교·안보 문건들은 러시아의 대CIS 정책에 관한 인식과 정책 목표를 제시하고 있으나 중앙아시아를 특정하여 정책 목표를 밝히고 있지 않다.

러시아의 중앙아시아를 포함한 CIS 정책을 비교적 구체적으로 제시한 것은 푸틴이 대통령직을 대행하기 시작한 2000년 1월이다. 푸틴 대통령 대행이 서명한 '러시아의 CIS 국가들과의 관계 발전에 관한 주요 방향(Main Directions of the Development of

---

[9] 고재남, 『구소련지역 민족분쟁의 해부』, 마산: 경남대학교 출판부, 1996, 175-182쪽.

Russia's Relations with the CIS Member States)'은 러시아의 다음과 같은 대CIS 정책 방향을 제시하고 있으며, 이 주요 내용들은 같은 해 6월에 발표된 외교정책개념에 포함되어 있다. 이 문건은 러시아가 대CIS 정책에서 추구하는 정책 방향을 ① CIS는 러시아 외교정책에서 우선 지역이며, ② 국가안보 이슈들의 해결을 우선시하며, ③ CIS 국가들의 러시아 국익에 대한 반영도를 고려해 실용적이면서도 개별적인 접근정책을 추진하며, ④ 경제협력 및 러시아의 비즈니스 이익 증진을 중시하는 정책을 추진하며, ⑤ 양자협력 및 다자협력체(예: CIS · EURASEC · CST 등)를 통한 통합정책을 추진한다는 등 5개로 나누어 제시하고 있다.[10]

아직까지 러시아 정부가 중앙아시아 지역에 한정해 외교·안보 정책의 기조·목표·과제 등을 제시한 공식 문건은 존재하지 않는다. 이는 러시아가 그동안 현존하는 다자지역협력체인 EURASEC · CSTO · SCO · CIS 등을 통해 중앙아시아 정책을 추진해왔기 때문이다.[11] 실제로 중립국 지위를 고수하는 투르크메니스탄을 제외하고는 중앙아시아 대부분의 국가들이 이 다자지역협력체에 참여하고 있다. 또한 상기한 바와 같이 중앙아시아 정책이 각종 외교·안보 문건에서 CIS 차원에서 제시되고 있고, 또한 러시아는 중앙아시아 정책의 지침으로서 양자협력을 강조하고 있다.

그럼에도 러시아의 중앙아시아 정책 목표를 외무부 고위 관료 및 전문가들의 견해를 빌려 살펴볼 수 있다. 예를 들어, 러시아 외무부 외교정책기획국에 근무하는 드

---

10   Dmitry Trofimov, "Russian Foreign Policy Objectives in Central Asia," *Russian Regional Perspectives Journal* Vol. 1 Issue 2(Year n.a), p. 14.

11   실제로 가장 최근(2016년 11월 30일)에 발표된 '러시아 외교정책개념'도 "러시아의 우선적인 외교정책 중에는 CIS 국가들과 양자·다자 협력을 증진하고 러시아가 포함된 CIS 내 통합기구들을 더욱 강화시키는 것을 포함하고 있다"고 밝히고 있음. 그리고 이 문건은 제50항부터 제60항까지 CIS 국가들과의 양자·다자 협력에 관한 정책 방향을 제시하고 있으며, 2015년 12월 31일 발표된 '러시아 국가안보전략'에서 제시한 CIS 전략을 계승, 구체화시키고 있음. Ministry of Foreign Affairs, "Foreign Policy Concept of the Russian Federation"(approved by the President of Russian Federation Vladimir Putin on November 30, 2016), http://www.mid.ru/ru/foreign_policy/news/-/asset_publisher/cKNonkJE02Bw/content...(검색일: 2016년 12월 27일); "Russian National Security Strategy"(approved by Russian Federation President on December 31, 2015) 참조.

미트리 트로피모프(Dmitry Trofimov)는 러시아가 중앙아시아에서 추구하는 국익은, ① 남부 지역으로부터 오는 위협을 막기 위해 역내 국가들과 긴밀한 협력을 통한 역내 안정 확보, ② 러시아의 중국·인도·이란 등과 안보·경제·통상협력을 확대시킬 수 있는 제한 없는 통로로서의 활용, ③ 러시아와 중앙아시아를 통합하는 단일 경제공간의 유지, ④ 러시아가 세계적·지역적 강대국으로 재부상하기 위한 중앙아시아의 지전략적 잠재력 활용, ⑤ 역내외 국가들이 중앙아시아에서 러시아의 특수한 지위 및 역할 인정 확보 등이라고 주장했다.[12]

드미트리 트레닌(Dmitri Trenin)도 러시아가 중앙아시아에서 추구하는 정책 목표를 정치·안보·경제·인도적 측면에서 설명하고 있다. 정치적 측면에서, 러시아는 중앙아시아 국가들과 우호·협력 관계의 강화와 정치·경제·안보 통합을 통해 러시아가 추구하는 강대국 지위 회복을 위한 배후 지원기지로 활용하려는 목표를 갖고 있다. 안보적 측면에서, 러시아는 이슬람 원리주의자와 테러리스트의 세력 확산을 저지하면서 국내 안정 유지, 시민혁명 방지, 외국군 주둔 봉쇄와 제3의 안보동맹 저지, WMD 비확산, 마약 밀매 방지, 러시아군 주둔 유지, 국방협력, 방산물자 이전 등을 통한 중앙아시아의 안보 인프라를 유지·복원·발전시키려는 목표를 갖고 있다. 경제적 측면에서, 러시아는 중앙아시아 국가들과 자유무역, 관세동맹 등을 통해 경제통합을 확대·심화하며 에너지협력 및 투자를 더욱 확대하려는 목적을 갖고 있다. 인도적 측면에서, 러시아는 중앙아시아 내 러시아인 보호, 러시아어 사용 및 교육 확대, 러시아 문화의 유지·확산, TV 방영의 비제한성 확보 등 공동 정보공간의 유지·확대 등과 같은 목적을 갖고 있다.[13]

---

12  *Ibid.*, pp. 14-15.
13  Dmitri Trenin, *op. cit.*, pp. 80-118. 이 외 Okana Antonenko and Kathryn Pinnick, "Russia's Foreign and Security Policy in Central Asia: The Regional Perspectives," *Russia Regional Perspectives Journal* Vol. 1 Issue 2(Year n.a.), pp. 6-7; Murat Laumulin, "Russia's Strategic Interests in Central Asia Today," *Central Asia and the Caucasus* Vol. 3(57), 2009 등 참조.

러시아의 이러한 정책 목표를 달성하기 위한 전략은 양자주의와 다자주의 병용 전략이다. 양자주의는 러시아가 중앙아시아 5개국의 독특한 정치·경제 환경과 외교·안보 정책들을 고려해 추진되고 있다. 예를 들어, 중립주의를 표방하면서 러시아가 CIS 차원 또는 중앙아시아 차원에서 주도하고 있는 다자지역협력체에 참여하지 않고 있는 투르크메니스탄과는 양자주의를 활용해 양국 간 협력을 유지·확대해오고 있다. 또한 러시아는 타지키스탄의 취약한 군사력을 이용해 국경수비 등 안전보장을 강화한다는 명목으로 양국 간 긴밀한 군사협력 관계를 유지해오고 있다.

러시아는 중앙아시아 전략에서 양자주의보다는 다자주의를 우선시하는 경향을 보이고 있다. 즉 러시아는 중앙아시아가 전략적 부상하면서 미국·중국·EU 등 세계 주요 국가들의 중앙아시아에 대한 접근 또는 침투정책이 심화되고 있는 것을 우려하고 있으며, 이를 저지 또는 약화시키기 위해서는 다자주의적 협력 틀을 강화해야 한다고 믿고 있다. 또한 다자주의는 과거 소련 시대에 구축된 정치·경제·안보·문화적 유산뿐만 아니라 CIS의 협력 메커니즘을 이용할 수 있는 전략이다. 러시아의 중앙아시아 전략에서 다자주의는 푸틴 정부 때부터 강화되었다.

## 3. 러시아의 중앙아시아 정책 변화와 배경

소연방 붕괴 후 러시아의 중앙아시아 정책은 정책 방향, 양자 관계의 긴밀도, 협력 내용 등을 고려해볼 때 대체로 3시기, 철수 및 영향력 약화기(1992~1995), 협력 관계 모색·구축기(1996~1999), 영향력 복원 및 통합 강화기(2000~현재) 등으로 변화·발전해왔다.[14]

---

14 톨리포프는 중앙아시아에 대한 러시아의 정책을 '철수(retreat), (현상) 유지(retension), 복귀(return)' 등으

## 1) 철수 및 영향력 약화기(1992~1995)

1991년 6월 러시아 사상 최초의 민선 대통령으로 당선된 옐친은 같은 해 8월 정부, 군, 당내 보수세력이 주도한 쿠데타를 무력화하는 데 결정적인 역할을 했다. 쿠데타 실패 후 소연방 구성국들의 독립 움직임은 가속화되었고, 특히 옐친 대통령과 여타 슬라브 공화국(우크라이나·벨라루스) 대통령은 소연방의 해체를 주도했다. 즉 슬라브 3국 대통령들은 12월 8일 벨라루스에서 정상회담을 갖고 소연방을 해체하고 CIS를 창설하기로 합의했다. 이에 여타 소연방 구성국들이 가담해 같은 해 12월 21일 개최된 알마아타 회의에서 소연방의 해체와 CIS 창설을 합의하는 6개의 문건이 채택되면서 중앙아시아에서 소련 중앙권력이 철수하고 5개 독립국가가 탄생했다.

옐친 정부는 중앙아시아 공화국 등 여타 소연방 구성국들을 일종의 부담(burden)으로 간주했고, 그 결과 신생 러시아의 대외정책에서 중앙아시아 등 CIS는 큰 비중을 차지하지 못했다. 이는 당시 옐친 정부가 서방과의 관계 개선을 우선시했을 뿐만 아니라 이 신생 독립국가들과의 협력 관계를 담당할 효율적인 정부기구 부재 및 국내 정치 우선주의, 그리고 CIS 국가들과 협력 관계가 비교적 잘 유지될 것이라는 정치권의 낙관적인 견해 등 때문이었다. 즉 당시 옐친 대통령과 코지레프 장관은 CIS 가맹국 간 밀접한 경제·군사적 상호의존성 때문에 가맹국들이 탈공산화를 통한 새로운 국가건설을 추진하는 과정에서 CIS의 공간을 선린우호 및 동반자적 협력 관계의 공간으로 변화시켜나갈 수 있을 것으로 인식했다. 특히 이들은 이러한 통합 및 협

---

로 구분했으며, 트레닌도 러시아의 대중앙아시아 정책이 '철수 및 망각(Leave and Forget, 1991) → (영향력 유지의) 전초기지(Outposts as Placeholder, 1992~1999) → 국토회복운동(Reconquista, 2000~현재)' 등으로 변화해왔다고 주장했다. 한편 파라모노프와 스트로코프는 옐친 대통령 1·2기와 푸틴 대통령의 집권기를 구분해 2007년까지를 제1단계(1991~1995), 제2단계(1996~1999), 제3단계(2000~2007)로 구분하고 있음. 필자는 이 3단계 구분을 따르면서 2007년 이후 러시아의 중앙아시아 정책을 추가 설명하고 있음. Farkhad Tolipov, "Russia in Central Asia: Retreat, Return, or Return," *Central Asia and the Caucasus* No.5(47), 2007, pp. 1-12; Dmitri Trenin, *ibid.*, pp. 118-124.

력 강화 움직임이 자발적으로 그리고 자연적으로 이루어질 것으로 믿었다.[15]

러시아의 CIS 정책에 대한 상대적 무관심은 중앙아시아 정책에도 그대로 투영되었다. 옐친 정부가 1992년 5월 중앙아시아 5개국을 포함한 대부분의 CIS 국가들과 집단안보조약(CST)을 체결했음에도 1990년대 초 러·중앙아시아 국가들 간 군사협력이 크게 감소했다. 양측 간 CIS 내 소지역(중앙아시아) 차원에서는 물론 개별국 간 군사안보협력체제를 구축하려던 계획은 실행되지 못했다. 한편 타지키스탄에 주둔 중인 러시아군(201st Motor Rifle Division)과 일부 중앙아시아 국가들의 국경 지역에 주둔 중인 러시아군은 타지키스탄 내전(1992~1996) 확산 방지 및 국경 지역 안정에 크게 기여했다. 그러나 이러한 러시아군의 지역 안정자적 역할도 옐친 정부의 중앙아시아 정책에 따른 것이라기보다는 중앙아시아 정세 불안을 우려한 러시아군 당국의 적극적인 역할 수행 때문이었다.[16]

러시아의 대중앙아시아 경제정책도 협력 증대보다는 경제적 부담 및 협력 축소정책으로 추진되었다. 옐친 정부는 군사 부문에서와 마찬가지로 소연방 붕괴 후에도 계속 존재해오던 통합된 경제권을 해체하려는 정책을 추진했는데, 대표적인 것이 루블존의 해체이다. 소연방 해체 후인 1993년까지 중앙아시아는 아직도 루블존으로 남아 있었으며, 중앙아시아 국가들은 계속해서 러시아와 통합된 교역 및 통화체제가 유지되길 간절히 희망하고 있었다. 그러나 옐친 정부는 1993년 중앙아시아 국가들을 루블존에서 축출했다. 그 결과 당시까지 존재했던 러시아와 중앙아시아 국가들 간 긴밀한 경제적 연계가 파괴되었고 교역량도 1991년에 비해 10분의 1로 급감했다.[17]

이 시기 동안 양측은 CIS를 통하여 전반적인 협력사항을 논의했으나 CIS 국가들이 독립 후 산적한 국내 문제를 처리하기 위한 국내 정치 우선주의를 폄에 따라서 다

---

15 고재남, 「CIS 통합운동의 동향 및 전망: 러시아의 對CIS 통합정책을 중심으로」, 정책연구 시리즈 2000-3, 국립외교원 외교안보연구소, 23쪽.

16 Vladimir Paramotov and Aleksey Strokov, *op. cit.*, p. 3.

17 *Ibid.*, pp. 3-4.

〈표 10〉 러시아·중앙아시아 국가들 간 교역량(1991~1995)[18]

(단위: 백만 달러)

| 연도 | 교역량 | 러시아의 수출액 | 러시아 수입액 | 러시아 경상수지 |
|---|---|---|---|---|
| 1991 | 59,226 | 33,785 | 25,441 | 8,344 |
| 1992 | 6,560 | 5,767 | 593 | 5,174 |
| 1993 | 6,750 | 4,703 | 2,047 | 2,656 |
| 1994 | 6,143 | 3,771 | 2,372 | 1,399 |
| 1995 | 7,679 | 4,230 | 3,449 | 781 |

자기구 차원에서의 협력은 매우 미미했다. 그럼에도 러시아와 중앙아시아 국가들은 CIS, CST 차원의 협력을 유지했으며, 러시아는 나자르바예프 카자흐스탄 대통령이 주도한 '아시아 교류 및 신뢰구축회의(CICA: Conference on Interaction and Confidence Building Measures in Asia)'에 적극 참여했다.

이 시기 동안 러시아의 중앙아시아 정책은 옐친 정부의 대외정책 기조와 국내정세, 그리고 중앙아시아를 포함한 CIS 국가들에 대한 인식을 반영하고 있다. 옐친 정부는 소연방 붕괴 후 민주주의 및 시장경제를 지향하는 체제 전환을 본격적으로 추진했으며, 이는 불가피하게 미국·EU·IMF 등과의 협력 관계를 중시하는 친서방주의 정책으로 귀결되었다. 또한 1992년 1월 시작된 충격요법식 경제개혁과 CIS 국가들과의 경제협력 관계 약화는 러시아 경제 여건을 극도로 악화하고, 동시에 보·혁 간의 대립을 심화하는 요인으로 작용했다. 비록 1993년 12월 대통령 중심제 헌법을 채택했으나 최고회의를 뒤이어 탄생한 국가두마도 공산당 및 민족주의 세력이 장악한 여소야대 구도가 계속되어 옐친 정부가 국내외 정책을 효율적으로 추진할 수 없는 상황이었다. 이러한 국내 정세 속에서 옐친 정부는 국내 정치 우선주의를 추진할 수밖에 없었다. 또한 소연방의 해체를 주도한 옐친 대통령과 그의 측근들은 소연방

---

18 *Ibid.*, p. 3.

해체를 전후하여 중앙아시아를 포함한 CIS 국가들을 경제·군사적 부담으로 간주했으며, 이는 중앙아시아에 대해 소극적인, 탈중앙아시아적인 정책을 추진하는 요인으로 작용했다. 결론적으로 옐친 정부의 국내 정치 우선주의와 중앙아시아 국가들과의 경제·군사 영역에서의 협력기제 약화 또는 훼손은 러시아의 중앙아시아에 대한 영향력을 크게 약화하는 요인으로 작용했다.

## 2) 협력 관계 모색·구축기(1996~1999)

러시아의 중앙아시아 협력 관계가 적극 모색되기 시작한 것은 유라시아주의자인 프리마코프가 친서방주의자인 코지레프의 뒤를 이어 1996년 1월 외교장관에 임명되면서부터이다. 프리마코프는 외교장관에 이어 1998~1989년 사이에 총리직을 수행했다. 프리마코프 외교장관은 러시아의 서구사회로의 통합 가능성에 대해 회의적인 시각을 가졌으며, 심지어 서방 세계가 러시아의 취약성과 대서방 협력 우선주의를 자신들의 이익을 위해 악용하고 있다고 믿었다. 따라서 그는 러시아가 유라시아 국가라는 현실을 받아들여 유라시아 국가들과의 협력 관계를 공고히 하면서 이를 바탕으로 '다극화된 국제 질서'를 구축해나가는 것이 러시아의 국익에 도움이 된다고 주장했다. 소위 '프리마코프 독트린(Primakov Doctrine)'으로 불리는 옐친 정부의 신 외교정책 방향은 중앙아시아를 포함한 CIS 지역 국가들과는 물론 중국·인도 등과의 협력 관계를 강화를 추진하는 동인으로 작용했다.[19]

프리마코프의 외교장관 임명은 국내외 정세의 변화에 대응한 옐친 대통령의 재집

---

19 '프리마코프 독트린'은 첫째 정치적 컨센서스에 기초한 장기 외교·안보 정책 개발, 둘째 외국과 직접적인 충돌을 피하면서 국익 적극 방어, 셋째 다극주의에 기초한 국제 질서 확립과 단극주의 경향 반대, 넷째 러시아의 잠재력과 핵 강대국 입장을 고려하면서 평등원칙에 입각한 세계 주요국들과의 관계 발전 등의 내용을 담고 있음. Karen Moller, "Russian Security Policy: In Search of a Major Power Identity," *Baltic Defence Review* No. 3, 2000, pp. 71-72; 고재남·엄구호 엮음(2009), 앞의 책, 140쪽.

권 프로젝트의 하나였으나 러시아의 중앙아시아를 포함한 CIS 정책을 크게 변화시키는 요인으로 작용했다. 러시아가 중앙아시아를 포함한 CIS 국가들과의 협력 관계를 적극 모색하기 시작한 것은 1995년 말부터이다. 그동안의 소극적인 CIS 통합정책이 통합 비용을 감수하더라도 CIS 통합을 적극 추진한다는 정책으로 변화되기 시작했다. 이러한 정책 변화는 1995~1996년 사이의 정치 일정과 국제 정세와 밀접한 관련이 있다. 즉 1995년 12월 국가두마 선거와 1996년 6월의 대통령 선거는 주요 정치세력들이 민족주의 및 대국주의를 내세우면서 국민의 지지를 획득하려는 경향을 강화시켰고, 이는 옐친 정부가 CIS 통합정책을 적극 추진하는 배경이 되었다.

실제로 당시 주요 정치세력들은 근외 지역(옛 소련 지역)에서의 러시아 국익 수호를 선거운동의 주요 이슈로 삼았고, 당시 한 자릿수의 국민 지지를 받고 있었던 옐친 대통령은 재선을 위해서라도 이에 대응한 근외 지역 중시의 선거공약 제시는 물론 이에 관련된 여러 개의 문건들을 채택할 수밖에 없었다. 예를 들어, 옐친 대통령은 대선 공약에서 "러시아 외교정책의 우선적인 과제는 CIS 틀 안에서 통합 과정을 촉진시키는 것이다"라고 했다. 프리마코프의 외무장관 임명도 당시 국민들의 반서방 감정과 민족주의·대국주의 발흥을 고려해 국민들의 지지 확대를 통한 대선 필승전략의 일환이었다.[20]

러시아의 중앙아시아를 포함한 CIS 국가들과의 협력 확대 또는 통합정책의 강화는 러시아의 반대를 무시한 NATO 확대, 코카서스 지역에 대한 미국 등 서방 국가들의 경제·안보 이익 추구를 위한 적극적인 세력 확장정책(예: BTC 송유관 건설과 GUAM 창설 지원)에 많은 영향을 받았다. 특히 NATO 확대는 러시아의 안보를 심각하게 위협하는 요인으로 받아들여졌고, 그 결과 국내에서 강력한 대응을 촉구하는 여론이 증가하기 시작했다. 이에 옐친 정부는 중앙아시아 등 옛 소련 지역에 대한 통제권의 강화와 영향력

---

20  고재남(2000), 앞의 논문, 27쪽. 옐친 정부의 CIS 등 옛 소련 지역의 중요성에 관한 의지 표명은 1996년 대선 직전 발표된 '국가안보에 대하여'와 1997년 12월 발표된 '러시아연방 국가안보개념' 등에 나타났음.

회복(특히 군사통합)을 통하여 자국의 안전을 강화할 필요가 있었다.[21]

그 결과 러시아는 1990년대 후반 들어 중앙아시아의 안정과 안보에 관한 관심을 증대하기 시작했다. 당시 탈레반 세력은 1998년 북부동맹을 패배시킨 후 아프가니스탄 전 지역의 지배권을 사실상 장악하고 있었으며, 체첸에서도 1996년 8월 평화조약 체결 후 체첸공화국을 사실상 독립적으로 통치하고 있었다. 또한 체첸 반군들의 테러활동이 강화되고 북코카서스 지역의 불안정이 심화되는 상황이었다. 따라서 러시아 정치권에서 이슬람 근본주의자들의 중앙아시아로의 침투를 막기 위한 공동대응의 필요성에 대한 인식이 높아졌다. 우선 러시아는 중국, 중앙아시아 국가들과 국경 문제를 조정하고 국경 지역에서의 군사적 신뢰를 구축하기 위하여 1996년 4월 상하이 포럼을 출범시켰으며, 1997년에는 이란·우즈베키스탄 등 관련국들과 협력해 타지키스탄 내전을 외교적으로 종식시켰다.

러시아는 1990년대 후반에도 중앙아시아 국가들과의 경제협력에 큰 관심을 기울이지 않았다. 이는 1990년대 초반보다 1990년대 후반에 양측 간 교역량이 적다는 사실이 증명해준다. 또한 1996~1999년 사이의 교역량이 절반으로 감소했다. 러시아는 1998년 8월 외환위기가 발생했으며, 중앙아시아 국가들도 상당히 심각한 경제위기를 경험했다. 외환 부족은 양측 간 현물 바터(barter)거래를 활성화시키기도 했다. 양측 간 교역량은 감소했지만 러시아의 카자흐스탄과 투르크메니스탄 간 석유와 천연가스 등 에너지 분야에서의 협력은 점차 확대되었다.

다자기구 차원에서 러시아와 중앙아시아 국가들 간 협력은 1990년대 전반에 비해서는 활성화되었다. 이는 중앙아시아 국가들이 1998년 역내 경제통합을 추진하기 위한 다자기구인 '중앙아시아 협력연합(CACU: Central Asian Cooperation Union)'을 창설했음은 물론 1996년 시작된 상하이 포럼, CICA 등이 양측 간 다자 차원의 협력기제로 작용했기 때문이다.

---

21  *Ibid.*, p. 27.

〈표 11〉 러시아 · 중앙아시아 국가 간 교역량(1996~1999)[22]

(단위: 백만 달러)

| 연도 | 교역량 | 러시아 수출액 | 러시아 수입액 | 러시아 무역수지 |
|---|---|---|---|---|
| 1996 | 7,244 | 3,920 | 3,324 | 596 |
| 1997 | 6,833 | 3,402 | 3,431 | -29 |
| 1998 | 5,411 | 3,165 | 2,246 | 919 |
| 1999 | 3,695 | 1,903 | 1,792 | 111 |

결론적으로 러시아는 1990년대 후반 중앙아시아 협력 관계를 구축하고 입지를 강화하는 정책을 추진했으나 큰 성과를 거두지 못했다. 이는 우선 러시아 정치권의 외교정책을 포함한 장기 국가 발전 전략에 관한 통일된 견해의 부재에 기인한다. 그 결과 옐친 정부는 국제사회에서 강대국 지위를 회복하기 위한 정책을 추진하면서도 이를 위해 중앙아시아가 갖는 전략적 · 경제적 이익의 중요성을 잘 인식하지 못했다.

한편 1990년대 러시아가 직면한 정치 · 경제 · 군사적 취약성(예: 외환위기, 체첸 사태, 재정 부족)도 중앙아시아 정책 목표를 달성하는 데 큰 장애물로 작용했다. 또한 옐친 대통령의 집권 2기 동안 건강 이상 지속과 여소야대 국가두마가 정국 불안 요인으로 작용하면서 효율적인 국내외 정책 수행을 불가능하게 만들었다.[23]

## 3) 영향력 복원 및 통합 강화기(2000~현재)

2000년 푸틴 정부의 출범과 러시아의 강대국 재부상은 러시아의 중앙아시아 정책은 물론 양측 관계를 크게 변화시키는 요인으로 작용했다. 러시아는 푸틴 정부들어

---

22 Vladimir Paramonov and Aleksey Strokov, *op. cit.*, p. 9.
23 *Ibid.*, p. 11.

푸틴의 강력한 리더십과 국가두마 내 여소야대의 해소 등에 따른 정국 안정, 연 7%에 달하는 성장경제의 지속과 점진적 군비 증강, 그리고 푸틴 대통령의 전방위적 실용주의 정상외교 등에 힘입어 푸틴 집권 1기말쯤에 강대국으로 재부상했다.[24]

러시아가 강대국으로 재부상하면서 푸틴 정부는 1990년대와는 달리 국제외교 무대에서 독자적·공세적 외교정책을 적극 추진했으며, 프리마코프의 대외정책 노선을 계승해 다극주의정책과 다자주의정책을 적극 추진했다. 또한 에너지 안보에 대한 국제사회의 관심이 증폭되면서 러시아의 풍부한 에너지 자원을 대외전략 목표를 달성하기 위한 수단으로 활용하여 중국·인도·중앙아시아 국가 등 아시아 국가들과 협력 관계를 강화하는 동방정책을 적극 추진했다.[25]

CIS 정책의 경우, 푸틴 정부는 중앙아시아를 중시하는 정책을 폈다. 예를 들어, 2000년 1월 대통령직을 수임한 직후 타지키스탄과 우즈베키스탄을 방문했으며, 같은 해 5월 우즈베키스탄과 투르크메니스탄을 방문했다. 그리고 6월에 발표된 '외교정책개념'은 러시아의 취약성을 인정하면서 인도·중국 등과 전략적 동반자 관계를 강화해야 한다고 밝혔다. 또한 러시아의 국가안보를 증진하기 위하여 CIS 국가들과의 양자·다자 차원의 협력을 확대해야 한다고 강조했다.[26] 푸틴 정부는 코카서스 및 중앙아시아의 과격 이슬람주의자들로부터 오는 위협에 대처하기 위하여 CST를 강화하는 조치를 취해 CST 창설 10주년인 2002년 CST를 '집단안보조약기구(CSTO)'로 격상시켰다. 또한 아제르바이잔과 터키를 연결하는 BTC 송유관과 BTE 가스관의 건설에 대비해 카스피해 지역에서 생산되는 에너지의 수송로를 유지하기 위해 카자흐스탄과 투르크메니스탄에 대한 정상외교를 강화했다.

---

24 고재남, 「러시아의 강대국 재부상과 글로벌 외교의 전망」, 고재남·엄구호 엮음, 『러시아의 미래와 한반도』, 서울: 한국학술정보(주), 2009, 제4장.

25 박정호, 「21세기 러시아의 중앙아시아 국가전략: 푸틴 집권기 중앙아시아 정책의 기본 방향과 특성을 중심으로」, 『슬라브硏究』 제25권 2호, 2009, 65-92쪽.

26 "The Foreign Policy Concept of the Russian Federation" approved by the President of Russian Federation V. Putin in June 28, 2000. http://www.mid.ru/mid/eng/econcept.htm(검색일: 2000년 7월 10일).

푸틴 정부의 중앙아시아 중시정책은 CIS에 대한 푸틴 정부의 입장과 중앙아시아의 전략적 부상에 대한 새로운 인식에 기인했다.[27] 푸틴 정부는 1997년 반러 성향의 국가들이 참여하는 GUAM이 창설되고 CIS의 실질적인 협력 성과가 부재한 가운데 일종의 회원국 정상 간 'talk shop'으로 변화되자 전 CIS 차원의 통합 노력에 회의적인 시각을 갖게 되었다. 따라서 푸틴 정부는 CIS 국가들 중 친러 성향의 국가들을 중심으로 한 경제·안보 협력(예: EURASEC을 통한 경제협력과 CSTO를 통한 안보협력)을 지향하는 정책을 추진했다.[28] 그 결과 러시아는 중앙아시아 국가들과 양자·다자 차원의 협력 기제들을 활용해 양자협력을 긴밀히 함은 물론 중앙아시아에서 러시아의 영향력을 복원하는 데 성공했다. 그 결과 러시아는 푸틴 정부하에서 중앙아시아 국가들의 제1 협력 동반자가 되었다.

실제로 푸틴 정부 들어 러시아와 중앙아시아 간 협력 관계는 과거 어느 때보다도 긴밀해졌으며, 제반 분야에서 양자·다자 차원의 협력이 활발해졌다. 1990년대와는 달리 양측 간 실질협력이 강화되었다. 푸틴 정부는 실질적인 통합의 방법과 틀을 구축하기 위한 적극적인 노력을 기울였으며, 접근 방식에 있어서도 상당히 유연하게 그리고 다양한 협력 틀을 활용했다.

중앙아시아의 경제협력 또한 1990년대와 비교해 크게 증가했다. 중앙아시아에 대한 러시아의 전략적 경제 이익은 석유와 가스 부문이었으며, 실제로 중앙아시아 투자의 대부분이 에너지 분야에 집중되었다. 따라서 러시아의 중앙아시아 경제협력은 화석연료 자원이 풍부하게 매장된 카자흐스탄·투르크메니스탄·우즈베키스탄과 진행되었다. 한편 가스프롬은 석유 관련 제품의 시장 개척을 위한 적극적인 노력을 기울였으며, 특히 에너지 비수출국인 키르기스스탄과 타지키스탄은 주요 공략 대상이었다. 그러나 에너지 부문 외 러시아와 중앙아시아 간 경제협력은

---

27 고재남(2006), 앞의 논문.
28 고재남, 「유라시아의 다자 지역협력」, 신범식 엮음, 『21세기 유라시아 도전과 국제관계』, 서울: 한울아카데미, 2006, 제3장.

〈표 12〉 러시아·중앙아시아 간 교역량(2000~2007)[29]

(단위: 백만 달러)

| 연도 | 교역액 | 러시아 수출액 | 러시아 수입액 | 러시아 무역수지 |
|---|---|---|---|---|
| 2000 | 6,469 | 2,730 | 3,739 | -1,009 |
| 2001 | 5,924 | 3,517 | 2,407 | 1,110 |
| 2002 | 5,464 | 3,492 | 1,972 | 1,520 |
| 2003 | 7,088 | 4,520 | 2,568 | 1,952 |
| 2004 | 10,463 | 6,103 | 4,360 | 1,743 |
| 2005 | 13,227 | 7,525 | 5,702 | 1,823 |
| 2006 | 14,869 | 7,982 | 6,887 | 1,095 |
| 2007 | 21,787 | 13,489 | 8,298 | 5,191 |

1990년대에 비해 크게 개선되지 않았고, 러시아도 중앙아시아와 경제협력 확대에 큰 관심을 기울이지 않았다. 그 결과 양측 간 교역량도 크게 증가하지 않은 상태에서 2004~2007년도 교역량은 1990년대와 큰 차이 없는, 러시아 총 대외교역량의 4% 밖에 되지 않았다. 물론 러시아의 중앙아시아 교역량이 2003년부터 점증하기 시작했으나 2000년 중반 미화 가치가 떨어진 것을 조금은 반영하고 있다.[30]

군사·안보 협력의 경우, 러시아는 중앙아시아 국가들과의 군사·안보 협력을 매우 중시했으며, 이는 중앙아시아에 대한 영향력 복원의 주요한 수단으로 작용했기 때문이다. 러시아와 중앙아시아 국가들 간 군사·안보 협력은 양자 간 군사·안보 협정 외에 CSTO·SCO 등 다자 차원의 메커니즘이 활용되었다. 9·11테러 사태는 이슬람 근본주의자들에 의한 테러 가능성을 증대시켰으며, 양측 간 군사·안보 협력을 촉진하는 요인으로 작용했다. 특히 중앙아시아 국가들의 취약한 군사력은 이 국가들의 대러 안보·군사 의존도를 높여주면서 러시아의 영향력을 증대하는 요인으

---

29  *Ibid.*, p. 15.
30  Vladimir Paramonov and Aleksey Strokov, *op. cit.*, pp. 14-15.

로 작용했다. 우선 러시아는 2001년 8월 키르기스스탄의 수도 비슈케크에 반테러센터 설립을 주도했다. 또한 2002년 중앙아시아를 포함한 CSTO 회원국들에게 호의적인 조건으로 러시아 군 시설에서 장교들을 훈련하는 혜택을 부여했으며, 방산물자들도 러시아 국내 시장가격에 구입할 수 있는 특혜를 부여했다. 이어 2004년부터는 CSTO 차원의 군사·안보 협력을 더욱 강화하는 조치를 취했으며, 관련국들과 연례적으로 'Rubezh(국경)' 합동 군사훈련을 실시했다.

또한 러시아는 미국의 아프가니스탄 내 반테러전을 위해 2001년 가을부터 일시 사용 중인 우즈베키스탄과 키르기스스탄 내 공군기지를 종식시키기 위한 정책을 적극 추진했다. 즉 러시아는 중국과 협력해 SCO는 물론 양자 차원에서 미국의 우즈베키스탄 내 공군기지(Karshi-Khanabad) 사용을 중지시키는 외교적 노력을 경주했으며, 안디잔 사태(2005. 5)로 대미 관계가 악화된 우즈베키스탄을 움직여, 2005년 11월 미군이 철수했다. 또한 러시아는 양자·다자(CSTO) 차원의 외교 노력을 기울여 미국이 중앙아시아 내 유일한 병참 지원 기지로 사용 중이던 키르기스스탄 마나스 공군기지의 임차도 2014년 6월 중단시켰다.[31]

서방 세계와의 관계가 점차 악화되기 시작하던 때인 2012년 5월 출범한 제3기 푸틴 정부는 블라디보스토크에서 개최된 아시아태평양경제협력체(APEC: Asia-Pacific Economic Cooperation) 정상회담에서 아시아·태평양 지역 국가들과 경협을 확대하고 이를 통해 극동·시베리아 지역 개발을 도모하려는 아시아 중시정책, 즉 신 동방정책(Pivot-to-Asia policy or Turn-to-Asia policy)을 추진했다. 러시아의 신 동방정책은 2014년 3월 러시아의 크림반도 합병과 뒤이은 돈바스 분리주의 세력 지원에 대한 서방 세계의 외교·경제 제재가 심화되면서 더욱 강화되었다. 즉 러시아는 서방 세계의 대러 제재에 대한 출구 전략으로 국내적으로는 수입대체산업을 육성하면서 국외

---

31  Akhilesh Pillalamarri, "The United States Just Closed Its Last Base in Central Asia," https://thediplomat.com/2014/06/the-united-states-just-closed-its-last-base-in-central-asia/(검색일: 2019년 1월 13일).

적으로는 중앙아시아 등 CIS 국가들과 중국·일본·인도·한국 등 아시아 국가들과의 경협 확대를 적극 추진하고 있다. 푸틴 대통령이 2016년 상트페테르부르크 국제경제포럼을 계기로 '대 유라시아(Greater Eurasia)' 정책을 강조한 것도 중앙아시아를 포함한 CIS·중국·인도 등 아시아 국가들과의 협력 의지를 표명한 것이다.

한편 우즈베키스탄에서 2016년 9월 탈러·독자주의 성향의 이슬람 카리모프(Islam Karimov) 대통령이 사망하고 뒤이어 친러·협력주의 성향의 샤브카트 미르지요예프(Shavkat Mirziyoyev) 정부가 출범했는데, 이러한 상황 또한 푸틴 정부의 중앙아시아 통합 또는 협력 확대정책에 기여하고 있다. 즉 미르지요예프 대통령은 전임자와 달리 국내적으로는 시장친화적 개혁·개방 정책을, 그리고 국외적으로는 우호·협력 정책을 추진해, 여타 중앙아시아 국가들과는 물론 역외 국가들과의 협력 관계를 개선하고 있다. 따라서 2019년 초 현재 우즈베키스탄이 EAEU에 참여하지 않고 있지만 향후 참여할 가능성이 많으며, 러시아와도 군사·안보 협력을 더욱 심화할 것이다.

## 4. 러시아의 중앙아시아 내 다자협력정책의 실제

안보·경제 영역에서 양자·다자 협력은 러시아의 중앙아시아 정책의 토대가 되고 있다.[32] 특히 다자지역협력체는 러시아로 하여금 중앙아시아에서 영향력을 복원·유지·강화하고 동시에 역외 국가들의 중앙아시아에 대한 전진정책(advanced policy)

---

[32] 러시아와 중앙아시아 국가들 간 양자협력 현황에 대해서는 다음 문헌 참조. Vladimir Paramonov & Oleg Stolpovskiy, "Russia and the Central Asian Countries: Bilateral Security Cooperation," *Central Asia and the Caucasus* No. 2(56), 2009, pp. 1-14; Roman Muzalevsky, "Russia's Strategy in Central Asia: An Analysis of Key Trends," *Yale Journal of International Affairs* (September, 2009), pp. 26-42; Arkady Dubnov, "Reflecting on a Quarter Century of Russia's Relations with Central Asia," Carnegie Endowment for International Peace, U.S.-Russia Insight (April, 2018).

을 견제하는 수단으로 활용하고 있다. 실제로 러시아는 카자흐스탄 나자르바예프 대통령이 주도해 창설된 CICA에 적극 참여해오고 있으며, 중앙아시아 국가가 아니면서도 중앙아시아 국가들의 다자지역협력체인 '중앙아시아협력기구(CACO)'에 2004년 5월에 가입했다. 2005년 10월 상트페테르부르크에서 개최된 CACO 정상회담에서 CACO를 '유라시아경제공동체(EURASEC)'로 통합하기로 결정했다. 당시 CACO 가맹국들은 EURASEC이 CACO와 유사한 목표를 추구하고 있는 점, 그리고 가맹국이 거의 동일한 점을 고려해 통합에 찬성했다. 상기한 바와 같이, EURASEC은 EAEU로 변화, 발전되었다.[33] 이 절에서는 러시아가 주도하고 있는 다자지역협력체인 CSTO·EAEU·SCO를 중심으로 러시아의 중앙아시아 영향력 복원 및 통합 강화정책을 살펴보고자 한다.[34]

## 1) 집단안보조약기구(CSTO)

푸틴은 집권하자마자 CIS가 매우 비효율적이자 무능력한 다자협력체로서 옛 소련 지역의 지정학적 변화에 잘 대응하지 못함을 간파했다. 푸틴 정부는 한편으로는 중앙아시아 등 회원국들과 정치대화를 정례화할 수 있는 CIS의 일부 기관들, 예를 들어 '안보위원회 서기위원회(Committee of Secretaries of the Security Council)'를 활성화하면서 다른 한편으로는 CST를 강화해 중앙아시아 국가들에 대한 영향력 확대를 도모하는 정책을 추진했다.

CSTO의 전신인 CST는 CIS 차원의 통합군 창설이 수포로 돌아가자 1992년 5월

---

[33] 중앙아시아 다자협력기구에 대해서는 다음 문헌 참조. 홍완석 편, 『중앙아시아 지역 다자협력기구』, 서울: 한국외국어대학교 국제지역대학원 러·CIS 학과, 2013.
[34] 고재남(2006), 앞의 논문, 169-191쪽 참조.

러시아 주도로 창설되었다.³⁵ 당시 러시아·우즈베키스탄·아르메니아·카자흐스탄·키르기스스탄·타지키스탄 등 6개국이 참여했으며, 이후 아제르바이잔·조지아·벨라루스가 가입해 가맹국이 9개국으로 증가했다. 그러나 1999년 CST가 1차 연장될 시 탈러 대외정책을 추진하던 아제르바이잔·조지아·우즈베키스탄이 탈퇴했다.

러시아의 CST에 관한 관심은 1990년대 말부터 증대되었는데, 이는 아프가니스탄에서 탈레반 활동이 강화되고 우즈베키스탄·키르기스스탄에서 이슬람 원리주의자들에 의한 테러 사태가 발생했기 때문이었다. 테러 발생은 CST의 효율성을 제고하기 위한 가맹국들의 관심을 증대시켰다. 그 결과 2000년 5월 민스크에서 개최된 '집단안보회의'에서 러시아의 제안으로 3개의 CST 특별 안보 지역(유럽·코카서스·중앙아시아)을 확립하기로 합의했고, 같은 해 10월 개최된 비슈케크 회의에서는 집단안보군을 창설하기로 합의했다. 또한 2001년 아르메니아 수도 예레반에서 개최된 집단안보회의에서는 중앙아시아 지역에 대한 'CST 신속대응군(CQRF: Collective Quick Response Forces)'을 창설하기로 합의했다. 신속대응군에는 러시아·카자흐스탄·키르기스스탄·타지키스탄 등이 참여하며 약 4,000명의 군인으로 구성되었다.

2001년 발생한 9·11테러 사태는 중앙아시아의 전략환경에 중대한 변화를 가져왔다. 즉 미국은 아프가니스탄에서의 반테러 군사작전을 위하여 NATO와 더불어 우즈베키스탄·키르기스스탄·타지키스탄에 군을 주둔시켰다. 러시아는 한편으로는 미국의 반테러 군사작전에 CST 국가들의 협조를 용인하면서 다른 한편으로는 CST의 기능을 강화하려고 노력했다. 이에 따라서 CST 출범 10주년을 기념하여 2002년 5월 15일 개최된 집단안보회의에서 가맹국들은 CST의 집단안보 기능을 강화하기 위하여 CST를 CSTO로 변화·발전시키기로 합의했다. CSTO로의 개편한 목적 중의 하나는 CSTO 가맹국들이 개별적·집단적 안보위협에 효과적으로 대

---

35  Bertil Nygren, *The Rebuilding of Greater Russia: Putin's foreign policy towards the CIS countries*, New York: Routledge, 2009, chap. 2; "Collective Security Treaty Organization," http://en.wikipedia.org/wiki/Collective_Security_Treaty_Organization(검색일: 2010년 1월 12일) 등 참조.

응하기 위하여 가맹국의 군체제를 합동군 형태로 개편하는 것이었다.

　CSTO의 발전은 가맹국 간 이슬람 원리주의의 확산 저지와 반테러 공조 등과 같은 목적 달성 외에도 NATO의 동진에 대한 대응정책과 상당한 관계가 있다. 푸틴의 CST 출범 10주년 기념사, 즉 "CSTO 가맹국들은 어떤 특정 국가에 대항하는 것이 아니라 가맹국들이 직면한 위협에 대응하기 위하여 협력한다"는 주장에도,[36] 1997년부터 본격화되기 시작한 NATO 동진 확대는 러시아의 안보위협에 대한 경각심을 불러일으켰다. 실제로 체코·헝가리·폴란드가 1999년 NATO에 가입했음은 물론 발트 3국이 NATO 가입(2004년 봄 가입)을 위한 협상을 본격 진행함에 따라서 러시아 본토가 NATO와 접경하게 될 예정이었다. 따라서 러시아는 CSTO를 통한 군사적 대응태세를 구축해야 할 형편이었다. 실제로 CSTO는 유라시아 지역에 대한 NATO의 세력 확산을 저지하기 위한 집단안전보장기구의 성격을 갖고 있다고 볼 수 있다.

　러시아는 CSTO를 확립한 이래 가맹국과 양자 또는 다자 차원의 군사협력을 더욱 강화해오고 있는데, 예를 들어 2003년 10월 키르기스스탄 칸트에 공군기지를 개설했으며, 우즈베키스탄과는 2005년 11월 '동맹조약(Alliance Treaty)'을 체결했고, 이에 앞서 타지키스탄과도 군사협력을 확대하는 조약을 체결했다. 러시아는 CSTO를 활용해 회원국들과 중앙아시아에서 2004년 8월 'Rubezh-2004(국경 2004)'라는 대규모 반테러 합동 군사작전을 실시하는 등 집단안보를 위한 군사협력을 강화해오고 있다. 이에 따라서 CSTO는 장기적으로 가맹국들의 국내 안보는 물론 지역 안보에 결정적인 영향을 미치는 기구로 발전했다. 우즈베키스탄은 1999년 CST를 탈퇴했으나 안디잔 사태를 계기로 미국·EU 등과의 관계가 악화되자 안보 편승을 위해 2006년 6월 CSTO에 재가입했다. 그러나 우즈베키스탄은 자국 내 외국군 주둔 금지, 해외 파병 금지, 다자군사동맹기구의 비가입 등을 천명하면서 2012년 CSTO를

---

36　J. H. Saat, "The Collective Treaty Organization," Conflict Studies Research Centre, *Central Asian Series* 05/09(February, 2005).

탈퇴했다. 우즈베키스탄의 이러한 군사적 비동맹주의는 국내 문제에 대한 CSTO의 간섭과 역내 지역분쟁에 우즈베키스탄 군이 개입하는 것을 막기 위한 정책노선으로 인식되나, 2016년 말 친러·친다자협력 성향의 미르지요예프 정부가 출범하면서 러시아와 양자·다자 차원의 군사·안보 협력이 강화될 가능성이 커질 전망이다. 실제로 미르지요예프 정부 출범 후 우즈베키스탄은 러시아를 포함한 역내 국가들과 일단 양자 차원의 군사협력을 확대·강화하는 노력을 기울이고 있다.

한편 CSTO는 2009년 초 중앙아시아 지역에서의 분쟁 발발을 막고 테러 사태의 사전 예방·척결을 위하여 '신속대응군'을 창설, 키르기스스탄에 주둔시키기로 합의했다. 2만 명의 신속대응군의 주축을 이루고 있는 러시아는 이로써 키르기스스탄에 제2의 군사기지를 확보할 수 있는 계기를 마련했고 미군의 키르기스스탄 마나스 공군기지 임차를 종식시켰다. 신속대응군은 테러, 극단주의, 마약밀매, 재난 등과 같은 위협에 신속히 대응하는 임무를 갖고 있다. 한편 키르기스스탄·타지키스탄과 수자원분쟁, 난민분쟁을 겪고 있는 우즈베키스탄은 이에 반발해 신속대응군에 아직 참여하지 않고 있다. 그러나 미르지요예프 대통령이 2017~2018년 양국을 직접 방문해 갈등을 해소함에 따라서 향후 우즈베키스탄의 CSTO에 재가입에 대한 관심이 커지고 있다.

또한 CSTO는 4,000명 규모의 평화유지군을 운영하고 있으며, 이들은 UN 또는 CSTO 차원의 임무 수행을 가맹국 내 또는 그 외 지역에서 할 수 있다. 그러나 CSTO는 아직까지 나고르노·카라바흐 분쟁, 조지아 내 민족분쟁 등은 물론 시위나 민족분규 등 국내 정치 갈등에 직접적인 개입을 자제하고 있다. 또한 CSTO는 법적으로 UN 헌장의 6항에 기초해 평화유지활동(peace keeping operation)만 할 수 있으며, 평화실행활동(peace enforcement operation)에는 참여할 수 없다.[37]

---

37 Yulia Nikita, "Security cooperation in the post-Soviet area within the Collective Security Treaty Organization," *ISPI Analysis* No. 152(January, 2013).

## 2) 유라시아경제연합(EAEU)

CSTO가 군사적으로 중앙아시아에서 러시아의 영향력 복원·유지에 결정적인 역할을 하고 있는 반면에 EAEU는 경제적 측면에서 러시아의 영향력 복원에 기여하고 있다.[38] 물론 지난 3년간 EAEU 운영 과정에서 가맹국 간 산업구조의 차이, 수출입 물품의 차이, 접경 비회원국과의 경협 등과 같은 여건의 차이, 그리고 경제통합을 위한 제반 조치들의 이행 지연 등에 따른 갈등이 노정되기도 했다.[39] 특히 서방 세계의 대러 제재에 따른 러시아 경제 여건의 악화로 경제적 상호 의존도가 높은 중앙아시아 국가들의 경제 여건도 덩달아 악화되면서 EAEU의 추동력이 약화되기도 했다. 또한 중국의 일대일로 정책을 통한 중앙아시아 국가들과의 경협 확대는 러시아의 대중앙아시아 경제적 영향력을 약화하는 요인으로 작용하고 있다. 그러나 최근 들어 여타 비회원국인 타지키스탄·우즈베키스탄의 EAEU 가입을 위한 정치·외교적 노력이 진행되고 있음을 고려해볼 때 EAEU는 러시아의 중앙아시아 정책 목표 달성에서 중요한 메커니즘으로 작용할 것이다.

   EAEU는 EURASEC과 상기한 관세동맹을 토대로 형성·발전되었다. EURASEC은 EEC 또는 EAEC로 불렸으며, 2000년 10월 10일 벨라루스·카자흐스탄·키르기스스탄·러시아·타지키스탄이 조약에 서명함으로써 출범했다.[40] EURASEC은 가맹국의 의회 비준을 거쳐 2001년 5월부터 공식적인 활동을 시작했다. 2005년 중앙아시아협력기구(CACO)가 EURASEC에 통합되고 우즈베키스탄이 2006년 1월 가입함

---

38   "Eurasian Economic Union," http://en.wikipedia.org/wiki/Eurasian_Economic_Community(검색일: 2010년 1월 12일).

39   Li Ziguo, "Eurasian Economic Union: Achievements, Problems and Prospects," http://www.ciis.org.cn/english/2016-08/19/content_8975486.htm(검색일: 2019년 1월 15일).

40   "Agreement on Foundation of Eurasian Economic Community," http://mba.tuck.dartmouth.edu/cib/trade_agreements_db/archive/EAEC.pdf#search='Eurasian%20economic%20community'(검색일: 2006년 6월 24일).

으로써 가맹국이 6개국으로 증가했다. 그러나 우즈베키스탄은 2009년 초 회원국 지위 잠정 중지를 선언했다.[41] 아르메니아·몰도바·우크라이나는 옵서버 국가였다.

EURASEC은 역사적으로 1995년 합의한 러시아·벨라루스의 관세동맹에 그 기원을 두고 있다. 관세동맹은 같은 해 카자흐스탄과 키르기스스탄이 가입함으로써 4개국으로 출범했다. 이 가맹국들은 1996년 가맹국의 주권 존중 원칙을 유지하면서 경제·과학·교육·문화·사회 등 여타 영역에서 통합을 심화하고 외교정책의 조정과 국경선의 보호를 위하여 긴밀히 협력하자는 협정을 체결했다. 또한 이 국가들 외에 타지키스탄이 동참하여 1999년 2월 '관세동맹 및 공동 경제공간을 위한 조약'을 체결했다. 최근 러시아·카자흐스탄·벨라루스 등이 관세동맹을 추진해왔으며, 2010년 1월을 기해 관세동맹 조약이 발효되었다.

러시아는 러시아의 EU 조기 가입이 무망한 상황에서 EURASEC을 통한 유라시아의 경제통합을 우선적으로 확대·심화할 필요가 있다고 인식했다. 푸틴은 CACO를 EURASEC에 통합하는 조치를 취하는 데 결정적인 역할을 했으며, 2006년 6월 23일에 민스크에서 개최된 정상회담에서는 EURASEC내에서 자본 및 상품의 자유로운 이동을 보장하기 위하여 CSTO의 안전보장이 필요하다고 역설했다.[42] EURASEC은 2009년 1월 모스크바에서 개최된 정상회담에서 세계적 금융위기에 따른 회원국들의 경제위기를 극복하기 위하여 러시아 주도로 '반위기 기금(Anti-Crisis Fund)'을 100억 달러 조성하기로 합의했고, 러시아는 이 중 75억 달러를 출연했다.[43]

---

41 "Uzbekistan joins EurAsEC," http://en.rian.ru/analysis/20060125/43186147-print.html(검색일: 2006년 6월 26일); Claire Bigg, "Post-Soviet Groupings Unite," http://www.eurasianet.org/departments/insight/articles/pp100805_pr.shtml(검색일: 2006년 6월 26일).

42 "Free trade in EurAsEC requires CSTO security guarantees--Putin," in http://www.interfax.ru/e/B/0/28.html?id_issue=11540766(검색일: 2006년 6월 26일); "CSTO, EurAsEC Plan to Co-operate in Field of Law-Enforcement Activity," *The Journal of Turkish Weekly*(December 7, 2009), http://www.turkishweekly.net/news/93567/csto-eurasec-plan-to-co-operate-in-field-of-law-enforcement-activity.html(검색일: 2010년 1월 12일).

43 "EurAsEC to set up 10-billion-dollar anti-crisis fund," http://news.xinhuanet.com/english/2009-02/05/content_10764747.htm(검색일: 2010년 1월 12일).

그러나 EU와 폴란드가 CIS 국가들과의 정치·경제 협력 심화를 위해 2008년 제안한 동방파트너십을 2009년 5월 출범시키자 러시아는 이에 강력히 반발하면서 중앙아시아를 포함한 CIS 차원의 경제통합을 본격 추진했다. 그 결과 그동안 제도화가 지지부진하던 '관세동맹'을 2010년 러시아·벨라루스·카자흐스탄이 참여한 가운데 출범시켰으며, 2011년에는 CIS 차원의 FTA를 체결했다. 그리고 2015년 1월에는 관세동맹에 참여한 3국과 이에 아르메니아·키르기스스탄이 추가된 EAEU를 태동시켰다. 러시아는 현재 상기한 바와 같이 여타 중앙아시아 국가인 우즈베키스탄과 타지키스탄의 EAEU 가입을 추진하면서 중립국가인 투르크메니스탄과의 경제·에너지 협력을 확대·심화하기 위한 양자협력을 적극 추진해오고 있다.

## 3) 상하이협력기구(SCO)

중앙아시아에서 러시아의 영향력 복원에 기여한 3번째 다자지역협력체는 SCO이다. SCO는 1996년 4월 접경국인 러시아·중국·카자흐스탄·키르기스스탄·타지키스탄이 국경 문제의 해결과 국경 지역의 신뢰 구축을 위해 창설한 '상하이 포럼'의 후신이다.[44] SCO는 국가 간 국제기구로서 2001년 6월 15일 창립되었으며, 러시아·중국·카자흐스탄·키르기스스탄·타지키스탄·우즈베키스탄 등 6개국으로 구성되었으나 인도·파키스탄이 2007년 공식 가입해 8개국으로 늘어났다. 그리고 옵서버 국가로 이란·몽골·아프가니스탄·벨라루스 등이 있고, 사무국은 베이징에 있다.

SCO는 9·11테러 사태 후 안보협력을 더욱 강화해오고 있다. 즉 SCO는 한편으로는 미국의 아프가니스탄전쟁을 성공적으로 수행하기 위해 협조하고, 다른 한편으

---

44 "Shanghai Cooperation Organization," http://en.wikipedia.org/wiki/Shanghai_Cooperation_Organisation (검색일: 2019년 1월 12일).

로는 중앙아시아에 대한 미국의 군사적 전진정책을 저지하면서 역내 비전통적 안보 위협에 대한 공동 대응을 강화했다. SCO 정상들은 2001년 6월 '반테러, 반분리주의, 반극단주의에 관한 협약'을 체결하면서 이 3가지 이슈를 안보 분야에서 협력할 핵심 이슈로 지목했다. 이 3가지 안보이슈는 체첸 분리주의자들의 테러, 신장·위구르 지역의 분리주의, 그리고 중앙아시아에서의 이슬람 근본주의자들의 세력 확산에 직면한 SCO 회원국들의 이해관계를 상합한 것이었다. 이후 가맹국들은 양자 또는 다자 차원에서 반테러 합동 군사훈련을 실시해오고 있다.

경제협력의 경우, 2001년 9월 알마티에서 SCO 정부수반회의가 개최되어 역내 경제협력을 토의한 후 지역 경제협력의 기본 목표와 방향 그리고 무역과 투자를 활성화하기 위한 비망록이 채택되었다. 2002년에는 경제·통상 및 교통 협력을 확대·심화하기 위한 메커니즘의 하나로 해당 분야 각료급 회담을 구성하기로 합의했다. 2003년에는 상하이에서 제2차 SCO 정부수반회의를 개최하고 우선 협력 분야와 이를 위한 주요 과제 그리고 가맹국 간 경제·통상 협력의 실행 메커니즘을 마련하여 다자 경제·통상 협력을 위한 계획안을 채택했다. 이는 최근 들어 SCO가 포괄적 다자지역협력체로 발전하고 있음을 증명해주고 있다.[45]

SCO는 유라시아 역내 다자지역협력체 중 가장 성공적인 지역협력체로 발전해오고 있다. 실제로 SCO는 국력 차가 큰 국가들이 공동협의체를 구성하여 안보 갈등과 이해를 극복하고 포괄적 다자지역협력기구로 발전해오고 있다. 즉 SCO는 양자 간 협상 관계를 다자 간 협의체로 전환했고, 전통적 안보 문제에서 비전통적 안보 문제를 포함한 포괄적이고 전면적인 다자협력체로 발전해왔다. 성공은 중국과 러시아의 공통의 전략적 이해를 바탕으로 윈윈 전략을 구사해오고 있는 것이 SCO의 성공 요인이다.

---

[45] "Joint Communique of the Meeting of the Council of Heads of State of the Shanghai Cooperation Organization"(June 15, 2006), http://english.people.com.cn/200606/15/print20060615_274367.html(검색일: 2006년 6월 16일).

러시아와 중국은 미국의 패권주의를 견제하면서 다극화된 국제 질서의 창출이 필요하다는 인식을 공유하고 있다. 특히 양국은 미국의 중앙아시아에 대한 군사적 전진정책을 상당한 안보위협으로 간주하고 있으며, 이에 대한 공동대응을 해오고 있다. 예를 들어, 2005년 7월 아스타나에서 개최된 정상회담에서 공동선언을 통하여 아프가니스탄에서의 반테러 군사작전 종료에 따른 중앙아시아 내 외국군의 철수를 공식 요구했고, 이는 안디잔 사태 이후 악화된 미국·우즈베키스탄 관계가 작용하여 같은 해 11월 우즈베키스탄에서 미군 철수가 실현되었다. 또한 양국은 양국 주도의 합동 군사훈련을 러시아 또는 중국에서 거의 연례적으로 실시해오고 있다.[46]

## 5. 결론

러시아의 중앙아시아 정책은 양측 간 역사적 경험과 국내외 정세, 그리고 중앙아시아 전략환경을 반영하면서 수립, 추진되어오고 있다. 러시아와 중앙아시아는 150여 년의 지배·통합의 경험을 공유하고 있으며, 이는 양측 간 정치·경제·안보·문화 영역에서의 연계성과 상호의존성을 벗어나지 못하게 하고 있다.

중앙아시아는 소연방 붕괴 후 소련/러시아가 철수하고 동시에 전략적으로 부상하면서 역내외 주요국 간 거대게임의 장으로 재등장했다. 이는 중앙아시아의 지정학적·지경학적·지전략적 중요성이 매우 크다는 것을 의미한다.[47]

---

[46] 2018년 6월 중국에서 진행된 SCO 합동 군사훈련에 대해서는 Weida Li, "China, Russia, India and Pakistan among SCO members to conduct joint military drill," https://gbtimes.com/china-russia-india-and-pakistan-among-sco-members-to-conduct-joint-military-drill (검색일: 2019년 1월 19일) 참조.

[47] 고재남(2007), 앞의 논문, 391-392쪽.

지정학적으로, 중앙아시아는 고대부터 중국에서 유럽에 이르는 통로 역할, 즉 '비단길(silk road)' 역할을 했으며, 현재에도 아프가니스탄·파키스탄 등 중앙아시아·서남아시아·동남아시아에서 생산되는 마약은 물론 불법 무기, 불법 이민과 인신매매 등을 위한 유럽으로 향하는 통로로 이용되고 있다. 또한 소위 색깔혁명이 성공한 조지아와 키르기스스탄이 위치해 있거나 인접해 있는 중앙아시아 국가들의 민주주의로의 발전 가능성과 민족·국경 분쟁의 재발 여부에 대한 국제적 관심이 큰 지역이다. 그리고 이슬람 공화국 이란과 급진 이슬람 세력인 탈레반 세력의 근거지인 아프가니스탄이 접경해 있어서 세속적 이슬람 권위주의 국가들인 중앙아시아의 정치적 발전 방향에 대한 관심이 큰 지역이다.

지경학적으로, 중앙아시아는 내륙과 카스피해에 매장된 막대한 석유·가스 등 에너지자원 및 각종 지하자원이 풍부하게 매장되어 있으며 또한 역내 국가들이 경제발전정책을 추진함에 따라서 세계 주요 국가들의 상품 수출 및 자본 투자처로 떠오르고 있다. 또한 BRICS로 지칭되면서 향후 세계 경제를 주도할 러시아·중국·인도 등의 접경 또는 인접 지역으로서 한편으로는 중국·인도에 대한 에너지·자원의 공급처로, 다른 한편으로는 외국 투자자들의 이 3국에 대한 경제 진출의 교두보로 활용될 수 있는 지역이다.

지전략적으로, 중앙아시아는 이슬람 극단주의와 알카에다의 근거지인 아프가니스탄과 파키스탄에 인접한 관계로 국제적 반테러 작전 및 WMD 비확산을 위한 관심 지역이며, 미국·러시아·중국·EU 등 강대국 간 세력경쟁이 치열한 지역이다. 또한 핵무장 국가인 러시아·중국·인도·파키스탄에 인접하여 군비경쟁의 가능성이 큰 지역이다.

러시아는 이러한 중앙아시아의 전략환경을 고려해 다양한 정치·경제·안보·인도적 정책 목표를 추구하고 있다. 정치적 측면에서, 우호·협력 관계의 강화와 정치·경제·안보 통합을 통해 러시아가 추구하는 강대국 지위 회복을 위한 배후 지원기지로 활용하고 있다. 안보적 측면에서, 이슬람 원리주의자 및 테러리스트의 세력 확산을 저지하면서 국내 안정 유지, 시민혁명 방지, 외국군 주둔 봉쇄와 제3의 안보동맹 저지, WMD 비확산, 마약 밀매 방지, 러시아군 주둔 유지, 국방협력, 방산물자 이전 등을 통해 중앙아시아의 안보 인프라를 유지·복원·발전시키려 한다. 경제적 측면에서, 중앙아시아 국가들과 자유무역, 관세동맹 등을 통해 경제통합을 확대·심화하며 에너지협력과 투자를 더욱 확대하려 한다. 또한 인도적 측면에서, 중앙아시아 내 러시아인 보호, 러시아어 사용 및 교육 확대, 러시아 문화의 유지·확산, TV 방영의 비제한성 확보 등 공동 정보공간의 유지·확대 등과 같은 목적을 갖고 있다.

러시아는 중앙아시아 정책에서 지금까지 안보이익을 우선적으로 추구해왔으며, 이러한 정책 경향을 향후에도 상당 기간 지속할 것이다. 특히 최근 아프가니스탄에서 탈레반 세력이 확대되면서 중앙아시아로 이슬람 원리주의 세력의 침투가 심화될 조짐을 보이고 있다. 따라서 러시아는 한편으로는 2009년 CSTO 차원의 신속대응군을 출범시키면서 키르기스스탄·타지키스탄에 러시아군 주둔 병력을 증강시키고 다른 한편으로는 미국, NATO의 아프가니스탄에서의 반테러전, 탈레반 소탕전을 지원하고 있다.

러시아는 중앙아시아 정책에서 영향력을 유지하고 호혜적인 협력 관계를 확대하기 위한 다자주의 전략을 계속 유지할 전망이다. 즉 중앙아시아 국가들과 경제통합을 강화하기 위해 EAEU를, 그리고 안보통합을 강화시키기 위해 CSTO를 활용하는 전략을 계속 추진할 것으로 전망된다. 한편 러시아는 SCO를 중앙아시아 차원은 물론 아시아 차원에서 중국·인도 등 주요 회원국들과 협력 관계를 유지하면서 제반 분야에서 포괄적 다자협력을 유지·확대하는 다자기구로 활용할 것으로 전망된다.

물론 중앙아시아에 대한 중국의 경제 침투 확대, EU 등 서방 세계의 대 중앙아시아 에너지 외교의 강화, 인도의 중앙아시아 접근정책 등은 러시아가 경제이익을 현재보다 중시하는 정책을 추진하도록 변화시키면서 역내 국가들과 경제통합을 심화하는 요인으로 작용할 것이다. 또한 비록 SCO를 통해 중앙아시아에서 러·중 간 전략적 협력을 증진해오고 있지만 중국의 중앙아시아에 대한 정치·경제적 침투가 과도할 경우 러시아의 대중 견제로 러·중 간 불협화음이 발생할 가능성이 상존하고 있다.

한편 러시아는 중앙아시아 국가들 간 세력경쟁(예: 카자흐스탄 대 우즈베키스탄) 및 갈등 관계(수자원을 둘러싼 우즈베키스탄 대 카자흐스탄/타지키스탄)를 역내에서 러시아의 영향력을 확대·유지하는 수단으로 적절히 활용해왔다. 그러나 이러한 정책 기조는 2016년 말 출범한 미르지요예프 정부가 러시아와는 물론 여타 중앙아시아 국가들과 우호·협력을 강화하는 정책을 추진하면서 양자·다자 협력 분위기가 조성됨에 따라서 '분리·지배 정책(divide and rule policy)'보다는 '협력·통합 정책(cooperation and integration policy)'을 우선시할 것으로 전망된다.

제6장

유라시아 중부 지역 내 '신 거대게임'과 러시아

# 1. 서론

소연방의 갑작스런 붕괴는 넓게는 당시까지 50여 년 동안 존속해온 냉전질서를 붕괴시키면서 새로운 국제 질서가 발전될 수 있는 기회를 제공함과 동시에 좁게는 유라시아, 즉 옛 소련 지역의 역내 질서를 크게 변화시킬 수 있는 동인으로 작용했다.[1] 특히 소연방의 붕괴는 유라시아 중부 지역에 소재한 8개 소수 민족 공화국들의 독립을 성취시킴과 동시에 거의 200여 년간 지속된 러시아의 통제권을 약화시키면서 일시적으로나마 '권력공백(power vacuum)' 상태를 초래했다. 그 결과 이 지역들이 갖는 지정학적·지경학적·지전략적 중요성 때문에 역내외 국가들 간 첨예한 세력경쟁, 즉 '거대게임(Great Game)'이 재현되는 계기가 되었다. 특히 9·11테러 사태 후 미국이 대테러전쟁과 중동 지역을 대체 또는 보완하는 에너지 공급을 위한 전진기지로서 중앙아시아와 트랜스코카서스에 대한 영향력 확대를 도모함에 따라서 그러한 현상이 더욱 가열되고 있다.

소연방 붕괴 후 중앙아시아에서 주요국 간 세력경쟁을 '신 거대게임'의 관점에서 바라보도록 유도한 학자는 피터 홉커크(Peter Hopkirk)이다. 홉커크는 1990년 *The Great Game: The Struggle for Empire in Central Asia*를 출간했으며, 중앙아시아 남부 지역과 아프가니스탄에서 벌어진 러시아와 영국 간의 세력경쟁, 패권다툼 또는 완충지대 확보를 위한 군사적·비군사적 충돌과 경쟁을 심층 분석했다. 이 책은 소연방 붕괴 후인 1992년에 재출간되었으며, 국제적 관심을 받았다. 이후 국제정치학자,

---

\*   이 장은 필자의 다음 논문을 수정·보완해 작성한 것임. 고재남, 「트랜스코카서스·중앙아시아의 '신 거대게임'과 러시아의 대응」, 정책연구시리즈 2004-4, 국립외교원 외교안보연구소, 2005.
1   소연방 붕괴 후 변화된 유라시아 전략환경과 주요국들 간 세력경쟁, 이에 대응한 미국의 정책에 대해서는 다음 문헌 참조. Zbigniew Brzezinski, *The Grand Chessboard: American Primacy and Its Geostrategic Imperatives*, NY: Basic Books, 1997.

언론인, 지역연구자 등이 유라시아 중부 지역의 지정학적·지경학적·지전략적 이익과 주요국 간 세력경쟁을 '신 거대게임'으로 명명하면서 국제적 관심을 끌었다.[2]

유라시아 중부 지역은 지리적으로 동서로는 보스포루스 해협에서부터 중국의 신장 동부 국경까지, 그리고 남북으로 인도양에서부터 카자흐스탄의 북부 스텝 지역까지를 포함한다. 그러나 소연방 붕괴 후 유라시아 중부 지역은 대체로 러시아의 남부 근외 지역, 즉 트랜스코카서스, 카스피해, 중앙아시아 지역을 지칭하는 약간은 협의의 지역 개념으로 사용해오고 있다.[3] 이러한 협의 지역 개념이 선호되고 있는 것은 이 지역들이 러시아 지배 및 소연방의 일원으로 발전해오면서 축적된 공통의 정치·경제·문화적 요소들을 갖고 있을 뿐만 아니라 이 지역 국가들이 독립 후 보이고 있는 친러·반러 성향 및 매장된 막대한 에너지 자원 개발이 역내외 국가들의 이해관계와 결합되면서 재현된 '거대게임'을 보다 치열하고 복잡한 양태로 발전시키고 있기 때문이다.

따라서 이 장에서 다루고 있는 지역은 협의의 유라시아 중부 지역 개념에 속하는 카스피해를 포함해 이 지역의 동서에 위치해 있는 중앙아시아와 트랜스코카서스 지역이다. 국가를 기준으로 볼 때, 트랜스코카서스에 위치한 아제르바이잔·아르메니아·조지아, 그리고 중앙아시아에 위치한 카자흐스탄·키르기스스탄·타지키스탄·투르크메니스탄·우즈베키스탄 등이다. 물론 이 지역들을 다룸에 있어서 광의의 유라시아 중부 지역 개념이 포함하고 있거나 또는 인접 지역이라고 볼 수 있는 북코카서스, 아프가니스탄, 이란 북부, 카슈미르, 중국 서북부 지역, 티베트 고원 등을 배제

---

2 예를 들어, NYT editor, ed., *The New Great Game in Asia* (January 2, 1996); Ariel Cohen, "The New 'Great Game': Oil Politics in the Caucasus and Central Asia," *The Heritage Foundation's Report Europe* (January 25, 1996); Karl E. Meyer and Shareen Blair Brysac, *Tournament of Shadows: The Great Game and the Race for Empire in Central Asia*, Washington, D.C.: A Cornelia and Michael Bessie Books, 1999 등이 출간되었으며, '신 거대게임'의 논의가 활성화된 2000년 이후에 수많은 책·논문·기사들이 생산되어옴. 국내에서는 필자의 상기 논문과 신범식, 「신거대게임으로 본 유라시아 지역질서의 변동과 전망」, 『슬라브학보』 23(2), 2008년 6월, 165-200쪽 등이 있음.

3 Kenneth Weisbrode, "Central Eurasia: Prize or Quicksand?: Contending View of Instability in Karabakh, Ferghana and Afghanistan," *Adelphi Paper* 338, Oxford: International Institute of Strategic Studies/Oxford University Press, 2001, p. 11.

하지는 않는다. 이는 이 지역들이 협의 개념의 지역의 전략환경에 밀접한 관련을 가지고 있기 때문이다. 그러나 연구의 초점은 중앙아시아와 트랜스코카서스, 그리고 이 두 지역을 연결하고 있는 카스피해이다.

'거대게임'의 재현과 관련국의 대응에 대한 연구는 자연스레 '신 거대게임'을 발생시키고 있는 배경적 요인으로 역내 전략환경이 어떠한지, 어느 국가 또는 국제기구가 '신 거대게임'에 참여하고 있는지에 대한 관심으로 귀결된다. 상기한 '신 거대게임'의 대상 국가·지역을 제외하고 '신 거대게임'에 참여하고 있는 국가는 접경 역내 국가인 러시아·중국·이란·터키·인도·파키스탄 등이며, 비접경 역외 국가로는 미국·EU(개별적 혹은 집단적으로 참여) 등이다.

따라서 이 장에서는 첫째 '신 거대게임'의 이론적 배경과 특징을 소개하고, 둘째 유라시아 중부 지역의 최근 전략환경의 주요 특징들을 분석하며, 셋째 '신 거대게임' 주요 참여 국가들의 정책을 살펴보며, 넷째 유라시아 중부 지역의 '신 거대게임'에 대한 러시아의 대응을 분석해보기로 한다.

## 2. '거대게임'의 재현 배경과 주요 특징

### 1) '거대게임'의 어원과 전개

'거대게임'이라는 용어는 원래 19세기와 20세기 초에 아프가니스탄과 중앙아시아에서 벌어진 러시아와 영국 간 세력경쟁을 묘사하는 용어로 사용되었다. 즉 1830년대 영국 동인도회사(East India Company)가 아서 코널리(Arthur Conolly) 등을 시켜 러시아의 남진정책에 대응하여 북서쪽으로부터 인도에 이르는 전략적 루트에 대한 탐험을 시작하면서부터 사용된 용어다. 그러나 '거대게임'이란 용어가 널리 사용되고 관심을 끌기 시작한 것은 20세기 초 러디어드 키플링(Rudyard Kipling)이 소설 *KIM*을 통하여 19세기와 20세기 초 영국과 러시아가 중앙아시아에서 정치적 영향력을 확대하기 위하여 눈에 보이지 않은 경쟁을 벌인 것을 비록 픽션이지만 사건과 사실에 기초하여 소개한 후부터이다.[4]

한편 중앙아시아 및 트랜스코카서스 지역의 중요성에 대한 주장은 1904년에 해퍼드 매킨더(Halford Mackinder)가 제기했다.[5] 매킨더는 런던의 '왕립지리학회(Royal Geographical Society)'에서 1904년 행한 한 강의에서 철도 등 육상교통의 발달은 그동안 해양을 지배함으로써 세계를 지배했던 나라(예: 영국)의 시대는 지나갔으며, 이제는 대륙, 특히 유라시아 대륙을 지배한 나라가 역내 방대한 부존자원을 이용함으로써 세계를 지배할 수 있다는 주장을 했다. 그는 유라시아 지역의 '중심축이자 전략적 지배(pivot and strategic control)' 지역인 중앙아시아는 러시아 또는 러시아·독일 연합 세력하에 들어갈 것이며, 이에 중국과 일본이 가세할 수도 있다는 전망을 했다.

매킨더는 소위 '심장부 이론(heartland theory)'을 제시하면서 한편으로는 해양세력인 영국이 대륙 진출을 도모하지 않을 경우 유라시아 지역에서 강대국의 지위를 상실할 수밖에 없을 것임을, 다른 한편으로는 유라시아 중부 지역의 지배권을 둘러싼 '거대게임'의 불가피함을 선언적으로 말해주었다. 당시 매킨더의 주장은 증기·석탄·철 등에 기초한 산업 자본주의가 점차 가스·전기·석유 등에 기초한 산업 자본주의로 전환되는 과정에서 석유·가스 등 천연자원이 풍부한 트랜스코카서스, 중앙아시아 등

---

4 '거대게임'이란 어원의 유래 및 실상에 대한 연구는 다음과 같은 문헌을 주로 참고하여 작성했음. Matthew Edwards, "The Great Game and the new great gamers: disciples of Kipling and Mackinder," *Central Asian Survey*(March, 2003) 22(1), pp. 83-102; Sarah L. O'Hara, "Great Game or Grubby Game?: The Struggle for Control of the Caspian," *Geopolitics* Vol. 9, No. 1(Spring, 2004), pp. 138-160; Peter Hopkirk, "The Great Game Revisited?" *Asian Affairs* Vol. 33 Part I(February, 2002), pp. 59-67.

5 Halford Mackinder, "The Geographical Pivot of History," *Geographical Journal* Vol. 23(1904), pp. 421-442. 물론 트랜스코카서스와 중앙아시아는 매킨더의 '심장부' 영역에서는 주변 지역에 속함. '거대게임'과 '신 거대게임'의 상합성 여부에 관한 분석은 Matthew Edwards(2003), *ibid.* 참조.

유라시아 지역에 대한 국제적 관심이 커지는 과정에서 나타난 당연한 결과였다.

사실 석유는 19세기 말부터 국내외적으로 핵심 상품으로 취급되었으며, 석유 매장량이 풍부한 카스피해와 트랜스코카서스에 대한 주요국들은 물론 석유 메이저들의 관심이 클 수밖에 없었다. 20세기 초 바쿠(Baku)는 전 세계 석유생산량의 50%이상을 생산하는 지역이었으며, 이에 따라서 러시아와 영국 등 주요 강대국 간 정보 수집활동은 물론 석유 개발을 위한 투자경쟁이 극심했다. 매킨더는 비록 트랜스코카서스 지역을 방문하지는 않았지만 그가 1886년에 가입한 '왕립지리학회'는 이 지역들의 지리·정치·경제, 부존자원, 군사력 등에 대한 정보 수집과 분석을 위한 연구활동을 활발히 진행하면서 일종의 제국시대 냉전이라고 볼 수 있는 영국의 대 러시아 '거대게임'을 지원했다. 그의 제자인 로드 커즌(Lord Curzon)은 1888년 개통된 지 얼마 안 된 트랜스코카서스 철도를 타고 중앙아시아와 트랜스코카서스를 여행한 후에 귀국하여 바쿠 지역의 석유산업과 이 지역들의 중요성을 알리는 강의와 저작활동을 활발히 했다.[6]

홉커크는 19~20세기 초의 '거대게임'이 중앙아시아를 중심으로 영국과 러시아 간, 그리고 짧은 기간 내 독일이 개입된 양상으로 다음과 같이 3단계로 전개되었다고 주장하고 있다.[7] '거대게임'은 젊은 장교들이 때때로 현지 말 상인 또는 심지어 교인으로 위장하여 정치적 정보의 수집, 비밀 접근로의 탐색과 지도 제작, 그리고 현지의 강력한 칸(Khan)과 부족 지도자들의 충성 획득 등과 같은 형태로 진행되었다. 이 업무들은 매우 위험한 게임이었으며, 따라서 많은 참여자들이 희생되었다.

제1단계 '거대게임'은 가장 긴 세월 동안 지속되었으며, 개시 연도도 학자에 따라서 달리 설정할 수 있다. 홉커크는 '거대게임'의 개시점의 하나로 예카테리나 여제의 아들인 폴 1세 황제가 2만 2,000명으로 구성된 코사크 침략군을 중앙아시아를 거쳐

---

6 Sarah L. O'Hara, *op. cit.* pp. 139-140.
7 '거대게임'의 전개 과정은 Peter Hopkirk, *op. cit.*, pp. 60-62과 Mathew Edwards, *op. cit.*, p. 84을 주로 참고하여 작성했음. 홉커크는 3단계 '거대게임'을 상기한 *The Great Game* 외에 *On Secret Service East of Constantinople*(1994), 그리고 *Setting the East Ablaze*(1984) 등을 통하여 분석하고 있음.

인도로 파견한 1801년 1월로 잡고 있다. 폴 1세 황제는 코사크군을 파견하기 전에 나폴레옹 황제에게 공동 작전을 제안했으나 군사작전의 성공 가능성과 실익에 회의를 느낀 나폴레옹은 거절했다. 실제로 폴 1세의 군사작전은 실패로 돌아갔다. 한편 러시아의 인도에 대한 관심은 표트르 대제와 예카테리나 여제 등에 의해서도 표명되었다.

사실상 영국의 인도 지배기구인 동인도회사의 전략가들은 러시아의 이러한 남진 정책에 상당한 위협감을 느꼈다. 하지만 동인도회사 관계자들은 바다를 통하여 인도에 도착했기 때문에 인도 국경 밖 북서쪽, 즉 중앙아시아·이란 등으로부터 인도에 이르는 전략적 통로에 대해 무지했다. 따라서 동인도회사의 총독은 현지어에 능숙한 젊은 장교이자 '거대게임'이란 용어를 처음 사용한 아서 코널리 등 많은 장교들을 파견하여 전략적 지점과 경로를 조사했다. 영국이 19세기 동안 인도 북서부 지역에 대한 관심을 개인 차원에서 국가 차원의 방위·외교·식민 정책의 일환으로 변화시켜 감에 따라서 중앙아시아에서 영·러 제국 간 '거대게임'은 점차 심화되었다. 당시 양국 간 '거대게임'은 주로 조직에 의하여 추진되었으며, 때때로 군사적 충돌을 야기했다. 양국은 유럽에서 새로운 적, 즉 카이저 빌헬름 2세 황제(Kaiser Wilhelm II)의 독일이 등장한 상황에서 양국 간 군사적 대립이 국익에 도움이 되지 않는다는 판단하에 1907년 '영·러 협약(Anglo-Russian Convention)'을 체결하면서 제1단계 '거대게임' 은 종식되었다.

제2단계 '거대게임'은 독일 빌헬름 2세 황제가 역사가들이 칭하는 *Drang nach Osten*, 즉 동양에서 거대한 신 튜턴제국의 건설을 꿈꾸면서 동방정책을 적극적으로 추진하면서 시작되었다. 독일의 이러한 정책은 터키와 연합하여 영국과 러시아에 대한 성전(Jihard)의 형태로 나타났고, 제1차 세계대전의 발발을 초래했다. 특히 독일은 현지 과격 이슬람 세력들을 포섭하여 영국이 지배하는 인도와 러시아가 지배하는 중앙아시아에서 영국과 러시아를 축출하기 위한 혁명을 기도했다. 당시 독일 빌헬름 2세 황제의 '거대게임'의 선봉장에 섰던 독일 장교는 빌헬름 2세 황제가 이슬람으로 개종했으며 따라서 독일 국민들도 이슬람교도가 될 것이라는 유언비어를 퍼트리며

페르시아인들과 아프가니스탄인들이 인도를 침략하도록 강요했다. 독일이 개입된 제2단계 '거대게임'은 1918년 독일과 터키가 패배함에 따라서 끝났다.

제3단계 '거대게임'은 1917년 10월 볼셰비키 혁명이 발발하면서 레닌이 "무장 폭동을 통하여 아시아의 모든 인민들을 제국주의적 지배로부터 해방시킨다"는 혁명 목표를 천명하면서 시작되었다. 레닌은 프롤레타리아 혁명 수출의 가장 우선적인 국가로 인도를 지정했는데, 이는 인도에서 프롤레타리아 혁명이 성공을 거둘 경우 세계혁명의 거대한 계획에 가장 큰 장애물로 작용하고 있는 영국과 영국 식민지 제국이 몰락할 것으로 판단했기 때문이다. 이러한 소련의 대인도 정책은 인도와 중앙아시아 등 인접 지역에서 첨예한 정치·군사적 대립과 정보전을 초래했다. 인도·파키스탄 등 서남아시아를 공산화시키려는 레닌의 거대한 꿈은 실패로 돌아갔으며, 이로써 러시아·영국 간 제3단계 '거대게임'은 사실상 종식되었다.

한편 20세기를 접어들면서 석유 수요가 증대됨에 따라서 트랜스코카서스, 특히 바쿠 지역에서 지배권 또는 영향력 확대를 위한 강대국들의 관심이 제고되었다. 트랜스코카서스는 전통적으로 러시아·페르시아·중국·영국 등의 세력 각축의 장이었으며, 제1차 세계대전 중 및 러시아제국 몰락 이후에는 바쿠 유전 지대를 통제하기 위한 독일·터키·영국 간 세력 각축이 있었다. 제2차 세계대전 중에는 나치 독일이 트랜스코카서스와 중앙아시아의 유전 지대 획득을 전략 목표로 삼으면서 치열한 독·소전쟁의 장이 되기도 했다.[8]

실제로 러시아제국 붕괴 후 아제르바이잔이 1918년 5월 독립을 선언하자 독일의 동맹국인 터키는 아제르바이잔 신정부와 바쿠 석유의 수입에 관한 협정을 체결했다. 이에 영국 등 연합국들은 크게 우려했고, 독일과 터키의 바쿠 석유 이용을 차단하기 위하여 1918년 8월 1,400명의 영국군을 급파하여 바쿠 지역을 수 주간 점령했다.

---

8  바쿠 지역을 둘러싼 강대국간 세력경쟁에 대해서는 다음 문헌을 참조했음. Sarah L. O'Hara, *op. cit.* pp. 139-146.

트랜스코카서스 지역에 대한 강대국들의 경쟁은 1918년 11월 종전 이후에도 계속되었고, 주요 영국계·미국계 석유 메이저들의 투자가 계속되었다.

한편 제1차 세계대전은 트랜스코카서스의 석유에 대한 국제적인 관심을 제고하는 계기가 되면서, 매킨더의 '심장부 이론'이 학계·정치계는 물론 언론계에서도 다시 부각되었다. 예를 들어, 독일 장군 카를 하우스호퍼(Karl Haushofer)는 매킨더의 이론을 지정학의 걸작으로 평가하면서 당시 초강대국 영국에 대항하여 독일·러시아·일본 3국이 '범유라시아 대륙 블록'을 구축해야 한다고 주장했다. 히틀러는 1939년 소련과 불가침조약을 체결했으나 전쟁 수행을 위한 석유의 중요성을 인식하여 코카서스 지역을 조기에 점령한다는 목표로 1941년 6월 300만 명의 독일군을 동원하여 소련 침공을 감행했다. 그러나 히틀러의 목표는 수포로 돌아갔고, 소련이 대독전에 승리하면서 중앙아시아와 트랜스코카서스 지역에서의 '거대게임'을 종식시킴과 동시에 소련을 양극체제의 한축을 이루는 세계 초강대국으로 부상시켰다.[9]

## 2) '거대게임'의 재현 배경과 주요 특징

### (1) '거대게임'의 재현 배경

소연방의 붕괴와 유라시아 중부 지역, 특히 트랜스코카서스와 중앙아시아에서의 신생 독립국가의 탄생은 '거대게임'을 재현하는 결정적인 계기가 되었다. 이 지역들을 둘러싸고 기득권을 유지하려는 러시아와 소연방 붕괴 후 권력공백 상태에 있는 이 지역들에서 역내외 국가, 즉 미국·EU·중국·터키·이란 등과 영향력·힘(power)·패권(hegemony)·이득(profit)을 둘러싼 경쟁이 재현되었으며, 지역연구자, 국제정치

---

9   *Ibid.*, pp. 43-44.

학자, 언론인 등은 이를 '신 거대게임'이라고 부르기 시작했다.[10]

러시아를 제외한 역내외 국가들의 전략적 목표는 수백 년간 러시아의 지배하에 있던 이 지역들에 대한 영향력 확대를 최대화하면서 러시아의 패권이 재확립되는 것을 저지하는 것이었다. 이러한 전략적 목표는 이 지역들 내 신생 독립국들이 친러 대 반러(또는 탈러) 성향을 드러냄에 따라서 반러(또는 탈러) 경향을 보이는 국가들을 집중적으로 공략하는 경향을 보였다. 물론 친러 경향을 보인 국가들도 탈공산화하면서 새로운 국가 건설을 위한 대외협력을 지향함에 따라서 정도의 차이는 있지만 러시아 외 국가들과 새로운 협력 관계가 확립되었다.

또한 트랜스코카서스와 중앙아시아에 매장된 막대한 석유·천연가스 등 지하자원도 '신 거대게임'을 촉발한 배경이 되었다. 특히 카스피해에 매장되어 있는 막대한 석유와 천연가스는 세계 에너지정치의 중심이 되었다. 우선 카스피해를 공유하는 국가들, 즉 러시아·아제르바이잔·이란·투르크메니스탄·카자흐스탄 간 카스피해가 "호수냐 아니면 바다냐"를 둘러싸고 자국의 이해관계에 따라서 이견을 보였으며, 2018년에야 연안국 정상회의를 개최해 호수로 규정했다.[11] 또한 아제르바이잔·카자흐스탄 등 주요 석유·가스 생산국에서 어떠한 송유관·수송관을 이용하여 해외

---

10  상기한 문헌 외에도 '신 거대게임'에 관한 연구는 매우 다양함. A. Cohen, "The 'New Great Game': Pipeline Politics in Eurasia," *Caspian Crossroads* Vol. 2, Special Issue(Summer, 2001); G. M. Winrow, "A New Great Game in the Caucasus?" in D. Lynch and Y. Kalyuzhnova, eds., *Euro-Asia: A Period of Transition*, London: Palgrave Macmillan, 2000; Lutz Kleveman, *The New Great Game: Blood and Oil in Central Asia*, New York: Grove Press, 2003; Ian Cutbbertson, "The New Great Game," *World Policy Journal* Vol. 11 No. 4(Winter, 1994/1995); Qamar Fatima and Sumera Zafar, "New Great Game: Players, Interests, Strategies and Central Asia," *South Asian Studies* Vol. 29, No. 2(July-December, 2014), pp. 623-652; Musharaf Iqbal & Manzoor Khan Afridi, "New Great Game in Central Asia: Conflicts, Interests and Strategies of Russia, China and United States," *The Dialogue* Vol. Xii, No. 3, etc.

11  Bruce Pannier, "A Landmark Caspian Agreement-And What It Resolves," https://www.rferl.org/a/qishloq-ovozi-landmark-caspian-agreement--and-what-it-resolves/29424824.html(검색일: 2019년 2월 27일); "Landmark Caspian Sea deal signed by five coastal nations," https://www.theguardian.com/world/2018/aug/12/landmark-caspian-sea-deal-signed-among-five-coastal-nations(검색일: 2019년 2월 27일).

로 수출하느냐를 둘러싸고 기득권을 가지고 있는 러시아와 새로운 수송관을 매설하려는 미국·영국 등의 석유 메이저들과 대립하기도 했다. 또한 중동 정세의 불안정은 트랜스코카서스와 중앙아시아가 안정적인 석유·가스 공급원이라는 국제사회의 인식을 재확인시켜주었다.

또한 트랜스코카서스, 중앙아시아의 지정학적·지전략적 중요성은 역내외 국가들 간 '신 거대게임'을 재현하는 요인으로 작용했다.[12] 이 유라시아 중부 지역은 고대로부터 중국에서 유럽에 이르는 통로 역할, 즉 소위 비단길의 역할을 했으며, 현재에도 아프가니스탄·파키스탄 등 중앙아시아 및 서남아시아에서 생산되는 마약과 무기들이 유럽으로 유입되는 통로로 이용되고 있다.

그리고 9·11테러 사태는 '신 거대게임'에 군사적으로 개입할 수 있는 기회를 제공해주었고, 그 결과 향후 역내외 국가 간 경쟁구도를 예측불허의 상태로 변화시키고 있다. 즉 미국은 반테러 작전을 명목으로 러시아의 마지못한 용인하에 우즈베키스탄·키르기스스탄에 미군을 주둔시켰으나 러시아·중국의 중앙아시아 내 미군 철군을 위한 공조와 합의로 이 국가에서 미군은 2005년과 2014년 각각 철수했다. 그러나 2003~2004년 시민혁명으로 친미 정권이 수립된 조지아에는 200여 명의 미군이 조지아 군 훈련을 위해 주둔하고 있다. 사실 미국은 9·11테러 사태가 발발하기 전까지만 하더라도 중앙아시아와 트랜스코카서스를 사실상 러시아의 세력권으로 인정하면서 적극적인 개입정책을 자제했었다. 그러나 제2기 클린턴 행정부는 트랜스코카서스의 지정학적·지경학적 중요성을 감안해 트랜스코카서스에 대한 개입·진출 정책을 적극 추진했다. 실제로 클린턴 대통령은 1997년 지정학의 대가이자 저명한 국제정치학자인 브레진스키를 아제르바이잔에 파견하여 양국 간 협력 방안을 논의했다.

---

12  Walter Schilling, "The Return of Geopolitics in the Caucasus and Central Asia," *AUSSENPOLITIK*, 2/98, pp. 50-55; Zbigniew Brzezinski, *The Grand Chessboard: American Primacy and Its Geostrategical Imperatives*, New York: Basic Books, 1997.

## (2) '신 거대게임'의 주요 특징

'신 거대게임'의 주요 특징은 구 '거대게임'과의 비교를 통하여 분석해볼 수 있다. '신 거대게임'의 주요 특징을 매튜 에드워즈(Matthew Edwards)가 살펴보고 있는 바와 같이 장소·행위자·목적·수단·범위 등의 차원에서 살펴볼 수 있다.[13]

우선 발생 장소 차원에서 살펴볼 때, 신·구 '거대게임'이 발생하고 있는 장소가 동일하다는 것이다. 비록 소연방 붕괴 직후인 1990년대 초에는 카스피해가 주된 장소였으나 점차 '거대게임'의 영역이 카스피해 동서쪽, 즉 트랜스코카서스와 중앙아시아로 확대되었다. 또한 9·11테러 사태의 발생과 아프가니스탄에서의 반테러전쟁은 아프가니스탄으로까지 '신 거대게임'의 영역이 확대되면서 19세기와 20세기 초 영·러 간 '거대게임'의 장과 더욱 유사해졌다.

행위자의 측면에서 볼 때, 상기한 바와 같이 '거대게임'에서는 제국 세력인 러시아와 영국이 주요 행위자이면서 여기에 독일·터키가 가세하는 측면이 있다. 반면에 '신 거대게임'에서는 영국이 게임의 장에서 사라지고, 영국을 대신하여 중국·이란·터키·미국·파키스탄·인도, 심지어 이스라엘 등이 참여하고 있다는 점이다. 그리고 '거대게임'에서는 게임의 대상 국가들은 거의 역할을 하지 못했으나, '신 거대게임'에서 상당한 정도의 외교적 자율성을 가지면서 자국의 국익을 극대화하기 위한 외교적 노력을 기울이고 있다. 또 한 가지 특성은 '거대게임'의 장을 마련해주고 있는 옛 소연방 구성국들이 반러·탈러 또는 친러 성향을 보이면서 '신 거대게임'이 복잡한 양태로 발전되고 있다는 점이다.

목표의 측면에서 볼 때, '거대게임'은 일종의 영합게임(zero-sum game)의 형태를 보이면서 지정학적 패권과 지배를 목적으로 러·영 제국 간에 벌인 경쟁이었다. 즉 '거대게임'의 목표는 직접 통치, 패권적 영향력, 이념적 연합 등과 같은 방법을 통한

---

13　이 절은 다음 문헌을 참고하여 작성했음. Matthew Edwards, *op. cit.*, pp. 88-91.

제국주의적 지배의 확립이었다. 반면에 '신 거대게임'의 목표는 매우 다양하다. 즉 '신 거대게임'에 참여하는 국가들은 대상 지역에서 신제국주의적 패권 확립, 문화적 연대감의 형성, 국가안보의 증진과 영향력 확대 등인 반면, 비국가적 행위자들은 이익의 극대화, 계약의 보장, 컨소시엄에서의 대주주 지분 획득, 지방에 대한 영향력 보장과 정치·종교적 목표의 보장 등의 목표를 추구하고 있다.

수단과 범위의 측면에서 볼 때, 구 '거대게임'은 주로 장막 뒤에서 드러나지 않게 바로 직속상관들의 지시나 통제를 받으면서 소집단 또는 한 사람에 의하여 수행되는 전쟁 또는 투쟁의 양상을 보였다. 그러나 군사력은 패권과 통제를 강화한 부수적인 작용을 했다. 한편 '신 거대게임'은 목적이 다양한 만큼이나 정치적인 영향력을 강화하기 위한 수단도 협력동맹의 형성, 여론조작, 군 주둔을 위한 외교적 협상 등 다양하게 동원되었다. 따라서 '신 거대게임'에서는 과거처럼 비밀 요원들이 홀로 작전을 수행할 수 없다. '신 거대게임'에서는 중앙아시아나 트랜스코카서스에서 이루어진 것과 같이 뉴욕·런던·모스크바에서 비즈니스 협상을 통하여 대부분 진행된다.

한편 '신 거대게임'에서는 명백한 군사력 사용은 억제되며, 더 이상 국제 질서는 지나치게 호전적이고 위협적인 무력의 사용을 받아들이지 않는다. 아직도 군사력을 사용하는 경우가 있지만 정당성이 뒷받침되지 않은 군사력의 사용 빈도는 '신 거대게임'이 발발할 때까지 점차 감소해왔다. 또한 '거대게임'은 양자 간에 이루어졌고, 그 범위도 국경 변동이나 국가 해체 그리고 공개적인 조작과 통제가 허용되었고, 정책 수단으로 사용되었다. 또한 경쟁 대상국은 어느 게임 참여 제국으로부터도 보호받지 못했고 단지 위성국 또는 하찮은 것으로 간주되었다.

그러나 제2차 세계대전 후 제국들의 몰락과 UN의 탄생은 어느 제국이 임의로 독립국가들의 주권을 침해할 수 없는 국제환경이 확립되었으며, 그 결과 '거대게임'의 양상이 과거와는 다른 형태로 진행되고 있다. 결론적으로 '신 거대게임'은 시대 상황과 국제체제의 환경이 다른 만큼이나 게임의 장, 참여국, 목표, 그리고 수단과 범위에 있어서 과거의 그것과 차이를 보이고 있다.

## 3. 유라시아 중부 지역의 전략환경

### 1) 민족·영토 분쟁의 지속

트랜스코카서스와 중앙아시아 전략환경의 주요 특징 중의 하나는 소연방의 붕괴와 더불어 민족·영토 분쟁이 촉발되었으며, 아직도 계속되고 있는 지역이 많다는 점이다.[14] 이 민족·영토 분쟁들은 국가 간, 한 국가 내 이민족 간 분쟁의 형태를 띠고 있다. 트랜스코카서스 내 대표적인 민족·영토 분쟁들은 ① 나고르노·카라바흐 자치주의 영유권을 둘러싼 아르메니아와 아제르바이잔 간 갈등, ② 조지아 내 남오세티야 자치주, ③ 압하지야 자치공화국에서 조지아 중앙 정부와 해당 소수 민족들 간 분리 독립을 둘러싼 분쟁 등이 있다. 중앙아시아에는 페르가나 지역에서 우즈베키스탄·키르기스스탄·타지키스탄 간 갈등 등이 있다.

민족·영토 분쟁은 현재 계속되고 있는 조지아 내 소수민족 행정구역, 아제르바이잔과 아르메니아 간 나고르노·카라바흐 자치주를 둘러싼 산발적인 무력충돌 등을 제외하고는 소강 상태에 있다.[15] 특히 조지아 판키시 계곡과 우즈베키스탄의 페르가나 계곡의 경우, 이슬람 원리주의 테러리스트들의 근거지 역할을 하면서 역내 정세의 불안정을 촉진하고 있다. 이에 조지아·타지키스탄 등에 러시아군 중심의 UN 평화유지군이 파견되어 평화유지활동을 수행했거나 현재 수행 중에 있다.[16]

---

14  옛 소련 지역의 민족분쟁에 관한 수많은 연구서들이 출간되었음. 고재남, 「구소련지역 민족분쟁의 해부」, 마산: 경남대학교 출판부, 1996; Leokadia Drobizheva, Rose Gottemoeller, Catherine McArdle Kelleher, Lee Walker, eds., *Ethnic Conflict in the Post-Soviet World: Case Studies and Anaysis*, Armonk, NY: M. E. Sharpe, 1996; Kenneth Weisbrode(2001), *op. cit.*; Valery Tishkov, *Ethnicity, Nationalism and Conflict in After the Soviet Union: The Mind Aflame*, Oslo: International Peace Research Institute, 1997, etc.

15  페르가나 계곡과 나고르노·카라바흐 자치주에서의 민족분쟁에 대해서는 Kenneth Weisbrode의 책 참조.

16  CIS 내 평화유지군의 활동에 대해서는 다음 문헌 참조. Lena Jonson and Clive Archer, ed.,

트랜스코카서스의 민족분쟁은 산악 지역에서 서로 격리되어 살던 부족들이 역사적으로 각기 다른 언어·종교·관습 등을 자발적으로 혹은 주변 강대국들의 식민 통치 속에서 발전시켜온 결과이다. 실제로 트랜스코카서스 내 아르메니아와 조지아는 정교를, 반면에 아제르바이잔은 이슬람교를, 그리고 조지아 내 아자리야·압하지야·남오세티야는 이슬람교를 믿고 있다. 중앙아시아의 경우, 5개국 다수 민족이 이슬람교를 믿으나 역내에 거주하는 러시아인 등 기타 소수민족들은 정교 등 다른 종교를 믿고 있다. 특히 이 지역들에서 문제가 되는 것은 아프가니스탄으로부터 점차 세력을 확장해오고 있는 이슬람 원리주의자[우즈베키스탄 당국은 '와하브(Wahhabi)' 계열로 규정]이다. 1990년대와 2000년대 초 이들에 의하여 우즈베키스탄에서 수 차례에 걸친 테러 사태가 발발했다.[17]

트랜스코카서스와 중앙아시아 내 민족·영토 분쟁은 역내외 국가들 간 이해관계의 차이를 반영하면서 '신 거대게임'의 요인으로 작용하고 있다. 예를 들어, 미국은 2003~2004년 조지아에서 발생한 시민혁명을 적극 지원했으며, 친미·친서방 정부를 탄생시켰다. 미국은 러시아와 중국의 견제로 중앙아시아에서 군사적 거점을 상실하자 조지아에 친미 성향의 미하일 사카슈빌리(Mikheil Saakashvili) 후보를 대통령으로 당선시켜 트랜스코카서스에서 러시아의 남진 저지를 위한 거점 확보정책을 적극 추진했다. 부시 행정부는 조지아의 NATO 가입을 추진했고, 이는 2008년 러·조지아전쟁으로 비화했으며, 전쟁 후 러시아의 지지와 후원으로 조지아 내 압하지야 자치공화국과 남오세티야 자치주의 분리 독립을 촉진했다. 현재 러시아 등 일부 국가들이 이들 국가의 독립을 인정하고 있다. 또한 클린턴 행정부는 나고르노·카라바흐

---

*Peacekeeping and the Role of Russia in Eurasia,* Boulder, CO: Westview Press, 1996; Alexei Arbatov, Abram Chayes, Antonia Handler Chayes, and Lara Olson, eds., *Managing Conflict in the Former Soviet Union: Russian and American Perspectives,* Cambridge: The MIT Press, 1997.

17 Jonathan Fighel, "Jihad in Uzbekistan: Suicide bomings spread to Uzbekistan"(March 30, 2004) in http://www.ict.org.il/articledet.cfm?article=512(검색일: 2005년 1월 29일).

〈표 13〉 민족·영토 분쟁국의 인구 구성비(1989년 기준)

| 국가(총인구) | 인구 구성비(%) |
|---|---|
| 아르메니아(330만 명) | 아르메니아인(93.3), 아제르바이잔인(2.6), 러시아인(1.6), 쿠르드인(1.7) 등 |
| 조지아(540만 명) | 조지아인(70.1), 오세티야인(3.0), 압하지야인(1.8), 아르메니아인(8.1), 러시아인(6.3), 아제르자이잔인(5.7), 그리스인(1.9), 우크라이나인(1.0), 유태인(0.2), 쿠르드인(0.6) 등 |
| 아제르바이잔(702만 명) | 아제르바이잔인(82.7), 아르메니아인(5.6), 러시아인(5.6), 레진인(2.4), 아비르인(0.6), 유태인(0.3), 타타르인(0.4) 등 |
| 우즈베키스탄(1,981만 명) | 우즈베크인(71.4), 카라칼파크인(2.1), 러시아인(8.3), 타타르인(2.4), 크리미아 타타르인(1.0), 카자흐인(4.1), 타지크인(4.7) 등 |
| 타지키스탄(509만 명) | 타지크인(62.3), 우즈베크인(23.5), 러시아인(7.6), 타타르인(1.4), 키르기스인(1.3), 독일인(0.6), 우크라이나인(0.8) 등 |

자치주의 영유권을 둘러싼 아제르바이잔과 아르메니아 간 분쟁으로 탈러·반러 성향을 보이고 있는 아제르바이잔에 대한 접근정책을 1990년대 후반부터 적극 추진했으며, 그 결과 아제르바이잔의 GUAM 참여와 러시아를 경유하지 않고 터키로 연결되는 파이프라인인 BTC(Baku-Tbilisi-Ceyhan) 송유관과 BTE(Baku-Tbilisi-Erzurum) 가스관 개설을 러시아의 반대에도 추진해 2005년 완공했고 2006년 개통했다.

## 2) 군사적 취약성과 대외 의존적 안보 상황 지속

소연방 붕괴 후 러시아를 제외한 소연방 구성국들이 직면한 안보 문제는 독자적인 군사력을 확립하는 것이었다. 그러나 갑작스런 소연방의 붕괴는 러시아를 제외한 대부분의 CIS 국가들은 독자군 유지를 위한 경제력 부족, 사병을 훈련하고 지위할 장교 부족, 무장할 무기 부족 등 문제에 직면했다. 그 결과 러시아·우크라이나·우즈베키스탄 등 몇 개 국가들을 제외하곤 대부분 CIS 국가들이 아직도 자주 국방을 감당할 수 없는 매우 취약한 군사력을 보유하고 있는 실정이다.

〈표 14〉 트랜스코카서스 3국의 군사력

| 국가 | 군인 수 | 탱크 | 장갑차 | 대포 | 전투기 | 전투용 헬리콥터 | 해군 |
|---|---|---|---|---|---|---|---|
| 아르메니아 | 44,660 | 110 | 140-240 | 229 | 8 | 10 | - |
| 아제르바이잔 | 66,490 | 220 | 210 | 282 | 47 | 15 | 11 Patro/Mine Ware, 4 Amphibious |
| 조지아 | 17,500 | 86 | 185 | 110 | 7 | 3 | 11 Patro/Coastal Combatants, 4 Amphibious |

* 출처: *The Military Balance 2003-2004*(Oxford, IISS), pp. 64-65, 73.

〈표 15〉 중앙아시아 5개국의 군사력

| 국가 | 군인 수 | 탱크 (MBT) | 장갑차 (AIFV) | 대포 | 전투기 (FTR) | 전투용 헬리콥터 | 준군인 수 (para-military) |
|---|---|---|---|---|---|---|---|
| 카자흐스탄 | 65,800 | 930 | 573 | 668 | 40 | 14 | 34,500명 |
| 키르기스스탄 | 12,500 | 215 | 387 | 159 | 52 | 9 | 약 5,000명 |
| 타지키스탄 | 7,600 | 44 | 34 | 12 | 0 | 4-5 | 약 5,300명 |
| 투르크메니스탄 | 26,000 | 702 | 942 | 309 | 89 | 0 | 해군 약 700명 포함 |
| 우즈베키스탄 | 50,000~55,000 | 170 | 405 | 283 | 55 | 29 | 18,000~20,000명 |

* 출처: *The Military Balance 2004-2005*(Oxford, IISS), pp. 154-155, 158-160.

예를 들어, 트랜스코카서스 3국은 소연방 붕괴 후 정치적으로 독립하면서 독자 군 창설을 선언했음에도 〈표 14〉와 같이 자국 내 민족 간 갈등과 정치적 소요를 통제할 수 없을 정도로 매우 취약한 군사력을 보유하고 있으며, 그 결과 러시아·미국·NATO에 대한 군사적 의존도가 매우 높은 실정이다.

이 3국의 군사적 취약성은 소연방 붕괴 후 당면한 사회·경제적 불안정에 따른 ① 적정한 군사비 지출의 불가능, ② 미약한 소련군의 현지군화 및 고급 훈련장교 부족, ③ 정치 불안에 따른 정규군 및 민병대에 대한 취약한 통제권, ④ 정부의 정치·

경제 개혁 등 비군사 분야의 우선성 부여, 그리고 ⑤ 유럽재래식무기감축조약(CFE Treaty)의 제약 등과 같은 복합적인 요인들이 부정적으로 작용한 결과이다.

중앙아시아의 경우도 군사력이 매우 취약한 상태이며, 이에 따라서 타지키스탄의 경우 러시아군이 파견되어 아프가니스탄 접경 지역에 주둔 중이다. 러시아는 미국의 아프가니스탄 전쟁 발발 후 우즈베키스탄과 키르기스스탄에 미군이 주둔함에 따라서 키르기스스탄에 주둔 중인 군사력을 강화시켰다. 또한 러시아는 이 두 국가에 주둔 중인 미군을 철수시키기 위한 정치·외교적 노력을 다하여 미군을 중앙아시아에서 철수시켰다.

트랜스코카서스와 중앙아시아 국가들의 군사적 취약성은 이 지역들에서 러시아가 압도적인 영향력을 발휘하는 핵심 요인이 되고 있다. 이는 또한 조지아·아제르바이잔 등 일부 탈러 국가들의 미국, NATO 등 역외 국가들과의 정치·군사적 협력 강화와 이 지역에 대한 전진정책 추진의 동인으로 작용하고 있다.

## 3) 에너지 수송망 및 카스피해 영유권을 둘러싼 갈등

소연방 붕괴 후 트랜스코카서스와 중앙아시아에 매장된 석유와 가스는 '신 거대게임'의 주요 요인이 되었다.[18] 실제로 1990년대 주요국 간 '신 거대게임'에 관한 논의와 주장은 이들 지역에서 생산 또는 매장된 에너지 자원을 둘러싼 경쟁에 초점이 맞추어졌다.

카스피해 지역의 대부분 석유·가스 매장지는 아직 대부분 탐사·개발 단계에 있으며, 그 결과 국제 석유·가스 회사들의 매력적인 투자 지역으로 부각되면서 개발권

---

18　Ariel Cohen, *op. cit.*; Yuri Morozov, "Russia, the West, and the SCO Countries in the Central Eurasia Energy Projects," http://www.ca-c.org/online/2008/journal_eng/cac-05/06.shtml(검색일: 2019년 2월 20일), etc..

획득과 수출로(파이프라인) 확보를 위한 경쟁이 1990년대 후반 들어 치열해졌다. 즉 러시아는 자국 영토를 통과하는 기존의 송유관을 원하는 대신에 미국 등은 바쿠·트빌리시·세이한(BTC: Baku-Tbilisi-Ceyhan) 노선, 즉 아제르바이잔(바쿠)·조지아(트빌리시)·터키(세이한) 등 러시아를 경유하지 않는 송유관의 건설을 선호했다. 이러한 석유·가스 수송관 건설을 둘러싼 분쟁은 푸틴 대통령이 2000년대 초 러시아 에너지 재벌들의 BTC 사업 참여 허용 등 전향적인 자세를 보임에 따라서 갈등 양상이 누그러졌으나 완전히 해소된 것은 아니다.

또한 EU와 미국은 유럽 국가들의 대러 에너지 의존도를 줄이고 카스피해 연안국들에 대한 러시아의 영향력을 축소시키기 위해 터키와 유럽을 잇는 나부코(NABUCCO) 가스관 프로젝트를 2002년 추진했다. 이 프로젝트를 위해 2008년 가스관 통과국들(터키·루마니아·불가리아·헝가리·오스트리아)이 실행 협정을 체결했으나 2013년 중단되었다. 러시아는 미국과 EU의 NABUCCO 추진에 대응해 러시아에서 흑해, 불가리아를 거쳐 유럽으로 연결되는 2007년 사우스 스트림(South Stream) 프로젝트를 추진했고 2012년 가스관 공사를 러시아 흑해 연안 지역에서부터 시작했다.[19] 그러나 EU와 제3자 독점금지법을 둘러싼 갈등이 지속된 가운데 2014년 3월 발생한 러시아의 크림반도 합병에 따른 EU의 대러 제재와 통과국 불가리아의 불참으로 2016년10월 터키 스트림(Turkish Stream), 테슬라 파이프라인(Tesla Pipeline)으로 대체되어 추진되었고, 터키 스트림 구간이 2018년 11월 완공되었다.[20]

중앙아시아의 경우, 카자흐스탄·투르크메니스탄이 자국의 석유·가스를 기존 러시아를 거치는 송유관을 이용하거나 새로이 건설될 송유관을 이용할 수 있는 관계로 송유관과 가스관 노선 문제가 카스피해 지역의 경우보다는 극심하지 않으나 아프가니스탄 정세의 불안정이 문제가 되고 있다.

---

19  "South Stream," https://en.wikipedia.org/wiki/South_Stream(검색일: 2019년 2월 25일).
20  "Turkish Stream," https://en.wikipedia.org/wiki/TurkStream(검색일: 2019년 2월 25일).

중앙아시아의 에너지자원을 둘러싼 경쟁은 러·중 간 높은 수준의 전략적 협력 관계의 발전으로 경쟁보다는 협력 추세가 더 두드러지고 있다. 중국은 러시아의 양해 또는 협력하에 카자흐스탄의 카스피해 연안 지역에 위치한 생산지(Alashankou-Dushanzi)를 연결하는 송유관을 2003년 완공했다. 또한 중국은 투르크메니스탄에서 생산되는 가스 수입을 위한 가스관 A, B를 2009년과 2010년, 그리고 가스관 C, D를 2013년과 2014년 각각 완공해 막대한 양의 가스를 중앙아시아에서 수입하고 있다.[21]

한편 투르크메니스탄의 가스를 서남아 국가들로 수출하는 가스관 건설, 즉 투르크메니스탄·아프가니스탄·파키스탄·인도로 연결하는 TAPI(Turkmenistan-Afghanistan-Pakistan-India) 가스관 건설 계획은 소련과 이란을 비경유해, 에너지 수출선의 다변화 차원에서 1990년 중반부터 추진되었다. 즉 1995년 3월 투르크메니스탄과 파키스탄은 파이프라인 건설 프로젝트에 관한 양해각서(MOU: Memorandum of Understanding)를 채택했고, 이를 실행하기 위해 미국 석유회사 유노컬(Unocal)의 주도하에 중앙아시아 가스 파이프라인(Central Asia Gas Pipeline, Ltd; CentGas) 컨소시엄이 1996년 8월 출범했다. 인도·파키스탄·아프가니스탄은 2008년 4월 투르크메니스탄의 가스 수입을 위한 협정에 서명했고, 가스관에 관한 국가 간 협정을 2010년 12월 채택했다. 하지만 2001년 가을 아프가니스탄에서 미국의 반테러전쟁이 시작됨에 따라서 프로젝트의 추진이 지지부진했다.

그러나 가스가격 하락과 러시아로의 가스 수출이 중단된 상황에서 투르크메니스탄은 가스 수출선 다변화정책을 적극 추진했다. 그 결과 투르크메니스탄은 TAPI 파이프라인 추진 외교를 적극 전개했고, 파이프라인의 시작점인 투르크메니스탄에서 2015년 12월 파이프라인 매설공사가 시작되었다. 이후 TAPI 가스관 건설공사가

---

21 Xiangming Chen & Fakhmiddin Fazilov, "RE-Centering Central Asia: China's 'New Great Game' in the old Eurasian Heartland," https://www.nature.com/articles/s41599-018-0125-5(검색일: 2019년 2월 26일); Han Wang, "Towards a Cooperative Framework for a China-Central Asia Energy Transit Community," https://energycharter.org/fileadmin/DocumentsMedia/Occasional/China-Central_Asia_Energy_Transit_Community.pdf(검색일: 2019년 2월 26일) 참조.

2018년 2월 아프가니스탄 지역에서 시작되었고, 향후 파키스탄 접경 지역에 위치한 인도 파질카(Fazilka)까지 건설될 예정이다.[22]

또한 카스피해 연안 국가들 사이에 해저에 매장된 석유·가스의 소유권과 밀접히 관련되어 있는 카스피해의 성격, 즉 카스피해가 호수인지 바다인지에 대한 규정을 둘러싸고 분쟁이 오랫동안 지속되었다.[23] 이는 카스피해가 호수냐 또는 해양이냐에 따라서 카스피해에서 생산되는 석유·천연가스를 분배하는 기준 설정이 달라지기 때문이다. 만일 카스피해가 해양으로 선포된다면 1982년 채택된 'UN 해양법 협약'에 따라서 카스피해 연안 국가들은 카스피해에 대한 정치·경제적 권리를 연안의 크기에 비례해 서로 나누어 가질 수 있다. 반면에 호수일 경우, 카스피해에서 생산되는 자원은 공동 소유 및 공동 분배되어야 한다.

국가별 입장을 정리해보자면, 아제르바이잔과 카자흐스탄은 해양법을 적용해 각 국가별로 카스피해를 중간선에 따라 분할하여 해당국이 독자적으로 개발할 수 있는 권리를 가져야 한다고 주장했다. 반면에 자국의 카스피해 연안에서 석유와 천연자원이 여타 국가보다 적게 매장된 러시아와 이란은 카스피해의 공동 소유와 인접 5개국의 컨소시엄에 의한 공동 관리·개발을 주장했다. 투르크메니스탄도 러시아·이란의 입장과 유사했다. 이처럼 해당국 간 입장이 다른 것은 해저에 석유와 천연가스가 불균등하게 매장되어 있기 때문이다. 카스피해 연안국들은 2018년 8월 12일 정상회의를 개최해 카스피해의 지위를 바다로 규정하는 협약을 체결해 지난 22년간 지속된 카스피해의 지위에 관한 갈등을 상당 부분 해소했다.[24]

---

[22] "Turkmenistan: Work Begins on Afghan Part of TAPI, High-Voltage Cables," https://eurasianet.org/turkmenistan-work-begins-on-afghan-part-of-tapi-high-voltage-cables(검색일: 2019년 2월 26일); "Turkmenistan-Afghanistan-Parkistan-India Pipeline," https://en.wikipedia.org/wiki/Turkmenistan%E2%80%93Afghanistan%E2%80%93Pakistan%E2%80%93India_Pipeline(검색일: 2019년 2월 25일).

[23] 참고로 카스피해 연안은 러시아가 16%, 카자흐스탄이 29%, 투르크메니스탄이 22%, 이란이 14%, 아제르바이잔이 19%를 각각 차지하고 있음.

[24] 구체적인 내용에 대해서는 다음 문헌 참조. Stanislav Pritchin, "What Comes After the Caspian Sea Deal?" The Diplomat (December 05, 2018); Alexandra Brzozowski, "Caspian Five settle row over sea's

## 4) 비전통 안보 이슈의 상존과 해결 노력

트랜스코카서스와 중앙아시아는 일부 국가들의 정치적 불안정과 경제위기의 지속, 그리고 관료들의 부정부패의 만연 등이 유럽과 아시아를 잇는 지리적 환경과 맞물려 온갖 초국가적 범죄, 즉 알코올·담배·연료·아편 등의 밀수, 무기 밀매, 인신매매, 대량살상무기 관련 부품 밀매 등이 만연해 있다. 특히 이 지역은 아편이 재배되는 곳이자 이슬람 원리주의의 근거지인 아프가니스탄, 동남아시아와 유럽을 연결하는 통로 역할을 하는 관계로 그러한 현상이 두드러지고 있다.[25]

트랜스코카서스의 경우, 이러한 초국가적 범죄가 소연방 붕괴 후 점증해왔으며, 이 범죄들이 중앙아시아에서와 같이 심각하지는 않으나 트랜스코카서스가 아프가니스탄에서 유럽으로 운반되는 마약의 통로 역할을 하면서 역내 불안정을 초래하고 국가 안보에 심각한 위협 요인이 되고 있다. 트랜스코카서스의 초국가적 범죄의 만연은 ① 취약한 국가기구, ② 경제 불황, ③ 수요자(유럽, 분리주의자)와 공급지(아프가니스탄, 중앙아시아)를 연결하는 지리적 위치, ④ 관료들의 부패, ⑤ 분리주의자 및 테러리스트들의 활발한 활동과 이를 위한 재정 수입의 필요성 증대 등에 그 원인이 있다.

조지아의 경우, 대량살상무기 관련 물질의 밀매가 심각한 이슈로 상존하고 있으며, 특히 체첸·조지아 접경 지역에 위치한 판키시 계곡(Pankisi Gorge)은 테러리스트들과 이슬람 극단주의자들의 아지트로서의 역할을 해왔다.[26] 2000년대 초 판키시 계곡에 근거지를 두고 있는 체첸 게릴라들의 문제는 푸틴이 체첸 반군의 근거지 소탕

---

legal status, demarcation pending," https://www.euractiv.com/section/central-asia/news/caspian-five-settle-row-over-seas-legal-status-demarcation-pending/ (검색일: 2019년 2월 28일).

25 Svante Cornell, "The Growing Role of Transnational Crime in the South Caucasus," *The South Caucasus: A Challange for the EU* ed. by Dov Lynch, Paris: EU Institute of Security Studies, Chaillot Papers, 2003; Kairat Osmonaliev, "Developing Conter-Narcotics Policy in Central Asia: Legal and Political Dimensions," *Silk Road Paper* (January, 2005).

26 Tracey C. German, "The Pankisi Gorge: Georgia's Achilles' heel in its Relatoins with Russia," *Central Asian Survey* 23(1)(March, 2004), pp. 27-39.

을 위하여 러시아 공군의 전투기 폭격까지 거론될 정도로 러·조지아 간 현안으로 남았으며, 심지어 미국·EU 등이 러시아의 군사공격에 우려를 표명하기도 했다.

9·11테러 사태가 발생하기 전에 트랜스코카서스 지역은 체첸 게릴라와 '우즈베키스탄 이슬람 운동(IMU)'이 코카서스 정세에 미칠 영향에 대한 관심이 많았다. 그러나 2001년 9월 이후 코카서스와 중앙아시아 지역은 반테러·대테러 전쟁의 중심 지역으로 변화했다. 즉 9·11테러 사태가 발생하기 전까지만 하더라도 상상하지 못했던 미군의 중앙아시아와 트랜스코카서스 주둔, 즉 키르기스스탄·우즈베키스탄·조지아에 미군이 주둔했으며, 이는 아프가니스탄 전쟁이 종식된 후 러시아·중국 등 역내 주요 국가들의 우려를 자아내면서 공동 대응하게 했다.[27] 또한 미국의 조지아의 NATO 가입정책 추진과 GUAM을 통한 조지아·아제르바이잔과의 협력 확대 정책은 러시아의 맞대응을 촉발해 트랜스코카서스 지역에서 미·러 간 세력경쟁을 심화시켰다.

하지만 유라시아 중부 지역 내 비전통 안보 이슈의 상존은 역내외 국가들 간 경쟁보다는 협력을 촉진하는 요인으로 작용해왔다. 즉 러시아는 중국과 SCO 차원에서 반테러, 반분리주의, 반종교적 급진주의에 공동 대응해오고 있다. 또한 러시아와 미국은 아프가니스탄에서 반테러전을 위해 협력했다.

---

27 Svante Cornell, "The United States and Central Asia: In the Steppes to Stay?" *Cambridge Review of International Affairs* Vol. 17, No. 2(July, 2004), pp. 239-254.

# 4. 러시아 외 주요국들의 정책

## 1) 중국

중국의 트랜스코카서스와 중앙아시아에 대한 정책은 지경학적이고 지정학적인 이익을 성취하기 위한 목적에서 추진되어오고 있다.[28] 즉 중국은 지속적인 고도 경제성장에 따른 석유 수요의 증가로 1993년부터 석유 수입국으로 변화했다. 고도 성장 추세가 21세기에도 계속될 것이므로, 중국은 석유와 천연가스의 안정적인 공급을 대외정책의 주요 과제로 삼고, 이를 위한 외교를 강화해오고 있다.[29] 중국은 한편으로는 러시아와 관계 개선을 통한 석유와 천연가스 공급 확대를 위해 노력하면서 다른 한편으로는 트랜스코카서스, 중앙아시아, 아프리카, 동남아시아 등 석유·천연가스가 생산되는 지역이면 어디라도 정상 방문 등 고위급 방문을 통하여 에너지원의 안정적인 공급을 위한 국가 차원의 노력을 경주해오고 있다.

중국은 우선 카자흐스탄 서부 지역, 카스피해 연안 지역에서 생산되는 석유를 송유관을 통하여 중국으로 운반하는 타당성 조사를 1990년대 초반에 실시했으며 2004년 5월 양국은 카라간다에서 신장까지를 잇는 1,000km에 달하는 파이프라인을 2005년 말까지 구축하기로 합의했다. 또한 중국은 2009년부터 투르크메니스탄에서 생산되는 가스를 4개의 파이프라인을 통해 수입하고 있다. 또한 중국은 중앙아시아와 트랜스코카서스 지역 내 현지 기업과 서방 세계의 석유 메이저들과 공동으로

---

28  중국의 중앙아시아에 대한 정책 목표와 실제에 대해서는 다음 문헌 참조. Railya Mukimdzanova, "Central Asian States and China: Cooperation Today and Prospects for Tomorrow," http://www.ca-c.org/online/2004/journal_eng/cac-04/08.muken.shtml(검색일: 2019년 1월 2일).

29  Sergey Smirnov, "The Chinese Dragon id Thirsty for Oil and Gas," http://www.cac.org/online/2004/journal_eng/cac-06/09.smieng.shtml(검색일: 2019년 1월 2일).

석유·천연가스 개발사업을 추진해오고 있다.[30]

중국은 트랜스코카서스와 중앙아시아를 유럽과 중국을 연결하는 전략적으로 매우 중요한 지역으로 인식하고 있다. 따라서 중국은 ① 통상협력의 확대, ② 국경 지역의 안정 증진, ③ 신장·위구르 지역의 분리주의운동 저지라는 목적을 달성하기 위하여 이 지역의 국가들, 특히 중앙아시아 국가들과 우호·협력 관계를 강화해오고 있다. 비록 중국은 트랜스코카서스 국가들의 러시아에 뒤이은 2번째 교역국가이나 아직은 매우 낮은 수준의 통상협력 관계에 있으며, 이를 타개하기 위한 여러 방안들, 즉 TRACEA(중국-중앙아시아-트랜스코카서스-유럽을 연결하는 현대판 실크로드 건설 프로젝트)의 조기 현실화 등 철도·도로·수송관 등과 같은 인프라의 조기 건설에 많은 관심을 기울이고 있다.

특히 시진핑(習近平) 주석은 중국 정상으로서는 처음으로 2013년 9월 중앙아시아 5개국을 방문해 '실크로드 경제벨트' 정책을 천명했다. 이후 이는 '일대일로(BRI: Belt and Road Initiative)' 정책으로 구체화되었고, 중국은 그 효과적인 추진을 위해 '아시아인프라투자은행(AIIB: Asian Infrastructure Investment Bank)' 설립을 주도했다. 현재 중국은 트랜스코카서스와 중앙아시아에서 이 정책을 활용한 적극적인 경제협력을 추진하고 있다. 물론 일부 국가들의 동 정책에 대한 저항과 불만이 제기되고 있으나 중국의 이 지역에 대한 경제영토 확장은 계속되고 있다.

한편 중국은 이 지역에 대한 러시아의 전통적 영향력에 도전하지 않으면서 러시아와의 전략적 협력 관계를 통하여 자국의 국익을 극대화하기 위한 노력을 경주해오고 있다. 즉 중국은 러시아와 우선 국경 문제 및 국경 지역의 군사적 신뢰 구축을 위하여 중앙아시아 접경 국가들인 카자흐스탄·타지키스탄·키르기스스탄이 참여하

---

30  Jeremy Bransten, "Central Asia: China's Mounting Influence, Part 1: Overview"; Michael Lelyveld, "Central Asia: China's Mounting Influence, Part 2: The Battle for Oil," http://www.rferl.org/featuresarticleprint/2004/11/7f3c4o39-12c8-450; http://www.rferl.org/featuresarticleprint/2004/11/c86ec286-3604-491.

는 '상하이 그룹'의 창설을 러시아와 함께 적극적으로 주도했다. 그 결과 러시아, 그리고 이 중앙아시아 국가들과 긴밀한 협력 관계를 확립했으며, 2001년에는 이 기구를 우즈베키스탄이 참여하는 SCO로 발전시켜, 포괄적 다자협력체제를 확립했다. 즉 중국은 여타 가맹국들과 더불어 반테러·대테러 작전을 추진함과 동시에 경제협력, 정치협력, 군사협력 등을 강화해오고 있다.[31] 또한 중국의 중앙아시아 중시정책은 미국의 대중국 포위 전략을 봉쇄하려는 목적을 갖고 있다.

그리고 중국은 SCO의 중요성을 크게 인식하여 SCO의 사무국을 베이징에 유치했으며, 사무국 운영에 많은 기여를 하고 있다. 또한 중국은 러시아와 SCO 가입국들 간 협력 강화를 통하여 미국의 중앙아시아에 대한 영향력 확대를 견제하는 정책을 추진해오고 있다. 실제로 중국은 2005년 SCO 차원에서 러시아와 긴밀히 협력해 중앙아시아에서 미군을 철수시키는 공동성명을 채택하는 데 성공했다.

## 2) 미국

9·11테러 사태는 미국의 세계전략에서 트랜스코카서스와 중앙아시아의 중요성을 증대하는 계기가 되었다. 미국은 소연방 붕괴 후 트랜스코카서스와 중앙아시아 국가들의 독립성과 번영의 촉진, 지역 협력의 증진, 카스피해 연안 국가들의 세계 시장에 대한 석유·가스 공급 확대, 미국과 기타 국가들의 이 지역에 대한 투자 확대 등과 같은 정책을 추진해왔다. 지역적으로 볼 때, 9·11테러 사태가 발생할 때까지 미국은 중앙아시아보다는 트랜스코카서스에 관심을 더 기울였다.

1990년대 미국의 트랜스코카서스정책은 다소 소극적이고 일관되지 못한 측면이

---

31  Railya Mukimdzanova, *op. cit.*.

있었다.[32] 즉 1990년대 초반에 미국은 이 지역을 러시아의 세력권으로 인정하면서 기껏해야 터키의 역할 확대, 트랜스코카서스 3국의 독립성 증진, 나고르노·카라바흐 분쟁 해결을 위한 유럽안보협력기구(OSCE)의 '민스크 그룹' 가입 등과 같은 정책을 추진하는 데 머물렀다. 특히 1992년 의회에서 채택된 아제르바이잔에 대한 제재조치(정부 간 지원을 금지하는 '자유지원법' 707조)는 미국의 트랜스코카서스에 대한 정책 추진을 제한했다.

하지만 1990년대 중반 들어 코카서스에서 생산되는 에너지에 대한 관심이 증대되면서 미국은 아제르바이잔에서 생산되는 에너지 수출을 위한 수 개의 수송관 건설 프로젝트, 특히 러시아를 경유하지 않은 BTC 송유관 건설이 성사되도록 적극 후원했다. 또한 흑해에 접한 조지아의 전략적 가치가 높아짐에 따라서 조지아와의 관계 개선을 도모함은 물론 조지아·아제르바이잔이 회원국인 GUAM(1997년 창설)과 같은 지역 안보 협력체의 창설을 환영했다.[33] 또한 미국은 1990년대 중반 들어 NATO의 평화를 위한 동반자 관계(PfP) 프로그램이 구체화되자 이 지역 국가들을 포함한 CIS 가입국들이 이에 가입하는 것을 적극 지원했으며, 역내 국가들의 NATO-PfP 가입은 NATO 차원에서 미국과 역내 국가들 간 군사 분야에서 양자협력을 가능하게 했었다.

트랜스코카서스에 대한 정책과 유사하게, 미국은 중앙아시아 지역에 대해서도 러시아의 기득권을 인정하면서 소극적인 개입정책을 추진했다. 하지만 중앙아시아 국가들이 권위주의체제를 강화하면서 인권을 침해하고 민주화를 후퇴시키자 미국의 점진적인 개입정책에도 클린턴 행정부 동안 큰 관계 개선이 없었다.

---

32  Brenda Shaffer, "US Policy," in Pavel Baev, Bruno Coppieters, Svante E, Cornell, et, als, *The South Caucasus: A Challenge for the EU,* Chaillot Papers No. 65(December, 2003), chap. 4.

33  GUAM은 1999년 우즈베키스탄의 가입으로 GUUAM으로 변화되었으나 2005년 우즈베키스탄이 탈퇴하면서 GUAM으로 변화. 2006년 명칭도 GUAM Organization for Democracy and Economic Development로 변경함.

미국이 트랜스코카서스와 중앙아시아에 대해 적극적인 개입정책을 추진한 것은 2001년 발생한 9·11테러 사태로 이라크 사태 등 중동 정세가 악화됨에 따라서 코카서스를 석유 공급지의 다변화, 반테러 작전의 전진기지 확보, 민주화 촉진 및 지역 안정 도모 등이 우선 정책 목표로 대두되면서부터이다. 특히 미국이 반테러전쟁의 첫 번째 장소로 아프가니스탄을 선택함에 따라서 전략적으로 중요한 중앙아시아 국가들과의 관개 개선을 위한 정책이 러시아의 묵인 또는 후원하에 적극적으로 추진되었다.[34]

트랜스코카서스의 경우, 미국은 9·11테러 사태 후 아제르바이잔에 대한 제재 조치를 대통령령으로 해제(2002.1)하면서 아제르바이잔과 관계 개선을 도모함은 물론 조지아에 200여 명의 군사 훈련단 파견(2002.2), 2004년 들어 평화적인 정권 교체의 지지와 사카슈빌리 신임 대통령과 워싱턴 정상회담 개최 등 정치·안보 협력을 크게 강화했다. 또한 중앙아시아에도 우즈베키스탄과 키르기스스탄 공군기지를 임차해 사용했다. 미국은 아프가니스탄 전쟁 당시 2,000~2,500명이 주둔 가능한 기지를 우즈베키스탄 남부 지역에 위치한 하나바드(Khanabad)에 구축하는 것을 허가받았으며, 키르기스스탄에는 수도 비슈케크 외곽에 위치한 마나스(Manas)에 공군기지를 구축했다. 그러나 러시아와 중국의 견제로 미군은 우즈베키스탄에서는 2005년, 키르기스스탄에서는 2014년에 각각 철수했다.

또한 미국은 체첸 사태의 안정화와 지역 안정을 위해서는 코카서스에서 대미 반테러 공조가 필요하다고 인식하고 있는 러시아의 협력을 이끌어냄은 물론 터키·EU·NATO 등과도 민족분쟁의 해결 등 지역 정세의 안정을 위하여 적극 협력했다. 또한 미국은 미국 석유회사 유노컬이 투르크메니스탄에서 생산된 가스를 파키스탄과 인도로 수출하는 가스관 건설 프로젝트(TAPI), 그리고 아제르바이잔과 카자

---

[34] Svante E. Cornell, "The United States and Central Asia: In the Steppes to Stay?" *Cambridge Review of International Affairs* Vol. 17 No. 2(July, 2004), pp. 239-254.

흐스탄 등에서 생산된 석유와 가스는 러시아를 우회해 수출하는 BTC · BTE 파이프라인의 건설을 위한 직 · 간접적인 지원을 했다. 또한 비록 계획이 수포로 돌아갔지만 EU 국가들과 협력해 트랜스 · 카스피해 연안국과 이란 · 이라크 등 중동에서 생산되는 가스를 러시아를 우회하는 가스관, 즉 NABUCCO를 통해 수입하는 가스관 건설을 지원했다.

또한 미국은 트랜스코카서스와 중앙아시아 지역 국가들의 민주화와 시장경제로의 확대가 러시아 · 중국 등 역내 패권국가들의 영향력을 축소하고 역내 국민들의 인권 신장과 복리 증진에 기여할 것으로 인식했다. 따라서 미국은 조지아와 우크라이나에서 발생한 시민혁명이 역내 여타 국가들에서도 발생하기를 기대하면서 체제 변화를 위한 정책을 EU와 공동 협력하에 추진해왔다. 하지만 역내 이슬람권 국가 지도자들은 국내 정치에 개입하는 미국의 정책에 반발했으며, 이는 역내 이슬람 국가들의 대러 의존도를 심화시켰다. 예를 들어, 탈러 국가로 GUAM의 가맹국으로 EU가 추진한 동방파트너십에 가입하고 있는 아제르바이잔은 미국의 국내 정치 개입(인권, 언론자유 등 비판)에 직면해 러시아와 협력 관계를 복원하는 정치 · 외교적 노력을 기울였다.

아프가니스탄에서 반테러전을 수행하는 와중에 러 · 중의 공조로 미군 철수 등 중앙아시아에서 점차 입지가 약화된 상황이던 2011년 힐러리 클린턴 국무장관은 '신실크로드 정책'을 발표했다. 이 정책은 중앙아시아와 아프가니스탄에 대한 미국의 정책 방향을 담고 있는데, 지역 에너지시장, 무역과 교통, 관세와 국경협력, 비즈니스와 인적 교류 등을 통해 중앙아시아와 남아시아를 연계시키겠다는 정책이다.[35] 그러나 동 구상은 구체화되지 않은 상황에서 2014년 말까지 아프가니스탄에서 NATO 파견군의 철수, SCO 등 다자협력체제와 양자 차원의 대미 견제를 위한 공

---

35　U.S. Department of the State, "U.S. Support for the New Silk Road," https://2009-2017.state.gov/p/sca/ci/af/newsilkroad/index.htm(검색일: 2019년 2월 28일).

조, 그리고 러시아의 '유라시아경제연합(EAEU)'과 중국의 '일대일로'에 기반한 '실크로드 경제벨트' 정책이 추진됨에 따라 조지아를 제외한 나머지 지역에 대한 정책이 큰 성공을 거두지 못하고 있다. 물론 트럼프 행정부가 2018년 나자르바예프 대통령과 미르지요예프 대통령을 워싱턴으로 각각 초청해 정상회담을 개최하는 등 중앙아시아와 협력을 확대하는 정책을 지속하고 있지만 러시아와 중국에 비해 두드러진 성과를 거두지 못하고 있다.

결론적으로 미국의 트랜스코카서스와 중앙아시아에 대한 개입정책 및 양자·다자 차원의 협력을 확대하는 정책을 지속할 것이다. 이 과정에서 미국은 동 지역에서 ① 러시아와 중국의 영향력 확대 견제, ② 반테러·대테러 작전을 위한 협력 유지, ③ 마약·무기 밀매 방지 등 비전통적 안보 협력, 석유·천연가스 등 에너지자원 및 기타 부존자원의 수출로 다변화 촉진과 경제협력의 확대, 시장경제와 민주주의 가치를 확산하기 위한 직·간접적인 노력 등과 같은 정책 목표를 계속 추구할 것으로 보인다.[36] 그러나 접경 국가인 러·중의 공동 대미 견제, 이 지역 내 국가들의 권위주의적 정치체제와 리더십 등에 기인해 미국의 이 정책 목표가 큰 성과를 거둘지는 불투명하다.[37]

## 3) 인도

인도는 소련/러시아와 전략적 동반자 관계를 수세기 동안 유지해왔음에도 중앙아시아 국가들과 긴밀한 협력 관계를 구축하지 않았다. 단지 인도는 중앙아시아 국가들과 실크로드, 수피즘, 무굴제국 커넥션, 인도 영화 등을 통해 상징적·의례적 우호·

---

36  Qamar Fatima and Sumera Zafar, *op. cit.*, p. 635 참조.
37  미국의 '신 실크로드 정책'에 대한 러시아와 중국의 견제 공조에 대해서는 다음 문헌 참조. 김재관, 「미국의 '신실크로드 전략'과 중러의 대응」, 『평화연구』(2015년 가을호), 163-204쪽.

협력 관계를 1990년대 말까지 유지했다.[38]

이러한 인도의 중앙아시아에 대한 거리두기 또는 소극적 협력 관계는 몇 가지 요인에서 기인하는데, 그 요인으로는 우선 지리적 연계성과 교통 연결망의 부재가 있다. 인도는 파키스탄과의 갈등으로 아프가니스탄을 경유해 중앙아시아를 연결하는 '국제남북교통회랑(INSTC: International North-South Transport Corridor)'의 건설을 추진하기도 했으나 수 년 동안 지연되어 아직까지 실현되지 않았다. 두 번째, 인도는 주요국들, 심지어 역외 국가들인 한국과 일본 등의 적극적인 진출정책에도 중앙아시아를 단순히 러시아의 세력권으로 인정해 중앙아시아 국가들과의 적극적인 협력 확대 정책을 추진하지 않았다. 세 번째, 인도는 파키스탄과의 갈등으로 양국 관계에 매몰되어 자국의 막강한 소프트파워와 아프가니스탄에서의 레버리지에도 중앙아시아 국가들과 긴밀한 협력 관계 구축을 시도하지 않았다.

그 결과 1990년대 인도의 중앙아시아 국가들과의 협력은 과거 소련 시대와 유사한 기술 지원, 의약·의료 협력, 상업, 관광, 문화·교육 분야 등에 국한되었다. 이러한 양국 관계가 점차 변화되기 시작한 것은 1990년대 말 인도가 경제적으로 부상하면서 추진한 '북방정책(Look North Policy)' 때문이다. 물론 이 정책도 양측의 협력 관계를 크게 확대하지는 못했다.

낮은 수준의 협력 관계가 지속되고 있는 상황에서 인도는 중앙아시아와의 지리적 연계성, 아프가니스탄을 포함한 범중앙아시아 차원에서 포괄적 동반자 관계 구축을 위한 교통·통상 네트워크 구축의 필요성을 중시해 2012년 '중앙아시아 연결(Connect Central Asia)' 정책을 추진하기 시작했다.[39] 인도는 중국의 적극적인 중앙아

---

38  이 항은 다음 문헌을 참고해 작성함. Bhavna Dave, "Resetting India's Engagement in Central Asia: From Symbols to Substance," S. Rajaratnam School of International Studies, *RSiS Policy Report*(January, 2016).

39  이 정책의 요체는 중앙아시아 국가들과 고위급 인사교류, 전략적 협력협정 체결, SCO·EAEU 등 다자 차원의 협력 확대, 국제남북회랑의 재추진, 에너지자원의 공급원 확보 등을 통해 양측 간 강력한 연계성(linkages or connectivity)을 구축하는 것임.

시아 진출정책을 벤치마킹해 동반자 관계를 재활성화하기 위한 빈번한 고위급 인사 교류, 경제협력 확대 등을 통해 중앙아시아에서 주요 행위자로서의 자리매김하기 위한 외교를 강화했다.

인도의 중앙아시아에 대한 정책은 모디 정부 들어 더욱 강화되었다. 모디 총리는 2015년 7월 인도 사상 처음으로 중앙아시아 5개국을 방문해 양자 차원은 물론 지역·글로벌 차원에서 양국 간 협력을 확대·심화해나가기로 합의했다. 또한 모디 정부는 그동안 SCO 정회원국 가입에 소극적이던 정책을 바꿔 2017년 정식 가입했다. 또한 인도는 러시아가 주도하고 있는 EAEU와도 동반자 관계 구축, FTA 체결 등을 추진하고 있다. 따라서 인도는 양자 차원은 물론 다자 차원에서 중앙아시아를 포함한 유라시아 차원에서 회원국들과 포괄적 다자협력을 확대할 수 있는 기반을 구축했다.

## 4) EU·NATO·OSCE 등 유럽 국제기구

유럽인들에게 전통적으로 러시아, 소련의 영토로 여겨졌던 트랜스코카서스와 중앙아시아 국가들의 독립은 이 지역들에 대한 유럽 국제기구들의 관심과 개입정책을 촉진하는 계기로 작용했으며, 국제 정치에서 지정학적 중요성을 증대시키는 계기가 되었다.

즉 유럽 국제기구에게 트랜스코카서스와 중앙아시아는, 첫째 소연방 붕괴 후 러시아 영향력의 감소로 역내 국가들이 서방 국가들과의 관계 개선을 도모할 수 있는 기회를 제공했으며, 둘째 1990년대 중반부터 본격적으로 추진된 카스피해의 석유·가스 개발의 촉진과 유럽으로의 공급 가능성은 유럽 국제기구의 이 지역들에 대한 관심을 증폭시켰으며, 셋째 9·11테러 사태 후 반테러 작전은 이 지역들을 중동 지역으로의 접근로로 기능하게 했으며, 넷째 아프가니스탄과 동남아시아로부터 마약, 이슬람 원리주의 등이 유입되는 통로로 이용될 수 있는 지역이므로 지정학적·지전략적 중요성을 증대시켰다.

이러한 트랜스코카서스와 중앙아시아 전략환경의 변화는 EU · OSCE · NATO의 코카서스 문제에 대한 적극적인 개입정책을 촉진시켰으며, 현재까지 역내 평화 상태 유지는 물론 역내 국가들의 정치 · 경제 발전에 크게 기여해오고 있다.[40] 즉 NATO는 트랜스코카서스 3국은 물론 중앙아시아 국가들과 NATO-PfP 프로그램을 통하여, OSCE는 이 3국이 회원국임을 고려하여 적극적인 평화정착 노력(예: 나고르노 · 카라바흐 사태를 해결하기 위한 '민스크 그룹') 등을 통하여, EU는 각종 지원 프로그램[41] 등을 통하여 추진해왔다.

특히 EU는 소연방 붕괴 후 트랜스코카서스와 중앙아시아 국가들과 '동반자협력협정(PCA)'을 통한 양자 차원은 물론 OSCE 등과 같은 다자 차원의 협력을 모색해왔다. 그리고 2007년에는 '중앙아시아에 관한 EU 전략'을 지역 차원은 물론 개별 국가 차원의 정치 · 사회 · 경제 발전을 위해 협력했다. 또한 개별국과 정치대화를 강화해 법치주의, 교육, 환경, 수자원 등의 분야에서 지원과 협력을 도모했다. EU는 2017년 신 EU 전략을 채택했는데, 이 전략은 중앙아시아의 지속적인 발전 촉진, 역내 국가들 간 협력 지원, 중앙아시아 국가들 간 그리고 이 국가들과 EU 간 연계성 증진, EU의 중앙아시아와 아프가니스탄 간 정책 연계와 효과 제고 방안 등을 포함하고 있다.[42]

---

40  UN · EU · NATO의 트랜스코카서스 정책에 대해서는 다음 문헌 참조. Domitilla Sagramoso, "The UN, the OSCE and NATO," in Pavel Baev, Bruno Coppieters, Svante E. Cornell, et, als, op. cit., chap. 5; Svante E. Cornell, Roger N. McDermott, William D. O'Mally, Vladimir Socor, S Frederick Starr, op. cit..

41  CIS에 대한 기술지원 프로그램인 TACIS(Technical Assistance to the Commonwealth of Independent States and Georgia), 유럽 · 코카서스 · 중앙아시아를 연결하는 교통로 프로그램인 TRACECA 등이 있음.

42  "EU-Central Asia Relations, Factsheet," http://eeas.europa.eu(검색일: 2019년 2월 28일).

# 5. 러시아의 정책적 대응

## 1) 러시아의 정책 목표

소연방 붕괴 후 러시아는 트랜스코카서스와 중앙아시아 지역을 자국의 '영향권'으로 인식했으며, 따라서 해당 지역에서 미국·EU 등 서구 국가들의 영향력이 증대되는 것을 우려해왔다. 즉 러시아는 소연방 붕괴 후 이 국가들이 NATO-PfP 프로그램에 가입하여 미국·NATO와 군사협력을 증대하려는 움직임을 보이자 양자협정 또는 다자협정(예: CSTO, SCO) 등을 통한 협력 관계를 강화했다.

러시아의 정책 목표를 보다 구체화하면 다음과 같다.[43] 지전략적 측면에서, 러시아는 전략적으로 중요한 트랜스코카서스와 중앙아시아에서 중심적인 역할을 하는 강대국으로 남아 있기를 바라며, 이 지역들에 위치한 CIS 국가들에 대한 독점적 또는 우세적 통제권을 유지하면서 러시아 남부 지역의 안전을 보장하고 싶어 한다. 러시아는 또한 체첸 반군들의 분리주의운동이 다게스탄 공화국 등 인접 이슬람계 공화국으로 확산되어 지방정부에 대한 중앙정부의 통제권이 약화되거나 혹은 연방이 붕괴되어 카스피해에 대한 접근로가 축소되는 것을 우려하고 있다. 또한 러시아는 아프가니스탄·이란 등으로부터 전파·확산되고 있는 이슬람 근본주의가 중앙아시아로 확산되어, 결국에는 러시아 연방 내 이슬람 공화국으로 침투되는 것을 역내 국가들과 협력하여 저지하고자 한다. 또한 러시아는 트랜스코카서스 지역에서 발생하고 있는 민족분쟁이 북코카서스 지역으로 확산되는 것을 저지하려는 목적을 갖고 있다.

---

[43] Timothy L. Thomas, "Russian National Interests and the Caspian Sea," http://www.fas.org/nuke/guide/agency/fmso_caspian.html; Robert C. McMullin, op. cit.; 고재남, 「러시아의 근외정책」, 정한구·문수언 공편, 『러시아 정치의 이해』, 서울: 나남출판, 1995, 제18장; 고재남, 「러시아의 對중앙아시아 정책」, 『主要國際問題分析』, 국립외교원 외교안보연구소, 2000. 12. 20.

지정학적 측면에서, 러시아의 옛 소련 지역에 대한 영향력의 유지는 러시아의 장래에 직접적인 영향을 미치며, 트랜스코카서스와 중앙아시아는 특별히 중요한 지역이다. 트랜스코카서스와 중앙아시아에 대한 러시아의 관심도 카스피해의 에너지와 같은 경제적 이익보다는 지정학적 이익이 더 중시되어왔다. 즉 러시아는 국가 이익과 국가 안정 차원에서 북코카서스 내 이슬람계 공화국들의 분리주의 및 이슬람 근본주의운동의 확산을 여타 CIS 공화국들에 대한 영향력 유지와 협력 관계 확대보다 더 중시하고 있다. 또한 러시아는 이 지역들이 과거 실크로드였음은 물론 현재에도 유럽과 아시아를 연결하는 매우 중요한 지역임을 잘 인식하고 있다. 즉 유라시아 중부 지역을 형성하고 있는 이 지역들에 대한 지배권의 확립 또는 최소한 역내 국가들과의 우호·협력 관계의 유지는 러시아의 안보와 번영에 지대한 영향을 끼쳐왔으며, 향후에도 변함이 없을 것으로 확신하고 있다.

지경학적 측면에서, 러시아는 북코카서스에서 생산되는 에너지 수출, 그리고 트랜스코카서스와 중앙아시아 지역에서 생산되는 에너지가 러시아 수송관을 통해 수출되면서 재정 수입이 계속되기를 바라고 있다. 또한 러시아는 지전략적·지정학적 이익과 맞물린 카스피해 해저에 매장된 에너지의 채굴권과 밀접한 관련이 있는 해저 영유권이 자국에 유리하게 결정되기를 희망해왔다. 또한 트랜스코카서스와 중앙아시아 국가들과 경제협력을 확대시킴으로써 이 지역들에 대한 투자는 물론 시장개척을 도모하고자 한다.

한편 러시아는 에너지원의 생산 및 어획 작업에서 카스피해가 오염되지 않기를 바라고 있고, 이를 위하여 역내 관련국 간 생태 환경 보호를 위한 협력에 관심을 가지고 있다. 러시아는 연안국 외 국가들의 카스피해에 대한 개입 또는 군사활동을 제한하는 정책을 추진하고 있는데, 이는 2018년 8월 채택된 협정이 증명해주고 있다. 또한 트랜스코카서스와 중앙아시아에 거주하는 러시아인들의 권익 보호와 신체적 안전을 위한 정책 목표를 갖고 있다.[44]

## 2) 러시아의 정책적 대응

러시아의 정책을 보다 구체적으로 살펴보자면 다음과 같다.

첫째, 러시아는 미국 등 역내외 세력들의 지나친 영향력 확대를 저지하는 정책을 펴오고 있다. 즉 소연방 붕괴 후 민족분쟁의 평화적 해결, 반테러 작전, 에너지 자원의 공동 개발, 역내 국가들의 대외 안보 협력 강화 노력 등을 핑계로 미국·터키·EU·NATO·중국 등 역외 국가들이 트랜스코카서스에 대한 개입과 협력정책을 강화하는 상황에서, 러시아는 트랜스코카서스와 중앙아시아에 대한 자국의 통제권 약화를 막기 위한 온갖 노력을 기울여왔다. 특히 푸틴 정부는 미국이 9·11테러 사태 후 키르기스스탄·우즈베키스탄·조지아에 군을 주둔시키고 군사 고문단을 파견하는 등 군사적 전진정책을 강화함에 따라서 그러한 노력을 배가시켰다.[45] 즉 러시아는 미군의 키르기스스탄 주둔에 대응하여 이미 주둔 중인 러시아군을 증강하는 등 대응조치를 강구해오고 있다.

둘째, 러시아는 체첸 분리주의자들에 의하여 테러 사태가 빈번히 발생함에 따라서 국내외에서 발생하는 테러 위협에 대한 대응을 더욱 강화했다. 특히 9·11테러 사태는 러시아의 이러한 국내 차원의 대테러정책을 국제 차원으로 확산시키는 계기가 되었고, 대미 관계 등 대서방 관계 개선의 동인으로 작용했다. 푸틴은 9·11테러 사태 발생 후 외국 지도자로서는 처음으로 부시 대통령에게 전화를 걸어 조의를 표함은 물론 미국의 반테러·대테러 작전에 적극 협력할 것임을 천명했다. 체첸 반군들에 의한 테러 사태로 사회 안정의 유지와 체첸인의 인권 유린에 대한 외국의 비판에 직면하고 있던 푸틴은 반테러·대테러 협력을 통하여 체첸 반군에 대한 군사 작전을 정

---

44 고재남(1996), 「비러시아 지역내 러시아인과 러시아의 근외정책」, 앞의 책, 제13장 참조.
45 Richard Giragosian and Roger N. McMermott, "U.S. Military Engagement in Central Asia: 'Great Game' or 'Great Gain'?" http://www.ca-c.org/online/2004/jounal_eng/cac-01/07.shtml (검색일: 2005년 2월 1일).

당화하는 수단으로 이용함은 물론 미국 등 서방 국가들과의 관계 개선을 위한 수단으로 활용하고 있다.[46]

셋째, 푸틴 정부는 지정학적·지경학적으로 유리한 송유관 유지와 신설을 위하여 역내 국가들과 긴밀히 협력해오고 있다. 푸틴은 트랜스코카서스 내 에너지 생산 중심 국가인 아제르바이잔과의 우호·협력을 강화하기 위하여 2001년 1월 바쿠를 국빈 방문하여 양국 현안을 건설적으로 해결했음은 물론 부자 간 권력 승계도 양해했다. 또한 클린턴 행정부 때부터 추진되어 2005년 완공된 BTC 송유관 건설에 대하여 옐친 정부하의 반대정책을 포기하고 공식적인 찬성 의사를 피력했다. 푸틴 정부는 푸틴 대통령 취임 직후인 2000년 중반부터 지난 10여 년간 카스피해 연안국들 간 분쟁의 대상이 되고 있는 카스피해 연안 해저의 소유권을 해결하기 위한 적극적인 외교를 추진해왔고, 2018년 8월 카스피해 지위에 관한 협정을 체결하는 과정에서 주도적인 역할을 했다.

중앙아시아의 경우, 카스피해 연안 국가인 카자흐스탄과 투르크메니스탄에서 생산된 석유·천연가스가 러시아를 경유하는 수송관을 통하여 운송되도록 하는 외교를 강화해오고 있다. 특히 푸틴은 중앙아시아에 가스프롬 등 러시아 국영기업들의 투자를 확대, 이 지역 에너지산업에 대한 영향력 확대를 도모해오고 있다. 또한 러시아는 전략적 동반자 관계 속에서 긴밀한 협력을 도모하고 있는 중국이 파이프라인을 통해 카자흐스탄과 투르크메니스탄으로부터 석유와 가스를 수입하는 것을 지지했다.

넷째, 러시아는 또한 역내 민족·국가 분쟁 해결 과정에서의 역할을 확대하고 있다. 러시아 정부가 역내 국가들 중 가장 막강한 군사력을 보유한 것을 이용하여 분쟁 발생 시 주도적인 역할을 할 수 있다는 일종의 '포함외교(gunboat diplomacy)'를 시현했다. 실제로 러시아는 1990년대 초부터 트랜스코카서스와 중앙아시아 지역 내 민

---

46  Alex Pravda, "Putin's Foreign Policy after 11 September: Radical or Revolutionary?" in Gabriel Gorodetsky, ed., *Russia Between East and West: Russian Foreign Policy on the Threshold of the Twenty-First Century*, London: Frank Cass, 2003, chap. 5.

족·국가 분쟁의 해결, 즉 평화유지 및 평화 상태 구축을 위해 상당한 기여를 해왔다. 이에 따라서 역내 국가들의 요구 또는 자체적인 필요에 따라 몇 개국에 군을 주둔시키고 있다.[47]

다섯째, 러시아는 역내 다자 안보·경제협력기구 창설을 통한 영향력 확대를 도모하고 있다. 러시아는 소연방 붕괴 후 CIS 구성국들의 대러 정책과 협력 성향이 달리 나타남에 따라서 CIS 구성국들 중 친러 성향을 보이는 국가들과 다자 안보·경제협력기구를 출범시켜 이를 통한 해당 국가와 지역에 대한 영향력을 확대하고 안보·경제 분야에서의 통합을 확대·심화해오고 있다.[48]

예를 들어, 러시아는 1992년 5월 타슈켄트에서 개최된 CIS 정상회담에서 러시아·아르메니아·투르크메니스탄을 제외한 중앙아시아 4개국 등이 참여하는 집단안보조약(CST)을 체결했다. 이 조약기구는 트랜스코카서스는 물론 중앙아시아에서 러시아의 군사적 활동은 물론 역내 민족분쟁 지역에 대한 평화유지군 활동의 근거를 제공해주고 있다. 푸틴 정부는 CST의 기능과 역할을 강화하기 위하여 CSTO로 발전시켰다. 이 외에도 2003년 9월 얄타에서 개최된 CIS 정상회담에서 러시아·카자흐스탄·벨라루스·우크라이나가 참여하는 '단일 경제공간(Single Economic Space)'을 창설하기 위한 협정을 체결했다. 러시아는 중앙아시아 2개국, 아르메니아가 참여하는 EAEU를 2015년 출범시켰으며, 우즈베키스탄과 타지키스탄의 추가 가입 등 회원국 확대를 추진하고 있다.

또한 러시아는 CIS 가맹국 중 중국과 국경을 접하는 국가들과 국경 지역에서의 군사적 신뢰 구축과 국경 문제 해결을 위하여 1996년 '상하이 그룹'을 출범시켰으며, 2001년 이를 SCO로 개편하고 우즈베키스탄을 회원국으로 가입시키면서 기구

---

47 러시아의 민족분쟁 지역에 대한 군사적 개입 사례에 대한 연구는 다음 문헌 참조. Nicole J. Jackson, *Russian Foreign Policy and the CIS: Theories, debates and actions*, New York: Routledge, 2003.
48 고재남, 「CIS 통합운동의 동향 및 전망: 러시아의 대CIS 통합정책을 중심으로」, 정책연구 시리즈 2000-3, 외교안보연구원.

의 역할과 기능을 크게 확대했다. 그리고 인도가 SCO에 2017년 정식 가입함에 따라서 중앙아시아 등 유라시아 중부 지역에서 대미 견제와 러·중·일 3국 간 전략적 연대를 강화할 수 있는 기틀을 마련했다. 따라서 러시아는 향후 트랜스코카서스와 중앙아시아에서의 기득권을 유지하기 위해 한편으로는 양자 차원의 협력과 지역통합을 확대·심화하면서, 다른 한편으로는 중국·인도 등 다자협력국과 전략적 이익을 공유하는 정책을 추진할 것이다.

## 6. 결론

트랜스코카서스와 중앙아시아는 아시아 대륙의 방대한 내륙 지역으로서, 역사적으로 아시아와 유럽을 잇는 '실크로드'의 역할을 했다. 그러나 19세기 후반부터 제정러시아, 소련의 영토로 존재했던 이 지역들이 1991년 말 소연방의 붕괴로 독립국가가 되면서 이 지역들 내 산재한 지경학적·지정학적 이익을 둘러싸고 기득권을 유지하려는 러시아와 중국·미국·EU·터키·이란·인도 등 역내외 국가들 간 가시적 또는 비가시적 세력경쟁, 패권다툼, 에너지·자원 확보 경쟁 등이 나타났다.

매튜 애드워즈(Matthew Edwards)가 지적한 바와 같이 지난 20여 년간 지속되고 있는 트랜스코카서스와 중앙아시아에서의 주요국 간 지정학적·지경학적 경쟁을 19세기 러·영 간 '거대게임'을 그대로 차용해 '신 거대게임'으로 설명하는 것은 적절하지 않을 수 있다. 즉 신·구 '거대게임'은 장소, 참여국, 목표, 수단과 범위 등이 확연히 다르다. 그럼에도 트랜스코카서스와 중앙아시아의 전략환경, 즉 ① 민족·국가 분쟁의 지속, ② 군사적 취약성과 대외 의존적 안보 상황 지속, ③ 막대한 에너지·자원 매장과 이의 수출망의 필요, ④ 테러·이슬람 극단주의가 만연한 지리적 입지, ⑤ 비전통적 안보 이슈의 상존 등은 역내외 국가들 간 세력경쟁 또는 '신 거대게임'을 촉발하고 있다.

　트랜스코카서스와 중앙아시아는 지리적 위치, 역내 국가들 간 협력 관계, 그리고 상기한 전략환경의 요소들의 차이 때문에 주요국 간 세력경쟁 또는 '신 거대게임'의 양태가 다르게 나타나고 있으며, 이는 향후에도 지속될 전망이다.

　중앙아시아에서는 '신 거대게임'이 경쟁적이기보다는 협력적일 가능성이 더 많다. 즉 러시아·중국·인도는 SCO·BRICS 차원은 물론 양자 차원에서 전략적 협력 관계를 유지해오고 있으며, 중국과 인도는 중앙아시아에 대한 러시아의 기득권을 인정하면서 자국의 경제·에너지 이익을 추구하고 있다. 또한 중앙아시아 내 5개국도 우즈베키스탄의 미르지요예프 정부 출범 후 우호·협력 관계를 복원·강화해오고 있으며, 3국과의 관계에서 러시아와의 전통적 협력 관계를 우선하고 있다.

　반면에 트랜스코카서스에서는 러시아와 미국, 터키 간 경쟁적 '신 거대게임'이 지속되고 있으며, 이는 향후에도 지속될 가능성이 많다. 이는 친미·친서방 국가인 조지아, 탈러 국가인 아제르바이잔, 터키·아제르바이잔과 각각 첨예한 갈등·전쟁 상태에 있는 아르메니아 등의 외교·안보 정책 목표가 대외적으로 엇갈리기 때문이다. 실제로 아르메니아는 적극적인 친러 정책을 추진하면서 러시아가 주도하는 CIS·CSTO·EAEU에 참여하고 있는 반면에, 조지아는 CIS의 탈퇴, 탈러 성향의 GUAM 가입, EU와 포괄적자유무역지대협정(DCFTA) 체결, 미군 훈련교관 주둔과 NATO 가입 추진 등과 같은 친미·친서방 정책을 추진하고 있다. 반면에 아제르바이잔은 GUAM의 회원국이면서도 CIS에 참여하면서 러시아와 우호·협력 관계를 유지하는 정책을 유지하고 있다.

제7장

러·중 관계의 발전과 미국 요인

# 1. 서론

러시아와 중국은 수교 60주년이 되는 2009년 10월 초를 전후해 양국 내에서 다양한 학술·예술·문화 행사 등을 공동 개최했음은 물론 양국 정상·총리·장관 등 고위급 인사 교류를 가졌다.[1] 이 고위급 인사들과 학자들은 러·중 관계가 역사상 가장 좋은 협력 관계로 발전했다고 평가했다. 예를 들어, 수교 60주년을 기념하는 축하 서신 교환에서 후진타오(胡錦濤) 주석은 "60년 양국 관계사에서 현재 여느 때와 다른 새로운 타입의 양자 관계, 즉 정치적 상호 신뢰, 실용적 협력, 문화 교류, 국제적·지역적 문제 해결을 위한 협력 등이 강화되었다"[2]고 평가하면서 양국 간 전략적 협력을 더 높은 단계로 발전시키기 위한 노력을 다짐했다. 메드베데프 대통령도 "러·중 전략적 협력 동반자 관계가 '전례 없이 높은 단계(an unprecedented high level)'로 발전했다"[3]고 평가했다. 양국은 2010년에도 양국 정상간 6차례의 공식, 비공식 정상회담의 개최, 상하이협력기구(SCO) 차원의 7번째 반테러 '평화 사명(Peace Mission 2010)' 합동 군사훈련 실시, 스코보로디노와 다칭(Skovorodino-Daqing, 999km)을 연결하는 송유관 완공을 통한 원유 공급 시작 등 전략적 동반자 관계를 더욱 강화하는 협력사업을 성공적으로 추진했다.

러·중 관계는 2012년 5월 제3기 푸틴 정부의 출범과 2013년 3월 제1기 시진핑 정부의 출범을 계기로 국내외 요인, 특히 미국 요인에 의해 더욱 공고화되었다. 양

---

* 이 장은 필자의 다음 논문을 수정·보완해 작성한 것임. 고재남, 「러·중 관계의 발전과 미국 요인」, 장덕준 엮음, 『중·러 관계와 한반도』(유라시아연구총서 3), 서울: 한울아카데미, 2012.

1 이 논문에서 러·중 관계는 러시아가 소련의 합법적 계승국임을 감안해 특별히 소련 시기를 기술한 경우를 제외하고는 소·중 관계를 포함한 의미로 사용되며, 중국은 중화인민공화국(PRC)을 의미함.

2 "Chinese, Russian leaders hail 60th anniversary of diplomatic ties," http://english.peopledaily.com.cn/90001/90776/90785/6774676.html(검색일: 2011년 1월 22일).

3 ibid..

국은 2019년 수교 70주년을 맞이하여 한층 더 성대하고 의미있는 다양한 기념행사를 진행할 것임이 틀림없다. 시진핑 정부 출범 후 지난 6년 동안 25차례 정상회담이 있었으며, 2018년만 해도 연례 정상회담, SCO, APEC, 동방경제포럼(Eastern Economic Forum) 등 다자 정상회담 등의 기회를 활용해 수차례 정상회담이 개최되었다.

중국 칭다오에서 2018년 6월 9~10일 개최된 SCO 정상회담에 앞서 베이징에서 개최된 연례 정상회담에서 시진핑 주석은 푸틴 대통령에게 '우호 메달(Medal of Friendship)'을 수여하면서, 푸틴 대통령을 "중국인들의 진실된 옛 친구"로 추켜세우고, 양국은 "상대국의 핵심 이익을 단호히 지지하며 국제 문제와 글로벌 거버넌스에서 적극적인 공조"를 할 것이라고 천명했다. 푸틴 대통령도 "중국과의 협력이 러시아의 최고 우선 순위 중의 하나이며, 양국 협력은 전례 없이 높은 수준"이라고 주장했다.[4] 중국에서는 최초로 시진핑 주석이 2018년 9월 중순 블라디보스토크에서 개최된 제4차 동방경제포럼에 참석했고, 탈냉전기 최대 규모의 러시아 군 병력이 동원된 '동방-2018(Vostok-2018)'에 병력을 보내 합동 군사훈련을 했다.[5]

20세기 국가 차원의 러·중 관계는 1949년 10월 1일 중국 대륙에서 공산당 정권이 수립된 직후 소련이 세계에서 가장 먼저 중국과 외교관계를 수립함으로써 시작되었다. 이후 70여 년간의 양국 관계는 '동맹 관계(1950년대)', '갈등과 적대 관계(1960~1970년대)', '화해와 협력 관계 정상화(1980년대)', '전략적 동반자 관계'의 확립과 강화(1990년대~현재) 등으로 발전해왔다.

---

4　Vladimir Isachenkov and Christopher Bodeen, "Putin: Cooperation With China at 'Unprecedented Level'," *Associated Press*(June 8, 2018).

5　러시아 극동 지역 육지와 해상에서 9월 11~15일 실시된 동 군사훈련은 러시아 측에서 병력 30만 명, 전투기 1,000대, 탱크와 차량 3만 6,000대, 태평양 함대 등이 참여했으며, 중국 측에서는 병력 3,200명, 전투기 30대, 차량 900대가 동원되었음. TOMOYO OGAWA and OKI NAGAI, "Russia flaunts China ties with massive Far East war games," https://asia.nikkei.com/Politics/International-relations/Russia-flaunts-China-ties-with-massive-Far-East-war-games(검색일: 2019년 3월 5일).

이러한 양국 관계의 굴곡과 역동성은 양국의 국내외 정세(리더십 교체와 체제 전환에 따른 국내외 정책 변화, 프롤레타리아 국제주의의 주도권 경쟁, 영토 문제 등 역사적 유산, 지정학적 환경, 국력의 증감)와 미국 요인들에 영향을 받으면서 발전했다. 특히 미국 요인은 러·중 관계의 발전에 직·간접적 영향을 미치는 가장 중요한 외생변수(exogenous variable) 중의 하나로 작용해왔다. 1960년대 말 소·중 분쟁을 활용한 미국의 대중 접근정책으로 소·중·미 3국 간 '전략적 3각 관계(Strategic triangular relationship)'가 형성되기 시작하자 그것이 3국 관계, 그리고 국제 정세와 지역 정세에 미치는 영향을 분석·평가하려는 학문적 노력이 활발히 일어났다.[6]

1991년 말 소연방의 붕괴는 초강대국 미국의 등장을 가져왔으며, 미국의 구 공산권 국가들을 포함한 비서구 국가들에 대한 민주주의·시장경제의 '확산과 개입(Enlargement and Engagement)' 정책을 강화하는 요인으로 작용했다. 또한 미국은 한편으로는 중동부 유럽에서 러시아의 강력한 반대를 무시하고 NATO 확대와 MD 구축 정책을, 다른 한편으로는 동북아 지역에서 중국의 부상에 대응해 미·일·호 동맹의 강화 등과 같은 세계적 차원에서 정치·군사적 역할을 강화하려는 정책을 추진했다.

러시아와 중국은 미국의 일방주의(unilateralism)에 기초한 이 정책에 대응하고 국

---

[6] John Gittings, "The Great-Power Triangle and Chinese Foreign Policy," *The China Quarterly* No. 39(July-September, 1969), pp. 41-54; Michel Tatu, *The Great Power Triangle: Washington-Moscow-Peking*, Paris: Atlantic Institute, 1970; William E. Griffith, *The World and the Great-Power Triangles*, Cambridge: The MIT Press, 1975; Thomas M. Gottlieb, *Chinese Foreign Policy Factionalism and the Origins of the Strategic Triangle*, Santa Monica: RAND R-1902-NA, November 1977; Roger Glenn Brown, "Chinese Politics and American Policy: A New Look at the Triangle," *Foreign Policy* No. 23(Summer, 1976), pp. 3-24; Banning Garrett, "China Policy and the Strategic Triangle," in Kenneth A. Oye, Donald Rothchild, and Robert Lieber, eds., *Eagle Entangled: U.S. Foreign Policy in a Complex World*, New York: Longman, 1979, pp. 228-264; Lowell Dittmer, "The Strategic Triangle: An Elementary Game-Theoretical Analysis," *World Politics* Vol. 33 No. 4(July, 1981), pp. 485-515; Gerald Segal, ed., *The China Factor: Peking and the Superpowers*, London, Croom Helm, 1982; Gerald Segal, *The Great Power Triangle*, London: The Macmillan Pres Ltd., 1982; Ilpyong J. Kim, ed., *The Strategic Triangle: China, the United States and the Soviet Union*, New York: Paragon House Publishers, 1987; Lowell Dittmer, *Sino-Soviet Normalization and Its International Implications, 1945-1990*, Seattle: University of Washington Press, 1992.

경 문제 해결, 중앙아시아 등 접경 전략 지역의 안정과 평화 유지, 테러·분리주의·종교적 극단주의 등에 대한 공동 대응, 호혜적인 경제·자원·안보 협력의 확대 및 강화 등을 위해 1996년부터 '전략적 동반자 관계'를 강화해오고 있다. 러·중 관계의 급진전은 탈냉전기 세계 정치에서 가장 두드러진 현상의 하나로 많은 국제정치학자들의 관심을 끌었다. 그 결과 일부 국제정치학자들은 소련의 몰락과 러시아의 국력 쇠퇴로 해체된 '전략적 3각 관계'가 다시 등장하는 것이 아니냐는 의문을 제기하면서 새로운 논쟁을 불러일으켰다.[7]

실제로 21세기 들어, 러·중 간 전략적 동반자 관계의 확대·심화와 이를 통한 대미 견제라는 '러·중·미 3각 관계'가 재현되었으며,[8] 이는 이 국가 간 양자 관계는 물론 글로벌·지역 차원의 안정과 번영에 긍·부정적 영향을 미치고 있다. 이러한 '러·중·미 3각 관계'는 미·러 관계가 푸틴 정부 들어 러시아의 강대국으로의 재부상과 독자적·공세적 외교의 강화, 미국의 NATO 확대와 유럽 MD 추진, 조지아·우크라이나 등 CIS 내 시민혁명의 지원과 지정학적 다원주의 촉진(예: 탈러 국가들을 중심으로 GUAM 기구 결성 지원) 등으로 크게 악화되던 와중에 러시아의 크림반도 합병(2014년)과 미국 대선 개입(2016년)으로 탈냉전기 최악의 관계로 빠지면서 부각됐다. 반면에

---

[7] Gilbert Rozman, "A New Sino-Russian-American Triangle?" *Orbis* Vol. 44 No. 4(Fall, 2000), pp. 541-555; Hui-Ming Mao, "The U.S.-China-Russia Strategic Triangle Relationship Since the Beginning of the Bush Admiinistration," http://www2.tku.edu.tw/~ti/journal/8-3/834.pdf(검색일: 2011년 1월 22일); James C. Hsiung, "U.S.-Russia-China: An Update on the Strategic Triangle," 출처불명; Bobo Lo, "Russia, China and the United States From Strategic Triangularism to the Post-modern Triangle," Security Studies Center, Ifri, *Proliferlation Papers*(Winter, 2010); Feng Shaolei, "China-U.S.-Russia Trilateral Relations under the Conte4xt of International Configuration in Transition," *Valdai Discussion Club Report*(Shanghai, November 25-26, 2010); 홍현익, 「미·중·러 3각 관계의 변화와 한국의 대응」, 『세종정책연구』 2011-1, 서울: 세종연구소, 2011, etc.. 가장 최근의 논의는 Marcian Kaczmarski, Mark N. Katz and Teija Tiilikainen, "The Sino-Russian and US-Russian Relationships: Current Developments and Future Trends," FIIA Report 57(December, 2018).

[8] Feng Shaolei는 러·중·미 3국 관계를 냉전기 '3각 관계'(triangular relationship)와 탈냉전기 '3자 관계'(trilateral relationship)'로 구분해 사용하면서, 이는 탈냉전기에는 3국간 경쟁과 대립이 협력과 상호 의존을 동반하고 있기 때문이라고 주장하고 있음. 필자는 이 3국 간 정치·외교·안보 관계가 21세기 들어 국제 현안과 양국 현안을 둘러싸고 '러·중 대 미국' 구도가 두드러짐을 고려해 '3각 관계'로 표현하고 있음.

러·중 관계는 대미 견제, 접경국 간 경제·에너지·안보 협력의 확대라는 공통의 이익에 기인해 양자·다자 차원의 협력이 강화되었다. 한편 미·중 관계는 부상하는 중국을 견제하려는 미국의 대중 견제·봉쇄 정책이 강화되고 있는 상황에서 시진핑 정부의 '중국몽' 실현을 위한 국내외 정책 추진으로 더욱 악화되어왔다.

러·중·미 3각 관계의 변화는 한반도를 포함한 동북아 정세는 물론 세계 정세에 큰 영향을 미치는 요인으로 작용하고 있다. 향후 러·중 관계는 미국의 양국에 대한 정책과 이에 따른 러·중·미 3각 관계의 분석 없이 전망할 수 없다. 따라서 이 장의 목적은 러·중·미 '전략적 3각 관계'의 형성을 포함해 러·중 관계의 발전 과정에서 미국이 어떠한 역할을 하며 영향을 미쳤는지 살펴보는 데 있다. 이를 위해 2절에서 러·중·미 3각 관계의 형성과 학문적 논의, 그리고 미국의 목표와 전략을 살펴보고, 3절과 4절 러·중 관계의 발전 과정에서 미국 요인을 냉전기와 탈냉전기로 구분해 살펴보고, 5절에서 이 장의 결론을 정리하고자 한다.

## 2. 러·중·미 3각 관계의 형성과 미국의 전략

### 1) 러·중·미 '전략적 3각 관계'의 형성과 논의 동향

러·중·미 3각 관계에 대한 국제사회의 관심이 증대하면서 이를 학문적으로 분석하려는 노력은 1960년대 말부터 본격적으로 시작되었다. 이때까지 국제정치학자들은 국제체제를 초강대국 소·미 양국을 주축으로 한 양극체제로 파악하려는 경향이 강했다. 중국은 1964년 성공적인 핵실험을 통해 핵무기 보유국이 되었으나 1966~1969년에 진행된 문화대혁명으로 국내 정치 우선주의에 매몰되면서 국력의 대외적 투사력이 취약했다.

물론 1960년대 초부터 소·중 분쟁이 심화되면서 소·미 양극체제가 서서히 소·중·미 3각 체제로 변화되기 시작했다. 예를 들어, 중국은 국제 문제, 즉 베트남 전쟁, 라오스 사태(1961~1962), 핵실험금지조약(1963) 등에서 탈소적인 독자정책을 추진했으며, 그 결과 미국 등 국제사회는 중국 변수에 관심을 갖기 시작했다. 예를 들어, 미국은 핵실험금지조약 이후 소·중 분쟁에 관심을 기울이기 시작했다.

그 결과 1969년부터 미국 닉슨 행정부가 베트남전쟁을 종식하고 대소 견제력을 강화하기 위해 소위 '적과의 동침'이라고 할 수 있는 중국과의 관계 개선을 적극 추진했다. 중국도 소·중 갈등이 심화되던 상황에서 1968년 소련 주도 바르샤바조약기구(WTO) 군의 체코 침공과 1969년 국경 충돌이 발생하자 대미 접근정책을 추진했다. 이러한 미·중 간 전략적 이익의 합치는 양국 관계를 급속히 개선시켰다. 중국은 1971년 가을 미국의 도움으로 타이완을 대신해 UN 회원국이 됨과 동시에 안보리 상임이사국의 지위를 획득했다. 1972년에는 사상 첫 미국 대통령의 방중인 닉슨의 중국 방문이 이루어졌으며, 이로써 소위 국제정치학자들이 말하는 소·중·미 3국 간 '전략적 3각 관계(strategic triangular relationship)'가 형성되었다.

길버트 로즈만(Gilbert Rozman)은 미국의 대중 관계 개선으로 1970~1980년대 소·중·미 3국 간 '전략적 3각 관계'가 형성·유지될 수 있었던 것은 다음과 같은 네 가지 요건이 충족되었기 때문이라고 주장했다.[9] 첫째, 당시 소·미의 군사력이 거의 균형 상태에 도달해 있었고, 이에 따라 중국이 균형 파괴자의 역할을 할 수 있었다. 둘째, 헨리 키신저(Henry Kissinger) 국무장관 때부터 미국은 중국의 반소 정책을 긍정적으로 평가하면서 이를 소·미 관계에서 활용하기 위해 중국의 국제적 지위를 제고하는 전략을 추진했다. 셋째, 소련은 1970년대 말부터 대중 관계를 정상화하기 위한 노력을 기울이면서 '전략적 3각 관계'의 개념을 수용했으며, 중국 또한 1982년부터 미국과의 관계에 거리를 두기 시작했다. 넷째, 냉전 종식 때까지 군사력, 특히 핵 무

---

9  Gilbert Rozman, *op. cit.*, p. 552.

장력과 미사일이 세력균형체제에서 가장 중요한 수단으로 간주되었다.

러·중·미 3국 간 '전략적 3각 관계'가 현실화되자 소·중·미 3각 관계의 작동 메커니즘과 역동성, 그리고 각국의 전략을 분석하려는 국제정치학자들의 노력이 1960년대 말부터 시작되었다. 최초의 저작은 1969년 존 기팅스(John Gittings)의 책인데, 그는 소·중 분쟁이 절정에 달한 시점에서 1940년대 중반부터 소·중·미 3각 관계가 어떻게 형성되고 발전되어왔는지를 3국의 정책, 특히 중국의 정책을 중심으로 분석했다.[10] 필자가 파악하기로 두 번째 연구물은 1970년 프랑스 국제정치학자인 미셸 타투(Michel Tatu)가 저술했다.[11] 타투는 우선 3각 관계의 한 변을 이루고 있는 양자 관계에 영향을 미치고 있는 주요 변수들을 분석했다. 그는 소·중 분쟁에 따른 '강대국 3각 관계(great power triangle)'의 형성이 미국에게 가장 많은 전략적 이익을 가져다준 반면, 소련에게는 그 반대의 결과를 가져왔다고 주장했다. 한편 중국도 소련과 비슷한 곤경에 처하기는 했지만 대외정책의 자율성과 국제적 위상을 제고했다고 주장했다. 그는 '강대국 3각 관계'에서 작동되는 게임의 규칙들, 즉 제1의 적을 상대하기 위한 제2의 적과 공모(collusion), 양자 공모를 최소화하기 위한 각국의 노력, 각국의 제1의 적을 상대하기 위해 여타 1국과의 공모 위협, 여타 2개국의 공모를 촉진할 수 있는 과도한 호전성 시현 등을 제시하면서 양자 간 공모와 이에 대한 각국의 입장, 그리고 양자 간 공모의 사례(예: SALT 협상)를 분석하고 있다. 결론적으로 타투는 '강대국 3각 관계'에서 1960년대 말까지 중국의 역할은 미미했지만 향후 중국의 국력이 신장되면서 미·중 대화가 이루어질 경우 '강대국 3각 관계'가 현실화될 것으로 전망했다. 특히 그는 미국의 대중 관계 개선이 단기적으로 대소 관계를 악화시킬지 모르지만 3각 관계에서 미국의 입지를 강화시킬 것이라고 주장했다.

이후 소·중·미 3각 관계는 물론 여타 이 3국 중 일부가 포함된 지역 차원의 3각

---

10   John Gittings, *op. cit.*.
11   Michel Tatu, *op. cit.*, pp. 452-474.

관계를 바탕으로 지역 문제를 분석하려는 시도들이 진행되었다. 예를 들어, 1975년 윌리엄 그리피스(William Griffith)가 편집한 책은 '강대국 3각 관계'를 정치·군사적 3각 관계(소·중·미 관계)와 경제적 3각 관계(미·서유럽·일 관계)로 구분하고 이것이 발칸 지역, 중동, 남아시아, 일본, 한반도 등에서 어떻게 작동하고 있는지 그 사례를 분석하고 있다.[12] 제럴드 시갈(Gerald Segal)도 1982년 저술한 책에서 '강대국 3각 관계'가 1960년대 초부터 존재했다면서 이것이 어떻게 작동했는지를 라오스 사태(1961~1962), 중·인도전쟁(1962), 베트남전쟁(1963~1968), 중국의 핵실험과 핵확산금지조약(NPT), 탄도탄요격미사일(ABM: Anti-Ballistic Missile)조약 등 군비 통제 추진 등을 사례로 분석하고 있다.[13] 또한 1987년 김일평 교수가 편집한 책은 '전략적 3각 관계'의 작동 원리를 소개하면서 소·중·미 3국의 여타 2개국 관계에 대한 인식 및 기타 지역 문제에서 3국 간 역학 관계를 분석하고 있다.[14]

소·중·미 3국간 '전략적 3각 관계'를 게임이론 차원에서 3각 모델을 도입해 분석하려는 시도가 있었다. 대표적인 학자는 로웰 디트머(Lowell Dittmer)인데, 그는 1981년 저술한 논문에서 게임이론적 분석 모델을 제시하고 있다.[15] 그는 '전략적 3각 관계'를 3국 간 교차 게임의 일종으로 이해하면서 3국간 대칭적 우호 관계인 '우호적 3각 관계(menage a troi)', 1개 중심국(pivot state)과 여타 2개국이 우호 관계인 반면 여타 2개국 간 적대 관계가 유지되고 있는 '낭만적 3각 관계(romantic triangle),' 양국 간 우호 관계 유지 속에 제3국과는 적대 관계에 있는 '안정적 결혼(stable marriage)' 등 3개 모델을 제시했다. 디트머는 여기서 1949~1971년 사이에 소·중·미 3국 간 '전략적 3각 관계'가 어떻게 형성되었는지를 분석한 후, 3국이 양자 차원 또는 3자

---

12    William Griffith, *op. cit.*.
13    Gerald Segal, *The Great Power Triangle*.
14    Ilpyong Kim, *op. cit.*.
15    Lowell Dittmer(1981), *op. cit.*.

〈표 16〉 전략적 3각 관계의 유형[16]

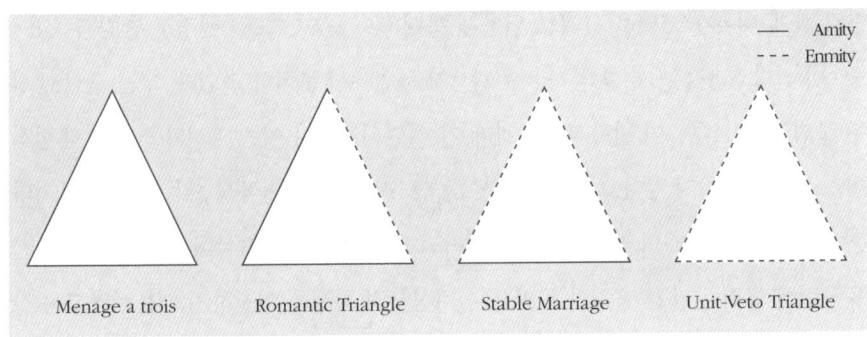

차원의 게임에서 어떠한 성과를 거두었는지를 평가하고 있다.

디트머의 소·중·미 3국 간 '전략적 3각 관계' 차원에서의 분석은 1992년 발표한 저작 『중·소 정상화와 그것의 국제적 함의, 1945-1990』에서 보다 정교해졌고 다루는 기간도 냉전기 전체를 포괄했다.[17] '전략적 3각 관계'도 상기의 3개 모델에 더해 3국 모두 적대 관계에 있는 '개별적 적대 관계(unit-veto triangle)'를 추가로 제시했다.

소연방의 붕괴로 '전략적 3각 관계'도 붕괴되면서 이에 대한 논의가 중단되었으나 2000년대에 들어서면서 중국의 부상과 러·중 간 전략적 동반자 관계가 강화됨에 따라서 '전략적 3각 관계'가 재현된 것 아니냐는 논란이 제기되었다. 로즈만은 2000년 발표한 논문에서 대미 견제를 위한 러·중 간 전략적 동반자 관계가 강화되고 있으나 그 관계의 한계성 때문에 '전략적 3각 관계'의 재현은 쉽지 않을 것으로 평

---

16  *Ibid.*, p. 153.
17  Lowell Dittmer(1992), *op. cit..* 디트머는 자신이 제시한 4개 모델에 기초해 1945~1990년 사이의 소·중·미 3국 간 '전략적 3각 관계'를 다음과 같이 7개 시기로 나누어 규정하고 있다. 우호적 3각 관계(1945~1949), 중·소 결혼 관계(1950~1960), 개별적 적대 관계(1959~1969), 낭만적 3각 관계(1969~1976), 중·미 결혼 관계(1976~1981), 중국 중심 낭만적 3각 관계(1981~1985), 우호적 3각 관계(1986~1990).

가했다.[18] 반면에 마오훼밍(Mao Huei-Ming)은 2003년 발표한 논문에서 디트머의 '3각 관계'의 4개 모델을 그대로 원용해 부시(George W. Bush) 행정부 출범 후 '러·중·미 전략적 3각 관계'를 양자 차원과 3자 차원에서 분석하고 있다. 그는 부시 행정부 출범 후 '러·중·미 전략적 3각 관계'가 재현되었으나 이는 과거와는 달리 대립적이거나 배타적이지 않다고 주장했다.[19] 즉 신 '러·중·미 전략적 3각 관계'는 과거와는 다른 새로운 형태의 3국 관계로 발전하고 있다면서, 이는 3국이 중요한 이익을 공유하면서 협력 관계를 유지하고 있으나 지정학적 경쟁은 여전하기 때문이라고 주장했다. 그는 미국의 일방주의는 러·중 간 전략적 협력을 촉진하면서 다극화된 국제질서를 형성하고 국제적 세력 균형과 안정에 기여하고 있다고 평가했다.

한편 로(Bobo Lo)는 2010년 발표한 논문에서 러·중·미 3국 간 '전략적 3각 관계'가 '탈근대적 3각 관계'로 발전했다고 주장했다.[20] 그는 '전략적 3각 관계'의 발전 과정을 개관한 후 최근 들어 미국의 약화, 러시아의 재부상, 중국의 부상 등으로 '전략적 3각 관계'가 재현되었으나 그것은 과거와는 다른 형태로 발전되었다고 주장했다. 또한 그는 중국의 부상으로 향후 냉전 시의 적대적 양극체제가 아닌 새로운 형태의 미·중 양극체제가 출현하고 보다 복합적·상호의존적·민주적 특징을 갖는 다자주의가 팽배한 국제사회가 발전될 것이며, 그 결과 '전략적 3각 관계'는 더 이상 제 기능을 못할 것이라고 주장했다. 다시 말해, 러시아의 향후 국제적 역할에 대해 매우 부정적인 평가를 하고 있다.

---

18   Gilbert Rozman, *op. cit.*, pp. 552-553.
19   Huei-Ming Mao, *op. cit.*, pp. 109-110.
20   Bobo Lo(2010), *op. cit.*.

## 2) 러·중·미 3각 관계에서 미국의 목표와 전략

미국의 러·중·미 3각 관계에서 추구하는 외교·안보 정책의 목표와 전략은 러·중 관계, 러·중의 대미 정책, 미국의 NATO 회원국, 일본·호주·한국 등 동맹국들과의 관계, 그리고 세계·지역 차원의 이익 등 복합적인 국익이 고려되면서 수립, 실행되고 있다. 또한 그것은 시대(예: 냉전과 탈냉전 시대, 미국 행정부의 교체)와 외교·안보 사안에 따라서 달라져왔다.

여기서 디트머가 제시하고 있는 4개의 '전략적 3각 관계' 모델을 중심으로 미국의 목표와 전략을 살펴보면 다음과 같다. 미국이 가장 선호한 3각 관계 모델은 러시아와 중국의 적대 관계를 유지시키면서 이 양국과 우호 관계를 유지하는 '낭만적 3각 관계'이다. 미국은 '낭만적 3각 관계'에서 '중심국' 역할을 할 수 있는 가장 유리한 위치에 있다. 이러한 미국의 전략은 러·중 간 분쟁이 지속되고 있는 상황에서 1970년대 초에 추구되었다. 닉슨 행정부는 한편으로는 중국과의 관계 개선을 위한 대중 접근 정책을 적극 추진하면서 다른 한편으로는 소련과 SALT I과 ABM 조약 체결 및 유럽안보협력회의(CSCE)를 창설하기 위한 협력을 지속하는 '균형정책(evenhandedness policy)'을 추진했다. 그 결과 미·소 간 데탕트 체제가 발전하고 미·중 간에도 군사 협력이 모색되는 등 화해·협력 관계가 1970~1980년대에 지속되었다.

배닝 가레트(Banning Garrett)에 따르면 당시 미국의 대중 접근을 통한 '전략적 3각 관계' 구축 전략은, 첫째 소·중 분쟁을 이용해 아시아에서 미국 방위력을 축소할 수 있는 중국의 협력을 득하고 동시에 소련·중국과의 동시전을 회피하며, 둘째 소·중 분쟁을 소련과 중국에 대한 외교적 지렛대 강화로 활용하며, 셋째 세계전쟁 또는 소련의 대중국 지배로 귀결될 수 있는 소·중 전쟁을 저지하고, 넷째 대미 연합전선을 구축할 수 있는 소·중 화해를 저지하는 것 등과 같은 목표를 달성하기 위한 것이었다.[21] 레이먼드 가르토프(Raymond Garthoff)도 유사하게 당시 미국의 대중국 접근정책은 베트남전쟁의 조기 종식과 대소 견제를 위한 협력체제 구축을 위해 추진되었다고 밝히고 있다.[22]

미국이 '러·중·미 3각 관계'에서 두 번째로 선호한 모델은 1940년대 후반과 1980년대 후반에 각각 존재한 '우호적 3각 관계' 모델일 것이다. 이는 미국이 러·중 양국과 세력균형을 유지하면서 최소의 비용으로 우호·협력을 유지할 수 있기 때문이다. 그러나 이 모델 또한 개별 국가들의 양자 관계에서 힘의 불균형과 이해관계의 불일치가 존재하기 때문에 약간은 취약한 3각 관계이다. 실제로 이 모델은 1950년대와 1990년대의 '안정적 결혼 관계', 즉 미국에 대항하는 소·중 동맹 관계 및 동반자 관계로 귀결되었다. 물론 이것이 1970년대 후반처럼 소련을 대항하기 위한 미·중 우호·협력 관계로 변화될 경우 여타 양국에 대한 미국의 외교적 지렛대가 강화될 수 있다.

따라서 미국의 입장에서 볼 때, 가장 바람직한 전략은 러·중 갈등과 대립을 지속시키면서 동시에 미국이 러·중 양국과 우호·협력 관계를 유지해 3각 관계에서 '중심국'의 역할을 할 수 있는 '낭만적 3각 관계' 구축이다. 반면에 가장 바람직하지 않은 전략은 러·중 양국과 대립과 갈등을 조장해 대미 견제 또는 대항을 위해 러·중이 동맹을 맺게 하거나 전략적 동반자 관계로 발전시키는 것이다. 물론 미국은 러·중·미 3국 모두 여타 2개국과 적대 관계에 있는 '개별적 적대 관계' 모델을 최선을 다해 피해야 할 것이다.

---

21  Banning Garrett, "The United States and the Great Power Triangle," in Gerald Segal, ed., *The China Factor*, p. 78.

22  Raymond Garthoff, *Detente and Confrontation: American-Soviet Relations from Nixon to Reagan*, Washington, D.C.: The Brookings Institution, 1985, pp. 248-261.

## 3. 냉전기 소·중 관계의 발전과 미국 요소

소련과 중국은 광대한 영토와 힘을 가진 강대국임에도 양국 관계는 해양세력, 특히 제2차 세계대전 후 초강대국으로 부상한 미국의 영향을 많이 받으면서 발전해왔다. 이 절에서는 소·중 관계의 발전 과정을 대략 3시기, 즉 ① 동맹 관계의 형성과 약화(1940~1950년대), ② 분쟁의 심화와 대미 관계의 개선(1960~1970년대), ③ 화해와 협력 관계 정상화(1980년대) 등으로 구분해 개관하면서 양국 관계의 발전 과정에서 미국이 어떠한 영향을 미쳤는지를 분석하기로 한다.

### 1) 소·중 동맹 관계의 형성과 약화(1940~1950년대)

이 시기 동안 소·중 관계는 대체로 두 시기, 즉 소·중 동맹 관계의 형성 시기(1940년대) 및 동맹 관계의 구축과 약화기(1950년대)로 구분해 살펴볼 수 있다. 미국은 이 시기 동안 친국민당 정부 정책, 대소 봉쇄정책의 강화, UN군의 한국 참전 주도 등과 같은 정책을 펴면서 소·중 동맹의 형성과 발전에 직·간접적인 영향을 미쳤다. 1950년대 중반부터 시작된 소·중 동맹의 약화도 흐루쇼프의 국내외 정책, 특히 평화공존론, 전쟁기피론 등에 기초한 대미 유화정책이 주요 요인 중의 하나로 작용했다.

소·중 관계는 레닌의 주도하에 1919년 3월 창설된 코민테른(Comintern)의 지도하에 중국 공산당이 창당되고 제1차 회의를 개최한 1921년부터 시작되었다. 레닌은 중국 공산당에 2단계 혁명 전략, 즉 1차적으로 국민당과 합작해 일본을 몰아내고 공산혁명을 완수하는 혁명 전략을 권유했고, 그 결과 1924년 1월 국공합작이 발표되었다. 스탈린도 레닌의 혁명 전략을 계승해 국민당과 공산당 간 치열한 유혈투쟁에도 장제스(蔣介石)의 국민당 정부와 중국 공산당에 대한 양자 지원정책을 1940년대 후반까지 지속했다.[23] 스탈린의 양자 지원정책은 마오쩌둥에 대한 불신과 국경 지역의 안정을 위해서는 통합된 중국보다는 분단되고 취약한 중국이 국익에 도움이 된다고 믿었기 때문이다. 미국 역시 친국민당 정책을 견지하면서도 대일 항전을 위한 국공합작과 양측 간 정전을 직·간접적으로 지원했다.

한편 제2차 세계대전의 종전은 국제 질서를 초강대국 미국과 소련을 축으로 한 자유진영과 공산진영으로 재편시켰다. 해리 트루먼(Harry S. Truman) 대통령은 중동부 유럽의 공산화와 그리스 등 발칸 지역으로의 공산세력을 확대하려는 소련의 정책에 대응해 1947년부터 '트루먼 독트린(Truman Doctrine)'으로 명명된 대소 봉쇄정책을 추진했으며, 그 결과 초강대국 미·소 양국을 축으로 하는 냉전 질서가 태동했다. 스탈린은 유럽 지역에서 미국과의 대립 관계가 심화되자 중국에서는 국민당 정부와 중국 공산당과 일정한 협력 관계를 유지하면서 미국의 중국에 대한 관심이 약화되기를 희망했다. 실제로 스탈린은 국민당 정부와 외교관계를 중국 공산당 정부 수립 직전까지 유지하면서 마오쩌둥에게는 전면적인 국민당 정부군 축출작전을 자제하도록 권유했다. 심지어 스탈린은 1947년에 창설된 코민포름(Cominform)에 중국을 초대하지 않았다.[24]

물론 초강대국 소련과 미국이 대립각을 형성하고 있는 양극질서에서 중국의 중재자 역할 모색 및 대미 접근정책으로 소·중·미 3국 간 '전략적 3각 관계'가 형성될 기회가 없었던 것도 아니었다. 정부 수립을 앞둔 1949년 5월 저우언라이(周恩來)는 중국이 서방 세계와 소련 간 전쟁 방지를 위해 중재자의 역할을 할 수 있도록 미국 외교관에게 비밀리에 지원을 요청했다. 또한 마오쩌둥도 같은 해 6월 소·미 전쟁이 발발할 시 소련 편에 서지 않을 것임을 천명했다.[25] 그러나 이러한 중국 공산당 지도부

---

23  Hu Shih, "China in Stalin's Grand Strategy," *Foreign Affairs* Vol. 29 Issue 1(October, 1950), pp. 11-40.
24  R. K I. Quested, *Sino-Russian Relations: A Short History*, London: George Allen & Unwin, 1984, p. 113.
25  이러한 중국의 대미 접근정책은 내전 시 스탈린의 국민당에 대한 지원정책, 제2차 세계대전 종전 후 초강

내 주요 인사들의 대미 접근정책은 미국의 무관심과 중국 공산당 지도부 내 파벌싸움(친소 대 친서방)으로 현실화되지 못했다.[26] 또한 1949년 8월에 발간된 미국의 백서(White Paper)로 인해 마오쩌둥은 미국이 중국을 외교적으로 승인하거나 초강대국으로서의 역할을 인정하지 않을 것이라고 믿었다.[27]

마오쩌둥과 중국 공산당 지도부는 정부수립 직전에야 친소 정책을 추진할 수밖에 없다는 현실적 판단을 내리고 대소 관계 개선을 위한 접근정책을 추진했다. 스탈린도 미국의 대소 봉쇄정책이 심화되고 있는 상황에서 대중 관계 개선을 통한 극동·시베리아 지역의 안전과 국제공산주의운동의 확산을 도모할 수밖에 없었다. 마오쩌둥은 1949년 12월 16일부터 1950년 2월 14일까지 소련을 방문해 30년 유효기한의 '소·중 친선, 동맹, 상호 지원 조약'을 체결했다.[28] 동 조약 체결을 계기로 소련의 3억 달러 차관 상환이 1963년까지 연장되었고 여타 경제·과학 협력 사업들과 군비 증강 사업이 소련의 지원하에 추진되었다. 1950년 6월 25일 한국전쟁의 발발과 미국이 주도하는 UN군의 한국전쟁 참전, 미 7함대의 타이완 인근 해역 배치는 중국의 대미 적대감정을 증폭시켰다. 마오쩌둥은 전국적인 반미 운동을 전개하면서 "모든 이러한 반혁명 행위는 미 제국주의자에 의해 자행되었다"[29]고 주장했고, 같은 해 10월에는 미군의 북진통일을 저지하기 위해 한국전에 참전했다.

스탈린의 사망(1953년 3월)후 후계투쟁이 전개되고 있는 가운데 중국의 독자 외교가 강화되면서 중·소 간 외교 문제를 둘러싼 이견이 노정되기 시작했다. 중국은 인

---

대국으로 부상하고 있는 소련에 대한 위협감, 그리고 미국의 대소 봉쇄정책을 활용한 입지 강화 등 복합적인 요인이 작용했을 것으로 판단됨.

26　Gerald Segal, "China and the Great Power Triangle," *The China Quarterly* No. 83(September, 1980), p. 491.
27　R.K.I. Quested, *op. cit.*, p. 115.
28　당시 마오쩌둥은 현존하는 소련과 타이완 국민당 정부 간 조약 대체, 소·중간 실제적·잠재적 갈등 요인 통제, 지속적이고 믿을 만한 경제 지원과 기술 지원 파트너 확보, 외교적으로 안정적인 정치·외교적 동맹국의 필요 등과 같은 과제 해결에 직면해 있었음. John Gittings, *op. cit.*, p. 45.
29　Lowell Dittmer(1992), *op. cit.*, p. 167.

도와 1954년 7월 '평화공존 5원칙'을 선언하면서 아시아에서 세력 규합을 위한 외교적 노력을 기울였으며, 1955년 4월 반둥에서 개최된 '아시아·아프리카 회의'에서 주도적인 역할을 했다. 또한 중국은 1955~1958년 사이에 제네바에서 미국과 독자적으로 양자협의를 진행했다.

소·중 관계가 양자 차원에서 가시적으로 악화되기 시작한 것은 1956년 4월 개최된 제20차 소련 공산당 전당대회에서 흐루쇼프가 스탈린 격하운동과 신 외교정책을 제시하면서부터이다. 흐루쇼프는 핵무기 시대에 평화공존은 불가피하며 따라서 전쟁은 피할 수 있고, 사회주의로의 전환도 혁명 없이 가능하다는 주장을 했다. 이는 레닌의 주장을 부정하는 것이었으며, 모순론에 입각해 사회주의 혁명의 당위성을 강조한 마오쩌둥의 주장과도 정면으로 배치되는 것이었다. 그 결과 양측 간 첨예한 이념 분쟁이 시작되었고, 이는 전반적인 양국 관계에 매우 부정적인 영향을 미쳤다.

1950년에 말에 들어서면서 양국 관계를 더욱 악화시키는 사건들이 발생했다. 즉 흐루쇼프는 미국과 협력해 중국의 핵개발을 저지하기 위한 공동보조를 취했으며, 마오쩌둥은 흐루쇼프를 수정주의자로 비판하면서 중국식 사회주의 건설 모델이라고 할 수 있는 대약진운동과 인민공사 제도를 1958년부터 추진했다. 또한 같은 해 8월 중국의 타이완해협에 대한 포격으로 미·중 관계가 악화된 상황에서 추진된 소련의 대미 유화정책은 소·중 관계를 더욱 악화시켰다. 흐루쇼프는 1959년 1월 중국의 핵무기 개발을 저지하기 위한 '태평양 지역 비핵지대화'를 제안했고, 9월에는 중·인도 전쟁에서 인도 편을 들면서 역사적인 미국 방문을 가졌다.[30] 타이완 문제와 한국전쟁으로 미·중 적대 관계가 심화된 상황에서 개최된 미·중 정상회담은 중국의 대소 배신감과 대미 위협감을 증대시키면서 독자정책을 강화하는 동인으로 작용했다.

---

30  R.K.I. Quested, *op. cit.*, pp. 122-123.

## 2) 소·중 분쟁의 심화와 대미 관계 개선(1960~1970년대)

1960년대 들어 소·미 양극체제의 공고성이 점차 약화되고 있는 상황에서 국내외 문제와 대미 정책을 둘러싼 소·중 갈등은 소·미 관계에서 점차 중국의 제3자적 역할을 형성시키는 요인으로 작용했다.[31] 또한 1959년 쿠바의 사회주의 혁명과 1962년 쿠바 미사일 위기, 핵군비 경쟁, 그리고 베트남전을 둘러싼 소·미 갈등 심화는 1960년대 소·중·미 '3국 간 개별적 적대 관계'를 지속시키는 요인으로 작용했다. 그러나 1970년 초에 본격적으로 추진된 미국의 대중 접근정책은 소·중·미 3국 관계를 '낭만적 3각 관계,' 즉 미국의 중심적 역할 증대와 이에 따라 적대 관계에 있는 소·중의 경쟁적 대미 관계 개선정책을 촉진했다.

소·중·미 3국 간 양자 차원의 관계가 점차 악화되고 있던 상황에서 1961년 발생한 라오스 사태는 제3의 강대국으로 중국의 위상을 제고하면서 소·중·미 3각 관계를 형성시키는 계기가 되었다. 라오스 문제를 협의하기 위해 제네바회의가 개최되었을 때 소·미 양국은 중국의 역할을 약화시키면서 양극적 질서를 공고히 하기 위한 공동보조를 취했으나 중국은 자국의 독자적인 입장을 강력히 주장했다.[32] 당시 양극적 국제 질서에서 국제 문제를 주도하던 소·미 양국은 제3세력으로서 중국의 부상을 점차 인식할 수밖에 없었다.

소·중·미 3각 관계가 본격적으로 형성된 것은 1962년 발생한 소·미 간 쿠바 미사일 위기, 중·인도전쟁,[33] 양안 위기, 그리고 1964년 중국의 핵실험 성공 등에 따른 중국 변수의 등장과 소·미 양국의 대응 때문이다. 소련은 쿠바 미사일 위기 시 대

---

31  소·중 분쟁의 문화적·영토적·지정학적·이념적 요인에 대해서는 다음 문헌 참조. C. G. Jacobsen, *Sino-Soviet Relations Since Mao: The Chairman's Legacy*, New Praeger, 1981, pp. 14-40.
32  *Ibid.*, pp. 492-493. 보다 자세한 것은 Gerald Segal, *The Great Triangle*, 2: LAOS 1961-2 참조.
33  중·인도전쟁 중 소·중·미 3각 관계에 관해서는 다음 문헌 참조. Gerald Segal, *The Great Triangle*, 3: Autumn 1962: The Great Divide.

미 견제력 강화를 위해 소·중 갈등을 일단 접어두고 대중 접근정책을 추진할 수밖에 없었으며, 그 결과 거의 같은 시기에 발생한 중·인도전쟁에서 중국의 입장을 지지할 수밖에 없었다. 미국 또한 소·중 갈등을 자국의 전략적 입지 강화를 위해 이용할 의도는 있었으나 1962년 6월 발생한 양안 위기, 즉 친미 장제스 정부의 '본토해방(liberation of mainland)' 정책에 따른 중·타이완 무력충돌 위기 때문에 대중 접근정책을 추진할 수 없었다.

쿠바 미사일 위기 후 소·미 관계는 치열한 핵군비 경쟁 속에서도 점차 데탕트로 나아간 반면 소·중 간 갈등은 점차 증폭되었다. 즉 소련은 쿠바 미사일 위기를 넘기자 중·인 분쟁에서 인도를 후원하는 정책을 폈으며, 또한 중국이 반대한 '핵실험 금지조약(Test Ban Treaty)'에 1963년 중반 가입했다. 이러한 상황 속에서 중국은 비동맹운동을 주도하면서 1964년 핵실험에 성공했으며, 문화대혁명에 따른 국내 정치·경제·사회 혼란에도 국제 질서에서 제3의 강력한 독자적 행위자로 부상했다.

중국의 국제 질서에서 '3자주의(trilateralism)'는 마오쩌둥에 의해 1946년부터 이미 주장되었다. 마오쩌둥은 스탈린 사후 프롤레타리아 국제주의를 둘러싸고 소련과 갈등을 겪으면서 제3세계, 즉 소·미 양 진영의 중간지대(intermediate zone)에서의 혁명지속론을 주장했다. 중국 외교정책을 사실상 결정하고 있던 마오쩌둥은 쿠바 미사일 위기 후 소·미 양국 간 관계 개선을 세계 혁명을 제한하기 위한 초강대국의 '신성동맹'으로 간주하면서 중국이 세계공산주의 혁명의 리더 역할을 하겠다고 주장했다. 특히 1964년 1월 개최된 제8기 중국 공산당 중앙위 10차 전체회의에서 세계체제를 소련, 미국, 그리고 중간지대로 3등분하면서 중국이 소련 진영에 포함되지 않았음을 분명히 했다. 시갈은 이러한 삼자주의에 기초한 중국의 외교정책을 다음과 같이 정리할 수 있다고 밝히고 있다.

첫째 초강대국 소·미 진영에 가담하지 않으면서 독자정책을 추진하고, 둘째 필요시 약체국과 연합하지만 이것도 절대적으로 최소의 연합 수준에 머물러야 하며, 셋째, 가능하면 소·미 양국의 투쟁을 지켜보도록 노력해야 한다.[34] 소련은 이러한 중국의 3자주의 또는 중간지대론을 비판하면서 미·중 연합의 가능성에 우려를 표명했다. 즉 1964년 9월 소련 공산당 기관지『프라브다(Pravda)』는 중국의 중간지대론을 '민족주의자들의 감정(nationalist sentiments)'으로 폄하하면서 소련 진영으로부터 중국의 이탈은 3극 국제체제의 출현을 의미하며 미·중 간 반소 연합의 가능성이 많다고 주장했다.[35]

흐루쇼프의 실각과 중국의 핵실험은 소·중 관계를 짧은 기간이나마 데탕트 관계로 발전시켰다. 저우언라이가 1964년 11월 초 볼셰비키 혁명 기념식에 참석해 양국 간 경제·외교 분야에서 협력이 모색되었으나 큰 성과가 없었다. 오히려 중국이 제3세계에 대한 진출을 강화하면서 아프리카·동남아시아·서남아시아 등에서 국제공산주의운동의 주도권을 둘러싸고 소·중 간 경쟁이 심화되었다. 대외 문제를 둘러싸고 양국 간 대립과 갈등이 심화되고 있는 가운데 1966년부터 추진된 중국의 문화대혁명은 소·중 관계를 더욱 악화시켰다. 마오쩌둥은 반대파를 자본주의자, 수정주의자로 몰아붙이면서 반외세투쟁을 전개했고, 베이징 내 수많은 외국 공관들이 홍위병들의 공격을 받았다. 소련도 이에 대응해 국경 지역에 군비 증강을 추진했으며, 대외적으로는 제3세계에 대한 외교를 강화하면서 1968년 7월에는 중국이 참여하지 않은 NPT를 미국과 협력해 체결했다.

1970년대 소·중 관계는 양국의 미국, 일본, 서유럽 국가들과의 관계, 특히 미국과의 관계에 큰 영향을 받으면서 발전했다. 1968년 8월 발생한 WTO군의 체코 민주화운동 탄압과 1969년 3월 발생한 소·중 국경 충돌과 뒤이은 소련의 대대적인 국경 지역 군비 증강은 중국의 대소 위협감을 고조했다. 이런 상황에서 중국은 1969년부터 국제사회로부터 강대국 지위 인정과 서방 세계로부터 기술·외교·재정적 지원

---

34  Gerald Segal, "China and the Great Power Triangle," p. 495.
35  *Ibid.*.

을 획득하는 것을 목표로 하는 신 외교정책을 추진하기 시작했고, 이는 미국의 대중 접근 전략을 추동하는 요인으로 작용했다.36 1970년 3월 미군의 캄보디아 침공으로 미·중 대사급 대화가 잠시 중단되기도 했으나 1971년부터 민간 차원의 테니스시합 공동개최(베이징, 4월), 헨리 키신저의 베이징 방문(7월), 그리고 1972년 2월 닉슨 대통령의 방중이 이루어지면서 미·중 관계가 급속히 개선되었고, 그 결과 소·중·미 3국 간 '전략적 3각 관계'를 형성시켰다. 당시 미국은 중·러 갈등 상황에서 소·중 양국과 관계 회복을 확립해 이이제이 방식을 통한 전략적 우위를 차지했다. 특히 미국은 베트남전의 지속과 국내 반전 시위 확산, 소련의 핵무기 증강 등에 직면하여 중국과의 관계 개선을 통해 소련의 북베트남에 대한 군사적 지원 축소와 SALT의 조기 체결을 위한 소련의 양보 등을 얻고자 했다.

소련은 미·중 관계 긴밀화에 대응해 중국을 비난하면서도 미국과의 데탕트정책을 추구했다. 즉 소련은 미·중 관계 회복에 대해 중국이 소·중 갈등 관계에서 미국을 끌어들이기 위한 전략(즉 중국카드)이라고 비난했다. 한편 소련은 미국의 화해정책에 응답해 1972년 SALT I과 ABM조약을 마무리지었으며, 1975년 헬싱키선언으로 귀결되는 범유럽안보질서(예: CSCE) 구축을 위한 미국, 서유럽 국가들의 노력에 적극 동참했다.

그러나 1976년 카터 행정부의 등장과 마오쩌둥의 사망은 소·중·미 3각 관계를 '안정적 결혼 관계,' 즉 미·중 간 우호·협력 관계하에 이들 양국의 대소 적대 관계가 유지되는 형국으로 발전시켰다. 소·미 관계는 카터 행정부의 출범과 더불어 반소 성향이 강한 즈비그뉴 브레진스키(Zbigniew Brzezinski)가 외교안보 수석으로 취임하면서 냉각되기 시작하다가 1979년 12월 아프가니스탄의 친소정권을 지원하기 위한

---

36 당시 미국의 대중 접근정책에 대해서는 다음 문헌 참조. Raymond L. Garthoff, *op. cit.*, pp. 213-240. 당시 친소 인사인 린뱌오(林彪)는 소련의 지원을 받아 마오쩌둥과 저우언라이의 대미 접근정책을 저지하기 위한 군사 쿠데타를 도모했으나 실패한 후 소련으로 도피 중 비행기 추락으로 사망했음. R.K.I. Quested, *op. cit.*, p. 141.

소련군 파견으로 크게 악화되었다. 반면에 중국의 새로운 지도자로 등장한 덩샤오핑(鄧小平)이 현대화정책을 추진하기 위해 대미 관계 정상화정책을 지속함에 따라서 1978년 12월 외교관계를 수립하는 등 미·중 우호·협력 관계가 지속되었다. 덩샤오핑은 1979년 1월 미국을 방문해 양국 관계를 더욱 발전시켰다.

한편 중국은 소련의 국경 지역 및 극동·시베리아 지역에 관한 대대적인 군비 증강,[37] 베트남의 친소 통일정권 수립과 캄보디아 침입 등에 대항해 미국·일본·유고슬라비아, 심지어 제3세계 국가 등과의 협력 강화를 통해 반소 연합전선을 구축하기 위한 외교적 노력을 했다.[38] 특히 소련의 아프가니스탄 침공은 중국 내 소련 위협론을 증폭해 소·중 관계를 냉각시키는 요인으로 작용했다. 따라서 중국은 1950년 체결한 소·중 동맹조약을 더 이상 연장하지 않겠다는 것을 1979년 4월 초 선언했다. 브루스 엘만(Bruce Ellman)은 중국이 소련과 베트남 간 체결된 방위조약의 효용성을 시험해 소·중 동맹조약을 더 이상 연장하지 않기 위해 1979년 2월 베트남을 침공했다고 주장했다.[39]

### 3) 소·중 화해와 협력 관계 정상화(1980년대)

소·중·미 3국 관계는 1980년대 전반기에 소·미 관계가 크게 악화된 가운데 중국의 대소, 대미 우호 관계가 유지된 '중국 중심의 낭만적 3각 관계(Sinocetric Romantic Triangle)'였으며, 후반기에는 고르바초프가 소련 공산당 서기장에 임명되면서 3국

---

[37] 구체적인 현황에 대해서는 Lowell Dittmer(1992), *op. cit.*, pp. 209-211.
[38] 마오쩌둥 사후 소·중 분쟁의 전개에 대해서는 다음 문헌 참조. Alfred D. Low, *The Sino-Soviet Confrontation Since Mao Zedong: Dispute, Dtente, or Conflict?*, Boulder: Social Science Monographs, 1987.
[39] K. R. Bolton, *op. cit.*, p. 163.

관계가 '우호적 3각 관계'로 변화되었다. 이 시기 동안 전반기는 미국이 그리고 후반기는 소련이 소·중·미 3각 관계의 발전에 상당한 영향을 미쳤다.[40] 특히 고르바초프의 베이징 방문은 양국 관계를 정상화하는 계기로 작용했다.

소·중 관계는 1980년대 접어들면서 개선이 이루어지기 시작했다. 물론 1979년에 발생한 소련군의 아프가니스탄 침공과 중국의 베트남 침공은 여전히 소·중 관계 발전에 부정적인 영향을 미치고 있었으나 양국의 국내외 정세는 양국 간 관계 개선에 긍정적으로 작용했다. 물론 중국은 미국 주도의 1980년 모스크바올림픽 보이콧 등 미국, 서방 등과의 관계를 우선시했으나 1970년대 후반부터 1980년대 초반 미국의 친타이완 정책을 둘러싼 미·중 갈등의 심화로 중국은 소·미 관계에서 균형정책을 선호하게 되었다. 또한 당시 개혁·개방 정책을 추진하던 중국은 대소 관계의 개선 등 접경 지역에서의 안정 유지가 필요했다. 소련도 대중국 관계 개선이 접경 지역의 안정과 국제사회에서 소련의 지위 신장에 기여할 것이라는 판단하에 1982년부터 대중 관계 개선을 모색하기 시작했다. 즉 브레즈네프는 1982년 3월 타슈켄트에서 중국과 국경 지역의 상호신뢰구축조치(CBMs: Confidence Building Measures)에 대한 논의를 제안하면서 소련은 중국의 내정에 전혀 간섭하지 않았고 중국의 타이완에 대한 주권을 인정해왔다고 강조했다. 소·중 양국은 1982년 10월 관계 정상화를 위한 협상을 재개했으며, 1984년에는 양국 간 원자재 교역을 증대시키는 조약에 서명했다.

한편 미·중 관계는 1980년대 들어 점차 냉각되기 시작했다. 1981년 1월 취임한 레이건 행정부는 타이완과의 관계 강화를 추진했고, 이에 따라 미·타이완 간 군사 원조가 1981년 3억 3,000만 달러에서 1983년 8억 달러로 큰 폭 증가했다. 이에 중국은 미국의 타이완에 대한 군사 원조를 서서히 감소시키겠다는 1982년 미·중 공동 코뮈니케를 위반했다고 비난했다. 동시에 중국은 대미 관계를 재평가하는 작업에 들

---

40 보다 자세한 과정에 대해서는 Lowell Dittmer(1992), *op. cit.*, chapters 14-15.

어갔고, 그 결과 반소 정책을 약화시키면서 초강대국 소·미에 대한 등거리정책을 펴기 시작했다. 중국의 정책 변화는 3각 관계에서 중국 주도의 3각 관계를 형성시키는 요인으로 작용했다. 레이건 행정부도 친타이완 정책을 추진하면서도 대중국 우호·협력 관계를 바탕으로 한 중국 개혁·개방 지원정책을 1989년 6월 톈안먼사건 때까지 지속했다.

소·미 관계는 1979년 12월 소련군의 아프가니스탄 침공과 뒤이은 카터 행정부의 1980 모스크바 하계올림픽 보이콧 주도 등으로 악화되기 시작했고, 이는 1981년 1월 소련을 '악의 제국'으로 간주한 레이건 행정부의 탄생과 더불어 더욱 적대적 관계로 발전되었다.[41] 레이건 행정부는 소련의 경제 여건을 더욱 악화시키기 위한 전략으로 저유가정책을 유도하고 전략방위구상(SDI)을 적극 추진했다. 양국 간 군축협상도 1993년 중단되었다.

고르바초프의 1985년 3월 소련 최고지도자로의 등장과 국내 문제 해결을 위한 탈냉전적·탈이념적·탈군사적 '신사고(New Thinking)' 외교정책 추진은 소·중 관계는 물론 소·미 관계를 급격히 개선시키는 요인으로 작용했다.[42] 고르바초프는 중국이 그동안 양국 관계 개선의 전제 조건으로 주장해오던 것들에 대한 해법을 모색했고, 1986년 7월에 있었던 '블라디보스토크 연설'을 통해 아프가니스탄에서의 소련군 철수, 베트남군의 캄보디아로부터의 철수와 중·베트남 관계 정상화 지지, 국제법에 입각한 소련 극동 지역과 중국 북부 지역의 군축 및 국경분쟁 해결 등을 발표했다. 덩샤오핑도 1985년 초 중국 개혁정책을 '제2의 혁명'으로 선언하면서 개혁정책의 성공을 위한 호의적인 대외환경의 조성이 필요하다는 것을 강조하면서 대소 관계 개선을 위해 이념 대립을 심화하는 정책과 발표를 지양하고 군사독트린을 수정하는 등 호의적으로 대응했다.

---

41  아프가니스탄 사태 후 양국 관계의 악화에 대해서는 Raymond L. Garthoff, *op. cit.*, pp. 887-1063 참조.
42  고르바초프의 '신 정치적 사고'에 대해서는 George E. Hudson, ed., *Soviet National Security Policy under Perestroika,* Boston: Unwin Hyman, 1990 참조.

이러한 상황 진전 속에 러·중 관계를 획기적으로 개선시킨 고르바초프의 베이징 방문이 1989년 5월에 이루어졌으며, 이는 양국 관계 정상화의 초석을 다졌다.[43] 특히 같은 해 6월에 발생한 톈안먼사건은 중국의 미국, EU 등 서방 세계의 비난과 국제사회로부터 고립을 심화시켰으며, 그 결과 중국은 대소 우호·협력 관계 유지정책을 강화했다. 그 결과 소련은 중국 접경 지역에 배치된 소련군 12만 명을 포함 25만 명의 극동 지역 소련군을 감축하겠다고 밝혔다. 그리고 리펑(李鵬) 총리가 1990년 4월 모스크바를 방문해 국경 지역 군사력 감축, 과학기술협력 등을 내용으로 하는 6개 협정을 체결했다. 장쩌민(江澤民) 주석은 1991년 5월 모스크바를 방문해 고르바초프와 정상회담을 갖고 양국은 '평화공존 5원칙'에 의한 양국 관계 발전과 내정 불간섭 원칙에 입각한 사회주의 건설을 추구하기로 합의했다. 당시 양국 외무장관은 접경 지역에 위치한 하천의 중간선을 국경선으로 획정한다는 '소·중 동부 지역 국경협정'을 체결했다. 이 국경조약의 체결은 수십 년 동안 양국 간 관계 개선의 걸림돌로 작용해온 국경 문제를 대화를 통해 해결할 수 있다는 확신과 신뢰감을 증진해주었다. 그러나 1991년 8월 소련에서 발생한 보수·강경 세력에 의한 쿠데타는 중국은 물론 전 세계를 놀라게 한 사건이었다. 8월 쿠데타의 실패는 소연방의 붕괴를 촉진했으며, 그 결과 1992년 1월부터 러·중 간 새로운 관계가 시작되었다.

소·미 관계도 고르바초프가 군축 및 중동부 유럽의 민주화정책에 호의적인 정책을 추진하면서 급격히 개선되었다. 소·미 양국은 1987년 중거리핵전력(INF)조약, 즉 유럽과 아시에 배치된 SS-20을 포함한 중장거리 및 단거리 미사일을 철수하는 조약을 체결했다. 소·미 양국은 중단된 전략무기감축조약(START) 협상을 재개했으며, 경쟁적으로 핵무기 감축을 위한 선언을 했다. 또한 고르바초프는 중동부 유럽 국가들의 탈공산화를 위한 정책을 용인하는, 소위 '시나트라 독트린(Sinatra Doctrine)'

---

[43] Elizabeth Wishnick, *Mending Fences: The Evolution of Moscow's China Policy from Brezhnev to Yeltsin,* Seattle: University of Washington Press, 2001, pp. 109-120.

을 추진했다. 그리고 고르바초프는 1988년 2월 8일 아프가니스탄에서 소련군을 철수한다는 성명을 발표했으며, 이는 대중 관계는 물론 대미 관계를 개선시키는 효과가 있었다. 또한 중동부 유럽에 배치된 소련군의 철수를 점진적으로 진행했다.

## 4. 탈냉전기 러·중 관계의 발전과 미국 요인

소연방 붕괴 후 지난 20년 동안 러·중 관계는 대체로 3시기, 즉 '선린·우호·협력 관계기(1991. 12~1994. 9),' '건설적 동반자 관계기(1994. 9~1996. 4),' '전략적 동반자 관계기(1996. 4~현재)' 등으로 발전해왔다.[44] 이 시기 동안 러·중·미 3각 관계는 러·중이 대미 견제를 위해 전략적 협력을 지속, 강화하는 '안정적 결혼 관계'가 유지, 발전되었으며, 제1기 오바마 행정부(2009~2013)의 대러 재조정정책(Reset-Button Policy)과 중국의 부상으로 3각 관계가 점차 러·중/러·미 우호·협력 관계가 두드러진 가운데 미·중 간 갈등 속에 협력이 모색되는 '낭만적 3각 관계'로 발전되기도 했다. 그러나 제3기 푸틴 정부(2012~2018) 들어 러·미 관계가 급속도로 악화된 상황에서 제1기 시진핑 정부(2013~2018) 들어 미·중 간 갈등과 대립이 증대되면

---

44  탈냉전기 러·중 관계의 발전 과정에 관해서는 다음 문헌 참조. 강원식, 「러시아-중국 전략적 동반자 관계의 현황과 전망」, 『統一硏究論叢』, 1997, 31-61; 고재남, 「러·中間 戰略的 協力關係의 强化와 東北亞 安保情勢」, 정책연구시리즈 97-9, 외교안보연구원, 1998; 홍완석, 「러·중 戰略的 同伴者關係의 性格과 動學」, 『슬라브연구』 제16권, 2000, 21-55; 신범식, 「러·중 관계의 전개와 러시아의 대중국 외교안보 정책」, 『전략연구』, 2013. 7, 95-132쪽; 서동주, 「중·러 '전략적 동반자 관계' 강화와 정치·전략적 함의: 중·러 선린·우호·협력 조약 체결(2001. 7)을 중심으로」, 『유라시아연구』 제2권 1호(2002년 겨울), 51-79쪽; 김덕주, 「최근 중·러 관계의 현황과 전망」, 『주요국제문제분석』 2015-39, 국립외교원 외교안보연구소, 2015. 12. 7; 김재관, 「21세기 중러 관계의 발전요인에 대한 분석」, 『아세아연구』 제59권 2호, 2016, 116-155쪽; Jennifer Anderson, *The Limits of Sino-Russian Strategic Partnership*, Adelphi Paper 315, 1997; Sherman W. Garnett, ed., *Rapprochement or Rivalry?: Russian-China Relations in a Changing World*, Washington, D.C.: Carnegie Endowment for International Peace, 2000, etc..

서, 러·중의 대미 견제를 위한 전략적 협력이 확대되어, 러·중·미 관계가 '안정적 결혼 관계'로 회귀했다.

### 1) 선린·우호·협력 관계기(1991~1994)

러시아와 중국은 고르바초프 대통령이 사임한 직후인 1991년 12월 27일 새로운 외교관계를 수립했다. 또한 양국은 1989년과 1991년 소·중 간에 채택된 공동선언에 규정된 원칙들을 향후 양자관계 발전의 지도원칙으로 삼으며, 소·중 간에 체결된 각종 조약이나 협정들을 계승하기로 합의했다. 1992년 1월 31일 UN 안보리에서 소연방 붕괴 후 처음으로 옐친 대통령과 리펑 총리 간 회합이 이루어졌으며, 양국 정상들은 양국 간 관계 증진과 협력 강화의 필요성에 공감했다. 이 회합을 계기로 양국은 1980년대 점차 개선시켜온 양국 관계를 '선린·우호·협력 관계'로 발전시킬 수 있는 계기를 마련했다. 실제로 러시아 의회는 1992년 2월 13일 1991년 체결한 국경조약을 비준했고, 3월에는 양국 간 경제협력 및 국경 문제 해결을 위한 협의가 재개되었다.

소연방 붕괴 후 러시아는 미국·EU 등의 경제 지원과 협력을 기대해 친서방주의 정책을 펴면서 미국 주도의 신 국제 질서 발전에 적극 협력했다. 그 결과 러시아의 대중국 정책은 우선순위에서 밀려나면서 관계 진전이 소강상태에 빠졌다. 중국도 갑작스런 소연방의 붕괴에 따른 체제 위기의식이 심화되었으며, 대외정책, 특히 대미 정책이 방어적으로 변화했다. 그러나 유일 초강대국으로 자리매김한 미국이 러시아가 기대한 경제 지원에 소극적이었고, 그 결과 경제 위기가 심화되자 정치엘리트들은 물론 일반 국민들의 미국 등 서방 세계에 대한 반감이 증대되었다. 당시 중국의 대러 접근정책은 톈안먼사건 이후 심화된 국제적 고립 탈피와 타이완 문제에 있어서 러시아의 지지를 확보하려는 전략적 목표가 작용했으며, 러시아도 소연방 붕괴 후 군사적·경제적 취약성이 두드러진 가운데 접경 지역의 안정과 경제협력을 위해 중국과 긴밀한 협력 관계 구축이 절실한 실정이었다.

이런 상황에서 러시아는 CIS 및 중국에 대한 접근정책을 강화했으며, 옐친 대통령은 1992년 9월 중국의 타이완 정책을 지지하는 대통령에 서명했다. 옐친 대통령은 같은 해 12월 있었던 베이징 방문을 계기로 양국 간 수십 년에 걸쳐 존재해왔던 불신과 갈등, 대립을 약화시키면서 양국 관계를 '선린·우호·협력 관계'로 발전시켰다. 당시 양국은 23개의 협정과 공동성명을 채택해 상호 간에 광범위한 교류와 협력의 기본 방향을 합의했고 상호불가침 원칙을 합의했다.[45]

러·중 양국은 1993년부터 상기 정상회담에서 합의한 협력사항들을 실천하기 위한 양자 차원의 노력을 지속하면서 동시에 국내외 문제에 대응해야 했다. 러시아에서는 급진 경제개혁이 실패하면서 보·혁 간 대립이 심화되었고, 개혁정책 실패 및 미국 주도의 NATO 확대가 추진되면서 반서방주의가 점증했다. 중국도 톈안먼사건이 일어나고, 타이완 문제를 둘러싼 미·중 간의 갈등이 지속되고 있는 가운데 중국 위협론이 미국을 중심으로 확산되면서 중국의 대외적 입지가 약화되었다. 또한 중국은 군사 현대화정책을 위해서는 방산물자 수입과 기술 이전 등 러시아와 긴밀한 군사협력이 필요한 실정이었다.

1993년 1월 등장한 클린턴 행정부는 민주주의·시장경제의 '확산'과 이를 위한 '개입정책'을 적극 추진했으며, 동시에 러시아의 강력한 반대를 무시하면서 중동부 유럽에 대한 NATO 확대정책, 전역미사일방어(TMD: Theater Missile Defense)·국가미사일방위(NMD: National Missile Defense)체제 정책을 추진했다. 또한 클린턴 행정부는 러시아의 반대를 무릅쓰고 보스니아·헤르체고비나에 대한 NATO의 군사작전을 실행했다. 이러한 클린턴 행정부의 정책에 대응해 옐친 정부는 한편으로는 미국과 전략적 협력 동반자 관계를 발전시켜 연례 정상회담, 고어-체르노미르딘 위원회(Gore-Chernomyrdin Commission), 각종 각료급회담 등을 진행하면서도 다른 한편

---

45  고재남(1998), 앞의 논문, 14쪽.

으로는 미국의 일방주의에 대응하면서 다극화된 국제 질서를 구축하기 위한 대중 협력정책을 강화했다.

## 2) 건설적 동반자 관계(1994~1995)

러·중 양국이 처한 국내외적 환경은 1994년 9월 장쩌민의 모스크바 방문을 계기로 양국 관계를 21세기를 향한 '건설적 동반자 관계'로 격상시켰다. 장쩌민 주석의 러시아 방문은 신생 러시아 출범 후 중국 최고지도자로서는 첫 방문이며, 1992년 12월 옐친 대통령의 베이징 방문 후 이루어진 양국 관계를 종합하면서 향후 두 나라 관계에 대한 기본 방향을 확립하고자 하는 목적이 있었다.

양국 정상은 상호 이해와 존중을 바탕으로 양국 현안에 대해 심도 있는 대화를 나누었으며, 이를 바탕으로 공동성명을 채택했다. 양국 정상이 채택한 공동성명은 "양국 관계를 21세기를 대비하는 건설적 동반자 관계, 즉 양국 관계가 평화공존, 비동맹 결성, 제3자를 목표로 하지 않는다는 전제하에서 완벽한 평등성, 선린 우호 및 호혜 관계의 유지, 발전시켜나가는 관계"[46]라고 규정했다. 당시 장쩌민 주석은 "양국은 공히 대국이며, 접경국으로 수십 년 동안 불편한 양자 관계를 경험했다. 반목은 더 이상 양국의 국가 이익에 부합되지 않는다. 오직 선린·우호·협력 관계, 평화공존 5원칙에 입각한 호혜협력이 필요하며, 이는 세계 평화와 발전에도 기여할 것이다. 따라서 양국 간 건설적 동반자 관계의 확립은 최선의 선택이다"[47]고 강조했다.

양국 정상은 국제사회의 다양성과 국가 간 차별성을 인정하면서 동등한 입장에서 상호 협력을 지지하고 패권주의와 권력정치(power politics)를 반대한다는 입장을 분

---

[46] She Ze, "Perceptions on the Sino-Russian Relations in the New Era," *International Studies,* 1996, p. 6에서 재인용.

[47] *Ibid.*.

명히 했으며, 무력에 의하기보다는 평화적인 방법을 통한 분쟁 해결, 아시아·태평양 지역 국가 간 협력 증진, NPT 연장을 지지했다. 또한 양국은 "상호 간 전략미사일을 비조준하는 공동 선언" 채택, 서부 국경선 협정 체결, 국제 문제 협의를 위한 외무부 간 협력의정서 채택 등과 같은 조치를 취했다.

양국 간의 협력 관계가 크게 강화되고 있는 가운데 장쩌민 주석은 1995년 6월 모스크바에서 개최된 '반파시스트 전승 50주년 기념식'에 참석하여 옐친 대통령과 비공식 정상회담을 가졌다. 또한 같은 해 6월에는 리펑 총리, 9월에는 외무장관이 러시아를 각각 방문해 양국 간 협력을 강화하기 위한 협의를 했다.

## 3) 전략적 동반자 관계로 발전(1996~2000)

러·중 관계가 미·중·러 3각 관계에서 '안정적 결혼 관계'로 발전, 공고화된 것은 1996년 4월 25일 베이징에서 개최된 정상회담에서 양국 관계를 "21세기를 위해 평등, 상호 신뢰, 상호 협력에 기초해 '전략적 동반자(Strategic Partnership)'로 발전시켜" 나가기로 합의한 후부터이다.[48] 러·중 양국은 공동성명을 통해 정상회담 등 고위급 회담을 정례화하고 양국 간 핫 라인(hot line)을 설치하기로 합의했다. 또한 중국은 체첸 문제가 러시아의 국내 문제임을 그리고 러시아는 타이완과 외교관계를 수립하지 않음은 물론 티베트가 중국의 일부임을 확언했다. 또한 양국 정상은 NATO 확대를 반대하면서 "패권주의, 권력정치, 타국에 대한 거듭된 압박이 계속 발생한다"라 하며 우회적으로 미국의 일방주의적 패권정치를 비난하고 다극화된 국제 질서의 확립

---

48 "Joint Declaration by the People's Republic of China and the Russian Federation, adopted at Beijing on 25 April 1996," http://www.un.org/documents/ga/docs/51/plenary/a51-127.htm(검색일: 2019년 3월 12일).

을 위해 협력하기로 합의했다.⁴⁹ 또한 양국 정상은 글로벌 차원은 물론 지역 차원에서 평화와 안정, 그리고 번영을 위해 협력하기로 합의하면서 당면한 국경 문제를 해결하기 위한 양자·다자 협의를 계속하기로 합의했다. 이 공동성명에서 중국은 러시아의 APEC 가입을 지지했다.

러·중 양국이 '전략적 동반자 관계'를 발전시켜나가기로 합의한 것은 냉전 질서 붕괴 후 변화된 국내외 요인, 특히 미국의 양국에 대한 정책과 패권주의적 글로벌 거버넌스에 전적으로 기인한다.

1992~1995년 사이에 러시아는 미국의 대규모 경제 지원과 진정한 전략적 동반자 관계의 발전이 환상이라는 것을 인식했다. 미국 등 서방 세계의 지원을 기대하면서 추진한 급진 경제개혁은 심각한 정치·사회·경제적 혼란을 야기했으며, 그 결과 정치권은 물론 일반인들의 반서구주의 감정이 증폭되었다. 실제로 1993년과 1995년 실시된 국가두마 선거에서 민족주의 세력이 크게 부상했다. 대외적으로도, NATO는 러시아의 강력한 반발이 있었음에도 1995년 9월 중유럽 국가들의 NATO 가입 절차에 관한 '기본 원칙'을 채택했다. 이러한 국내외 상황에 직면해 옐친 대통령은 1996년 1월 유라시아주의자이자 다극주의를 신봉하는 프리마코프를 외교장관에 임명했다. 프리마코프의 외교장관 임명은 옐친 정부가 부상하는 중국과 전략적 연대를 통해 미국을 견제하려는 정책 의지를 분명히 드러낸 것이었다.

옐친 정부 집권 2기 들어 미·러 관계는 미국의 NATO 확대 추진, 즉 미국 주도로 1997년 체코·헝가리·폴란드가 NATO-MAP에 포함되었으며 1999년 NATO 창설 50주년 기념식 개최된 워싱턴 정상회담에서 정식 회원국이 되었다. 또한 미국은 러시아의 옛 소련 지역에 대한 '세력권'을 인정하지 않으면서 탈러 성향의 우크라이나·몰도바·아제르바이잔·조지아 등의 다자협력체인 GUAM의 창설을 후원했다. 또한 미국은 러시아의 반대를 무시하고 아제르바이잔에서 생산되는 석유와 가스

---

49  *Ibid.*.

를 러시아를 경유하지 않고 유럽·터키 등으로 수출할 수 있는 파이프라인 건설을 추진하기 위해 1997년 특사를 아제르바이잔에 파견했다. 그리고 미국은 1999년 4월 NATO 정상회담이 워싱턴에서 개최될 때 탈러 성향의 카리모프 우즈베키스탄 대통령을 초청해, GUAM에 가입시키고 양자협력 확대를 위한 정상회담을 개최했다. 또한 러·미 양국은 1998~1999년 발생한 코소보전쟁을 둘러싸고 대립과 갈등을 빚었다.

한편 미·중 관계는 타이완해협 문제로 훼손되었다. 특히 1995년 12월 중국의 타이완해협 미사일 발사 시험에 대응해 미국이 베트남전쟁 이후 가장 막대한 전략자산을 타이완해협에 파견해 군사적 시위를 하면서 양국 관계가 크게 악화되었다. 또한 1996년 4월 미국은 중국의 군사적 부상에 대응해 일본과 안보동맹 관계를 강화하는 수 개의 조치에 합의했으며, 이는 중국으로 하여금 대응책을 강구하게 했다. 클린턴 행정부의 이러한 대외 군사·안보 강경정책은 당시 공화당 후보의 경제실정에 대한 출구 전략이었을 수도 있지만 결과적으로 러·중 정상 간 '전략적 동반자 관계'의 발전을 합의하는 데 기여했다. 그리고 1999년 5월 코소보전쟁 시 베오그라드 주재 중국대사관에 대한 미군의 폭격(오폭)도 미·중 관계의 악화와 러·중 관계의 강화 요인으로 작용했다.[50]

## 4) 신 조약의 체결과 전면적 전략적 동반자 관계(2000~현재)

푸틴 정부의 출범은 러·중 관계를 더욱 강화시키는 요인으로 작용했다. 푸틴 대통령은 집권 후 경제 위기를 극복하기 위해 친서방 정책을 추진했다. 실제로 9·11테러

---

[50] "United States bombing of the Chinese embassy in Belgrade," https://en.wikipedia.org/wiki/United_States_bombing_of_the_Chinese_embassy_in_Belgrade(검색일: 2019년 3월 12일).

사태 후 부시 대통령에게 세계 각국의 최고지도자로서는 가장 먼저 전화해 위로를 표했으며, 아프가니스탄에 암약 중인 알카에다 세력 척결을 위한 전쟁 수행에 적극 협력했다. 그러나 미·러 관계가 점차 악화되기 시작한 것은 부시 행정부가 러시아의 반대를 무시하고 2001년 12월 ABM조약의 탈퇴 선언과 유럽 MD체제 구축을 본격적으로 추진하면서부터이다.

러·미 관계는 미국의 옛 소련 국가들의 시민혁명 지원과 NATO 확대, 그리고 푸틴 집권 2기(2004~2008) 들어 러시아의 강대국으로의 재부상 등과 같은 요인들에 의해 더욱 악화되었다. 즉 미국은 2003~2004년 조지아, 2004~2005년 조지아와 우크라이나에서 부정선거에 항의하기 위해 발발한 시위를 지원해 시민혁명을 성공, 친미·친서방 정권을 수립했으며, 이 국가들의 NATO 가입을 추진했다. 또한 미국은 러시아의 반대에도 2004년 발트 3국을 포함한 중유럽 7개국을 NATO에 가입시켰다. 발트 3국의 NATO 가입은 사상 최초로 러시아가 NATO 회원국과 접경국이 되는 사태였으며, 이에 러시아는 대응책을 강구할 수밖에 없었다.

푸틴 정부 들어, 러·미 관계가 점차 악화되는 상황에서, 러시아는 중국과의 전략적 동반자 관계를 확대·심화하는 조치를 취했다. 실제로 러·중 양국은 1996년 이래 지난 5년 동안 연례 정상회담, 총리회담 등 고위급회담을 개최해오면서 정치·외교·경제·군사 협력을 확대했으며, 그 결과 국경 문제를 99.9% 이상 해결하는 여러 국경협정을 체결했다. 그 결과 양국은 2001년 6월 아스타나 정상회담에서 '상하이 포럼'을 '상하이협력기구(SCO)'로 변화시켰으며, 같은 해 7월 16일 모스크바에서 개최된 정상회담에서 25항으로 구성된 '선린·우호·협력 조약'을 체결했다.[51] 신 조약은 1980년 4월 이후 무조약 상태에 있던 양국 관계를 정상적인 국가 관계로 변화시키면서 중장기적 협력 관계(20년 기한, 연장 가능)의 틀을 마련해주었다. 즉 이 조약

---

51 "Treaty of Good-Neighborliness and Friendly Cooperation Between the People's Republic of China and the Russian Federation," https://www.fmprc.gov.cn/mfa_eng/wjdt_665385/2649_665393/t15771.shtml (검색일: 2019년 3월 13일).

을 통해 양국은 21세기 상호 관계를 규정하는 큰 틀을 정립하면서 대미 견제, 다극화된 국제 질서 구축 등을 위한 전략적 동반자 관계의 강화책들에 합의했다.[52]

이후 양국은 양자·다자 차원의 각종 정상회담, 고위급회담을 통해 제반 분야에서 실질 협력을 확대해오고 있다. 또한 양국은 2005년 7월 1일 개최된 정상회담에서 21세기의 바람직한 국제 질서에 관한 공동성명을 채택했으며, 향후 국제 질서가 어느 일국(미국)에 의해 주도되는 것이 아닌 국제법이 존중되고 회원국들의 공동이익이 보장되면서 상호 협력하는 질서를 발전시켜나가야 한다고 주장했다.[53] 2011년 양국은 전략적 동반자 관계 확립 15주년을 맞이하여 '포괄적 전략적 동반자 관계(Comprehensive Strategic Partnership)'를 발전시켜나가기로 합의한 후 글로벌·지역·양자 차원에서 양자협력을 더욱 긴밀화하고 있다. 예를 들어, 러·중 양국은 시리아 사태, 북핵 문제 등에서 UN 안보리에서는 물론 양국 간 정상회담 등 고위급회담에서 공조하고 있다. 또한 양국은 SCO·BRICS·CICA 등 다자협력체를 통한 협력을 강화하면서 합동 군사훈련 등 군사협력, 경제·통상 협력 등을 확대해오고 있다.

한편 미·중 관계는 21세기 들어 더욱 악화되었다. 가장 갈등이 심한 현안은 타이완의 지위와 인권 문제였다. 중국은 1997년과 1999년 홍콩과 마카오를 복속시키면서 '일국양제(One Nation, Two Systems)' 정책을 내세웠고, 이를 타이완에 적용할 것임을 천명했다. 그러나 타이완이 이를 거부하면서 독립운동을 강화함에 따라서 양측 간 갈등과 대립이 심화되었고, 미국이 타이완의 입장을 지지하면서 무기 판매를 확대함에 따라서 미·중 갈등도 고조되었다. 또한 일본의 군사력 강화와 이에 대한 미국의 지원, 그리고 미·일동맹 강화 추진은 중국은 물론 러시아의 안보위협 인식을 증대시켰다. 이 외에도 미국은 중국 내 인권 문제, 지적재산권 도용 등 국내 문제에 대한 비판과 국제적 압력을 지속했으며, 이 문제들을 둘러싼 미·중 간 갈등이 증대되었다.

---

52  구체적인 내용에 대해서는 서동주, 앞의 논문 참조.
53  "China-Russia Joint Statement on 21st Century World Order," http://www.freerepublic.com/focus/f-news/1436001/posts(검색일: 2011년 3월 20일).

2009년 1월 오바마 행정부의 출범과 대러 관계 '재조정정책(Reset-Button Policy)'은 미·러 관계를 크게 개선시키는 요인으로 작용하고 있다.[54] 실제로 2009년 4월부터 New START 체결을 위한 협상이 진행되어 2010년 4월 마무리되었고, 러시아가 강력하게 반대한 미국의 CIS로의 NATO 확대와 중동부 유럽 내 MD 구축정책이 중단되었다. 한편 메드베데프 정부도 현대화정책의 성공적 추진을 위해서는 미국과의 경제·과학기술 협력이 꼭 필요한 실정이다.[55] 그러나 최근 발생한 미국발 경제 위기는 미국의 경제력·영향력을 상대적으로 약화시키고, 중국의 상대적 부상과 미·중 간 환율분쟁을 촉발하는 요인으로 작용했다. 또한 중·일 양국의 센카쿠열도(댜오위다오)를 둘러싼 영토분쟁, 중국 반체제 인사의 노벨평화상 수상, 북한 문제, 위안화 절상 등을 둘러싼 미·중의 입장 차이는 양국 관계를 악화하는 요인으로 작용하고 있다.

러·중 양국은 대미 관계와 상관없이 정상회담, 총리회담, 그리고 SCO 및 BRICS 정상회담 등을 통해 양국 간 전략적 동반자 관계를 강화해오고 있다. 수교 60주년을 기해 '2009년을 중국에서 러시아의 해'로, '2010년을 러시아에서 중국의 해'로 지정해 다양한 기념행사를 진행했다. 또한 2010년 9월 말에는 메드베데프 대통령의 베이징 방문을 계기로 스코보로디노와 다칭을 연결하는 송유관 완공 기념식을 개최하고, 에너지협력을 확대하기 위한 협정을 체결했으며, 양국 간 교역 결제통화로 위안화와 루블화를 사용하기로 합의했다.

2012년 푸틴 제3기 정권의 출범과 2013년 시진핑 정부 출범 후 러·중·미 3각 관계에서 러·중 관계는 더욱 긴밀해진 반면, 러·미 관계는 여러 요인에 의해 크게 악화되었다.[56] 특히 오바마 행정부의 러시아의 2011년 국가두마 선거와 2012년 3월 대선 과정에서 반정부·반푸틴 시위대에 대한 직·간접적 지원과 푸틴 대통령에 대

---

54 오바마 행정부의 대중·대러 정책에 관해서는 홍현익(2011), 앞의 논문, 22-53쪽 참조.
55 고재남, 「러시아의 현대화 정책 추진 동향 및 함의」, 『주요국제문제분석』, 국립외교원, 2010. 11. 15.
56 이에 대해서는 필자의 다음 논문 참조. 고재남, 「최근 미·러 갈등의 심화와 양국관계 전망」, 『주요국제문제분석』 2013-27, 국립외교원 외교안보연구소, 2013. 9. 12.

한 비난은 최고 지도자들 간 또는 주요 정치엘리트 간 상호 인식에 큰 불신과 적대감을 심어주었다. 이는 여타 국내외 문제들(리비아·시리아 사태, 스노우든 망명사태, 푸틴 정부의 동성 간 결혼 금지 등 보수주의 등)과 결합해 미·러 관계를 더욱 악화시켰으며, 양국 정상이 상호 만남을 기피하면서 오바마 대통령 등 서방 국가 정상들의 소치 동계올림픽 불참으로 이어졌다.

　이러한 미·러 관계의 악화로 러시아는 출구 전략의 모색 또는 러·중 전략적 동반자 관계를 강화하는 정책을 추진했다. 러시아는 서방 세계와의 협력 관계가 제한적인 상황에서 2012년 블라디보스토크 APEC 정상회의를 극동·시베리아 지역의 개발 촉진을 통한 국토 균형 발전의 도모, 아시아·태평양 지역 국가들과의 경협 확대와 심화를 통한 아시아·태평양 경제권으로의 통합 확대를 위한 계기로 삼으려는 정책 목표를 설정했고, 이를 위해 소위 '신동방정책(Pivot to the East or Turn to the East)'을 추진했다. 그 결과 제3기 푸틴 정부의 출범과 더불어 내각에 '극동개발부'를 신설했고, 중국·한국·일본·동남아시아국가연합(ASEAN: Association of southeast Asian Nations) 등 동아시아 국가들과의 협력 확대에 관심을 기울였다.

　2013년 초 출범한 시진핑 정부는 과거보다는 공세적인 강대국 외교를 추진해왔고, 그 결과 미·중 관계가 과거보다 갈등과 대립이 심화되는 양태를 보여왔다. 물론 거의 같은 시점에 출범한 제2기 오바마 정부가 중국 견제를 위한 '재균형정책'을 지속하고 있음에도 당면한 경제 위기 해결과 반테러전, 그리고 북핵 문제 해결을 위해 대중 협력을 중시했다. 그러나 시진핑 정부의 중국의 핵심 이익(주권, 안보, 경제 발전 등)이 존중·보장되는 '신형 대국 관계'는 미국이 지지할 수 없는 주장으로 양측 간 충돌을 불가피하게 했다. 특히 센카쿠열도(댜오위다오), 남중국해에 대한 중국의 영토·영해권 주장은 미국의 입장으로서는 관련국들은 물론 자국의 항해권과 군사적 작전권을 제약하는 것으로 양국 간 갈등 요인으로 남아 있다.[57] 또한 '미국 우선주의'

---

57　시진핑 정부 출범 후 미·중 관계의 변화에 대해서는 국립외교원 외교안보연구소 중국연구센터에서

와 이에 따른 보호무역주의정책을 강력히 추진하고 있는 트럼프 행정부 들어 미·중 간 무역갈등이 심화되고 있으며, 이는 시진핑 정부의 대러 전략적 동반자 관계의 강화정책을 강력히 추동하고 있다.

한편 러시아의 2014년 3월 크림반도 합병과 돈바스 분리주의, 2016년 미국 대선 개입, 2018년 3월 영국 내 전 KGB 이중 스파이 세르게이 스크리팔(Sergei Skripal) 암살기도 등에 따른 미국·영국 등 서방 세계의 대러 외교·경제 지속과 러시아의 맞제재로 러·미 관계는 탈냉전기 최악의 관계에 있다. 러시아는 이러한 서방 세계의 대러 제재에 따른 외교적 고립과 경제위기 심화를 타개하기 위해 한편으로는 유라시아 통합을 적극 추진하면서, 다른 한편으로는 중국·인도 등 유라시아 인접국가들과의 관계 개선, 중동 지역에서 영향력 유지 등을 위한 정책을 적극 추진해오고 있다. 이는 시진핑 정부가 추진하는 대미 견제정책, '일대일로' 정책, 에너지·자원 확보정책, 다극주의정책이 상호 결합해 러·중 관계를 사상 최고의 관계로 발전시키고 있다.

## 5. 결론

지난 70여 년 동안 러·중 관계는 동맹 관계에서 적대 관계, 우호·협력 관계, 건설적 동반자 관계, 그리고 지난 22년간은 포괄적 전략적 동반자 관계 등으로 발전해왔다. 러·중 관계의 발전 양태는 유라시아 전략환경은 물론 세계 정세에 지대한 영향을 미치는 요인으로 작용했다. 이 연구를 통해 러·중 관계가 양자 차원의 지정학적·정치적·경제적·역사적·문화적 요인들과 다자 차원의 세계적 요소들의 복합적 결합 속

---

2014년부터 매년 출간하고 있는 『중국정세보고』 시리즈에서 연도별 「미·중 관계의 평가」(정재호 교수) 참조.

에서 발전해왔음이 증명되었다. 또한 러·중·미 3국 관계에서 미국은 제2차 세계대전 후 소련과 더불어 초강대국으로 부상하면서 양극질서의 당사자이자 대소 봉쇄정책을 주도한 유라시아 밖의 국가로서 유라시아 내 두 강대국의 친소 관계와 역학 관계는 물론 이 3국의 '전략적 3각 관계'의 형성과 발전에 큰 영향을 미쳤다.

러·중 관계가 양국이 대미 견제 또는 미국 위협에 공동 대처하기 위한 외교·안보 정책 공조, 에너지 협력 확대 등을 추진하면서 '전면적 전략적 동반자 관계'를 더욱 발전시켜오고 있음에도 대미 군사동맹 관계로의 발전 가능성은 거의 없다. 그러나 러·중이 SCO 또는 양국 차원의 합동 군사훈련을 연례적으로 실시하면서 긴밀한 군사협력을 해오고 있는 것이 증명해주듯이, 양국의 대미 적대 또는 대립 관계가 완화되지 않는 한 '준 군사동맹(Quasi-military alliance)' 수준의 안보협력은 지속해나갈 것이다. 실제로 양국이 2001년 채택한 신 조약은 "유사시 안보위협에 공동 대응한다"는 조항을 포함하고 있다. 또한 양국이 1997년 채택한 '다극화 세계 및 신 국제 질서 구축에 관한 선언'과 2000년 채택한 '미사일방어체제에 관한 공동선언' 그리고 수많은 정상회담 후에 채택한 '공동성명(선언)' 등은 미국 주도의 국제 질서를 반대하면서 글로벌·지역 차원의 안보 문제에 공동 대응한다고 밝히고 있다.

하지만 다수의 학자들은 러·중 간 전략적 동반자 관계의 한계성을 지적하고 있다.[58] 즉 러·중 양국은 러시아의 영향권으로 간주되어온 중앙아시아에 대한 중국의 과도한 진출, 극동·시베리아 지역으로의 과도한 중국인 유입, 중국의 경제력에 기초한 군사력 증대, 중국 측의 아무르강·우수리강 유역의 환경오염, 동북아시아, 남아시아 이슈에 관한 정책과 접근법의 차이, 러·중 간 대미 관계에서 이해관계의 차이

---

58 러·중 전략적 동반자 관계의 제약 요인은 다양하게 제시되고 있음. 홍완석(2000), 앞의 논문, 45-48쪽; Chenghong Li, "Limited Defense Strategic Partnership: Sino-Russian Rapprochement and the Driving Forces," *Journal of Contemporary China* 16(August, 2007), pp. 477-497; Richard Weitz, "Why Russia and China have not formed an Anti-American Alliance," *Naval War College Review* (Autumn, 2003), pp. 39-61; Brian Carlson, "The Limits of Sino-Russian Strategic Partnership in Central Asia," https://jpia.princeton.edu/sites/jpia/files/2007-8.pdf (검색일: 2019년 3월 12일), etc..

와 러시아, 중국의 대미 상호 의존성 증대, 러시아의 양국 관계에서 주니어 파트너로서의 지위 불용, 경제협력의 대폭 증가 불가능 등과 같은 잠재적 갈등 요인을 갖고 있다고 지적하고 있다. 이들은 특히 중국의 부상이 미국과 러시아의 대중 견제심리를 증대하는 요인으로 작용할 것이고 이는 러·미 관계를 강화시키는 요인으로 작용할 것이라 주장하고 있다.

필자는 향후 상당 기간 동안 러·중 관계에서 상기한 갈등 요인보다는 하기한 협력 요인이 더 강하게 작용할 것으로 본다.

정치적으로, 양국은 '강력한 지도자(strong man)'의 리더십에 기초한 권위주의 체제를 발전시켜 유지해오고 있으며, 이는 양국 정치엘리트 간 깊은 정치적 유대감의 토대가 되고 있다. 또한 양국은 다민족 혼재성과 영토의 광대성 때문에 영토 통합성과 수직적 행정을 중시하는 권위주의적 정치체제를 유지할 필요가 있으며, 그 결과 미국 등 서방 세계의 국내 문제 간섭에 대해 공동 대응할 필요가 있다.

외교·안보적으로, 양국은 다극주의 국제 질서의 창출과 초강대국 미국의 일방주의를 견제하기 위한 차상위 '강대국 연대'가 필요한 실정이다. 또한 중국은 러시아의 방산물자 주요 수출 시장이며, 중국도 국방력 강화를 위한 첨단무기 도입(예: S-400)과 무기 개발을 위해 러시아의 협력과 지원이 필요한 실정이다. 또한 양국은 양자·다자협력기제를 이용해 국경 지역의 안정과 반테러·반분리주의·반종교적 극단주의에 공동 대응해오고 있으며, 이러한 협력은 향후에도 꼭 필요하다.

경제적으로, 양국은 산업구조가 경쟁적이기보다 상호 보완적이며, 그 결과 경제협력의 여지가 많다. 특히 러시아는 중국이 필요로 하는 막대한 에너지와 자원을 근거리에서 제공할 수 있다. 현재 양국이 추진 중인 '일대일로'와 EAEU를 통한 경제협력, 심지어 SCO를 통한 경제협력은 상호 의존성을 증대시켜 여타 분야에서 협력 확대를 추동할 것이다.

결론적으로 러·중·미 3각 관계에서 러시아와 중국이 전략적 연대를 통해 미국을 견제하는 '안정적 결혼 관계'가 상당 기간 지속될 것으로 전망된다. 러·중·미 3국은 한반도 안정과 평화, 그리고 번영에 지대한 영향을 미치는 국가들이다. 따라서 한국은 중국의 부상, 러·중 간 전략적 동반자 관계의 공고화, 러·미/미·중 관계에서 협력과 갈등 요인 상존 등에 따른 러·중·미 3각 관계의 현황과 변화 추이를 면밀히 관찰하면서 국익 제고를 위한 대책을 강구할 필요가 있다. 또한 이 3각 관계가 북한 핵과 미사일 문제 등 한반도 정세에 어떤 영향을 미칠 것인지에 대한 분석과 대책을 강구할 필요가 있다.

제8장

미·러 관계의 변화와 갈등 요인

# 1. 서론

미·러 양국은 수교(1809) 후 지난 210년 동안 롤러코스터형 관계를 유지해왔으며, 협력보다는 갈등과 대립 관계가 지배적인 경향이었다. 실제로 양국은 제1·2차 세계대전 시 침략국인 독일에 대항해 일시적 동맹 관계를 유지한 것을 제외하고는 국내외 현안을 둘러싼 갈등과 경쟁을 지속해왔으며, 2019년 현재 탈냉전기 최악의 상황에 빠져 있다.

탈냉전기 미·러 관계는 2000년 1월 제1기 푸틴 정부 출범 후 점차 갈등이 노정되기 시작했으며, 집권 2기(2004~2008) 들어 러시아가 강대국으로 부상하면서 더욱 악화되었다. 메드베데프 정부(2008~2012) 들어 오바마 행정부의 대러 관계 '재조정 정책(Reset-Button Policy)'으로 일시 양국 관계가 개선되기도 했다. 그러나 제3기 푸틴 정부(2012~2018)의 출범을 전후해 크게 악화되던 미·러 관계는 러시아의 크림반도 합병(2014. 3)과 미국 대선 개입(2016)으로 최악의 상황에 빠졌다. 일부 학자 또는 언론인들은 미·러 관계/미·중 관계의 악화에 따른 '신냉전 2.0'의 도래를 주장하면서 제3차 세계대전이 발발할지 모른다는 우려를 하고 있다.[1]

따라서 2000년을 하루 앞두고 이루어진 옐친 대통령의 조기 사임과 이에 따른 푸틴 정부의 출범은 미국을 위시한 서방 세계에서 '푸틴 알기 운동'을 촉진시켰다. 이

---

\* 이 장은 필자의 다음 논문들을 수정·보완해 작성한 것임. 「푸틴 정부의 외교정책과 미·러 관계의 전망」, 『정책연구과제』 2001-5, 국립외교원 외교안보연구소; 「최근 미·러 갈등의 심화와 양국관계 전망」, 『주요국제문제분석』 2013-27, 국립외교원 안보연구소; 「트럼프 행정부의 출범과 미·러 관계 전망」, 『주요국제문제분석』 2017-4, 국립외교원 외교안보연구소.

1 미국의 대소 봉쇄정책의 제안자인 조지 케넌(George Kennan)은 1998년 폴란드·헝가리·체코의 NATO 가입에 대한 러시아의 강경 대응으로 "새로운 냉전이 시작될 것"이라고 주장했음. 언론인 에드워드 루카스(Edward Lucas)는 2008년 푸틴 대통령의 집권 후 국제·양자 현안을 둘러싸고 미·러 간 갈등과 대립이 심화되자 *The New Cold War: Putin's Russia and the Threat to the West*라는 책을 출간해 세계적 관심을 끌었음. 이 외 주요 학자·언론인의 주장에 대해서는 다음 문헌 참조. "Cold War II," https://en.wikipedia.org/wiki/Cold_War_II(검색일: 2019년 3월 15일).

러한 '푸틴 알기 운동'은 비록 냉전이 종식된 지 10여 년이 되었지만, 아직까지 새로운 국제 질서가 자리 매김을 하지 않은 상황에서 러시아에서 어떠한 국내외 정책 성향을 갖는 지도자가 권력을 장악하느냐에 따라서 새로운 국제 정세의 흐름과 발전에 지대한 영향을 미칠 것으로 모든 사람들이 인식하고 있기 때문이었다. 실제로 러시아가 체제 전환의 혼란기를 겪으면서 군사적·경제적으로 매우 취약해졌으나 여전히 핵무기 강대국이며, 유라시아 국가로서 유라시아는 물론 세계 정세의 안정과 평화, 그리고 번영에 결정적인 영향을 미칠 수 있는 '본원적인 요소들(root factors)'을 갖고 있다.

미국 주도의 세계 질서 형성에 대체로 호의적이었거나 감히 적극적으로 대응하지 못했던 옐친 대통령과는 달리 푸틴 대통령은 국제 정세에 대한 냉정한 판단과 이에 대한 적극적인 대처를 위한 새로운 전략을 수립하여 이를 실천했다. 즉 푸틴은 대통령으로 취임하자마자 러시아 외교·안보 정책의 기본 방향과 정책을 제시하고 있는 '러시아 연방의 국가안보개념', '러시아 연방 군사독트린', '러시아 연방의 외교정책 개념' 등을 2000년 1월, 4월, 6월에 각각 채택했다. 이들은 옐친 정부하에서 1997년 12월, 1993년 11월, 1993년 4월에 각각 채택된 것을 국내외 정세의 변화를 감안하면서 새로이 수정하여 채택한 것이다.

냉전 질서의 붕괴 과정에서 긴밀한 협력 관계를 유지하던 미·러 양국은 미국에서 클린턴 행정부가 출범하면서 '전략적 동반자 관계'로의 발전을 도모했다. 그러나 소연방 붕괴 후 세계 유일 초강대국의 지위를 획득한 미국은 1990년대 중반부터 미국 주도의 새로운 국제 질서 구축을 적극 추진했고, 이 과정에서 러시아의 외교·안보 이익 또는 주장이 무시됨으로써 미·러 관계가 악화되기 시작했다.

따라서 이 장에서는, 첫째 옐친 정부의 외교정책 정향의 변화 속에서 미·러 관계가 어떻게 전개되어왔는지를 개관하고, 둘째 제1기 푸틴 정부가 출범한 후 채택된 외교·안보 문건들이 제시하고 있는 국가안보전략과 그것이 러시아의 전반적인 외교정책과 대미 관계에서 어떠한 정책으로 구체화되었는지를 분석하고, 셋째 푸틴 정부 출범 후 미·러 관계의 변화와 갈등 심화 추이를 살펴보고, 넷째 미·러 갈등 요인을 분석해보기로 한다.

## 2. 옐친 정부 시기 미·러 관계의 발전 개관

옐친 정부하에서의 미·러 관계의 변화 추이는 양국의 상대국에 대한 정책 변화에 따라서 대체로 두 시기로 나누어 발전됐다고 볼 수 있다. 즉 제1기는 1992~1993년 사이로 양국이 전략적 동반자 관계를 적극 모색했던 시기이며, 제2기는 1994~1999년 사이로 대립과 갈등이 점차 심화된 시기이다. 따라서 미·러 관계를 양국의 상대국에 대한 정책과 이에 대한 대응을 중심으로 살펴보면 다음과 같다.

### 1) 전략적 동반자 관계의 모색(1992~1993)

소연방이 붕괴되기 전부터 미·러 외교 관계가 형성되기 시작했지만, 미국은 고르바초프 소련 대통령의 국내외 입지를 고려하여 소연방이 붕괴될 때까지 러시아를 주권국가로 인정하지 않았다. 따라서 미·러 간 공식적인 외교 관계는 소연방 붕괴 직후 미국이 러시아를 소련의 국제법적 계승국으로 인정한 1991년 12월 말부터 시작되었다.

옐친 대통령은 신생 러시아의 출범과 더불어 시급히 달성해야 할 국정 목표로 중앙계획경제체제를 시장경제체제로 전환하는 것으로 설정하고, 이를 달성하기 위해 가격자유화 등을 포함한 급진 경제 개혁을 1992년 1월 2일부터 시행했다. 이러한 옐친 정부의 경제개혁 중시 정책은 대외 관계에서 서방 세계의 경제 지원과 국제경제체제로의 편입을 위한 경제외교를 우선하는 정책을 추진했고, 그 결과 친서방주의정책, 특히 미국 우선주의 외교·안보 정책을 추구할 수밖에 없었다.[2] 이는 미국을 포함한 서구 주요 국가들이 G7, IMF, IBRD 및 유럽 재건·발전 은행 등을 장악하고 있었고, 옐친 정부 또한 아무리 러시아가 강력한 군사력을 보유하고 있을지라도 선진 7개국과 협조를 하지 않으면 국제 사회에서 고립될 수밖에 없다고 인식했기 때문이었다.

사실 미국은 옐친 정부의 친서방주의정책에서 매우 중요한 의미를 갖는다. 무엇보다도 냉전 질서 붕괴 후 유일한 초강대국인 미국과의 긴밀하고 대등한 협력 관계는 러시아에게 아직도 강대국이라는 심리적 만족감을 주는 요인으로 작용했다. 따라서 옐친 대통령은 고르바초프 대통령이 발전시킨 미·러 관계를 그대로 계승하기 위한 정책을 서둘러 추진했다. 미국 또한 적어도 단기적으로는 소연방 붕괴 후 양국 간 최대 안보 현안으로 떠오른 핵무기 감축 노력 지속과 옛 소련 지역 내 핵무기 비확산, 핵물질의 안전한 관리 등을 위해 옐친 정부의 체제 전환을 지원하는 등 러시아와 긴밀히 협력할 필요가 있었다.

고르바초프 대통령에 의해 발전된 미·러 동반자 관계의 지속에 대한 옐친 대통령의 희망은 1992년 1~2월 사이에 캠프 데이비드에서 개최된 부시 대통령과의 정상회담 후 채택된 '캠프 데이비드 공동성명'에 그대로 담겨 있다. 이 공동성명은 미·러 관계를 "공동 위협에 함께 대처하는 새로운 동반자 연합(new alliance of partners)"으로 정의하고 있다. 또한 공동성명은 미·러 양국은 공동의 가치에 기초하여 친선 관계를 발전시키면서 핵무기 감축, 재래식 무기 확산 통제, 지역분쟁의 해결, 테러리즘과 마약과의 전쟁 등에서 동반자적 관계를 발전시켜나가겠다고 밝히고 있다.

---

2   1992년 2월에 공개된 러시아 외교부 문서는 "현 상황에서 러시아 외교정책의 주된 과업은 사회·경제적 위기를 극복하고, 국가로서의 러시아와 러시아 국민의 정상적 생활을 재생시키는 것이며, 개혁 프로그램을 위한 호의적인 대외 환경을 조성하는 것이다"(제1항)라고 적고 있다. 또한 제2항에서는 러시아 외교활동의 주된 과업은 "러시아의 국익을 증대시키는 것인데… 이는 국민의 생활 향상, 역동적인 경제 창출, 인권과 민주주의 원칙의 강화, 세계 및 지역 안정과 안보를 위한 협력의 증대이다"라고 적고 있다. 다음의 외교부 문서 참조. "Ob osnovnykh polozheniiakh kontseptsii vneshnei politiki Rossiiskoi Federatsii"(February, 1992).

부시 행정부의 미·소(러) 간 전략적 동반자 관계를 발전시키려는 노력은 1989년을 기점으로 동구권에서 공산당이 몰락하고, 소련의 제3세계에 대한 지원이 대폭 축소됨에 따라 시도되었다. 즉 부시 행정부는 UN 등 국제기구에서 소련 정부와의 협력을 바탕으로 급변하는 세계 질서하에서 주도적인 역할을 담당하고, 이를 통하여 국제 사회의 안정과 평화를 도모하려 했다.

이러한 부시 행정부의 노력은, 모스크바 당국은 물론 워싱턴 당국에도 상당히 매력적인 것이었다. 소련의 입장에서 볼 때, 그것은 미국과의 동반자적 관계를 통해 세계 질서의 재편 과정에서 영향력을 유지·행사할 수 있는 기회를 제공해준 반면, 미국에게는 세계 경찰국가로서의 경제적 부담을 감소시켜주는 긍정적인 효과가 있었다. 실제로 고르바초프 대통령은 당시 군사협력 관계에 있었던 이라크가 쿠웨이트를 침공하자 이를 비난했고, 미국이 UN 안보리에서 이라크에 대한 UN군의 군사 제재를 추진하자 이를 반대하지 않았다. 또한 소련은 아프가니스탄에서 소련군을 철수시켰을 뿐만 아니라 캄보디아·니카라과·앙골라·남아프리카 등지에서의 분쟁을 해결하기 위한 미국의 정책에 동참했다.

이러한 양국 간의 동반자적 협력이 계속되면서 국제적 분쟁이 하나씩 해결되고, 국제 질서가 탈냉전 시대로 변화하자 양국 대통령은 이를 '신세계 질서(new world order)'라고 칭했다. 그러나 이러한 양국 간 협력에도 부시 행정부의 종합적이고 긴밀한 대소 '동반자 관계' 구축 시도는 소연방이 1991년 8월에 발생한 쿠데타에 뒤이어 갑자기 붕괴됨으로써 무산되었다.

실제로 소연방의 갑작스런 붕괴는 소련과 동반자적 협력 관계를 바탕으로 '신세계 질서'를 구축하려던 부시 행정부에 큰 타격을 주었다. 당시 미국은 발트 3국을 제외한 12개 공화국들이 새로운 연방 형태로 계속 존속되기를 희망하면서 고르바초프를 지지하는 정책을 견지했다.

그러나 1991년 12월 21일 '알마아타 선언'으로 독립국가연합(CIS)의 출범이 구체화되자 부시 행정부는 소연방의 붕괴를 현실로 받아들이면서 러시아를 비롯한 '신

생독립국가(Newly Independent States)'가 민주주의체제로 변화·발전되기를 희망했다. 예를 들어 고르바초프 대통령이 사임한 지 하루 뒤인 같은 해 12월 26일 부시 대통령은 대국민 TV연설을 통하여 "미국은 용기 있는 지도자인 옐친 대통령의 지도하에 자유롭고 독립적인 민주 러시아가 출범하는 것을 환영하며, (독립국가로) 공식 인정한다"[3]고 밝혔다. 이후 상기한 바와 같이 1992년 초 개최된 미·러 정상회담에서 부시 대통령은 양국 간 협력 관계의 강화를 강조하면서 러시아에서 민주주의와 시장경제로의 개혁이 성공하기를 적극 희망했다.[4]

미·러 간 전략적 동반자 관계는 양국의 공동 관심사인 핵무기의 전략적 안정 유지, 그리고 옐친의 개혁운동과 러시아의 붕괴를 방지하기 위한 일시적인 협력의 성격이 짙었다. 특히 핵무기의 전략적 안정 유지와 이를 위한 상호 협력의 필요성은 냉전 시대의 유산이지만, 양국 간 주요 현안이었다. 따라서 양국은 소련 말기인 1991년 7월 30일 체결한 START I의 효력을 유지하면서 한 단계 높은 핵무기 감축을 위한 협상을 계속 진행했다. 우선 미·러 양국은 소연방의 붕괴로 소연방 구성국 중 핵무기 보유국이 러시아·우크라이나·카자흐스탄·벨라루스로 확대된 것을 해결하기 위해 양국 간은 물론 양국과 러시아 外 여타 3개국과의 빈번한 협상을 진행했다. 그 결과 미국과 이 관련 4개국은 1992년 5월 23일 포르투갈의 수도 리스본에서 전략 핵무기 관련 의정서를 채택했는데, 이에 따르면 소연방 구성국 중 러시아만이 유일한 핵무기 보유국으로 남으며, 여타 구성국들은 일정 기한 내에 자국 내에 배치된 전략·전술 핵무기를 러시아로 이전하거나 현지에서 해체해야 하며, 또한 빠른 시일 안에 NPT에 가입해야 했다. 미국은 이미 1991년 12월에 제정된 핵무기 위협을 감소시키기 위한 소위 '넌-루가법(Nunn-Lugar Act)'에 따라 이 4개 소연방 구성국에 경제

---

3  *Diplomaticheskii Vestnik* No. 11, 1992, p. 14.
4  제임스 베이커(James Baker) 국무장관도 1992년 4월 9일 미 상원 외교위원회의 청문회에서 행한 보고에서 민주 러시아가 더 이상 직접적이고 계속적인 미국의 위협 세력이 아님을 밝혔다. *The New York Times*(April 10, 1992).

지원을 했다.

이와는 별도로 러시아에 대한 미국의 경제 지원은 비록 기대에 못 미치는 정도이나 계속되었다. 즉 부시 대통령과 독일 콜(Helmut Kohl) 총리는 1992년 4월 1일 개최된 정상회담에서 러시아에 240억 달러에 달하는 경제 지원을 현실화하기 위한 공동 노력을 기울이기로 합의했다. 물론 이 240억 달러를 지원하는 형식과 기간에 대한 명시가 없었으나, 미국의 지원으로 러시아의 IMF·IBRD 가입이 1992년 상반기에 이루어졌으며, 같은 해 8월에 IMF의 첫 번째 대러 차관 10억 달러가 제공되었다.[5]

그러나 양국 간 전략적 동반자 관계를 더욱 발전시키기 위한 협력 확대는 1992년 6월 옐친 대통령의 워싱턴 방문을 계기로 이루어진 핵무기 감축 합의와 이를 통한 START II 협상의 진행을 제외하고는 큰 진전이 없었다. 이는 양국이 당면한 국내 정세의 영향 때문이었다. 예를 들어, 미국의 경우 1992년도는 대통령 선거의 해이자 부시 행정부의 마지막 해로서 국내 정치 우선주의가 팽배했으며, 러시아의 경우도 1월 초 전격적으로 실시한 급진 경제개혁 조치들의 부작용으로 경제 상황이 더욱 악화되면서 1992년 하반기에 들어서면서 옐친 대통령의 국내적 입지가 크게 약화되어 적극적인 대미 관계 개선을 위한 정책을 추진할 수 없었다.

1993년 1월 클린턴 행정부의 출범은 미·러 간 전략적 동반자 관계를 한층 강화시킬 수 있는 계기를 마련해주었다. 다시 말해 워런 크리스토퍼(Warren Christopher) 미 국무장관과 스트로브 텔벗(Strobe Talbott) 등을 포함한 클린턴 행정부 내 고위 관리들에 따르면, 러시아가 현재 추진하고 있는 민주화와 시장경제로의 개혁이 실패로 돌아갈 경우 무정부 상태와 같은 극도의 사회·정치·경제적 혼란이 유발될 수밖에 없고, 이는 결국 독재체제의 출현으로 귀결될 것이라는 것이다. 또 이러한 사태 발전은 핵전쟁의 위협 증대, 미국 국방비의 증액 강요, 러시아 인접 국가로의 불안정의 파급, 세계적인 민주화로의 발전 경향의 후퇴 등이 초래될 것이라고 경고했다.

---

5   Leszek Buszynski, *Russian Foreign Policy after the Cold War*, London: Praeger, 1996, pp. 59-61.

클린턴 행정부는 이러한 사태 발전을 막고 러시아의 체제 전환을 지원하며, 국제 문제 해결을 위한 협력 기반을 구축하기 위하여 러시아와 '전략적 동맹' 또는 '전략적 동반자 관계(Strategic partnership)'를 강화하려는 정책을 적극적으로 추진했다.[6]

클린턴 대통령은 옐친 대통령과 러시아에서 일어나고 있는 민주화의 진전에 대한 부시 대통령의 무관심을 비판하면서 취임 초기부터 적극적인 대러 정책을 추진했다. 우선 그는 러시아를 비롯한 신생 독립국 관련 전문가들을 중심으로 러시아 문제 담당팀을 구성했다. 클린턴은 토마스 피커링(Thomas Pickering)을 주러 미국대사로, 소련전문가 토비 가티(Toby Gati)를 백악관 국가안보위원회 러시아담당 서기로, 그리고 로렌스 섬머스(Lawrence Summers)를 대러 경제정책 담당관 등에 임명하는 한편, 그 자신도 집권 초기에 구 소련 지역의 상황을 분석하고 평가하는 데 상당한 시간을 투자했던 것으로 알려져 있다.

클린턴은 취임 후인 1993년 4월 4일 캐나다의 벤쿠버에서 옐친 대통령과 정상회담을 갖기 위해 첫 해외 나들이를 했으며, 이에 앞서 4월 1일 메릴랜드 애나폴리스의 '미국 신문편집장협회' 모임에서 행한 연설을 통해 러시아와의 '전략적 동맹' 관계의 필요성을 역설했다.[7] 또 당시 특명 전권대사이자 신생 독립국에 대한 클린턴 대통령의 특별 고문이던 탤벗은 같은 해 4월 19일 '하원 세출위 국제관계 소위원회'에 출석하여

---

[6] 콕스는 미국 대통령들에게 있어서 제2차 세계대전 후부터 소연방이 몰락한 1991년 말까지 소련과 덜 적대적이면서 더 협력적인 양국 관계를 정립하려는 시도가 적어도 3번은 있었다고 주장한다. Michael Cox, "The Necessary Partnership?: The Clinton Presidency and Post-Soviet Russia," *International Affairs* Vol. 70 No. 4, 1994, pp. 635-637. 클린턴 행정부 이전의 미·소 간 동반자적 협력 관계 모색은 주로 '안보 협력'에 국한되었다. 물론 부시 행정부하에서 소련에 대한 경제 지원이 계획되기는 했으나 미국의 경제 상태의 악화와 의회의 반대에 부딪혀 제대로 집행되지 못했다. 양국 간 안보 협력의 발전 과정에 대해서는 다음 문헌 참조. Steven Kull, "Co-operation or Competition: the Battle of Ideas in Russia and the USA," in James E. Goodby and Benoit Morel, eds., *The Limited Partnership, Building a Russian-US Security Community*, New York: Oxford University Press, 1993, chap. 12.

[7] Bill Clinton, "A Strategic Alliance With Russian Reform," *US Department of State Dispatch* Vol. 4 No. 14(April 5, 1993), pp. 191-192.

신생 독립국의 성공적인 개혁을 위하여 '전략적 동맹 관계'를 구축할 것을 주장했다.[8]

그렇다면 클린턴 행정부가 취임 직후 적극적인 대러 전략적 동반자 관계를 모색한 배경은 무엇인가? 첫 번째로 안보 이익의 추구를 그 원인으로 지적할 수 있다. 두 번째로 클린턴 행정부의 긴밀한 대러 우호·협력 관계 유지 정책은 국제 사회에서 미국의 지도적 역할을 수행하는 데 있어서 러시아를 주니어 파트너로 이용하고자 하는 데 그 목적이 있었다. 세 번째로 클린턴 행정부의 적극적인 대러 관계 개선정책은 경제 이익의 확대와 같은 국내적 요인도 작용하고 있다. 네 번째로 클린턴 행정부의 대러 전략적 동반자 관계 모색은 핵무기 감축 등 군축정책의 지속적 실현을 위하여 추구되었다.[9]

## 2) 갈등과 대립 관계의 시작 및 지속(1994~1999)

미·러 양국이 1993년 3월 개최된 정상회담에서 전략적 동반자 관계를 발전시켜나가기로 합의한 후 여러 분야에서 협력 확대를 위한 노력이 경주되었음에도 양국의 국내 정세와 외교·안보 정책은 양국 관계를 서서히 대립과 갈등 관계로 발전시켰다.

우선 러시아의 경우, 1993년 12월 실시된 국민투표에서 강력한 대통령 중심제 헌법이 채택되어 옐친 대통령의 외교정책 수행력이 크게 제고되었음에도, 국가두마 선거에서 공산당과 민족주의 정당의 압승은 옐친 정부가 지향하는 친서방주의적 외교정책을 순조롭게 진행시킬 수 없는 여건을 만들었다.

---

8 Strobe Talbott, "US Must Lead a Strategic Alliance With Post-Soviet reform," *US Department of State Dispatch* Vol. 4 No. 17(April 26, 1993).
9 보다 자세한 분석은 필자의 다음 논문 참조. 고재남, 「미국의 對러시아 정책: 전략적 동맹관계의 모색, 그 평가 및 전망」, 金德重 編, 『美國의 東北亞 政策: 클린턴 행정부의 외교안보 정책에 대한 평가와 전망』, 서울: 세종연구소, 1995, 제4장.

하지만 옐친 대통령은 가능한 한 미국 중시의 외교정책을 추진하면서 미국과 전략적 동반자 관계를 발전시켜나가려 했고, 이는 상당한 성과를 거두었다. 비록 기대에는 못 미쳤지만, 러시아는 미국 등 서방 세계의 직접적인 또는 IMF·IBRD 등을 통한 간접적인 경제 지원을 획득했고, 미국과 연례 정상회담의 지속, 고어-체르노미르딘 위원회를 통한 양국 간 경제·과학·우주·항공 등의 분야에서의 협력 확대, 그리고 미국의 지원에 의한 G8 정식 회원국 자격 획득 등과 같은 성과를 거두었다.

클린턴 행정부도 '참여정책'과 '확대 또는 편입 정책'을 바탕으로 러시아의 경제 개혁과 민주화 지원, 유럽 안보의 강화와 핵무기 확산을 방지하기 위한 안보·군사 협력의 강화, 옛 소련 지역의 안정을 위한 옐친 대통령의 근외 정책 지지 등과 같은 대러 정책을 추진했다.[10]

그러나 클린턴 행정부가 1994년 말부터 러시아의 반대를 무릅쓰고 NATO의 확대를 주장하면서 양국 관계가 서서히 긴장과 대립 관계로 발전되기 시작했다. 실제로 같은 해 12월 개최된 유럽안보협력회의(CSCE) 정상회담에서 클린턴 대통령의 NATO 확대 지지 발언과 이에 대한 옐친 대통령의 '냉평화(Cold Peace)' 도래 경고, 그리고 체첸 사태를 둘러싼 러시아와 미국 등 서방 세계와의 갈등은 양국 간 '전략적 동반자 관계'가 한계성을 갖고 있음을 증명해주었다.

사실 옐친 정부는 그동안 서방 세계와의 공동 가치와 안보 이익을 바탕으로 '벤쿠버에서 블라디보스토크까지'의 정치·안보 공동체를 구축할 수 있을 것으로 기대했다. 그러나 1994년 들어 비록 옐친 정부가 미국 등 서방 세계와의 협력 관계를 거부하지는 않았지만, 러시아의 외교정책 방향은 점차 전통적인 국익 추구를 중시하는 쪽으로 변화되었다. 즉 옐친 정부는 경제적 이익 추구를 우선적으로 지향하던 '맹목적인 친서방주의'로부터 '강대국 지위 유지를 바탕으로 한 독자주의'로 자국의 외교

---

10  니콜라스 번즈(Nicholas Burns)도 클린턴 행정부의 대러 정책을 '참여정책'과 '편입정책'으로 특징 짓고 있다. Nicholas Burns, et als., "Three Years After the Collapse of the USSR: A Panel of Former and Current Policymakers," *Post-Soviet Affairs* Vol. 11 No. 1, 1995, pp. 2-3.

정책 방향을 변화시키고 있다.[11]

이러한 러시아의 외교정책 방향의 변화는 국내적으로 경제 개혁의 실패에 따른 정치권 내의 개혁 세력의 약화와 온건·보수 세력의 상대적 세력 강화, 그리고 비러시아 지역의 러시아인 보호에 대한 관심 증대 등이 지적될 수 있다. 또한 소연방 지역에서 민족분쟁이 심화됨에 따라 러시아인의 권리와 신변 안전에 대한 우려의 목소리가 증대했으며, 헌법 개정 문제를 둘러싸고 의회와 정부 간의 대립이 심화되면서 최고회의 내 대다수의 의원들이 정치 노선을 초월하여 단합함에 따라 옐친의 입지가 점차 약화되기 시작했다.

대미·서방 관계에서 볼 때, 출범 초기 옐친 정부가 이 국가들에 대해 가졌던 경제 지원에 대한 기대는 국내 경제가 악화됨에 비례하여 실망감도 증대되었다. 즉 미국 또는 서방 세계에 가졌던 과도한 기대에 대한 미몽에서 서서히 깨어나기 시작한 것이다.[12] 그 결과 보수파를 중심으로 코지례프 장관의 맹목적 친미주의에 대한 비판이 제기되었고, 최고회의 내 보수 세력은 심지어 코지례프 장관의 해임을 옐친 대통령에게 촉구하기도 했다.

미국에 대한 러시아인들의 실망과 반감은 러시아가 경제적 어려움을 극복하기 위해 추진하던 인도에 대한 로켓 판매와 이란에 대한 잠수함 판매가 클린턴 행정부의 강경한 반대에 봉착하면서 심화되었다. 러시아인들은 이는 러시아의 국익과 경제적 어려움에 대한 미국의 무관심을 단적으로 증명하는 것이라고 믿었다. 당시 러시아 언론 매체는 미국의 이러한 대러 정책을 신랄하게 비난했다.

또한 발트 3국 내에 거주하고 있는 러시아인 등 소수 민족에 대한 미국의 무관심도 러시아인들의 반미 감정을 자극했다. 러시아는 발트 3국 독립 후 이 지역에 주둔

---

11  *Ibid.*; S. Neil MacFarlane, "Russian Conceptions of Europe," *Post-Soviet Affairs* Vol. 10 No. 3, 1994, pp. 234-269; Alexander Rahr, "New Focus on Old Priorities," *Transition* (February 15, 1995), pp. 9-11.
12  Alexei Pushkov, "Letter From Eurasia: Russia and America: The Honeymoon's Over," *Foreign Policy* No. 93(Winter, 1993-1994), pp. 83-90.

하고 있는 러시아군 철수 문제를 해당국 내 러시아인 등 러시아어 사용 민족에 대한 보호와 연계하여 추진하고 있었다. 그러나 클린턴 행정부는 러시아군 철수 문제에 관한 한 발트 3국의 입장을 지지하는 경향을 보였고, 이는 러시아인들에게 미국이 필요에 따라 이중적 인권정책을 적용하고 있는 것으로 인식되었다.

이러한 러시아인의 반미 감정의 증대와 옐친 정부의 독자주의정책 심화는 1994년 들어 보스니아 내전과 북한 핵 문제 등을 해결하기 위한 국제공조체제에서의 소외는 물론, 'D-Day 50주년' 전승 기념행사에서 러시아군의 초청이 제외됨으로써 점차 강화되었다. 그 후 같은 해 12월 개최된 CSCE 정상회의에서 미국이 러시아의 반대에도 NATO 확대에 대한 긍정적인 견해를 표명했을 뿐 아니라 CSCE를 유럽의 정치·안보 문제에 대한 주요 의결기구로 변화시키자는 러시아의 제안도 받아들여지지 않았다.

라흐르는 CSCE 정상회담에서의 이러한 미국 및 서방 국가들의 비우호적인 대러시아 정책은 옐친 정부, 특히 '국가안보회의' 내 보수·민족주의자들에게 러시아를 고립시키려는 정책으로 받아들여졌고, 러시아군의 체첸 사태에 대한 개입을 촉진시켰다고 주장했다.[13] 이유야 어떻든 체첸 사태에 대한 러시아군의 개입은 수많은 민간인의 살상과 재산 피해를 초래했고, 미·러 관계는 미국 등 서방 세계가 이를 국내 문제로 간주하면서도 비인도적인 군사 작전을 비난하면서 일단의 경제 제재를 실행하자 악화되었다.

이러한 미·러 관계의 악화는 1995년도에 들어 러시아가 미국의 반대에도 이란에 대한 원전 설비를 판매하겠다고 고집함으로써 더욱 악화되었다. 또한 비록 1995년 5월 9일 모스크바에서 개최된 '전승 50주년 기념식'에 클린턴 대통령이 참석하여 양국 간 정상회담이 성사되기는 했으나, 이에 앞서 클린턴 행정부는 체첸 사태에 대한 유감 표명으로 양국 정상회담이 연기 또는 무산될 수 있다는 견해를 수차례 표명하

---

13  Alexander Rahr, *op. cit.*, p. 10.

기도 했다.

　이러한 양국 간의 정책 대립은 상기한 정상회담에서도 그대로 드러났다. 비록 양국 정상이 유럽 안보와 핵확산 문제 등에 대해서는 유사한 견해를 피력했으나 NATO의 확대 문제, 이란에 대한 원전 설비 판매, 체첸 사태 등에 대해서는 여전히 이견이 존재함을 드러냈다.[14] 미·러 관계의 변화는 이러한 러시아의 국내 정세 및 미·러 관계의 발전에 따른 영향 외에도 1994년 11월 8일 실시된 의회 선거에서 공화당이 압승함에 따라서 상당한 영향을 받았다. 예를 들어, 러시아 국가두마 내 외교관계위의 위원장이자 전 주미대사인 블라디미르 루킨(Vladimir Lukin)은 미국에는 러시아를 강대국으로 간주하면서 장차 자유민주적 시장경제로 발전해갈 것으로 믿는 친러 세력과 러시아를 반(半)공산주의 국가로 간주하면서 장차 제국주의적이고 침략적인 국가로 발전해갈 것으로 보는 반러 세력이 존재한다고 지적하면서 의회 선거에서 공화당의 승리로 클린턴 행정부의 대러 정책에 대한 후자의 입김이 강화될 것이라고 전망했다.[15]

　이러한 미·러 관계의 발전 과정 속에서 옐친 대통령은 재집권 시 추진할 외교정책을 '선거 공약'과 대통령 선거 직전에 '안보 교서'를 통하여 발표했다.[16] 옐친은 '선거 공약'에서 21세기 국제 사회에서 러시아의 관여 없이는 어떠한 국제적인 현안이나 사건이 해결될 수 없는 정도로 러시아의 국제적 위상이 제고된 강대국을 건설하겠다고 천명했다. 이를 위하여 옐친 정부는 집권 2기(1996~2000) 동안 다음과 같은 외교정책을 우선적으로 추진해나가겠다고 선언했다. 첫째 자발성에 토대를 둔 CIS 통합의 달성, 둘째 해외 거주 러시아인의 권리와 이익의 보호, 셋째 서구·동구 국가

---

[14] *International Herald Tribune* (May 11, 1995).

[15] Leon Aron, "A Different Dance: From Tango to Minuet," *The National Interest* (Spring, 1995), p. 32. 클린턴 행정부의 대러 정책에 대한 공화당 및 보수주의자들의 비난은 다음 문헌 참조. Michael Cox, *op. cit.*, pp. 652-654.

[16] *Rossiskiie vesti* (June 1, 1996), pp. i - x vi; *Nezavisimaia Gazeta* (June 14, 1996). 한글로 번역된 「옐친 대통령의 안보 교서」는 『中蘇研究』 통권 70호(여름호), 1996, 336-362쪽에 게재되어 있음.

들과의 동반자 관계 구축 및 국제 협력에서 러시아의 이익 확보, 넷째 새로운 유럽 안보 협력체의 창설, 다섯째 중국·인도·일본·중동, 아세안 국가들과의 다면적이고 상호 유익한 관계 발전 모색, 여섯째 경제위기 극복을 위한 호의적인 대외적 여건 조성, 일곱째 국제적 수준에 부합된 인권 개선이다.

이와는 별도로 옐친 대통령은 START II의 조기 의회 비준을 강력히 원하면서 미국이 1972년 소련과 체결한 ABM조약을 훼손하는 새로운 미사일방어체제를 구축할 경우 START II의 의회 비준이 불가능할지 모른다고 경고했다. 또한 그는 NATO의 동유럽으로의 확대를 반대하고 어느 한 국가가 패권 질서를 구축하는 것을 반대하며 국제 사회의 다극화를 지지한다고 천명했다. 또한 옐친 대통령은 옛 소련 지역에서 민족분쟁의 해결과 방지를 위하여 러시아군의 평화유지활동이 중요함을 강조함과 동시에 세계 경제의 상호 의존성 증대와 통합 추세를 지적하면서 러시아가 이에 적극적으로 대응해야 한다고 주장했다. 또한 핵전쟁의 위험으로부터 온 인류를 구원하고 평화로운 복지 사회를 건설하기 위하여 핵무기·화학무기 등 대량살상무기의 감축 및 폐기를 위하여 러시아가 주도적인 노력을 기울이겠다고 밝혔다.

옐친 정부는 NATO의 확장을 받아들일 수밖에 없음을 인식, 러시아와 NATO 간 외교·안보 협력을 확대하는 선에서 마무리 지었다. 즉 러시아는 폴란드·헝가리·체코 공화국의 NATO 가입을 받아들이면서 NATO와 러시아 외교·국방 장관과의 연례 회담을 상설화하는 조약(Founding Act)을 1997년 5월 체결했다. 같은 해 12월 채택된 '러시아연방의 국가안보개념'은 강대국 지위 회복을 위한 전방위 외교의 추진, CIS 통합의 강화, 핵 무장력 강화를 통한 핵 억지력의 강화, 평화유지활동에의 적극 참여 등과 같은 내용을 담고 있다. 특히 국가안보개념은 국제 질서가 다극체제로의 발전 경향을 보이고 있지만, 이것이 구체화되기까지는 상당한 시일이 소요될 것으로 전망했다.

이처럼 조건부 협력 관계에 있던 러·NATO 관계는 1999년 3월 NATO가 미국 주도로 코소보를 공격하여 극도로 악화되었고, 그 결과 러시아와 NATO 간 협력 관계가 일시적으로 단절되었다. 특히 미국 주도로 NATO 창설 50주년을 기념하여 UN 안보리의 동의 없이도 인도적 이유에 기인한 군사 개입을 할 수 있도록 한 '신전략개념(New Strategic Concept)'을 채택하면서 미·러 관계가 더욱 소원해지는 계기가 되었다. 한편 1998년 봄부터 악화되기 시작한 러시아의 외환·금융 사정은 더욱 악화되어, 급기야 같은 해 8월에는 루블화 평가절하 및 한시적인 모라토리엄을 선언할 수밖에 없었다. 이러한 경제 사정의 악화는 러시아 국민들의 반미 감정을 더욱 증폭시키는 요인으로 작용했다.

1999년에 접어들면서 미국 내에서는 대통령 선거를 위한 캠페인이 2월부터 본격화되기 시작했고, 이는 클린턴 행정부의 국내 정책 우선주의를 심화하는 요인으로 작용하여, 미국의 대러 관계 개선을 위한 노력이 소강상태에 빠졌다. 이러한 상황에서 NMD·TMD 문제가 주요 선거 이슈로 등장했고, 클린턴 행정부는 NMD·TMD 조기 추진과 이를 위한 3차례의 실험을 실시했다. 물론 클린턴 행정부가 2차례의 실험 실패 및 정권 교체기의 상황을 고려하여 차기 정권으로 미사일 방어에 관한 결정을 연기했지만, 러시아의 미국의 NMD·TMD 추진과 이를 위한 ABM 조약의 수정 또는 폐기에 대한 반대가 극심해지면서 미·러 간 갈등이 심화되었다.

한편 옐친 대통령의 병세 악화에 따른 원활한 국정 수행의 불능 상태와 국가두마의 소위 여소야대 현상이 지속되어 양국 정상이 주요 양자 현안과 국제 현안에 대한 이견 해소를 위한 빈번한 정상회담과 실무자급의 의견 조율을 하지 못한 것도 미·러 간 대립과 갈등을 지속시키는 요인으로 작용했다. 하지만 옐친 대통령이 국가안보회의(NSC: National Security Council) 서기와 연방보안국(FSB: Federal Security Service)장을 맡고 있던 푸틴을 1999년 8월에 총리로, 12월에 대통령 직무대행으로 임명함으로써 크렘린 지도부의 세대교체와 러시아 외교정책의 변화를 예고했다.

## 3. 제1기 푸틴 정부의 외교정책 목표와 실제

새천년의 시작과 더불어 출범한 푸틴 정부의 과제는 지난 10여 년간 계속되어온 러시아의 정체성 찾기를 마무리 지으면서 새로운 국가 전략과 이를 달성할 수 있는 국내외 정책을 확정·실행하는 것이었다. 이를 위해 푸틴 정부는 출범과 더불어 '러시아연방 국가안보개념'(이하 '국가안보개념')[17]을 채택해 러시아가 지향하고 있는 국가안보 전략의 주요 내용과 이를 추구하기 위한 정책 방향을 제시하고 있으며, 이는 이후에 채택된 '신 군사독트린'(2000. 4)[18], '신 외교정책개념'(2000. 6)[19]에 반영되었다.

### 1) 제1기 푸틴 정부의 외교정책 목표

신 국가안보개념이 채택된 지 6개월이 지난 이후에 발표된 신 외교정책개념은 국가안보개념에 나타난 외교정책의 목표와 방향을 그대로 수용하면서 이 목표들을 달성하기 위한 구체적인 정책을 제시하고 있다. 즉 신 외교정책개념은 냉전 질서의 붕괴와 국제 사회의 노력으로 핵전쟁 발발 가능성이 최소화되었지만, 국가 간의 관계에서 군사력은 여전히 중요한 요소로 남아 있다고 평가하면서 최근 들어 국가 관계에서 경제, 정치, 과학·기술, 환경, 정보 등과 같은 요소들의 중요성이 점차 증대되었다고 지적했다.

---

[17] 원문은 http://scrf.gov.ru/Documents/Decree/2000/24-1/html, 영문은 http://www.princeton.edu/~ransac/recentdocuments/russiastrat2000.htm 참조.

[18] 원문은 hcttp://www.ng.ru/politics2000-04-22/5_doktrina.html, 영문은 http://www.armscontrol.org/ACT/may00/dc3ma00.htm 참조.

[19] 원문은 http://www.mid.ru/mid/vpcons.htm, 영문은 http://www.mid.ru/mid/eng/econcept.htm 참조.

신 외교정책개념은 러시아 국익에 대한 새로운 국제적 위협 또는 도전으로서 미국의 경제적·정치적 주도권에 따른 단극화된 국제 질서 확립 경향의 심화, 국제 문제 해결 과정에서 서구 국제기구 및 소수가 참여하는 포럼의 주도, UN 안보리 역할의 약화 등을 지적하고 있다. 또한 신 외교정책개념은 러시아의 국익에 영향을 미치는 요인으로 ① 국제 경제의 지구촌화, ② G8·IMF·IBRD 등과 같은 국제기구의 역할 및 세계 경제·정치 메커니즘의 역할 증대, ③ 유럽, 아시아·태평양 지역, 아프리카, 라틴아메리카 등지에서의 전 지역 또는 소지역 차원에서의 통합 확대, ④ 역내 국가 간 정치·군사적 경쟁 심화, ⑤ 분리주의 및 민족·종교적 극단주의 격화 등이라고 지적하고 있다.

따라서 러시아가 추구할 외교정책의 최우선 과제는 상기와 같은 국내외 정세의 흐름에 대응하면서 개인과 사회의 이익을 보호하는 것이라고 주장하고, 이를 위하여 다음과 같은 외교정책의 목표를 추구한다고 밝히고 있다. 여기서는 신 외교정책개념과 신 국가안보개념에 나열된 외교정책 목표를 종합하여 제시하고자 한다.

① 강대국의 지위를 유지하면서 국가 안전의 확보, 국가 주권 및 영토의 통합성 유지를 위한 적극적인 외교정책의 추구
② 세계 정치·경제 과정의 다자 관리를 위한 핵심 메커니즘, 특히 UN 안보리의 역할 강화
③ 국내 사회·경제 발전 및 세계적·지역적 안정에 호의적인 여건 확보
④ 정치·경제적 또는 여타 방법을 활용을 통해 해외 거주 러시아인의 법적인 권리와 이익의 보호
⑤ 국제법에 기초하여 CIS 국가들과의 관계 신장 및 러시아의 이익에 부합되는 방향에서 이 국가들과의 통합 추진
⑥ 세계·지역 차원의 경제·정치적 기구에 완전한 자격으로 참여
⑦ UN·OSCE·CIS 등의 국제 평화유지활동을 통한 분쟁 종식의 지원
⑧ 핵무기 감축의 달성과 관련 국제기구를 통한 세계의 전략적 안정 유지

⑨ 대량파괴무기 및 재래식무기의 감축과 제거를 위한 상호 의무 이행, 신뢰·안정 구축 조치의 실현, 군용 및 병용 상품 및 기술의 수출과 서비스 제공에 대한 국제 감시 확보
⑩ 현행 군비 통제 및 군축 협정을 국제 관계의 새로운 여건에 적응시키며, 필요 시 신뢰·안정 강화를 위한 조치 마련
⑪ 대량파괴무기의 非배치 지대 확립
⑫ 다국적 범죄 및 테러리즘을 척결하기 위한 국제 협력의 확대

## 2) 제1기 푸틴 정부 외교정책의 실제

첫째, 푸틴 대통령은 실리추구형 전방위 정상외교를 지속했다. 푸틴 대통령은 상기한 외교·안보 관련 문건들을 통하여 제시된 외교정책의 목표를 달성하기 위하여 대외정책에 있어서 독자주의 노선을 강화하는 한편, 지역적으로는 동·서양에 대한 균형정책을 강화하고 관련국과는 사안별로 협력하는 실리 외교를 지향해왔으며, 그 결과 상당한 성공을 거두었다. 실제로 푸틴 대통령은 NATO의 동진정책에 대응하여 CIS의 통합을 강화하는 정책을 추진했으며, 대미 견제를 위하여 중국·유럽·인도·일본 등과의 관계 증진을 위한 노력을 기울였으며, 베트남·몽골·북한·쿠바 등 과거 우방국들과의 관계를 복원시키는 정상외교를 적극 추진했다.

둘째, 푸틴 대통령은 대외·통상 협력을 강화시키기 위한 노력을 기울였다. 푸틴 대통령은 G8 정상회담의 참석 등 빈번한 방문·초청 정상외교를 통하여 상대국들과의 경제·통상 협력을 확대시키는 조치에 합의함은 물론 WTO·EU·CIS 내 유라시아 경제공동체 확립 등 세계 경제로의 편입 및 경제위기 극복을 위한 경제·통상 외교를 활발히 추진해왔다. 물론 WTO 등 세계 경제로의 편입, EU와의 경협 확대 등의 정책 목표가 큰 성과를 거두지는 못했으나 외국인의 투자 관련법과 제도 정비, 성장 경제 지속, 정치 안정 유지 등 대외 경제·통상 협력을 증대시킬 수 있는 국내 환

경을 개선해왔다.

셋째, 푸틴 정부는 대량파괴무기의 지속적 감축과 미국의 MD 추진 반대 외교를 지속해왔다. 푸틴 정부는 2000년 4월 7여 년간 지연되어온 START II는 물론 포괄적핵실험금지조약(CTBT: Comprehensive Test Ban Treaty)의 비준을 국가두마의 협조하에 마무리 지었다. 또한 미사일 제조 물질 및 기술 확산을 통제하기 위한 미사일기술통제체제(MTCR: Missile Technology Control Regime)를 지지하면서, 다른 한편으로는 글로벌 모니터링 시스템(GMS: Global Monitoring System)을 독자적으로 제안하기도 했다. 또한 푸틴 정부는 생·화학 무기 등의 감축을 위한 국제 사회의 노력에 동참했다. 또한 푸틴 대통령은 미국의 일방적 MD 추진은 미국의 패권적 지위 유지를 위한 군사력 증강정책이며, 이는 필연적으로 국제적 전략 안정의 초석으로 작용해온 ABM조약을 무효화함은 물론 군비경쟁을 촉발해 국제 질서의 불안정을 심화시킬 것이라는 판단하에 이를 저지하기 위한 외교적 노력을 경주해오고 있다.

넷째, 푸틴 정부는 CIS 국가들과의 협력 확대 등 CIS 통합 노력을 강화해왔다. 실제로 CIS 등 근외 지역, 특히 중앙아시아와 코카서스 지역을 외교·안보 정책에서 가장 우선적인 지역으로 간주하고, 이 지역들과 제반 분야에서의 협력을 확대하고 영향을 유지하기 위한 CIS 통합정책을 적극 추진해왔다. 실제로 푸틴 대통령은 옐친 대통령의 건강 이상으로 수차례 연기돼오던 CIS 정상회담을 대통령 직무대행으로 임명되자마자 모스크바에서 개최했으며, CIS 국가들에 대한 정상외교를 강화해왔다. 또한 푸틴 대통령은 2000년 10월 카자흐스탄 수도 아스타나에서 개최된 CIS 관세동맹 5개국 정상회의에 참석 '유라시아 경제공동체'를 창설하기로 합의, 2001년 6월 초에 출범시켰으며, 같은 해 10월 11일에는 키르기스스탄 수도 비슈케크에서 개최된 CIS 집단안보조약 참가 6개국 정상회의에 참가, 외부의 군사 침략과 국제 테러에 공동 대응하기 위한 'CIS 집단안보군'을 결성하기로 합의했다.

다섯째, 푸틴 정부는 군 개혁과 무기 수출 확대를 추진해오고 있다. 러시아는 변화된 국내외 정세, 경제 상황의 악화와 이에 따른 군사력의 취약화 등을 극복하기 위해 옐친 정부 때부터 2005년을 시한으로 '효율적인 정예 강군 재건'을 목표로 대대적인 군사 개혁을 추진해왔다. 그러나 군내 이견과 옐친의 건강 악화에 따른 국정 수행력의 약화로 큰 진전이 없는 상태에서 푸틴 정부의 출범과 더불어 군사 개혁이 급진전되고 있다.

우선 군사·안보 정책의 주요 내용을 담고 있는 상기한 '신 국가안보개념'과 '신 군사독트린'을 채택하고, 이 문건들에 기초한 군 개혁을 추진해왔다. 푸틴 대통령은 지역분쟁에 효과적으로 대응하기 위한 재래식 무기의 증강과 현대화를 중시하는 군 개혁을 추진하면서 남은 예산은 군의 전문화, 무기의 현대화, 군의 복지 등에 사용할 예정이다. 또한 2000년 10월 초 국가안보회의는 향후 5년 동안 군인 수를 현재 기준 20% 감축, 즉 국방부 소속군이 36만 명, 내무부·보안부 등 비국방부 소속군이 11만 명 감축되고, 전략로켓군이 2005년까지 공군으로 흡수 통합될 예정이다.

한편 푸틴 정부는 군수 산업의 잠재력을 증대시키면서 무기 수출을 통한 경화 수입을 늘리기 위한 무기 수출 확대정책을 계속적으로 추진해왔다. 러시아의 무기 수출은 1998년에는 25억 달러, 1999년에는 34억 달러를 기록했으며, 2000년에는 40억 달러를 상회했다. 푸틴 정부는 라틴아메리카·중동·아태 지역 등에 무기 수출 대상국을 확대해나가면서, 다른 한편으로는 무기 수출 담당 부서를 새로 신설될 국방부 산하 '로소보로넥스포르트(Rosoboronexport State Corporation)'로 일원화해 수 년 내에 무기 수출액을 55~60억 달러로 증대하도록 하여 미국에 이어 세계 제2위 무기 수출국이 되기 위한 정책을 적극 추진해오고 있다.

여섯째, 푸틴 정부는 대미 견제를 위해 주요국, 즉 중국·EU 등에 대한 외교를 강화해왔다. 푸틴 정부는 미국과 긴밀한 우호·협력 관계의 유지를 강조하면서도, 다른 한편으로는 미국의 패권적 지위 유지와 이를 바탕으로 한 NATO의 동진 및 유고 공습, MD 개발 및 배치를 위한 ABM조약 개정 추진이 러시아의 안보를 크게 위협하는 요인으로 파악하여, 대미 견제를 위한 외교·안보 정책을 적극 추진하고 있다. 푸틴 대통령은 대미 견제와 이를 통한 다극화 국제 질서의 구축을 위하여 중국·인도·

일본 등 아시아 국가들과는 물론 EU 국가들과의 협력 강화를 위한 정상외교를 적극 추진했다. 또한 푸틴의 역사적인 북한 방문도 러·북 관계 정상화 외에 미국의 MD 개발 계획을 저지하기 위한 목적이 있었다.

일곱째, 푸틴 정부는 과거 어느 때보다도 남·북한에 대한 균형정책을 강화해왔다. 푸틴 정부는 비정상적인 러·북 관계의 지속이 한반도를 포함한 동북아 지역에 대한 러시아의 전통적 영향력이 감소된 원인으로 파악하고, 러·북 관계의 정상화를 통한 대남·북한 균형정책이 유지되어야 한다고 믿었다. 그 결과 푸틴 대통령은 2000년 2월 초 이바노프 외무장관을 평양에 파견하여 3년 이상이나 끌어오던 '러·북 우호·친선 및 협력 조약'을 체결하도록 했으며, 같은 해 7월 소련 및 러시아 대통령으로서는 처음으로 평양을 방문하여 러·북 관계를 정상화시켰다. 이후 양국은 연기돼오던 경제·과학 공동위를 개최하는 등 경제·안보 협력을 확대하기 위해 노력하고 있다.

한편 푸틴 대통령은 UN 밀레니엄 정상회담과 APEC에서 김대중 대통령과 정상회담을 갖고 남북 관계와 한·러 관계의 발전을 위한 협의를 했다. 2000년 10월 중순에는 이한동 총리를 모스크바로 초치하여, 양국 총리가 경제 협력을 위한 제반 협의를 했다. 또한 푸틴은 2001년 2월 말 서울을 방문하여 김대중 대통령과 정상회담을 갖고 양국 간 '21세기 미래지향적 동반자 관계'를 발전시키기 위한 제반 분야에서의 협력을 확대하고 북한이 참여하는 3각 협력을 추진해나가기로 합의했다.

## 4. 푸틴 집권 후 미·러 관계의 변화와 갈등 심화 추이

### 1) 반테러 공조 등 미·러 협력 관계의 구축(2000~2002)

푸틴 대통령은 집권과 더불어 대내적으로 경제위기의 극복, 고성장 경제의 유지, 법치 확립과 중앙정부 행정권의 강화 등을 통한 강국 건설, 대외적으로는 실리 추구의 전방위 외교를 통한 강대국 지위 회복 등을 국정 목표로 삼았으며, 이는 경제 이익 중시의 실용주의 외교를 촉진했다.

경제 이익을 중시한 외교정책은 미국 등 서방과의 관계 개선을 촉진하는 요인으로 작용했으며, 그 결과 2000년 4월 장기간 국가두마에 계류되어온 START II의 비준을 성사시켰다. 또한 푸틴 대통령은 미국에서 2001년 9·11테러 사태가 발생하자 세계 지도자로는 제일 먼저 부시(George W. Bush) 대통령에게 전화해 조의를 표명하면서 반테러 작전에 적극적인 협력을 약속했으며, 실제로 미국의 오사마 빈 라덴(Osama Bin Laden) 체포와 알카에다(Al-Qaeda) 본거지 분쇄를 위한 대아프가니스탄 군사작전에 적극 협력했다.

또한 푸틴 정부는 미국이 본토 방위를 위한 MD 추진을 위해 2001년 12월 ABM 조약 탈퇴를 일방적으로 선언하자, 이를 마지못해 수용하면서 START II를 대체하는 전략공격능력삭감조약(SORT: Strategic Offensive Reductions Treaty)을 2002년 5월 모스크바 정상회담에서 체결했다. 그리고 푸틴 정부는 부시 행정부가 탈냉전기에 들어 발트 3국이 포함된 제2차 북대서양조약기구(NATO) 확대를 추진하자, 처음에는 강력히 반대했으나 NATO 측의 'NATO-러시아 위원회' 구성 제안을 수용해, 제2차 NATO 확대를 받아들였다. NRC는 러시아에게 비록 비토권은 없지만 정상회담, 연 2회에 걸친 국방장관·외무장관 회담, 그리고 빈번한 실무회담 등에 참여해 유럽 안보, 반테러 작전 등과 같은 현안들을 협의할 수 있는 기회를 제공하고 있다.

## 2) 미·러 간 갈등·대립의 심화와 지속(2003~2008)

2003년부터 미·러 관계가 점차 악화되다가 2008년 여름에는 최악의 관계로 치닫는데, 이는 갈등과 대립을 심화시키는 양국의 국내외적 요인들이 서로 상승 작용을 했기 때문이다.

반테러, 북핵 문제 등에서 협력 관계를 유지해오던 미·러 관계가 악화되기 시작한 것은 미국 요인이 크다. 즉 미국은 러시아가 반대하는 미국·영국 주도의 이라크 침공(2003. 3), 유코스 회장 미하일 호도르콥스키 구속(2003. 10)에 대한 비난, 우크라이나·조지아에서 발생한 시민혁명의 지원(2004~2005)과 친미 정부의 수립, 우크라이나와 조지아의 NATO 가입 추진, 폴란드와 체코에 유럽 MD 추진, 러시아 내 인권 문제와 권위주의 강화에 대한 비판, 코소보 독립 지원(2008. 2) 러·조지아전쟁(2008. 8)에 대한 대러 비판과 제재 주도 등을 했으며, 그 결과 양국 관계가 탈냉전기 최악의 관계로 변화했다.

특히 미국의 CIS 일부 국가들의 시민혁명 지원 및 NATO 가입 추진은 푸틴 정부의 강력한 반발을 불러일으켰는데, 이는 러시아가 CIS 지역을 러시아의 배타적 이익이 보장되어야 하는 지역으로 인식하고 있기 때문이다. 따라서 러시아는 미국이 우크라이나와 조지아에 시민혁명을 통해 친미 정권을 수립하고 NATO 가입을 추진하자, 심각한 위기의식을 가졌다. 따라서 러시아는 국제사회의 비난을 감수하면서 조지아의 남오세티야 침공에 맞서 현지 러시아인을 보호한다는 명목으로 조지아와 전쟁을 벌였다. 이에 부시 정부는 러시아의 조지아 침공에 대한 보복으로 NRC의 활동을 잠정 중단시켰으며, EU에 대러 경제 제재 조치를 취하라고 요구했다.

이 시기의 미·러 간 갈등 심화는 이러한 미국 요인 외에 러시아의 강대국으로 재부상과 같은 러시아 요인도 크게 작용했다. 러시아는 푸틴 대통령의 강력한 리더십과 정국 안정, 푸틴 집권 후 고유가, 고원자재가, 그리고 세제 개편 등과 같은 경제 개혁에 따라 7% 내외의 고도 경제 성장 유지, 미국의 이라크 전 추진에 따른 중동 내에서의 입지 약화 등에 힘입어 푸틴 집권 2기(2004~2008) 들어 강대국으로 재부상했다. 러시아의 강대국으로의 재부상은 대외정책에서 보다 공세적이고 독자적인 정책 추진을 강화시켰으며, 부시 행정부의 일방주의에 대한 비판과 국제 현안을 둘러싼 갈등을 증대하는 요인으로 작용했다. 예를 들어, 푸틴 대통령은 2007년 2월 뮌헨에서 개최된 OSCE 주최 국제안보회의에서, 재임 7년 동안 가장 강력한 비판 어조로 부시 행정부의 막강한 군사력에 기초한 일방주의적 대외정책을 강력히 비난하는 연설을 해 미국은 물론 세계를 깜짝 놀라게 했다. 푸틴 대통령은 미국의 일방주의는 일부 국가들의 핵 개발을 촉진하고 있다면서 코소보 독립 지원, 유럽 MD 추진을 강력히 비판했으며, 이는 미국의 매우 부정적인 반응을 촉발시켰다.

### 3) 미국의 재조정정책과 협력 관계 회복(2008~2011)

메드베데프 정부 출범을 전후해 최악으로 치닫던 미·러 관계가 2008년 가을 세계적으로 확산된 미국발 금융·경제 위기와 2009년 1월 출범한 오바마 행정부의 대러 관계 재조정정책(Reset-Button Policy)에 의해 2009년 들어 점차 협력 관계로 회복되기 시작했다.

미국발 금융·경제 위기는 메드베데프 정부가 산업다변화를 위한 경제 현대화정책을 적극 추진하게 하는 동인으로 작용했으며, 이는 대미 관계에서 협력적 정책을 촉진하는 요인으로 작용했다. 실제로 미국발 금융·경제 위기는 메드베데프 정부에게 러시아의 에너지·자원 의존형 산업구조의 취약성을 재인식시키는 계기로 작용했다. 그 결과 메드베데프 정부는 IT, 에너지 효율성 및 신(新)연료, 원자력, 우주 및 텔레콤, 의료기술 등의 분야에서 경제 현대화정책을 적극 추진했으며, 미국·독일 등 선진국과 '경제 현대화 동반자 관계(Economic Modernization Partnership)'를 구축하기 위한 대미, 대서구 협력정책을 촉진했다.

오바마 행정부도 심각한 재정 적자와 경상수지 적자에 직면해 재정 지출을 삭감하는 정책을 추진할 수밖에 없었으며, 이를 위해 미국의 대외 군사활동을 축소할 필요가 있었다. 또한 오바마 행정부는 이란과 북한의 핵 개발, '핵 없는 세상'의 구현 등 국제 현안들을 해결하기 위해서라도 러시아와의 협력이 불가피하다고 인식했으며, 그 결과 취임 직후부터 대러 재조정정책을 적극 추진했다.

그 결과 오바마 대통령은 부시 정부하에서 중단된 New START를 체결하기 위한 미·러 협상을 재개했으며, 러시아가 강력히 반대하는 우크라이나와 조지아의 NATO 가입을 추진하지 않겠다고 선언했다. 또한 오바마 대통령은 2009년 9월 부시 행정부의 폴란드와 체코에 배치 예정이었던 지상 발사형 중간단계 방어(GMD: Ground-Based Midcourse Defense) 방식의 유럽 MD를 수정해, 이란의 핵과 미사일 개발의 수준을 고려하여 점차 유럽 MD를 강화해나가는 4단계로 구성된 '유럽 단계별 탄력적 접근 전략(EPAA: European Phased Adaptive Approach)'을 2020년까지 추진하겠다고 발표했다. 러시아는 미국의 유럽 MD를 반대하지만 일단 오바마 정부의 EPAA에 기초한 유럽 MD 정책을 긍정적으로 평가했다.

오바마 행정부의 이러한 대러 관계 개선정책은 New START 협상을 가속화하는 요인으로 작용했으며, 양국이 사상 가장 낮은 수준의 전략핵 보유를 목표로 한 New START를 2010년 4월 체결하여 2011년 2월 비준을 완료하고 효력이 발휘되는 결과를 가져왔다. 미·러 양국은 New START에 명시된 합의사항이 이행될 시 각각 1,550개의 전략핵탄두와 700기의 발사·운반체(배치되지 않은 것 포함 시 800개)의 전략핵 능력을 보유하게 된다.

한편 미·러 관계는 세계적 금융·경제 위기를 극복을 위해 2009년부터 시작된 G20 정상회담, 그리고 오바마 정부가 '핵 없는 세계' 구상을 실현하기 위해 같은 해 제안한 '핵안보정상회의,' G8 등 다양한 다자 국제회의를 활용해 양국 정상 간 이해를 제고하고 현안을 해결하기 위한 협력을 지속했다.

## 4) 리비아·시리아 사태, 유럽 MD, 러시아 국내 문제 등을 둘러싼 갈등 증폭(2011~2012)

오바마 행정부의 재조정정책으로 협력 관계를 회복한 미·러 관계는 2011년 들어 리비아 사태, 시리아 사태의 해법을 둘러싸고 갈등을 빚으면서 점차 악화되기 시작했다. 특히 2011년 3월 이루어진 미국·영국 등 NATO의 리비아 공습이 UN 안보리 결의안에서 허용된 범위를 벗어난 확대 군사작전과 카다피의 체포, 학살 등은 미국에 대한 러시아의 불신을 심화하는 요인으로 작용했다. 그 결과 러시아는 시리아 사태로 수만 명의 희생자가 발생했음에도 제2의 리비아 사태를 우려해 UN 안보리의 시리아 군사에 대한 개입을 반대해오고 있으며, 이는 러·미 관계를 더욱 악화시키는 갈등 요인으로 작용했다.

또한 메드베데프 정부는 오바마 정부가 EPAA에 기초한 유럽 MD가 제3단계 또는 제4단계에 다다르면 러시아의 대륙간탄도미사일(ICBM: Intercontinental Ballistic Missile)에 장착된 전략핵 능력을 위협할 것이라면서 여전히 유럽 MD가 러시아를 타깃으로 하지 않는다는 '법적인 보장(legal guarantee)'을 하거나 또는 유럽 MD를 공동으로 추진해야 한다고 주장했으나, 오바마 정부가 이를 받아들이지 않음에 따라서 유럽 MD를 둘러싼 양측 간 갈등이 지속되었다.

한편 2011년 9월 푸틴의 대선 출마 선언과 뒤이은 반푸틴 시위, 그리고 같은 해 12월에 실시된 국가두마 선거 부정에 대한 사상 최대의 반정부·반푸틴 시위 탄압과 반푸틴 인사 체포에 대한 클린턴 국무장관의 비난과 신임 주러대사인 마이클 맥폴(Michael McFaul)의 야당인사 접촉 등은 당시 메드베데프 대통령과 푸틴 총리의 오바마 정부에 대한 비판을 증대시키면서 양국 관계를 악화시키는 요인으로 작용했다. 당시 러시아 집권세력은 미국이 반정부 시위를 지원해 우크라이나와 조지아에서와 같은 시민혁명을 기도하고 있다고 인식했다.

이와 같이 양국관계가 악화되면서 러시아 내에서 대미 불신 및 반미주의가 증대되었고, 미국 내에서는 대러 "재조정정책을 재조정"해야 한다는 주장이 제기되었다.

## 5) 푸틴의 재집권과 미·러 갈등의 극심화(2012~현재)

2011년부터 악화되기 시작한 미·러 관계는 푸틴 대통령의 복귀(2012. 5)와 제2기 오바마 행정부의 출범(2013. 1)을 계기로 개인적·국내외적 요인이 상호 결합해 '갈등이 극심화'되는 악순환이 계속되었으며, 그 결과 미·러 간 '신냉전'이 도래하는 것 아니냐는 의구심이 증폭되었다.

반미 감정, 대미 불신이 극심한 푸틴 대통령은 취임 직후인 5월 말 시카고에서 연이어(back-to-back) 개최될 예정이었던 NATO 정상회의와 G8 정상회담에 내각 구성을 핑계로 불참을 통보했다. 오바마 대통령은 푸틴 대통령의 입장, 즉 유럽 MD 추진을 추인하는 시카고 NATO 정상회담에 참석하지 못할 것임을 고려해 G8 정상회담을 워싱턴으로 변경하는 등 성의를 다했으나, 푸틴 대통령이 메드베데프 총리를 대신 참석시키자 같은 해 9월 초 블라디보스토크에서 개최된 APEC 정상회담에 대선 후보 수락 연설을 핑계로 불참하는 등 양국 대통령 간 적대·기피 심리가 심화되기 시작했다.

러시아 내 국내 문제에 대한 미국 언론과 정치인들의 비난, 그리고 의회의 대러 조치도 미·러 관계의 갈등을 증폭시키는 요인으로 작용하고 있다. 제3기 푸틴 정부 들어 강화된 보수주의는 국가두마의 동성동본 결혼을 반대하는 입법 제정을 가져왔으며, 미국 등 서방 세계의 비판을 초래했다. 또한 푸틴 정부의 주요 야당인사들의 구속, 외국의 지원을 받은 비정부기구(NGO)들의 법무부 등록의무와 분기별 회계보고에 관한 법률 제정(2012. 6) 등에 대한 미국 언론과 정치인들의 비난이 거듭되었다. 이에 미국 의회는 2012년 11~12월 사이에 러시아 세무 공무원이 개입된 권력형 비리를 조사·공개한 변호사 세르게이 마그니츠키(Sergei Magnitsky)의 사망에 관여된 인사들의 미국 입국 금지와 미국 내 자산을 동결하는 '마그니츠키 법(Magnitsky Act)'을 제정했으며, 동 입법 제정을 반대했던 오바마 정부는 어쩔 수 없이 2013년 4월에 18명의 명단을 발표했다.

러시아 국가두마는 이에 맞대응해 2008년 미국에 입양돼 사망한 어린이 드미트리 야코블레프(Dmitri Yakovlev)의 이름을 딴 '디마 야코블레프 법(Dima Yakovlev Law)'을 2012년 12월 제정해 미국인의 러시아 어린이 입양을 금지함과 동시에 관타나모 교도소에서의 수감자 고문 등에 관여한 인사, 그리고 무기와 마약 밀매 혐의로 미국에서 수감생활을 하고 있는 두 명의 러시아인의 체포와 재판에 관여한 18명에 대해 러시아 입국 금지 조치를 취했다.

미·러 양국은 2013년에도 시리아 사태, 유럽 MD, 추가 전략핵 감축 등에 이견을 보여왔으며, 같은 해 6월 영국 북아일랜드에서 개최된 G8 정상회담을 계기로 개최된 푸틴·오바마 정상회담도 별다른 성과 없이 주요 현안에 대한 이견만 상호 확인하는 매우 불편한 만남이 되었다. 이런 상황에서 전직 미 중앙정보국(CIA: Central Intelligence Agency) 직원 에드워드 스노든(Edward Snowden)이 러시아 셰레메티예보 국제공항을 경유하여 해외에 망명하는 사건이 발생했고, 미국의 망명 수용 가능국에 대한 정치·외교적 압박 강화로 스노든의 셰레메티예보 국제공항 환승 지역 내 체류가 지속되면서 푸틴 정부는 러시아 내에서 미국의 국익에 반한 행위를 허용하지 않는다는 조건하에 스노든의 한시적 망명을 허용했다. 푸틴 정부의 스노든의 망명 허용은 오바마 행정부로 하여금 같은 해 9월 3~4일로 예정된 미·러 정상회담을 취소하게 하는 등 양국 간 갈등 증폭 요인으로 작용했다. 오바마 대통령은 2014년 2월 소치에서 개최된 동계올림픽에 다수의 서방 세계 지도자들과 함께 불참했다.

이런 복합적인 요인들에 의해 갈등이 고조되면서 양국 관계가 최악의 관계로 치달은 것은 2014년 3월 발생한 러시아의 크림반도 합병과 이후 4월부터 지속되고 있는 돈바스 분리주의자들에 대한 군사·경제적 지원, 그리고 2016년 실시된 미국 대선 개입이다.

오바마 행정부는 러시아의 크림반도 합병과 돈바스 분리주의 세력에 대한 지원을 국제법 위반이라고 강력히 비난하면서 이 사태에 책임 있는 인사, 기관, 회사 등에 경제 제재를 서방 세계와 공조해 점차 강화했다.[20] 또한 2014년 6월 소치에서 개최될 예정이었던 G8 정상회담을 러시아를 배제한 G7 정상회의 형식으로 브뤼셀에서 개최하도록 주도했다. 러시아는 이러한 미국 등 서방 세계의 대러 제재에 맞제재로 응수했으며, 그 결과 양측의 관계가 더욱 악화되었다.[21] 이에 따라 2015년 5월 9일 개최된 전승70주년 기념식에 과거와 달리 오바마 대통령 등 대부분의 서방 세계 정상들이 불참했다.

　서방 세계의 대러 외교·경제 제재가 점차 확대되던 상황에서 2016년 발생한 러시아의 대선 개입(러시아는 정부 차원의 개입 부인)은 미국 내 의회와 주류 언론매체들의 반러 감정을 증폭시키는 요인으로 작용했다. 미국 의회는 친러 성향의 트럼프 대통령이 독자적으로 대러 제재를 해제하는 것을 막기 위해 의회의 승인 없이 대러 제재를 해제할 수 없다는 조항이 포함된 추가 제재 관련 법을 2017년 7월 통과시켰다. 트럼프 대통령은 상·하원에서 압도적인 지지를 받아 통과된 이 법에 대해 거부권을 행사하지 못하고 2017년 8월 초 서명했다. 이후에도 미·러 간 외교관의 맞추방이 있었고, 미국 의회의 대러 추가 제재가 논의되었다.

---

20　Rebecca M. Nelson, "U.S. Sanctions and Russia's Economy," *CRS Report* 7-5700(February 17, 2017) 참조.
21　서방 세계의 대러 제재와 러시아의 대응에 대해서는 필자의 다음 논문 참조. 고재남, 「우크라이나 사태 이후 러시아의 대내외 정책 변화」, 『정책연구시리즈』 2015-9, 국립외교원 외교안보연구소.

# 5. 미·러 간 갈등 지속 및 심화 배경

## 1) 푸틴의 반미주의 vs 부시/오바마의 러시아/푸틴 무시주의

미·러 양국 정치 과정, 그리고 외교·안보 정책 결정과 추진 과정에서 대통령이 막강한 권한을 행사하고 있는 현실을 감안해볼 때, 미·러 양국 간 갈등 지속과 심화는 푸틴 대통령의 반미주의(anti-Americanism)와 부시/오바마 대통령의 러시아/푸틴 무시주의에 가장 큰 영향을 받아 진행되었다고 볼 수 있다.[22]

러시아에서 정치엘리트와 일반 국민들의 반미주의는 냉전 시대부터 존재해왔으며, 1990년대 초 옐친 정부의 친서방주의에 의해 '친미주의(pro-Americanism)'가 잠깐 부상한 것 외에는 정도의 차이는 있지만, 반미주의가 상당한 수준을 유지하면서 러·미 관계에 부정적인 영향을 미치고 있다. 1990년대 러시아 내 반미주의는 시장경제로의 개혁 과정에서 기대에 못 미친 경제·재정 지원, 러시아를 패전국 취급하고 러시아의 국익과 반대를 무시하면서 추진된 미국의 대외정책, 즉 NATO군을 동원한 유고 내전 개입, NATO 확대, 남코카서스 등 옛 소련 지역으로의 세력 확대 기도, 그리고 러시아군의 대체첸전에 대한 비난 등 내정 간섭에 의해 점차 확산되었다.

21세기 미·러 관계에 큰 영향을 미치고 있는 푸틴의 반미주의는 개인적 수준, 국내 정치적 차원, 그리고 미국의 대러 정책을 포함한 외교·안보 정책에 의해 형성되었다. 개인적 차원에서 볼 때, 푸틴은 소련 시기 반미주의가 가장 강한 공산당원이자

---

22 푸틴 집권 후 대미·대서방 관계의 악화와 이에 대응한 러시아의 공세적·군사적·수정주의적 외교·안보 정책에 대해서는 다음 자료를 참고할 것. Richard Sakwa, *Russia Against the Rest: The Post-Cold War Crisis of the World Order*, Cambridge: Cambridge University Press, 2017; Bobo Lo, *Russia and the New World Disorder*, London: Chatham House, 2015; Dmitri Trenin, "Russia's Breakout From the Post-Cold War System: The Drivers of Putin's Course," https://carnegie.ru/2014/12/22/russia-s-breakout-from-post-cold-war-system-drivers-of-putin-s-course-pub-57589(검색일: 2019년 3월 10일), etc..

KGB 요원이었다. 푸틴은 대통령이 된 후 권위주의체제를 강화하면서 러시아식 민주주의를 발전시켜왔으며, 이 과정에서 미국 등 서방 세계의 비판에 직면했고, 이를 극복하고 국민들의 지지기반을 강화하기 위해 러시아 민족주의를 강화하면서 반미주의를 정치적으로 활용했다.

상기한 바와 같이, 미국이 러시아의 반대를 무시하면서 이라크전 수행, ABM조약 일방 탈퇴와 MD 추진, NATO 확대, CIS 국가들의 시민혁명 지원과 친미정권 수립, 코소보 사태 등 유고 내전 개입 등을 자행함에 따라서, 푸틴은 미국이 국제 문제를 해결하는 과정에서 동등한 파트너로 인식하지 않는다는 모멸감을 느꼈다. 특히 클린턴과 부시 대통령이 정상회담에서 약속한 양국 간 경제·통상 협력을 제한하고 있는 '잭슨·바닉 법'의 폐기 약속을 이행하지 않음에 따라 이들 대통령에 대한 불신이 깊어졌다.

푸틴·오바마 대통령 간 불신과 갈등 심화도 푸틴의 반미주의와 오바마의 푸틴 무시주의를 증폭하는 요인으로 작용했다. 특히 푸틴의 대통령직 복귀 후 양국 정상의 상대국에서 개최된 다자 정상회담 참석의 맞취소, 그리고 2013년 6월 북아일랜드 G8 정상회담에서 국내외 현안에 대한 이견 확인 등은 양국 대통령 간 불신과 갈등을 심화하는 요인으로 작용했다.

오바마 대통령은 2013년 8월 9일 기자회견에서 "푸틴의 대통령직 복귀 후 냉전 시대 양국 간 적대 관계를 조성하는 데 이용된 반미주의가 더욱 기승을 부리고 있으며, 푸틴 대통령이 후진적(backwards) 사고 대신 전진적(forwards) 사고를 갖도록 노력했으나 큰 성공을 거두지 못했다"면서 푸틴 대통령에 대한 깊은 불신을 드러내었다. 심지어 오바마 대통령은 "푸틴은 교실 뒤편에 지루한 표정을 짓고 있는 꼴사나운 사람(slouch)" 같다고 폄하하는 발언을 했다.[23]

---

23  Steve Holland, Margaret Chadbourn, "Obama describes Putin as 'like a bored kid'," https://www.reuters.com/article/us-usa-russia-obama-idUSBRE9780XS20130809(검색일: 2013년 8월 15일).

## 2) 러시아의 강대국주의 vs 미국의 패권주의/일방주의

러시아의 '강대국주의'와 미국의 '패권주의'·'일방주의'도 미·러 간 국제 문제, CIS 지역 문제를 둘러싸고 갈등과 대립을 심화하는 데 상당히 큰 역할을 했다.

러시아의 강대국주의는 역사적으로 스웨덴과의 북방전쟁(1700~1721), 프랑스 나폴레옹군과 전쟁(1812~1814), 독일 나치군과의 전쟁(1941~1945) 등에서의 승리, 영토의 광대성과 역내에서 러시아 민족의 우월성 유지, 제3의 로마론에 기초한 정교 중심지 사상, 냉전 시대 초강대국의 건설과 유지 등과 같은 복합적 요인들에 의해 형성되었다.

그러나 소연방 붕괴로 러시아의 강대국 지위는 크게 약화되었고 러시아 국민들의 자존심이 추락하고 국제적 영향력이 크게 축소되었다. 따라서 푸틴 대통령은 집권과 더불어 '강국 건설'과 '국제사회에서 러시아의 강대국 지위 회복'을 최우선 국정 과제로 설정했으며, 집권 2기(2004~2008)에 접어들면서 러시아는 강대국으로 재부상했다. 특히 푸틴 정부는 '미국과 동등한 전략핵 능력 보유,' 'CIS 지역을 배타적 세력권(sphere of influence)으로 유지,' '국제사회에서 강대국 지위 유지' 등을 대외 전략의 핵심 목표로 삼았다.

러시아의 강대국으로의 재부상은 미국의 일방주의 또는 패권주의에 대항하는 견제력을 강화시켰고, 그 결과 1990년대와는 달리 상기한 대외 전략의 핵심 목표를 달성 또는 유지하기 위한 대미정책을 추진했다. 푸틴 정부는 미국의 일방주의 또는 패권주의를 견제하기 위해 '다극주의'를 내세우면서 중국과 전략적 동반자 관계 강화, 신흥국가들의 그룹인 BRICS의 정상회의체화, 과거 소련 동맹국이나 반미 성향의 중동·남미·아시아 국가들과의 외교·안보 협력 확대 등과 같은 정책을 강화해왔다.

그 결과 미국이 2000년대 들어 일방적 또는 패권적으로 추진해온 MD 정책, 우크라이나와 조지아의 NATO 가입 정책, CIS 국가들의 시민혁명 지원을 통한 친미 정권의 수립, 코소보 독립 지원, 리비아·시리아 내란 시 반군 지원 등에 대한 적대 또는 반대 정책을 펴면서 미·러 갈등이 심화되었다. 푸틴 대통령은 미국의 MD 정책을 미국을 '최고로 난공불락화(absolute invulnerability)'하면서 동시에 러시아의 전략핵 능력을 무력화하는 정책으로, CIS 내 NATO 확대를 대러 포위정책이자 러시아의 세력권을 축소하는 정책으로, 중동 정책을 러시아의 강대국 지위를 약화하는 정책으로 각각 인식하고 있다. 푸틴 대통령의 미국 패권주의에 대한 저항과 반대는 미국이 국제 문제 해결을 위해 주도한 UN 안보리 결의안에 대한 거부권(veto power) 행사가 1990년대 2건에 불과했는데, 2000~2008년 사이에는 8번으로 급증한 사실이 증명해주고 있다.

### 3) 러시아의 내정 불간섭주의 vs 미국의 인도적 개입주의

소연방 붕괴 후 경제·군사적으로 유일 초강대국이 된 미국은 인도적 개입을 명분으로 수많은 국가들의 국내 문제에 개입해왔으며, 이는 내정 불간섭주의와 국내 문제의 당사자 해결주의를 주장하는 러시아와 대립을 심화하는 요인으로 작용해왔다. 예를 들어, 미국은 NATO를 동원해 보스니아·헤르체고비나 사태에 개입했음은 물론 시민혁명을 지원해 세르비아 대통령 슬로보단 밀로셰비치(Slobodan Milosevic)를 축출하는 데 성공했다.

이후 미국은 1999년 4월 워싱턴에서 개최된 NATO 창설 50주년 기념 정상회담에서 NATO의 '인도적 개입'을 정당화하는 '신 전략개념'을 채택하는 데 주도적인 역할을 했다. 이후 미국은 이를 이용해 NATO의 코소보 사태에 대한 군사적 개입을 정당화했으며, 군사 개입 후 코소보의 독립을 지원해 실현시켰다.

푸틴 정부는 미국의 타국 내정 개입도 내정 불간섭을 명시하고 있는 국제법 위반이라고 비난하면서 반대해왔다. 러시아는 시리아 사태도 반군을 포함해 시리아 내 정치세력 간 대화와 협상을 통해 자체적으로 해결해야 한다는 입장을 견지하고 있다. 반면에 미국은 수만 명의 사상자를 내고 있는 시리아 내전을 종식하기 위해 리비아 사태와 같이 보호책임(R2P: The Responsibility to Protect)을 적용해 UN 차원의 군사적 개입이 필요하다는 입장이다. 그러나 러시아는 미국 주도의 군사 개입이 결국에는 리비아에서와 같이 아사드 정권의 붕괴와 친미 또는 친서방 정권의 수립으로 귀결될 것이라 인식하면서 UN 안보리에서 시리아 사태에 대한 군사 개입을 허용하는 결의안 채택을 중국과 더불어 거부해오고 있다.

푸틴 정부의 이러한 국내 문제에 대한 불간섭주의 견지는 민족·영토 분쟁을 겪고 있거나 잠재적 발발 가능성이 많은 러시아를 포함한 CIS 국가들에 대한 미국 또는 미국 주도의 NATO 개입을 사전에 차단하면서 CIS 지역 내 배타적인 영향력을 유지하려는 전략적 계산이 깔려 있다. 또한 러시아의 국내 문제에 대한 불간섭주의는 미국 정치인, 의회, 언론계 등의 러시아 국내 문제에 대한 간섭에 대해 매우 부정적 또는 맞대응적 결과를 초래하면서 양국 간 갈등을 심화하는 요인으로 작용해왔다.

## 4) 러시아식 민주주의 vs 미국의 보편적 민주주의

미국은 1990년 초부터 동유럽과 소련의 탈공산화를 활용해 '민주주의와 시장경제'를 확산하기 위한 개입정책을 대외정책의 우선 과제로 추진해왔다. 따라서 푸틴 집권 후 권위주의체제의 강화는 러시아에서 민주주의 후퇴로 인식했고, 부시 정부 내 고위 인사들은 물론 의회, 언론계 인사들의 푸틴 정부에 대한 비판이 고조되었다.

푸틴 정부는 미국의 이러한 비판에 대응해, 러시아는 각 국가들은 자국의 국내 환경, 즉 정치, 문화, 사회·경제적 여건에 부합되는 독자적인 민주주의를 발전시켜야 한다고 주장했다. 따라서 제1기 푸틴 정부는 '관리 민주주의(managed democracy)'를 그리고 제2기 정부 때는 '주권 민주주의(sovereign democracy)'를 주창하면서 러시아 정치문화와 사회 여건에 부합한다는 러시아식 민주주의론을 내세웠다. 푸틴 정부의 '주권 민주주의'는 어떤 측면에서 외국의 국내 정치에 대한 간섭을 용인하지 않겠다는 의지를 담고 있으며, 푸틴 정부는 이를 위한 대외적 여건 조성을 위해 2005~2006년 사이에 '파리클럽(Paris Club, 공공 채권국 그룹)'과 IMF에서 빌린 300억~400억 달러를 선납 과태료를 지불하면서까지 모두 상환했다.

이러한 양측 간 인식의 차이는 상기 미국의 내정 간섭주의와 맞물려 미국의 러시아 내 인권 문제, 야당 인사와 반정부 인사 구속 문제, 동성애자 차별법, 마그니츠키 사망 문제, 언론인 피살 문제 등 러시아 국내 문제에 대한 개입을 초래하면서 미·러 갈등을 심화하는 요인으로 작용해오고 있다.

## 5) 러시아의 CIS 통합주의 vs 미국의 CIS 지정학적 다원주의

러시아는 소연방 붕괴 후 CIS 국가들을 중심으로 정치·경제·안보·문화 분야에서 통합·협력 정책을 추진해왔으며, 특히 푸틴 집권 후 이 정책들이 더욱 강화되었다. 푸틴 대통령은 2005년 소연방의 붕괴를 "20세기 최대의 전략적 재앙"이라고 주장하면서 CIS 국가의 통합에 대한 강력한 의지를 천명했다.

푸틴 대통령은 러시아 주도의 CIS 국가들 간 군사동맹조약인 집단안보조약(CST)을 체결 10주년인 2002년에 '집단안보조약기구(CSTO)'로 개칭해 회원국 간 군사·안보 협력을 강화하는 조치를 취했다. 또 CIS 국가들 간 경제통합을 위해 1996년 러시아 주도로 창설된 관세동맹을 2000년 유라시아경제공동체(EURASEC)로 확대·개편했으며, 이후 일단 러시아·카자흐스탄·벨라루스가 참여하는 관세동맹을 2010년 1월 출범시켰고, 푸틴 정부는 이를 2015년 1월 이를 토대로 하여 '유라시아경제연합(EAEU)'으로 발전시켰다. 현재 EAEU에는 러시아·벨라루스·카자흐스탄·키르기스스탄·아르메니아가 참여하고 있다. 한편 러시아는 테러, 분리주의, 종교적 극단주의에 공동 대응하면서 경제·에너지·환경 등 포괄적 안보협력을 추진하기 위해 중국, 중앙아시아 국가들과 더불어 2001년 '상하이포럼'을 '상하이협력기구(SCO)'로 확대·발전시켰다.

이러한 러시아의 CIS 국가들 간 통합·협력 강화 노력에 맞대응해 미국은 1990년대 후반부터 CIS 지역 내 '지정학적 다원주의(geopolitical pluralism)'를 강화하는 외교적 노력을 경주했다. 즉 미국은 1990년대 중반부터 미국 에너지 기업들의 아제르바이잔 진출을 지원하는 등 남코카서스에 대한 진출정책을 강화했으며, 1997년에는 반러 또는 탈러 성향의 CIS 국가들인 우크라이나·아제르바이잔·조지아·몰도바가 GUAM을 창설하는 것을 EU와 더불어 적극 후원했다. 또한 미국은 2004~2005년 겨울 우크라이나에 친미 정권을 수립하는 데 결정적인 기여를 한 후 우크라이나 주도로 GUAM을 '민주주의와 경제발전을 위한 GUAM'으로 개칭하면서 여타 CIS 국가들과의 차별화를 주도했다. 또한 미국은 2005년 12월 대다수 GUAM 국가들(아제르바이잔 제외), 발트 3국 등이 참여하는 Community of Democratic Choice가 출범하는 데 많은 지원을 했다.

한편 미국은 중앙아시아에 대한 진출을 확대하기 위한 교두보 구축 차원에서 탈러 성향의 이슬람 카리모프 우즈베키스탄 대통령을 1999년 4월 워싱턴 NATO 정상회의에 참여시켜 GUAM에 가입시켰다. 미·우즈베키스탄 관계는 2005년 5월 발생한 안디잔 유혈사태에 관한 국제조사단 파견 여부를 둘러싸고 크게 악화되었으며, 그 결과 아프가니스탄 군사작전을 지원하기 위해 우즈베키스탄 K2 공군기지 주둔 중인 미군 철수, 우즈베키스탄의 CSTO(2006년 가입, 2012년 탈퇴)와 EURASEC 가입(2005년 가입, 2008년 탈퇴), SCO 가입(2001. 7) 등이 진행되었다.

러시아는 반 테러 국제공조 차원에서 미국 주도의 NATO의 아프가니스탄에 대한 군사작전을 지원하기 위해 미군, NATO군 수송기의 영공 통과를 허용하고 키르기스스탄 내 미 공군 주둔을 묵인하고 있지만 중앙아시아 내 미군의 장기 주둔은 반대하고 있다. 오바마 행정부는 2011년부터 탈러 성향을 보이고 있는 우즈베키스탄과의 협력 복원을 위한 정치·외교적 노력을 경주하면서 중앙아시아·남아시아 국가들과의 협력 관계 강화를 위한 '신 실크로드정책'을 제시하기도 했다.

결론적으로 CIS 지역에서의 배타적 영향력 유지를 바라는 러시아와 이를 용인할 수 없다면서 지정학적 다원주의를 촉진하고 유라시아에 대해 전진정책을 취한 미국의 조치도 미·러 갈등 심화의 한 요인으로 작용해왔다.

제9장

미·러 군비통제 갈등과 INF조약

# 1. 서론

트럼프 미국 대통령은 2018년 10월 20일 러시아가 여러 해에 걸쳐 위반해오고 있는 '중거리핵전력(INF)조약'을 탈퇴할 예정이라고 선언했다.[1] 이후 마이크 폼페이오(Mike Pompeo) 미국 국무장관은 12월 4일 NATO 외교장관회의에서 러시아의 INF조약 준수 복귀 시한을 2019년 2월 2일까지 60일로 한정하고, 제시한 시일 내에 러시아가 INF에 복귀하지 않으면 조약을 파기하겠다는 최후통첩을 했다. 미·러 양국은 2019년 1월 15일 제네바에서 INF조약 위반을 둘러싼 협상을 벌였으나, 입장 차이만 확인했다. 따라서 이변이 없는 한 INF조약은 미국의 탈퇴 통보 후 6개월이 지나는 2019년 8월 2일에 파기될 예정이다.

2017년 1월 출범한 트럼프 행정부는 "힘을 통한 평화가 외교정책의 중심"이라는 원칙을 천명하면서 국방력 강화정책, 특히 핵 무장력의 강화를 적극 추진하겠다는 정책을 공식화했다.[2] 또한 트럼프 대통령은 2010년 러시아와 체결한 신 전략무기감축조약(New START)이 미국에게 매우 불리한 전략핵감축조약이었다고 단언했으며, 그 결과 조약의 연장 여부는 물론 신 '군비통제조약(Arms Control Treaty)'의 체결 가능성에 의문이 제기되었다.[3] 특히 INF조약 위반을 둘러싼 미·러 양측의 갈등은

---

1   이 조약의 공식 명칭은 "Treaty Between the United States of America and the Union of Soviet Socialist Republics on the Elimination of Their Intermediate-Range and Shorter-Range Missiles"임.
2   https://www.whitehouse.gov/america-first-foreign-policy(검색일: 2017년 1월 21일). 트럼프 대통령은 2017년 1월 27일 "미국 군사력의 재건(Rebuilding the U.S. Armed Forces)"이라는 행정명령에 서명했음.
3   '군비통제(arms control)'는 원래 핵 군비경쟁을 억제를 논의하는 과정에서 생겨난 개념으로, 국가 간 군사력 전반 또는 특정 무기체계의 개발·배치·운용 수준을 상호 협의하여 조절하는 것을 의미함. 군비통제의 방법으로는 ① 현 수준에서 군사력을 더 이상 증강하지 않는 동결(freeze), ② 일정 수준의 상한선을 정해놓은 뒤 군비 증강을 규제하는 제한(limitation), ③ 특정 유형의 무기류 사용을 억제하는 금지(ban), ④ 일정 비율에 따라 군사력 규모를 축소하는 감축(reduction) 등이 있음. 반면에 '군축(disarmament)'은 현재 보유 중인 군사력 전반 또는 특정 무기체계를 감축 또는 폐기하는 것을 의미함. 따라서 군비통제는 군축에 비해 보다 일반적인 개념이며, 군비통제는 반드시 군비감축을 의미하지 않음. 외교부, "군축 및 군비

NATO의 러시아 접경 지역에 대한 4,000명 이상의 상비군 배치와 MD체제 확장 노력, 그리고 이에 대응한 러시아의 칼리닌그라드에 이스칸데르(Iskander) 미사일 배치를 위한 훈련 등으로 더욱 심화되었다.

INF조약을 둘러싼 미·러 군비통제 갈등이 공식화된 것은 오바마 미국 대통령이 2014년 7월 28일 푸틴 대통령에게 전달하는 서신을 통해 러시아가 1987년 12월 미·소 양국이 체결한 INF조약을 위반했다고 항의하면서부터이다. 미국 국무성은 이에 앞서 발표된 "2014 Adherence to and Compliance with Arms Control, Nonproliferation, and Disarmament Agreements and Commitments"를 통해 "미국은 러시아가 500㎞부터 5,500㎞까지의 사거리를 가지는 지상발사순항미사일 (GLCM: Ground Launched Cruise Missile)의 생산, 보유, 시험발사, 그리고 그러한 그런 미사일을 발사할 수 있는 발사체의 생산과 보유를 금지하는 INF조약의 규정을 위반했다고 판단했다"고 밝히고 있다.[4] 물론 러시아가 INF조약을 위반하고 있다는 주장은 군사 전문가, 미국 의회 지도자, 언론매체 등에 의해 이보다 수 년 전부터 제기되어 왔다. 러시아는 이러한 미국의 주장에 대해 외교부 논평을 통해 강력히 반박했다. 또한 러시아 정부 당국은 물론 군사 전문가들도 미국이 NATO MD를 추진하면서 INF조약을 위반해왔다고 반박했다.

INF조약은 지난 30년간 핵무기 강대국인 미국과 소련/러시아의 지상발사 중·단거리 핵미사일의 폐기와 보유 금지 조치를 통해 양국 간 탈냉전을 촉진했고, 조약 체결 후 유럽은 물론 전 세계의 '전략적 안정(strategic stability)'에 크게 기여해왔다. 또한 INF조약을 통해 축적된 양국 간 군축 관련 신뢰는 이후 START I(1991년 체결), SORT(2002년 체결), New START(2010년 체결) 등의 체결과 이행에 크게 기여했으

---

통제의 개념," http://www.mofa.go.kr/brd/...(검색일: 2019년 1월 24일). 이 장에서는 '군축'을 포함하는 개념으로 '군비통제' 개념을 사용함.

[4] U.S. Department of State, "Adherence to and Compliance with Arms Control, Nonproliferation, and Disarmament Agreements and Commitments"(July, 2014), p. 8.

며, NPT 등 대량살상무기(WMD) 비확산을 위해 상호 협력케 했다.

그러나 사상 최악의 미·러 관계하에서 불거진 INF조약 위반 여부를 둘러싼 미·러 군비통제 갈등은 단순히 군비통제 분야의 갈등만이 아닌 여타 정치·외교·경제적 갈등과 결합해 향후 양국 간 군비통제 협력은 물론 향후 NPT체제, 여타 핵보유국들의 핵 무장력 증강, 세계적 군비통제 협력에서 불확실성을 증대시키고 있다. 실제로 '핵 없는 세계(nuclear-free world)' 건설을 주창했던 오바마 대통령은 2013년 6월 러시아에 New START보다 낮은 수준의 핵보유를 위한 추가 핵감축을 러시아에 제안했으나 푸틴 정부가 응하지 않았다. 미·러 관계는 지난 5~6년 전부터 ① 미국의 NATO MD 추진, ② 리비아·시리아 사태, ③ 에드워드 스노우든 망명 사태, ④ 미국 정부 고위인사와 의회 내 인사들의 러시아 국내 정치 비판 등으로 악화되어 왔으며, ⑤ 우크라이나 사태, ⑥ 러시아의 미국 대선 개입 등으로 현재 최악의 상황에 빠져 있다.[5]

한편 미·러 양국은 2010년 New START를 합의하면서 추가 핵감축 논의에서 전술핵무기 감축도 논의하고 동시에 중국·영국·프랑스 등 여타 핵보유국들과 핵감축협상을 추진하기로 합의했다. 따라서 트럼프 행정부 및 공화당 의원들의 New START에 대한 부정적인 인식과 INF를 둘러싼 군비통제 갈등은 세계적 차원의 핵감축과 비확산 노력에 매우 부정적인 영향을 미칠 수 있으며, 기존 핵군축 레짐의 실효성과 정당성을 훼손하고 추가적인 핵군축 노력을 약화시킬 것이다. 또한 미국·러시아·중국을 포함한 주요 핵 강대국들이 핵무기의 현실적 사용 가능성이 감소하면서 중·장거리 미사일, 즉 준중거리탄도미사일(MRBM: Medium-range Ballistic missile), 중거리탄도미사일(IRBM: Intermediate-Range Ballistic Missile), 대륙간탄도미사일

---

[5] 푸틴 정부 들어 미·러 양국 간 갈등이 지속된 요인들로는 ① 푸틴의 반미주의 vs 부시/오바마의 러시아/푸틴 무시주의, ② 러시아 강대국주의 vs 미국의 패권주의/일방주의, ③ 러시아의 내정 불간섭주의 vs 미국의 인도적 개입주의, ④ 러시아식 민주주의 vs 미국의 보편적 민주주의, ⑤ 러시아의 CIS 통합주의 vs 미국의 CIS 지정학적 다원주의 등이 있음. 고재남, 「최근 미·러 갈등의 심화와 양국관계 전망」, 『주요국제문제분석』, 국립외교원 외교안보연구소, 2013. 9. 26.

(ICBM) 등을 이용한 원거리 정밀타격 능력의 향상을 도모함에 따라서 재래식 무기 개발 경쟁이 가속화될 수도 있다.

이 장에서는 미·러 군비통제 갈등이 미·러 차원은 물론 동북아시아를 포함한 세계적 차원의 군비통제 노력, 그리고 북한의 비핵화를 위한 국제사회의 노력에 어떠한 영향을 미칠 것인지를 분석하는 데 목적이 있다. 따라서 2절에서 미·러 양국의 군비통제협정 체결현황, 3절에서 미·소 간 군비통제 협정 위반 논쟁을 살펴보고, 4절에서 현재 미·러 간 군비통제 갈등의 핵심인 러시아의 INF조약 위반 여부를 둘러싼 갈등 경과를 5절에서 그 배경들을 분석하며, 6절에서 미·러 군비통제 갈등의 국제적 함의와 그 파급 영향을 살펴보기로 한다.

## 2. 미·러 간 군비통제조약 체결 현황

미국과 소련/러시아는 지난 45여 년 동안 세계적 차원의 군축(특히 핵무기 군축·감축)과 대량살상무기 비확산을 위한 조약을 체결해왔으며, 이를 위한 독자적인 조치들을 취하기도 했다. 이 절에서는 지면상 미국과 소련/러시아 간 체결된 군비통제조약만을 소개하고 있다.

### 1) SALT I과 SALT II

미국과 소련은 1972년 5월 공격용 및 방어용 핵무기를 제한하기 위한 첫 번째 협정 SALT I을 체결했다. SALT I은 미국과 소련이 배치할 수 있는 ICBM과 잠수함발사탄도미사일(SLBM: Submarine Launched Ballistic Missile)의 수를 제한하고 있는데, 양국은 1972년 6월 이후로 이 미사일들을 추가로 배치하지 않기로 합의했다. 당시 미국은 1,054기의 ICBM, 소련은 1,618기의 ICBM을 배치하고 있었다. 그리고 미국은 44개의 잠수함에 710기의 SLBM을 배치했고 소련은 62개의 잠수함에 950기의 SLBM을 배치하고 있었다.

이러한 양국 간 핵미사일 배치의 불균형은 미국 의회의 반발을 가져왔고, 이에 따라 미국 의회는 소위 '잭슨 수정안'을 채택해 향후 미·러 군비통제조약에서는 동등한 핵무기 보유 개수를 제한하도록 강제했다. SALT I은 보다 종합적인 군축협정이 체결될 때까지 적어도 5년 동안 유효했으며, 양측은 1977년 SALT II가 체결될 때까지 합의 내용을 지키기로 합의했다.

미·러 양국은 7년 동안의 협상 끝에 1979년 6월 SALT II를 체결했다. 양국은 미국의 '잭슨 수정안'을 반영해 양국이 각각 보유할 수 있는 ICBM, SLBM, 중폭격기(Heavy Bombers)의 총 개수를 2,400기로 합의했고, 1981년 1월까지 이 개수를 2,250기로 감축하기로 합의했다. 한편 이 조약은 ICBM, SLBM, 중폭격기에 각각 장착할 수 있는 다탄두미사일(MIRV: Multiple Independently Targetable Reentry Vehicles)의 수를 제한하는 하부 규정을 두고 있었다. 양국은 ICBM에 최대 10개 핵탄두를, SLBM에 최대 14개의 핵탄두를 장착하기로 합의했으며, 이 핵무기의 질적 향상을 위한 핵무기 현대화정책을 펴지 않기로 합의했다.

SALT II가 체결된 후 미국 내에서는 일부 비판이 제기되기도 했는데, 이는 소련이 핵감축을 위한 노력을 기울이지 않았으며, 비록 동수의 운반체를 양국에 허용하고 있음에도 ICBM이 많은 소련에게 더 많은 핵탄두를 장착해 대미 선제공격을 할 수 있도록 했다는 주장이 제기되었다. 이 조약은 미국 내 우려와 이란 인질 사태의 발생 등에 따라서 미국 의회 비준이 지연되고 있는 상황에서 1979년 12월 소련군의 아프가니스탄 침공이 발생해, 카터 행정부는 상원의 비준 신청을 철회했으며, 그 결과 발효되지 않았다.

## 2) ABM조약

1972년 체결된 '탄도탄요격미사일(ABM: Anti-Ballistic Missile)조약'은 미·소 양국에 ABM 인터셉터(Intercepter)를 각각 2곳, 즉 양국의 수도와 ICBM 사일로(Silo) 1곳에 설치할 수 있도록 허용하고 있다. 각 배치 장소에는 ABM 인터셉터미사일을 위한 100기의 지대공미사일이 레이더, 센서와 함께 배치가 허용되었다. 또한 ABM조약은 체약국의 영토를 방어하기 위한 ABM체제를 개발, 실험, 배치하지 못하도록 규정하고 있다. 또한 우주·해양·공중 배치 ABM체제 구축을 금지하고 있다. 그러나 이 조약은 전투기, 순항미사일, 전장 탄도미사일 등의 방어에 관한 제한 규정은 두고 있지 않았다.

양국은 1974년 ABM체제를 상기 두 곳 중 한 곳으로 제한하는 의정서에 서명했다. 그 결과 소련은 모스크바 근교에, 미국은 노스다코타(North Dakota)주의 그랜드 포크스(Grand Forks) 근처에 위치한 ICBM 사일로를 각각 선택했다. ABM조약은 부시 행정부가 9·11테러 사태 후 본토 방위를 위한 MD를 추진하면서 2001년 12월 12일 일방적으로 탈퇴를 선언했고, 그 결과 6개월 후인 2002년 6월 12일 폐기되었다.

## 3) INF조약

미·소 양국은 1980년 가을부터 INF조약을 체결하기 위한 협상을 시작했으며, 양국의 이견과 국내외 상황으로 1987년 12월 서명될 때까지 수차례 중단되었다.[6] INF

---

6  INF조약의 체결 과정과 내용에 대해서는 다음 문헌 참조. "Intermediate-Range Nuclear Forces Treaty," https://en.wikipedia.org/wiki/Intermediate-Range_Nuclear_Forces_Treaty(검색일: 2019년 1월 20일); "Treaty Between The United States Of America And The Union Of Soviet Socialist Republics On The Elimination Of Their Intermediate-Range And Shorter-Range Missiles (INF Treaty)," https://www.state.gov/t/avc/trty/102360.htm(검색일: 2019년 1월 20일); "The Intermediate-Range Nuclear

조약은 상기한 바와 같이 사거리 500~5,500km 사이에 드는 지대공미사일과 크루즈미사일을 모두 폐기하고, 이후 이 미사일의 개발·생산·배치를 금지하고 있다. 당시 양국은 보다 안정된 전략환경 조성을 위해 비대칭적 감축 원칙을 확정했는데, 그 결과 소련은 1,750기의 미사일(주로 3개 핵탄두 장착이 가능한 SS-20)을, 미국은 846기의 미사일(주로 한 개의 핵탄두 장착이 가능한 GLCM과 Pershing II 미사일)을 1991년 5월까지 폐기하기로 합의했다. INF조약의 검증 규정은 선정된 미사일 조립 장소와 저장소, 배치 장소, 수리·실험·제거 장소 등에 대한 현장조사를 허용하고 있다. 또한 비록 상시, 모든 장소의 현장조사를 허용하고 있지는 않지만 20곳의 단기 통보 현장조사를 허용하고 있다. 또한 INF조약은 합의 이행을 위한 다양한 자료 교환을 규정하고 있다.

러시아는 부시 행정부가 2007년 유럽 MD 추진을 위해 체코에 레이더, 폴란드에 인터셉터미사일 설치를 공식화하자 미국이 유럽 MD를 일방적으로 추진할 경우 INF조약을 탈퇴할 수도 있다고 경고했다. 러시아는 미국의 유럽 MD 추진에 대응해 2007년 지상발사미사일 발사실험을 진행했으며, 그 결과 러시아의 INF조약 위반 문제가 제기되기 시작했다.

## 4) START I과 START II

START I을 체결하기 위한 미·소 간 협상은 1982년에 시작되었으나 미국이 유럽에 IRBM을 배치하면서 1983~1985년 사이에 협상이 중단되었다. 그러나 1985년 3월 소련에서 고르바초프가 공산당 서기장으로 집권한 후 소련의 군사·안보 정책이

---

Forces (INF) Treaty at a Glance," https://www.armscontrol.org/factsheets/INFtreaty(검색일: 2019년 1월 20일).

바뀌면서 상기한 INF조약이 1987년에 체결되었고, START I이 1991년 7월 31일 체결되었다.

1991년 12월 소련의 갑작스런 붕괴로 START I의 장래에 의문이 제기되었으나 START I의 새로운 당사국인 러시아·우크라이나·카자흐스탄·벨라루스가 1992년 5월 미국과 '리스본 의정서(Lisbon Protocol)'을 채택해 START I의 합의를 이행하기로 합의했다. 당시 러시아는 START I이 대상으로 하고 있는 전략핵무기의 70%를, 그리고 나머지 3국이 30%를 배치하고 있었으며, 비확산을 위해 미국과 러시아가 나머지 3국을 설득해 러시아가 소련의 핵무장력을 계승하기로 합의했고, 그 결과 나머지 3국은 핵보유국의 지위를 포기하고 NPT에 가입하기로 합의했다.

START I을 미국은 1992년 10월 1일, 러시아는 1992년 11월 4일 각각 비준했다. 그러나 러시아는 우크라이나·벨라루스·카자흐스탄이 비핵국가를 천명하면서 START I 비준과 NPT를 가입할 때까지 비준서를 교환하지 않겠다는 입장을 견지했다. 카자흐스탄은 START I의 비준을 1992년 6월에 마쳤고, 1994년 2월 14일 비핵국가로서 NPT에 가입했다. 벨라루스도 START I 비준을 1993년 2월 4일 마쳤고, 1993년 7월 22일 비핵국가로서 NPT에 가입했다.

그러나 우크라이나 의회는 1993년 11월 START I을 비준하면서 여타 핵보유국이 우크라이나의 안전을 보장할 때까지 자국 영토에 배치된 일정량의 핵무기를 유지시켜야 한다는 조건을 달았다. 그 결과 미국·러시아·우크라이나는 1994년 초 우크라이나에게 핵무기 포기 대가로 경제보상과 안전보증(security assurance)에 합의했고, 그 결과 우크라이나 의회는 자국 영토 내 일정량의 핵무기를 배치한다는 단서 조항을 삭제했다. 또한 우크라이나 의회가 영토 보전과 안전보증을 요구하면서 NPT 가입에 관한 비준을 미루자 미국·러시아·영국은 우크라이나와 '부다페스트 의정서'[7]

---

7   정확한 명칭은 "Memorandum on Security Assurances in connection with the Republic of Belarus'/Republic of Kazakhstan's/Ukraine's accession to the Treaty on the Non-Proliferation of Nuclear Weapons"임.

<표 17> 우크라이나·벨라루스·카자흐스탄의 핵무기 보유 현황(1991)[8]

|  | 전략핵탄두 | 전술핵탄두 |
|---|---|---|
| 벨라루스 | 100 | 725 |
| 카자흐스탄 | 1,410 | NA |
| 우크라이나 | 1,900 | 2,275 |

를 체결했고, 비핵국가로서 NPT 가입 비준이 1994년 11월 16일 이루어졌다.

START I은 이러한 소연방 3개국의 추가 비준과 NPT 가입을 마무리 지은 후인 1994년 12월 5일 발효되었으며, 역사상 최대의 전략핵무기 감축은 물론 광범위하면서도 정밀한 검증체제를 확립한 후 2009년 12월 5일 효력이 만료되었다. START I는 미국과 러시아가 보유할 수 있는 전략핵무기를 제한하고 있는데, 이에 따르면 미·러 양국은 START I에 따른 감축 이행이 끝나면 각각 1,600기의 미사일(ICBM과 SLBM)과 중폭격기에 6,000개의 핵탄두를 보유할 수 있다. 물론 중폭격기에 장착된 무기 수는 제한을 가하지 않아 최대 8,000개 내지 9,000개의 핵탄두를 보유할 수 있다. 특히 미국은 협상 과정에서 고중량 ICBM에 장착될 핵탄두의 수를 제한하는 데 우선권을 부여했는데, 이는 러시아가 보유한 고중량 ICBM의 선제공격에 대한 깊은 안보위협을 느꼈기 때문이다. 그 결과 START I은 이행 종료 시 소련 시 배치된 SS-18 ICBM에 장착된 핵탄두의 50%인 1,540기만이 배치되게 했다. 또한 START I은 감축 대상인 미사일의 해체를 의무화하지 않았으며, 그 결과 이들은 저장고로 이동되어 보유 개수 한도 내에서 재사용되기도 했다. START I은 이행 과정을 상호 감시·증명하기 위한 매우 복잡하고 정교한 검증체계, 즉 위성감시, 국가기술수단[NTM: National Technical Means (of Verification)]과 같은 자동센서장치, 정보교환,

---

8   Arms Control Association, "U.S.-Russia Nuclear Force and Arms Control Agreements," http://www.armscontrol.org/taxonomy/term/136(검색일: 2014년 10월 25일), p. 10.

통보, 현장조사 등을 감축 과정에 적용했다. 미국과 러시아는 2001년 12월 5일까지 START I에서 규정한 전략핵무기의 감축을 완료했다.

한편 카자흐스탄은 104기의 SS-18 ICBM에 장착된 모든 핵탄두를 제거하여 러시아로 이송했으며, 미사일들은 현장에서 해체되었다. 우크라이나도 자국에 배치된 모든 SS-24 ICBM과 SS-19 ICBM을 해체한 후 나온 핵탄두를 러시아로 이송했다. 벨라루스는 자국 내 배치된 81개 22-25 ICBM과 핵탄두를 1996년 11월 말까지 러시아로 이송했다.

한편 미국과 러시아는 추가 전략핵무기 감축을 위한 START II를 1993년 1월 3일 체결했으며, 미국 상원과 러시아 국가두마는 우여곡절 끝에 1996년 1월 26일과 2000년 4월 21일 각각 비준했다. START II는 2003년까지 감축을 시행한 후(양국이 합의할 경우 이행 기한을 2007년까지 연장 가능) 양국이 3,000 내지 3,500개의 핵탄두만을 보유할 수 있다. 양국은 모든 MIRVed ICBM을 폐기해야 하고 SLBM에도 1,750개의 핵탄두만을 장착해야 한다.

그러나 이러한 합의사항은 대부분의 핵탄두가 MIRVed ICBM에 장착된 러시아는 합의 이행 시 3,500개보다 훨씬 적은 핵탄두를 배치할 수 없었으며, 허용 핵전력을 유지하기 위해서는 새로운 미사일을 생산해야 하는 실정이었다. 그리고 러시아는 전략핵무기의 주력인 MIRVed ICBM이 START II의 이행에 따라 전량 폐기될 경우 핵전력이 미국에 비해 크게 약화될 것으로 우려했다. 따라서 러시아 정부는 물론 국가두마 내에서 핵탄두 보유수를 추가 하향조정하기 위한 START III 협상을 촉구하는 의견이 대두되었다.

이 외에도 1998년 12월 미국과 영국의 이라크 폭격, 미국의 유럽 MD 추진을 위한 ABM조약의 수정 제안, 1999년 4월 NATO의 유고 공습 등은 미·러 관계를 악화시켰으며, 그 결과 START II 비준이 지연되었다. 그러나 2000년 1월 대통령 대행을 시작한 푸틴은 START II를 지지하면서 조기 비준을 촉구했고, 그 결과 국가두마는 ABM조약 폐기 시 START II의 효력이 자동 중단된다는 부칙을 삽입해 같은 해

4월 비준했다. 따라서 미국의 ABM조약 탈퇴선언(2001년 12월)과 폐기(2002년 6월)로 START II의 이행이 중단되었다.

## 5) SORT

START II가 허용한 더 적은 전략핵무기 보유를 추구하기 위한 미·러 양국의 START III 협상은 상기와 같은 START II의 비준 지연, 미국의 유럽과 본토 방어를 위한 MD 추진을 목적으로 한 ABM조약의 탈퇴로 START II가 자동 폐기되면서 이를 대신할 전략공격무기감축조약(SORT: Strategic Offensive Arms Reduction Treaty; Moscow Treaty)이 2002년 5월 24일 체결되었다.

이 조약은 2003년 5월 6일과 2003년 5월 14일 미국과 러시아에서 각각 비준되어 같은 해 6월 1일 발효되었고, 2012년 12월 31일까지 합의 내용이 실행될 예정이었다. 그러나 하기한 New START가 2011년 2월 5일 발효되면서 효력을 상실했다.

부시 대통령은 2001년 11월 개최된 미·러 정상회담에서 푸틴 대통령에게 향후 10년 동안 배치된 전략핵무기의 수를 1,700개 내지 2,200개로 축소하는 독자적인 감축정책을 추진하겠다고 선언했다. 이에 푸틴 대통령은 공식적인 조약 형태 또는 법적으로 구속력 있는 양자 감축협정의 체결을 바란다고 했으며, 그 결과 미국 정부 내에서 독자적인 감축정책과 양자 차원의 공식적인 감축협정 체결을 둘러싸고 논의가 시작되었다. 당시 콜린 파월(Colin Powell) 미국 국무장관은 공식적인 조약 형태의 미·러 군축협정 체결을 주장한 반면, 국방부는 전략핵무기 운용 과정에서 유연성(flexibility)을 선호했다. SORT는 전략핵탄두의 감축만을 합의하고 있고 미사일과 중폭격기 등의 감축을 합의하지 않았다. 또한 동 조약은 상기 미국 내 이견을 반영해 해체된 핵탄두를 저장했다가 재사용할 수 있는 여지를 남겨두었다.

한편 SORT는 감축 과정을 통제 또는 감시할 검증체계를 포함하지 않고 있으며, 따라서 2009년에 만료될 START I의 검증체계를 적용하기로 합의했다. 물론 2009년부터 2012년 사이의 공백이 있었으나 이는 후에 START I 검증체계의 암묵적 연장과 2011년 New START의 비준으로 해결되었다.

6) New START

미·러 양국은 2006년 중반 START I의 유효기간 종식에 따른 새로운 군축옵션을 논의하기 시작했다. 그러나 양측 간 START의 연장과 신 조약의 채택을 둘러싼 이견, 즉 푸틴 정부는 추가 전략핵무기 감축을 위한 공식적인 신 조약의 체결을 희망한 반면, 부시 행정부는 신 조약 체결을 희망하지 않으면서 START의 검증체계 중 일부를 연장시키길 바랐다. 그러나 부시 행정부는 2008년 모니터링 규정을 첨부해 신 조약을 체결하기로 러시아와 합의했으며, 같은 해 12월에는 START 유효 기간이 만료되기 전에 신 조약을 체결하되 이를 차기 정부에서 추진하기로 합의했다.

START I 유효기간의 만료가 다가옴에 따라서 '핵 없는 세계'를 주창한 오바마 행정부는 이를 위해 대러 관계 개선을 위한 접근정책, 즉 '재조정정책(Reset-Button policy)'를 적극 추진하면서 New START를 체결하기 위한 대러 외교를 강화했다. 그 결과 오바마 대통령과 메드베데프 대통령은 2009년 4월 런던에서 개최된 G-20 정상회담에 앞서 양자 정상회담을 개최하고 2009년 말까지 신 조약을 마련하자는 합의를 했다. 이후 양국 대통령은 2009년 7월 6~7일 모스크바에서 개최된 정상회담에서 'START I 후속 조약에 대한 양해각서(Joint Understanding for The START Follow-on Treaty)'에 서명했다.

START I이 만료되는 시점인 2009년 12월 5일까지 양측은 조약 초안을 만들어내지 못했고, 양측 간 회담이 2010년 1월 재개되어 4월 초에 New START 초안에 합의했다. 양국 대통령은 New START를 2010년 4월 8일 체코 프라하에서 개최된

〈표 18〉 미·러 전략핵무기 군비통제조약 체결 현황(2018년 현재)[9]

|  | ABM Treaty | SALT I | SALT II | START I | START II | SORT | New START |
|---|---|---|---|---|---|---|---|
| Status | Expired | Expired | Never Entered Into Force | Expired | Never Entered Into Force | Replaced by New START | In Force |
| Deployed Warhead Limit | NA | NA | NA | 6,000 | 3,000-3,500 | 1,700-2,200 | 1,550 |
| Deployed Delivery Vehicle Limit | 100 | US: 1,710 USSR: 2,347 | 2,250 | 1,600 | NA | NA | 700 |
| Month Signed | May 1972 | May 1972 | June 1979 | July 1991 | Jan. 1993 | May 2002 | April 2010 |
| Month Enter Into Force | Aug. 1972 | Oct. 1972 | NA | Dec. 1994 | Jan. 1996 | June 2003 | Feb. 2011 |
| Implementation Deadline |  | NA | NA | Dec. 2001 | NA | NA | Feb. 2018 |
| Expiration Month | June 2002 | October 1977 | NA | Dec. 2009 | NA | Fe. 2011 | Feb. 2021 |

정상회담에서 서명했고, 양국 의회의 비준을 거쳐 2011년 2월 5일 발효되었다.

New START는 양국이 조약 이행 후 보유 가능한 공격용 전략핵무기에 관한 제한 규정을 담고 있다. 양측은 조약 이행 후 각기 실전에 배치되지 않은 것을 포함해 ICBM, SLBM, 중폭격기를 최대 800기 허용하고 있으며, 이 중 700기를 실전 배치할 수 있다. 또한 조약 이행 후 양측은 1,550개의 핵탄두만을 보유할 수 있다. New START는 START I과 유사한 모니터와 검증체계를 포함하고 있다.

---

[9] *Ibid.*, p. 6.

# 3. 냉전기 미·소 간 군비통제조약 위반 논쟁

미·소 양국은 1970년대 초부터 상호 필요에 의해 수 개의 군비통제협정을 맺고 자발적 군축선언을 했음에도 양국 관계가 점차 악화되기 시작한 1980년대 중반부터 군비통제협정 위반을 둘러싼 비난, 이의 제기 등 공방을 지속했다.

미·소 관계는 1979년 12월 12월 소련군의 아프가니스탄 침공과 이에 따른 미국의 1980년 모스크바 하계올림픽의 불참과 전 세계적 불참 주도, 1981년 1월 대소 붕괴정책을 주도한 레이건 행정부의 출범 등으로 점차 악화되었으며, 그 결과 1984년부터 군비통제조약 위반을 둘러싼 갈등이 표면화되었다.[10]

## 1) 미국의 소련의 군비통제조약 위반 사례 제기

미국에서 소련의 군비통제조약 위반에 대한 의문제기는 1970년대 말부터 의회에서 본격적으로 제기되기 시작했다. 즉 미국 하원 정보위원회(House Intelligence Committee)는 "헨리 키신저 박사(당시 국무장관)는 소련이 SALT 협정 위반의 결과에 대한 어떠한 명문화된 판단을 원치 않았다. 만약 미국 중앙정보부(CIA)가 소련이 위반했다고 믿었다면 위반 내용을 키신저 박사에게 통보했어야 했다. (소련이 군비통제

---

10　이 절은 다음 문헌을 주로 참고해 작성했음. Jozef Goldblat, "Changes of Treaty Violations," *Bulletin of the Atomic Scientists* (May, 1984), pp. 33-36; Gary L. Guertner, "Three Images of Soviet Arms Control Compliance," *Political Science Quarterly* Vol. 103 No. 2, 1988, pp. 321-346; The White House, "Soviet Noncompliance with Arms Control Agreements," National Security Decision, Directive Number 121 (January 14, 1984) (Declassified, Released on February 8, 1996); The White House, "Soviet Noncompliance with Arms Control Agreements," National Security Decision, Directive Number 161 (February 6, 1985); Mark B. Schneider, "Russian Violations of Its Arms Control Obligations," *Comparative Strategy* Vol. 31 No. 4 (September-October, 2012), pp. 331-352.

협정을) 위반해왔다는 판단은 국가안보회의(NSC) 차원에서 이루어져야 하는 사안이었다"고 적고 있다. 또한 미국 상원 특별위원회(Select Committee)는 1979년 "소련이 SALT I을 위반했다는 사례와 시점에 대한 정보는 행정부 담당자들이 갖고 있다는 것이 분명한데, SALT I 모니터링에 관한 정보가 의회의 관련 감독위원회에 보고되지 않았다"고 적고 있다. 군비통제조약 위반에 관한 증거는 정치적으로 매우 예민한 사안이었으며, 그 결과 행정부는 위반에 관한 정보를 구체적으로 명문화된 문서로 작성하기가 어려웠을 것이다.

그러나 제1기 레이건 행정부의 말기에 들어 미·소 관계가 극도로 악화됨과 동시에 소련의 군비통제조약 위반에 대한 문제 제기가 의회와 학계에서 빈번히 제기되었다. 이에 레이건 대통령은 1984년 1월 23일 소련이 미국과 체결한 군비통제조약 내용 중 7건을 위반했다는 보고서를 의회에 제출했다. 당시 레이건 행정부가 의회에 제출한 보고서가 지적한 소련의 군비통제조약 위반 내용을 다음과 같다.

① 소련은 공격적 생물무기 프로그램과 능력을 유지하고 있으며, 라오스·캄보디아·아프가니스탄에서 사용된 독소(toxins)와 치명적인 화학무기를 생산·운반·사용하는 것에 개입되어 있다. 따라서 소련은 1972년 체결한 '생물무기금지협약(BWC: Biological Weapons Convention)'과 국제협약인 1925년 '제네바 의정서(Geneva Protocol)'를 위반하고 있다. ② 1981년 9월 4~12일 사이에 진행된 소련 군사훈련 'Zapad-81'의 통보는 부적절한 것이다. 따라서 소련은 유럽안보협력회의(CSCE)의 '1975년 헬싱키 협약'에 포함된 신뢰 구축에 관한 문서에 나타난 정치적 행위를 위반한 것이다. ③ 소련이 중앙 시베리아에 위치한 크라스노야르스크에 대형 레이더(Larged Phased-array radar)를 건설하는 것은 1972년 체결된 ABM조약을 위반한 것이다. ④ 소련은 미사일 실험 때 발생하는 라디오 시그널에 관한 검증을 의도적으로 방해함으로써 1979년에 체결된 SALT II를 위반하고 있다. ⑤ 소련은 2번째 신형 ICBM 22-X-25을 시험발사했는데, 이는 비록 증거가 불분명하지만 SALT II(내용 중 체약국은 보다 성능이 우수한 ICBM의 개발을 위한 현대화 및 확산을 억제시키자는 것 포함)에

대한 소련의 정치적 의지를 위반하는 행위이다. ⑥ 비록 증거는 아직 불분명하지만 SALT II를 위반할 가능성이 있는 SS-16 ICBM을 실전 배치하고 있다. ⑦ 비록 분명한 증거는 제시하기 힘들지만 소련은 1976년 3월 31일부터 지하 핵실험의 규모를 150킬로톤 이하로 제한하는 내용으로 1974년 체결된 임계핵실험금지조약(TTBT: Threshold Test-Ban Treaty)을 위반하는 핵실험을 진행해왔다.

## 2) 소련의 반박과 미국의 군비통제조약 위반 제시

소련은 미국이 주장한 군비통제조약 위반이 거짓이라고 주장했다. 특히 소련은 미국이 주장하는 것처럼 화학무기를 라오스·캄보디아·아프가니스탄으로 이동하지도, 또 보유하고 있지도 않으며, 'Zapad-81' 군사훈련도 1975년 헬싱키 협약에 입각해 사전에 모든 정보를 통보했다고 주장했다. 또한 소련은 자국이 ABM조약, SALT I, SALT II의 내용을 준수하고 있다고 반박하면서 미국의 주장은 자신들의 군비통제조약 위반에 대한 여론을 호도하기 위한 것이라고 주장했다.

한편 소련은 1984년 1월 말 미국 주재 소련대사관을 통해 미국 국무부에 미국의 군비통제조약 위반 내용을 다음과 같이 제시했다.

첫째, 미국은 대소 군사적 우위를 달성하기 위해 전례가 없는 수준의 전략무기 프로그램을 추진하고 있으며, 이는 양국이 합의한 군사적 우위 확보정책의 금지를 위반한 것이라고 주장했다. 또한 소련은 미국은 NPT에 명시된 핵무기 경쟁 중단을 위한 효과적인 조치를 위한 협상을 이행하지 않고 있다고 비난했다.

둘째, 미국은 SALT II 비준을 거부하면서 동 조약의 의정서(Protocol)에 제시된 장거리 해상 및 GLCM 문제의 해결을 위한 양자 협상에 응하지 않으면서 이 미사일의 대량 실전배치를 획책하고 있다고 주장했다. 이는 미국이 군비통제조약을 통해 동 조약의 훼손을 위한 행위를 하지 않겠다는 약속과 일치하지 않는 것이다.

셋째, 미국은 유럽에 퍼싱(Pershing) II 요격 미사일, 장거리 지상배치 순항미사일 등을 배치했는데, 이 미사일은 소련 영토를 타격할 수 있기 때문에 SALT II를 위반한 것이라고 주장했다.

넷째, 미국은 미니트맨(Minuteman) II, 타이탄(Titan) II 등의 ICBM의 배치를 위장하기 위한 셸터(shelter)를 운영하고 있으며, 이는 SALT I의 효과적인 검증을 위한 조항을 위반하고 있다고 주장했다. SALT I은 1977년 10월 3일 효력이 정지되었으나, 양국은 공식적으로 SALT I에 명시된 검증체제 관련 조항들을 위반하지 않도록 합의했다.

다섯째, 미국이 제작하려는 MX와 마지트맨(Midgetman) ICBM은 전략무기를 제한하기로 한 협정에 위반된다. 또한 미국은 ABM체제 구축을 목표로 대규모 레이더를 셰미아섬(Shemya Island)에 건설 중인데 이는 ABM조약의 위반이다.

여섯째, 미국은 대서양과 태평양 연안에 대규모 신 페이브 포스(PAVE PAWS: PAVE Phased Array Warning System) 레이더를 건설하고 있는데, 이 또한 ABM조약의 위반이다.

일곱째, 미국이 1983년 3월 추진을 선언한 대규모 ABM체제의 배치도 ABM조약을 약화시키는 것이다. 또한 미국은 미·소 상임 자문위원회의 논의사항 비밀엄수 원칙을 빈번히 위반했다.

여덟째, 미국은 1974년 체결한 TTBT의 위반해 150kT 이상의 핵폭탄 실험을 빈번히 했다. 그리고 이 지하 핵실험으로 방사능 물질이 미국 밖으로 날아갔다.

아홉째, 미국은 유럽에서 NATO 차원의 연례 대규모 연례 군사훈련을 하는데 이는 전쟁을 목적으로 하는 실전 훈련인지 혹은 모의 훈련인지를 구별하기 어렵다.

## 3) 소련의 주장에 대한 미국의 반박

미국은 소련의 주장이 근거 없는 것이라고 일축하면서 특별히 주요 사안에 대한 반박성 해명을 했다.

첫째, ICBM의 셸터의 이용은, 미니트맨 발사체 건설 초기 및 사일로(Silo) 업그레이드 프로그램 진행 중인 1970년대 중반, 환경셸터(environmental shelter)가 날씨로부터 발사체를 보호하기 위해 사용되었다.

둘째, SALT II 의정서의 유효 기간이 1981년 12월 31일 종료되었으며, 미국은 SALT II 체결 당시 SALT II가 비준돼 효력이 발생하더라도 의정서를 연장하지 않을 것임을 이미 선언했다. 그리고 NATO의 지상배치 중장거리미사일(INF 미사일)의 배치는 소련의 SS-20의 배치에 따른 것이다. 미국은 GLCM을 포함한 모든 미사일에 대해 소련과 협상할 용의가 있다.

셋째, 알류산 열도의 셰미아섬 시설물들은 조약 검증을 위한 기술적 수단이며, 페이브 포스 레이더는 1972년 ABM조약에서 허용한 연안 지역에 설치된 해외 감시를 위한 시설이다.

넷째, 미국은 SALT II 협상 과정에서 그리고 조약 체결 후 소련에게 SALT II 이행 규정은 기존 동맹국들과의 협력 패턴을 변경하지 않으며 또는 무기의 체계나 기술을 이전하는 것을 금지하지 않는다는 점을 분명히 했다. 장거리 INF체계에 적용되는 SALT II의 규정은 이 조약의 의정서에 포함되어 있는데, 600kg을 초과하는 해상 및 지상 발사 크루즈미사일의 배치를 제한하는 동 조약의 의정서는 1981년 12월 31일 종료되었다. 퍼싱 II와 소련이 전략무기로 판단하는 GLCM은 지상발사 사거리 5,500km 이상을 대상으로 하고 있는 SALT II가 제한에 포함되지 않다.

다섯째, 미국은 1974년 체결된 TTBT, 1976년에 체결된 평화적핵폭발조약(PNET: Peaceful Nuclear Explosion Treaty)에 입각해 150kT이상의 폭발력을 가진 핵실험을 하지 않았다.

여섯째, 미니트맨II의 다탄두(MIRVed)미니트맨 III로 전환이 이루어지지 않았다.

일곱째, 미국은 상임 조정위원회에서 논의된 사항에 대한 비밀유지 원칙을 엄수하고 있다.

여덟째, 미국은 군사작전 등 헬싱키 협약에 명시된 내용들을 준수하고 있으며, 미국과 동맹국들은 헬싱키 협약이 규정한 2만 5,000명 이상이 참여하는 모든 군사훈련 사전 통보 및 보다 적은 수가 참여하는 군사훈련에 대해서도 상호 신뢰구축을 위해 사전 통보하고 있다.

아홉째, 핵실험에 따른 방사능 유출에 대해서는, 미국과 소련 공히 지하 핵실험에 따른 방사능 유출을 완전히 통제하는 데 어려움을 겪고 있으며, 점차 개선되고 있다.

열째, ABM조약은 연구를 금지하고 있지 않으며, 양국은 조약 체결 후 연구프로그램을 운영하고 있다. 소련은 미국보다 광범위하고 체계적인 ABM 연구프로그램을 운영해왔으며, 레이건 대통령의 1983년 3월 성명, 즉 전략방위구상(SDI) 프로그램의 공식화는 ABM조약을 위반한 것이 아니다.

결론적으로 냉전기 미국과 소련의 군비통제조약 위반을 둘러싼 공방은 군축조약의 "일반적인 정신(General spirit of the agreements)"과 동 조약에 포함된 "특별 규정들(Specific provisions)"에 대한 해석을 둘러싼 이견으로 발생했으며, 특히 양국 관계가 악화되면서 공론화되고 격화되었다.

## 4. INF조약을 둘러싼 미·러 군비통제 갈등의 전개

### 1) 미국의 러시아의 INF조약 위반 주장 제기

미국이 러시아의 INF조약 위반을 정부 차원에서 공식 제기한 것은 2014년이다. 미국무성은 2014년 7월 공개된 연례 「군비통제·군축·비확산 조약 이행 보고서」를 통해 러시아가 INF조약을 위반했다고 공식 주장했다.[11] 보고서는 "미국은 러시아가

---

11　U.S. Department of State, "Adherence to and Compliance with Arms Control, Nonproliferation, and

500㎞부터 5,500㎞까지의 사거리를 가지는 GLCM의 생산, 보유, 시험발사, 그리고 그러한 미사일을 발사하는 발사체의 생산과 보유를 금지하는 INF조약을 위반했다는 결론을 내렸다"고 밝히고 있다. 오바마 대통령도 존 케리(John Kerry) 미 국무장관과 라브로프 외교장관 간 INF조약 위반 문제를 논의하기 하루 전인 2014년 7월 28일 푸틴 대통령에게 전달된 친서를 통해 러시아의 INF조약 위반에 대해 항의했다.[12] 그러나 상기 「군축·비확산 이행 보고서」는 러시아가 구체적으로 어떤 무기체계의 개발 또는 실험을 통해, 또한 언제부터 INF조약을 위반했는지에 대한 구체적인 증거 또는 사례를 제시하지 않았다.

탈냉전기 들어 미국 내에서 러시아가 INF조약을 위반하는 미사일을 실험, 배치하고 있다는 주장은 정부와 민간 차원에서 지속되어왔다. 예를 들어, 미국 국무성의 2005년도 「군축·비확산 조약 이행 보고서」는 옐친 정부는 START 검증규정들을 위반했으며, 1991~1992년 약속한 핵무기 감축 구상을 이행하지 않았다고 밝히고 있다. 또한 옐친 정부가 포괄적핵실험금지조약(CTBT)의 의무규정에 위반하는 저강도 핵실험을 지속한 것으로 보도되었다. 그리고 이러한 저강도 핵실험은 푸틴 정부 하에서도 계속되었으나 미국은 문제를 제기하지 않았다.[13] 물론 미국이 문제제기를 하지 않은 것은 미국도 동일한 핵실험을 계속해오거나 또는 CTBT를 의회에서 비준하지 않고 있음에 기인한 것으로 추정해볼 수 있다.

또한 미국 내 학자들, 정치인들, 그리고 언론들도 러시아가 INF조약을 위반하고 있다는 주장을 오래전부터 제기했다. 예를 들어, 마크 스나이더(Mark B. Schneider)는 러시아 정치인, 군인들의 언급을 이용해 러시아의 INF조약 위반 가능성을 주장하고

---

Disarmament Agreements and Commitments," *Unclassified* (July, 2014).

12  Michael R. Gordon, "U.S. Says Russian Tested Cruise Missile, Violating Treaty," *The New York Times* (July 28, 2014).

13  Mark Schneider, "Schneider: Russia's arms control violations," http://www.washingtontimes.com/news/2013/jul/2/russian-arms-control-violations/pri...(검색일: 2014년 10월 26일).

있다.¹⁴ 러시아 정부 내 인사들은 INF조약의 탈퇴 필요성을 여러 차례 언급했다. 첫 번째 언급은 2007년 당시 국방장관이었던 세르게이 이바노프(Sergey Ivanov)가 INF조약을 "실수(mistake)" 그리고 "냉전의 유물(Cold War relic)"이라 주장한 것이다. 당시 총참모장이던 유리 발류예프스키(Yury Baluyevsky) 장군도 "INF조약이 꼭 필요하다는 것이 증명되지 않으면 그 조약을 탈퇴할 수도 있다"고 주장하면서 미국이 유럽 MD를 축소하지 않으면 INF조약을 탈퇴해야 한다고 주장했다. 푸틴 대통령도 2007년 10월 INF조약을 탈퇴할 수 있다고 경고했다.¹⁵

스나이더는 러시아가 INF조약을 탈퇴한 대신, INF조약이 불허하는 500㎞ 이상의 사정거리를 가질 수 있는 R-500 단거리 미사일 발사 시험을 2007년 5월 단행했다고 주장했다. 러시아는 현재 500㎞ 이상을 날아갈 것으로 예상되는 R-500(M)을 실전 배치하고 있으며, 이보다 성능이 더 좋은 R-500(K)를 시험 발사했다. 스나이더는 러시아 군사전문가 알렉산더 골츠(Alexander Golts)가 러시아 고위지도자와 군 인사들이 이스칸데르 미사일이 500㎞ 이상을 날아갈 수 있다고 암시했으며, 『이즈베스티야(Izvestia)』 신문도 이스칸데르의 사거리가 500~600㎞라고 보도했다고 주장했다. 푸틴 대통령은 2006년 이스칸데르-M(Iskander-M) 전술미사일 개발팀에게 국가훈장(State Prize)를 수여했다.

미국 정보 당국은 러시아가 INF조약을 위반하는 미사일 발사실험을 부시 행정부 때인 2008년부터 서시베리아에 위치한 '카푸스틴 야르(Kapustin Yar)' 시험장에서 실시했다는 결론을 내렸다. 오바마 행정부는 2011년 말 의회 관련 상임위원회에 러시아의 INF조약 위반 사실을 통보했다. 그러나 오바마 행정부는 2013년 러시아에 INF조약 위반에 대해 항의했으며, 2014년 1월에야 NATO의 군비통제·군축·비

---

14  Mark B. Schneider, "Additional Information on REports of Russian Violations of the INF Treaty," *National Institute For Public Policy, National Institute Information Series* No. 350, 2012.

15  "Putin threatens withdrawal from cold war nuclear treaty," *The Guardian*(October 12, 2007), http://www.guardian.co.uk(검색일: 2014년 10월 25일).

확산 위원회에 통보했다. 이와 같은 의회와 NATO 동맹국들에 대한 때늦은 통보 배경에 대해 상반된 주장이 존재하고 있다. 즉 당시 오바마 행정부가 '핵 없는 세계' 구상에서 의미 있는 외교적 성과라고 볼 수 있는 New START(2010년 체결, 2011년 의회 비준)의 의회 비준을 얻기 위해서라는 주장과 당시까지 러시아가 시험·발사한 미사일에 대한 정확한 정보를 갖고 있지 않았기 때문이란 주장들이다.[16]

실제로 2014년의 상기 보고서에 이어 2015년, 2016년 각각 발표된 연례 이행 보고서도 러시아의 INF조약 위반을 지적하면서도 구체적으로 어떠한 미사일인지에 대한 정보는 제시하지 못했다. 단지 2015년 이행 보고서는 사거리가 INF조약에서 금지하는 영역에 드는 GLCM이라고 밝혔다. 미국의 요청에 따라 2016년 11월 15~16일 제네바에서 양국 대표들은 13년 만에 만나 러시아의 INF조약 위반에 관해 협의를 했으나 상대국의 INF조약 위반 사례 지적을 둘러싼 주장이 팽팽히 맞선 가운데 해법을 찾지 못하고 끝났다. 그러나 양국은 INF조약의 효과성과 유용성을 개선하기 위해서는 양국이 필요한 조치를 강구해야 한다는 데 동의했다.[17]

## 2) 러시아의 반박과 대응

러시아는 미국 국무부의 2014년 「군축조약 이행 보고서」가 공개된 지 1달이 지난 8월 1일 외무부 성명을 통해 미국의 주장을 일축하면서 미국이 오히려 소련/러시아와 체결한 군비통제조약을 위반한 수많은 사례가 있다고 비난했다.

러 외교부는 "미국은 (러시아가 INF조약을 위반했다면서) 과거와 동일하게 확실한 사

---

16  러시아의 INF조약 위반에 관한 보다 자세한 것은 Amy F. Woolf, "Russian Compliance with the Intermediate Range Nuclear Forces(INF) Treaty: Background and Issues for Congress," *Congressional Research Service*, *CRS Report* 7-5700(October, 2018) 참조.

17  http://www.armscontrol.org/about/kingston_reif(검색일: 2017년 9월 14일).

실을 제시하지 않으면서 INF조약 규정 위반만을 주장하고 있다. 비밀정보 자료를 들먹이는 미국 정부 관료의 코멘트도 미국 주장의 핵심을 명확히 설명하는 데 실패하고 있다"고 반박했다.[18] 그러면서 미국이 거짓으로 드러난 WMD 제거를 구실로 이라크를 침공한 사실을 지적하면서 미국은 아직도 역사의 교훈을 배우지 못하고 있다고 비난했다.

러시아 외교부는 미국이 러시아의 국제적 위신을 추락시키고 불신감을 조장하기 위해 자국민과 국제사회에 오보를 퍼트리고 있다고 비판했다. 또한 러시아 외교부는 미국이 그동안 INF조약의 규정들을 위반 또는 침해하는 수많은 조치들을 취해왔다고 주장했다. 예를 들어, 미국은 MD 요격미사일 실험을 하면서 수차례의 중·단거리 미사일(Target Missiles)을 통한 타격 실험을 했으며, INF조약의 GLCM의 범주에 속하는 무장한 무인비행체(UAV: Unmanned Aerial Vehicle) 실험을 했으며, 또한 폴란드와 루마니아에 배치하는 MK-41도 INF조약이 금지한 사거리의 크루즈미사일을 발사하는 능력이 있기 때문에 INF조약을 위반한 것이라고 비판했다.[19]

러 외교부는 이들이 INF조약을 위반하고 있다는 것을 미국이 잘 알면서도 러시아와 동 문제들을 협의하는 것을 회피해오고 있다고 주장했다. 또한 러시아 외교부는 미국이 글로벌 차원의 MD를 추진하기 위한 ABM조약의 탈퇴, 미국 역외 지역

---

[18] The Ministry of Foreign Affair of the Russian Federation, "Comments by the Russian Ministry of Foreign Affairs on the Report of the U.S. Department of State on Adherence to and Compliance with Arms Control, Nonproliferation, and Disarmament Agreements and Commitments"(1840-01-082014).

[19] 미국의 MD체제 구축을 위한 요격미사일 시험에서 INF조약에서 금지하는 사거리를 갖는 미사일을 사용해 미사일 요격실험을 하고 있다는 주장이 미디하트 빌라노프(Midykhat Viladov) 소장에 의해 수 차례 제기되었음. Viktor Litovkin, "Russian ICBM missile tests: What lies behind U.S. allegations?," *Russian-Media*(February 5, 2014), http://www.russia-direct.org/russian-media/russian-icbm-missile-tests-what-lies-behind...(검색일: 2014년 10월 23일). 이 외 러시아의 미국의 INF조약 위반 주장에 대해서는 Peter Korzun, "Russia Concerned Over US Violations of INF Treaty," *Strategic Culture*(September 22, 2017) 참조. 이 주장에 대한 미국 국무부의 반박은 Bureau of Arms Control, Verification and Compliance, "Refuting Russian Allegations of U.S. Noncomliance with INF Treaty," https://www.state.gov/t/avc/rls/2017/276360.htm(검색일: 2018년 10월 25일) 참조.

에 배치된 전술핵무기의 제거 거부, 전세계신속타격(PGS: Prompt Global Strike) 전략의 추진, 공격적인 재래식 무기의 과도한 증강 등이 오히려 세계적 전략환경의 불안정을 초래하면서 INF조약의 유지 필요성을 저해하고 있다고 주장했다. 또한 러시아 국무부는 미국이 아직도 CTBT는 물론 핵물질방호조약(Convention on the Physical Protection of Nuclear Material)에 대한 2005년 수정안 등을 비준하지 않으면서 원자력 안전에 관한 멘토 또는 감독의 역할을 하려는 것은 어불성설이라고 비판했다. 러 외교부는 2016년 워싱턴 핵안보정상회의 전까지 이를 비준해 핵안보 정상회담을 주도한 국가로서 책임을 다하라고 충고하고 있다.

또한 이고르 크로트첸코(Igor Krotchenko)는 러 국방부 공공위원회(Public Council) 위원은 "워싱턴의 러시아의 INF조약 위반 주장은 정치적 의도가 있다"고 주장했다. 그는 INF조약 위반 주장은 현재 미국 정부가 진행시키고 있는 대대적인 반러 캠페인의 일부이다"고 주장했다.[20] 전 국방부 국제협력과장인 예브게니 부진스키(Evegeny Buzhinsky) 소장도 상기 의견에 동조하면서 "우리는 아무것도 위반하지 않았다. … 미국은 정보전(information warfare)을 진행하고 있다"고 미국을 비난했다. 그는 미국 정부가 러시아가 INF조약의 어떤 점을 위반했는지를 구체적으로 명시해 러시아 측에 해명을 요구해야 한다고 주장했다.[21]

한편 러시아는 미 국무성의 2010년 「군비통제·군축·비확산 이행 보고서」에서 러시아가 비확산 조약을 위반하는 조치들을 취했다는 주장에 대해, "동 보고서는 전혀 사실에 근거하지 않고 러시아의 START 조약 이행을 평가하고 있다"고 비판했다.[22]

---

20　"Allegation of INF Treaty Violation Part of US's Anti-Russian Campaign-Military Expert," *RIANOVOSTI*(July 29, 2014).
21　"Obama Escalates Confrontation with Russia by Alleging INF Treaty Violation," http://larouchepac.com/print/31440(검색일: 2014년 10월 26일).
22　"Moscow Calls U.S. State Dept compliance report biased," *Interfax: Russia & CIS Diplomatic Panorama*[Moscow](July 29, 2010).

## 3) 미국의 INF조약 탈퇴 선언과 러시아의 대응

상기한 바와 같이, 트럼프 대통령은 중간선거 지원 유세 차 네바다를 방문 중이던 2018년 10월 20일 INF조약 탈퇴 가능성을 공식 표명했다. 트럼프 대통령은 동 조약의 탈퇴 필요성의 이유로 러시아의 INF조약 불이행과 중국의 중거리미사일 개발을 지적했다. 즉 트럼프 대통령은 "러시아가 INF조약을 수 년 동안 위반해왔는데, 왜 오바마 행정부가 협상하거나 탈퇴하지 않았는지 이해가 안 된다. … 우리는 조약을 이행해왔으며, 불행히도 러시아가 조약을 존중하지 않기 때문에 우리는 조약을 탈퇴할 예정이다. … 러시아와 중국이 (동 조약에서 금지한) 중거리미사일을 개발하지 않겠다고 약속하지 않으면, 우리도 중거리미사일을 개발해야 하며 이를 위한 엄청난 자금을 갖고 있다"고 주장했다.[23]

트럼프 대통령의 INF조약 탈퇴 선언에 대해 러시아를 포함한 주요국과 전문가들의 우려가 지속적으로 표명된 가운데, 폼페이오 국무장관은 12월 4일 러시아의 INF조약 준수 복귀 시한을 60일로 못 박았으며, 그 결과 2019년 2월 2일까지 러시아가 설득력 있는 INF조약 이행 증거를 제시하지 않는 한 8월 2일 폐기될 예정이다. 트럼프 행정부의 INF조약 탈퇴 가능성은 행정부 출범과 더불어 꾸준히 제기되어왔으며, 대러 강경파이자 핵 군축협정 유효성에 회의적인 시각을 가진 존 볼턴(John Bolton)의 국가안보보좌관 임명이 그 시기를 앞당겼다고 볼 수 있다.[24]

실제로 트럼프 행정부 들어 2017년 발표된 이행 보고서는 러시아의 거듭된 증거 제시에 대응해 러시아가 시험, 배치한 GLCM은 당시 주장되던 미사일 타입, 즉

---

[23] Julian Borger and Martin Pengelly, "Trump says US will withdraw from nuclear arms treaty with Russia," *The Guardian* (October 21, 2018).

[24] 볼턴 요인에 대해서는 다음 문헌들 참조. Julian Borger, "John Bolton pushing Trump to withdraw from Russian nuclear arms treaty," *The Guardian* (October 19, 2018); Patricia Lewis, "Pulling Out of the INF Treaty Is a Mistake That Will Affect US All," https://www.chathamhouse.org/expect/comment/pulling-out-inf-treaty-mistake-will-af...(검색일: 2018년 10월 25일).

R-500/SSC-7 GLCM 또는 RS-26 ICBM과 다른 타입의 GLCM이라는 것을 밝혔다. 2017년 2월 뉴욕 타임지는 러시아가 INF조약을 위반한 GLCM을 이미 개발해 배치했다고 보도했다. 또한 같은 해 3월 8월 개최된 미국 하원 군사위원회 청문회에서 폴 셀바(Paul Selva) 장군은 러시아가 INF조약의 정신과 목적을 위반하면서 NATO 시설들에 위협이 되는 미사일을 의도적으로 배치했으며, INF조약을 재준수하지 않을 것이라는 전망을 했다.[25]

한편 언론매체들은 2017년 2월 2016년 12월 실전 배치된 GLCM을 NATO 의 미사일 분류상 SSC-8(사거리 2,000~2,500km 추정)이라고 보도했다. 트럼프 행정부는 2017년 11월 동 미사일이 러시아에서 '노바토르 9M729' 크루즈미사일로 분류된다고 공개했다. 그러나 아직까지 SSC-8 GLCM의 구체적인 특성과 성능이 밝혀지지 않은 상태에서 칼리브르(Kalibr)-NK 해상발사 지상타격 크루즈미사일의 변형(version)으로 추측되고 있다.[26]

한편 트럼프 행정부가 2017년 11월 러시아가 INF조약을 위반해 배치한 미사일이 9M729라고 구체화하자 러시아는 동 미사일은 INF조약을 위반하지 않은 미사일이라고 반박했다. 즉 외교부 대변인 마리아 자카로바(Maria Zakharova)는 미국의 주장은 근거 없는 것이라면서 "그 미사일체계는 완전히 INF조약을 준수한 것"이라고 주장했다. 그녀는 "우리는 미국이 더 이상 러시아의 위반에 대해 억지 주장을 펴지 말고 러시아가 주장하는 미국의 조약 준수 여부에 대한 의문 해소를 위해 대화에 응해 주길 바란다"고 덧붙였다.[27]

이러한 양측 간의 조약 위반 여부에 대한 논쟁이 지속되는 가운데, 트럼프 대통령이

---

25  Amy F Woolf, *op. cit.*, p. 17.
26  Dave Majumdar, "Novator 9M729: The Russian Missile that Broke INF Treaty's Back?" *The National Interest* (December 7, 2017).
27  "Russian diplomat rejects US claims new missile fails to comply with INF Treaty," *TASS* (December 21, 2017).

INF조약 탈퇴를 선언하자 러시아는 이에 강력히 반발했다.[28] 러시아 국영매체는 외교부 고위인사가 트럼프 정부의 INF조약 탈퇴 선언의 "주요 동기는 단극체제의 꿈을 실현하기 위한 것인데, 그게 가능할 것인가?"라고 의문을 제기했다고 보도했다. 그 고위인사는 미국이 INF조약을 무력화시키기 위해 지난 수 년 동안 계획적·단계적으로 접근해왔다고 비난했다. 러시아 연방회의(상원) 알렉세이 프시코프(Alexei Pushkov)도 트위터를 통해 미국의 INF조약 탈퇴 선언은 "2001년 첫 번째 ABM조약 탈퇴에 이어 글로벌 전략안정체계를 훼손하는 두 번째 강력한 타격"이라고 주장했다.

푸틴 대통령도 미국이 INF조약을 폐기하고 금지된 미사일을 개발할 경우 러시아도 똑같이 행동할 것이라고 경고했다. 또는 그는 2018년 10월 25일 주세페 콘테(Giuseppe Conte) 이탈리아 총리와 회담 후 가진 뉴스 컨퍼런스에서 미국의 위험한 INF조약 탈퇴 선언에 관해 트럼프 대통령과 직접 대화를 하기를 희망했다. 동시 푸틴 대통령은 유럽 국가들이 INF조약을 위반한 미국 미사일을 배치할 경우, 러시아는 그 나라를 타깃으로 할 것이라고 경고했다.[29] 미·러 정상회담은 11월 11일 파리에서 개최된 제1차 세계대전 종전 100주년 기념식 또는 11월 말 아르헨티나 부에노스아이레스에서 개최된 G20 정상회의에서 개최될 예정이었으나 프랑스의 요청과 미국 내 대러 감정 악화에 따라서 개최되지 못했다. 미·러 정상 간의 대화가 부재한 상황에서 폼페이오 미 국무장관은 러시아의 INF조약 준수 복귀 시한이 60일이라고 선언했고, 2019년 1월 15일 제네바에서 미·러 INF조약 특별검증위원회가 개최되었으나 양측 간 이견을 좁히지 못했다.[30] 또한 러시아가 1월 22일 9M729의 사거리가 INF조약을 위반하지 않는 미사일이라면서 모스크바 주재 서방 외교관을 초빙해

---

28  Julian Borger and Martin Pengelly, *op. cit.*.
29  Olesya Astakhova and Andrew Osborn, "Russia will target European countries if they host U.S. nuclear missiles: Putin," https://www.reuters.com/article/us-nato-russia/nato-to-send-troops-to-deter-russia-put…(검색일: 2019년 1월 10일).
30  유철종, "미·러, 제네바서 중거리핵전력조약 협상… 시각차만 확인," 『연합뉴스』(2019년 1월 16일).

동 미사일을 공개했으나 미국 대표는 참가하지 않았다. 사실상 미국 주도로 INF조약은 2018년 8월 2일 폐기될 예정이다.

## 5. INF조약을 둘러싼 군비통제 갈등의 배경

INF를 둘러싼 미·러 군비통제 갈등이 야기된 배경은 순차적으로 ① 미국의 유럽 내 NATO MD 추진, ② 주변국의 미사일 능력 제고, ③ 러시아의 재래식 군사력의 취약성, ④ 우크라이나 사태 후 NATO의 폴란드, 발트 3국에 신속대응군의 배치와 러시아의 군사적 대응 등이 주요 요인으로 작용했다.

### 1) 미국의 유럽 내 NATO MD 추진

미국과 러시아 간 MD를 둘러싼 갈등은 우선 미국이 이란·북한 등으로부터 오는 핵위협에 대응해 1990년대 중반부터 국가미사일방위(NMD), 전역미사일방어(TMD)를 추진하면서부터이다. 그러나 당시 클린턴 행정부는 이란·북한으로부터 오는 미국에 대한 탄도미사일 위협, NMD의 기술적 실현 가능성, NMD 추진 소요 비용, 군축 및 군비통제에 대한 영향 등을 고려해, 2000년 9월 NMD 추진을 차기 정부로 넘긴다는 결정을 했다. 따라서 MD를 둘러싼 미·러 간 갈등은 발생하지 않았다. 하지만 클린턴 행정부의 MD 추진은 러시아 내에서 START II 이행 시 핵전력의 현격한 상대적 약화를 초래할 것이라는 우려(미국보다 상대적으로 우위인 MIRVed ICBM의 전량 폐기)가 제기되었고, 그 결과 START II의 비준이 지연되었다. START II의 비준은 푸틴 정부 들어 2000년에 비준되었는데, 국가두마는 비준 당시 ABM조약이 폐기되면 START II의 효력이 자동 상실된다는 부칙을 달아 통과했다.

　MD 추진을 둘러싼 미·러 갈등이 군축갈등으로 비화된 것은 부시(George W. Bush) 행정부부터이다. 이는 부시 행정부가 2001년 9월 11일 발생한 알카에다의 항공기를 이용해 뉴욕 세계무역센터(WTC: World Trade Center)를 폭파한 사건, 즉 9·11테러 사태 후 본토 안보를 위한 전국적 차원의 MD와 동맹국들을 보호하기 위한 지역 차원의 MD를 추진하면서부터이다. 부시 행정부는 이러한 미국 전역을 혹시 있을지도 모를 핵무기 또는 재래식 무기로부터 보호하기 위한 MD체제 구축을 위해 ABM조약을 같은 해 12월 12일 일방적으로 탈퇴했고, 이는 당시 푸틴 정부의 반발과 우려를 자아내었다. 당시 푸틴 정부는 ABM조약의 폐기는 글로벌 전략환경을 불안정하게 만들 거라면서 ABM조약의 수정을 통한 미국의 MD체제 구축안을 희망했다.

　부시 행정부는 이란이 국제사회의 반대를 무릅쓰고 핵무기 개발과 장거리미사일 개발을 지속하면서, 지상배치요격미사일(GBI: Ground-based Interceptor), 즉 다가오는 탄도미사일을 대기권 밖 중간항로에서 격추하는 3단계 인터셉터를 중동부 유럽, 특히 폴란드에 10기의 인터셉터와 체코에 X-band 추적 및 식별 레이더를 배치하는 MD 전략을 2007년 초부터 본격적으로 추진하기 시작했다. 푸틴 정부는 미국이 ABM조약을 탈퇴하고 유럽에서 MD 추진을 본격화하자 자구책을 강구하기 시작했고, 이는 푸틴 정부 집권 2기(2004~2008) 들어 러시아가 강대국으로 재부상하자 더욱 본격적으로 추진되었다.

　러시아의 강대국 재부상은 푸틴 대통령의 강력한 리더십에 따른 정국 안정, 고유가·고원자재가와 세제개혁, 외국인 투자 유입 등에 따른 성장경제의 지속, 푸틴 대통령의 성공적인 정상외교 등에 힘입은 바가 크다. 따라서 푸틴 정부는 한편으로는 국방력을 강화하는 정책을 펴면서 다른 한편으로는 상기한 바와 같은 미국의 유럽 MD 추진에 대응한 INF조약이 금지하는 사거리를 갖는 R-500 성능 개선 노력은 물론 다탄두 ICBM(Topol-24 등)과 SLBM(Bulava 등) 성능 개선 시험발사를 빈번히 추진했다. 또한 푸틴 정부는 체코에 설치될 레이더 대신에 소련 시대에 건설된 아제르바이잔 레이더가 이란에 가깝게 있다면서 이를 개보수해 사용하자고 제안했으나 부시 행정부에 의해 거절되었다. 또한 2008년 11월 4일 미국이 유럽 MD를 추진할 경우 이를 무력화하기 위해 이스칸데르 미사일을 역외 영토인 칼리닌그라드에 배치하겠다고 위협했다.[31] 실제로 상기한 바와 같이 러시아는 2007년 5월 이미 INF조약에 위배되는 R-500(Iskander K)을 개발해 시험발사했다. 또한 러시아는 상기한 바와 같이 INF조약이 금지한 사거리를 갖는 9M729를 개발해 2008년 발사시험을 했다.

오바마 행정부는 출범 후 러시아의 유럽 MD, 즉 NATO MD 추진에 대한 반대를 고려해 부시 행정부가 추진한 GBI 대신 이란의 핵 개발 및 미사일 개발 수준을 고려해 NATO MD를 단계적으로 추진한다는 탄력적 접근전략, 즉 유럽 단계별 접근전략(EPAA)으로 NATO MD 정책을 수정했다.[32] 즉 오바마 대통령은 취임 후 첫 순방지인 유럽, 특히 체코 프라하에서 2009년 4월 '핵 없는 세계(Nuclear-free world)'를 위해 미국이 선도적인 역할을 수행하겠다고 선언했다.[33] 이러한 정책을 실현하기 위해서는 부시 행정부 들어 극도로 악화된 대러 관계 개선이 급선무였고, 따라서 오바마 정부는 대러 관계 '재조정정책'을 적극 추진했다. 그 결과 부시 행정부 말기 중단된 핵감축협상이 재개돼 2010년 미·러 간 New START가 체결되었고 2011년 초 발효되었다.

푸틴 정부와 메드베데프 정부는 오바마 행정부의 러시아의 반대를 고려한 NATO MD정책을 일단 긍정적으로 평가했다. 그럼에도 EPAA 3내지 4단계에서 배치하

---

[31] Richard Roussian, "Russian Iskander Missile System Again Against U.S. Missile Defense System," http://www.nuclearno.com/text.asp?13306 (검색일: 2014년 10월 31일).

[32] EPAA에 대해서는 다음 문헌을 참조. Tom Z. Collina, "The European Adaptive Approach at a Glance," http://www.armscontrol.org/print/4392 (검색일: 2012년 11월 4일); Steven Pifer, "Missile Defense in Europe: Cooperation or Contention?" *Brookings Arms Control Series,* Paper 8(May, 2012), pp. 10-11; "NATO's Missile Defense System," http://en.wikipedia.org/NATO_missile_defense_system (검색일: 2012년 11월 10일).

[33] 오바마 대통령의 대러 관계 개선과 기타 핵무기 보유국가들과의 정치·외교적 노력을 통한 '핵 없는 세계'를 실현시키기 위한 정책 천명은 2009년 말 노벨평화상을 수상받은 주요 요인이 되었음.

게 되어 있는 SM-3 Block IIA와 IIB가 러시아의 ICBM을 타격할 것이라는 우려를 제기하면서 NATO MD가 러시아를 목표로 하지 않는다는 '법적인 보장(Legal guarantee, 2011년부터 주장)' 또는 유럽 MD의 공동 구축을 요구했다.

그러나 오바마 행정부는 이러한 러시아의 제안을 수용하지 않았고, 그 결과 러시아는 INF조약에 위배되는 사정거리와 성능이 개선된 미사일 개발과 배치 등 자구책을 강구해오고 있다. 실제로 푸틴 대통령은 R-500M을 시험발사한 후인 2007년 10월 미국의 NATO MD 추진은 미·러 양국 간 전략적 균형을 심각히 해칠 것이라면서 "만약 우리가 그러한 목표, 즉 전략적 안정을 달성할 수 없다면 다른 나라가 전략적 안정을 해치는 무기체계를 개발하고 그 국가들이 러시아와 인접국일 경우 우리는 그러한 조약(INF조약)을 유지하는 데 어려움에 직면할 수밖에 없다"고 주장했다.[34]

러시아는 여전히 SM-3 인터셉터가 러시아의 ICBM을 타격할 수 있을 것이라면서 미국이 러시아의 입장을 고려하지 않고 NATO MD를 추진할 경우, 이에 대한 대응책을 강구할 것이며 필요 시 NATO MD를 선제 타격할 수도 있다고 위협하고 있다.[35] 따라서 러시아가 INF조약을 위반하면서까지 R-500의 성능 개선과 9M729를 개발을 추진한 것은 NATO MD 추진에 따른 유럽 내 전략환경의 변화에 대응한 측면도 있다. 또한 러시아는 미국이 EPAA를 위해 루마니아와 폴란드에 배치할 SM-3 인터셉터를 발사할 MK-41 수직형 발사체도 INF조약에서 금지한 사거리의 미사일을 발사할 수 있다고 주장하면서 미국도 INF조약을 위반하고 있다고 강조하고 있다.[36]

---

[34] Luke Harding, "Putin Threatens withdrawal from cold war nuclear treaty," *The Guardian* (October 12, 2007).

[35] "Russia Does Not Rule Out Preemptive Missile Defense Strike," http://en.ria.ru/world/20120503/173188049.html (검색일: 2014년 9월 29일).

[36] 자세한 것은 Greg Thielman, "Moving BEyond INF Treaty Compliance Issue," http://armscontrolnow.org/2014/09/05/moving-beyond-inf-treaty-compliance-issue/ (검색일: 2014년 10월 26일) 참조.

오바마 2기 행정부는 러시아와 추가 핵감축 등 군축협력과 재정·기술적인 이유로 EPAA 4단계 계획을 잠정적으로 취소하는 것을 2003년 3월 15일 공식 발표했다. 즉 폴란드에 배치할 예정이던 SM-3 IIB의 배치를 취소했다.[37] 그러나 미국의 NATO MD 추진과 회원국 확대정책은 러시아가 심각한 안보위협으로 받아들였다.

결론적으로 러시아의 전략적 이익을 무시한 미국의 NATO MD 추진과 연합 군사력 강화정책은 러시아로 하여금 자구책 강구 차원에서, 유럽 내 MD 시설 등 NATO 군사시설을 타격할 수 있는 사거리를 가진 GLCM을 개발할 수밖에 없게 했다.

## 2) 러시아 주변국 미사일 능력 제고

러시아는 탈냉전기에 접어들어 인접국인 중국·인도·파키스탄·이스라엘·북한, 심지어 이란 등 INF조약에 참여하지 않고 있는 국가들이 INF조약에서 금지하고 있는 미사일들을 개발·생산·실전배치함에 따라서 안보위협을 실감했다. 실제로 푸틴 대통령은 2007년 2월 12일 러·미 2+2 장관회의에 참석차 모스크바를 방문한 콘돌리자 라이스(Condoleezza Rice) 국무장관과 로버트 게이츠(Robert Gates) 국방장관에게 INF조약이 이 대상 국가들은 물론 여타 잠재적 INF조약 적용 미사일 개발 능력이 있는 국가들로 적용 대상이 확대되지 않는 한 INF조약을 탈퇴할 수 있다고 경고했다.[38]

또한 푸틴 대통령은 2014년 8월 14일 크림반도 얄타에서 국가두마 의원들을 만난 자리에서 공산당 출신 레오니트 칼라시니코프(Leonid Kalashnikov)가 INF조약

---

[37] "U.S. Announces EPAA Phase IV cancellation, increase in number of GMD national missile defense interceptors from 30 to 44," http://mostlymissiledefense.com/2013/03/15/u-s-announces-epaa-phase-iv-cancellation..(검색일: 2014년 11월 9일).

[38] Luke Harding, *op. cit.*.

을 탈퇴해야 되는 것 아니냐는 의문에 대해 "물론 우리는 그 가능성을 생각하고 있고, 분석하고 있다. 오늘날 우리는 우리가 가지고 있는 무기와 개발하고 있는 무기로써 우리의 안전을 보장할 능력이 있다. 그러나 그 문제는 결코 등한시할 문제가 아니다."[39]고 답변했다.

아나톨리 안토노프(Anatoly Antonov) 국방차관도 INF조약과 관련해 *Rossiyskaya Gazeta*와 인터뷰하면서 "1987년 미국과 소련을 제외하고 프랑스와 중국만이 중장거리 및 단거리 미사일을 보유하고 있었다. 그러나 현재 이 미사일을 보유하고 있는 국가가 30여 국으로 늘어났다. 그 대부분의 국가가 러시아에 인접해 있다."[40]면서 INF조약을 체결했던 시점과 현재는 전략환경이 많이 변했다고 강조했다.

트럼프 행정부의 INF조약 탈퇴 결정은 러시아의 INF조약 위반도 주요 요인으로 작용했지만 트럼프 행정부의 "힘을 통한 평화" 정책 기조와 중국의 군사력 강화정책에 대한 대응태세 강화정책에 기인한다. 실제로 중국은 개혁개방정책을 성공적으로 추진하고 경제력 확대에 맞추어 지난 30~40여 년간 국방력 강화정책을 꾸준히 추진해왔으며, 최근 세계 제3의 군사대국으로 부상했다. 또한 타이완 문제, 남중국해 문제 등을 둘러싸고 미·중 양국의 외교·군사적 갈등이 제고되고 있는 상황에서 중국은 비대칭 전략(asymmetric strategy)에 기반해 미사일 공격 능력을 중심으로 잠수함, 대위성 무기, 사이버전쟁 수행 능력 등을 강화해 소위 반접근/지역거부(A2AD: Anti-Access/Area-Denial) 능력을 증대해왔다.[41] 그 결과 중국의 미사일 성능이 현격히 개선되었으며, 95%에 달하는 미사일이 INF조약에서 금지하고 있는 것으로 평가되고 있다.[42]

---

39  Petr Topychkanov, "Is Russia Afraid of Chinese and Indian Missile?" http://missilethreat.com/russia-afraid-chinese-indian-missile/(검색일: 2014년 11월 8일).

40  *Ibid.*.

41  최우선, 「중국의 지역접근 저지 능력 증강과 미국의 대응」, 『주요국제문제분석』 2011-24, 국립외교원 외교안보연구소, 2011. 9. 22.

42  "INF Treaty: Would US dropout begin an arms race with China?" https://www.dw.com/en/inf-treaty-

## 3) NATO 대비 러시아 재래식 군사력의 취약성

갑작스러운 소연방의 붕괴에 따른 정치·경제적 혼란, 특히 경제 위기의 지속은 러시아로 하여금 재래식 군사력을 강화하기 위한 재원 확보를 불가능하게 함과 동시에 방산 분야 전문 인력들의 해외 이주를 촉진하여 재래식 군사력을 크게 약화하는 요인으로 작용했다. 반면에 미국을 포함한 NATO 회원국들은 탈냉전기 핵군축 전략 환경과 경제 여건의 개선에 힘입어 재래식 방산 분야에 대한 엄청난 투자를 했고, 특히 걸프전(1990) 등 중동 지역에서의 불안정 지속, 미국의 MD 추진 등은 방산 분야의 현대화·첨단화를 촉진했다. 특히 미국은 최근 들어 재래식 무기를 장착한 극초음속 장거리미사일을 통한 타격 전력을 증강하고 있으며, 러시아도 이에 대응하고 있다.[43]

러시아는 1990년대 미국의 걸프전·유고전을 관찰하면서 미국 등 NATO 회원국들과 재래식 군사력에서 엄청난 질적 차이가 존재함을 깨닫고, 이에 러시아 안보를 위한 기제로서 핵 무장력의 강화가 필요함을 절감했다. 그 결과 1993·2000·2010·2014년 각각 채택된 군사독트린에서 재래식 군사력의 열세를 극복하기 위한 방편으로 핵 무장력의 중요성을 강조하고 있다.

특히 2000년대 들어 미국이 러시아의 반대에도 유럽 MD를 추진함에 따라서 한편으로는 핵 무장력의 강화를 위한 INF조약이 제한하고 있는 사거리의 미사일 개발과 성능 개선 노력 및 신 ICBM, SLBM의 개발을 추진하고, 다른 한편으로는 국방개혁과 방산 현대화를 추진하기 시작했다. 또한 미국의 2001년 가을 아프가니스탄전, 2003년 이라크전 수행 방법과 군수 지원 현황은 러시아가 미·러 간 재래식 군사력의 엄청난 격차를 실감한 전쟁이었다. 물론 러시아의 국방개혁과 방산 현대화는

---

would-us-dropout-begin-an-arms-race-with-china/a-46002359(검색일: 2019년 1월 19일).

43 이철재, "극초음속 무기 삼국지 … 누가 더 빠를까," https://news.joins.com/article/22557072(검색일: 2019년 1월 24일).

푸틴 제1·2정부에서도 부분적으로 추진되었으나, 2008년 러·조지아전쟁을 계기로 더욱 적극적으로 추진되었다. 러·조지아전쟁은 비록 러시아가 승리했으나, 러시아 재래식 전력의 취약성과 군사 운용의 문제점을 전 세계에 알리는 계기가 되었다. 그 결과 메드베데프 정부는 2009년 5월 '국가안보전략 2020'을 채택해 향후 러시아가 추진할 국방개혁 및 방산 현대화에 대한 대강을 제시했다.

푸틴은 대선 기간 중 발표한 국가안보 관련 기고문 「강함: 러시아를 위한 국가안보」에서 국가주권을 보호하고 강대국 지위 유지를 보장하기 위해서는 군과 군수산업의 현대화를 통한 국방력 강화가 필요하다면서 이를 위한 정책을 제시했다.[44] ① 2020년까지 23조 루블(약 7,700억 달러)을 투자해 러시아 군과 군수산업의 현대화를 추진, ② 유라시아 지역의 안정자의 역할과 안보위협에 대한 신속한 대응을 위해 CSTO 강화, ③ 전군의 최신 첨단무기로의 무장, 향후 10년 동안 400개 ICBM, 50개 전함, 2,300개 탱크, 1,000r 공중 폭격기, 10개 이스칸데르-M 구매 및 공급, ④ 군 교육과 군수산업의 발전을 위한 10개의 연구 및 교육센터 개소, ⑤ 2012년 1월 기해 군의 임금, 연금과 여타 혜택 증액, 2013년 1월부터 안보 관련 종사자의 동일한 혜택 적용 등이다.

푸틴 대통령은 우크라이나 사태를 계기로 미국, EU의 대러 제재가 단계적으로 강화됨에 따라서, 특히 미국 주도로 폴란드와 발트 3국에서 NATO군 훈련이 수차례 진행되고 대러 견제 신속대응군이 창설되고 그 지휘본부를 폴란드에 두기로 결정함에 따라서 이에 대응한 군사적 조치를 강화해오고 있다. 푸틴 대통령은 2014년 9월 10일 크렘린에서 무기현대화 계획 관련 회의를 주재하고, NATO와 미국의 대러 군사적 압박과 MD 추진에 대응해 2016~2025년 사이에 핵무기 억제력 보장, 장거리 전략폭격기의 재무장, 우주방어체계의 구축, 고도의 정밀타격 재래식 무기의 개발 등과 같은 군 현대화 계획을 결정했다. 한편 러시아는 2014년 10월 말 핵공격이 가

---

**44** *Rossiiskaya Gazeta* (Fabruary 20, 2012).

능한 중폭격기와 전투기를 동원해 NATO 방공구역으로 여겨지는 발트해에서 대서양으로 연결되는 공중 지역을 비행하는 군사훈련을 실시했다.

결론적으로 러시아의 미국을 포함한 NATO 일부 국가들에 비해 상대적으로 취약한 재래식 군사력은 중거리미사일 개발을 통한 핵 무장력 강화정책을 추진하는 동인으로 작용했다. 그 결과 러시아는 INF조약의 위반 및 추가 핵감축을 위한 오바마 행정부의 제안에 부정적으로 대응했다.

### 4) 우크라이나 사태 후 NATO의 신속대응군 배치

2014년 3월 러시아의 전격적인 크림반도 합병과 돈바스 분리주의자들에 대한 지원은 NATO의 강력한 반발을 불러일으켰으며, 특히 러시아와 접경한 폴란드와 발트 3국은 안보위협에 대한 대책을 요구했다. 미국을 포함한 NATO 회원국들은 한편으로는 대러 외교·경제 제재를 점차 가중시키면서 다른 한편으로는 군사적 대응태세의 강화를 추진했다.

2016년 7월 9일 폴란드 바르샤바에서 개최된 NATO 정상회의는 러시아와 국경을 맞대고 있는 폴란드·리투아니아·라트비아·에스토니아 등 NATO 회원국 4국에 4,000여 명 상당의 4개 대대를 분산 배치하기로 결정했다. 그리고 이 4개 대대를 미국·캐나다·영국·독일이 각각 지휘하며, 미국은 1,000여 명을 폴란드에, 그리고 영국은 650여 명, 독일은 500여 명, 그리고 기타 국가들이 파견해 2018년 12월 현재 4,500명 이상으로 신속대응군이 구성되었다.

러시아는 이러한 NATO의 접경 지역에 대한 상비군의 배치에 강력히 반발하면서 2016년 가을 칼리닌그라드에 이스칸데르 미사일을 배치하는 군사훈련을 실시했다. 실제로 콘스탄틴 코사코프(Konstantin Kosachov) 러시아 상원 외교위원장은 페이스북을 통해 "NATO의 결정은 베를린 장벽 이후 양 진영 간의 새로운 두 번째 장벽을 세운 것"이라고 비난했다. 러시아 외무부 역시 같은 해 7월 10일 성명을 내고 "NATO는 계속해서 일종의 군사·정치적 거울나라(looking-glass world)가 존재하고 있음을 보여준다. 유럽의 평화와 안정과는 반대로 NATO는 존재하지도 않은 동방(러시아)로부터의 위협을 억제하는 노력에 중점을 두고 있다"고 주장했다.

## 6. 미·러 간 군비통제 갈등의 파급 영향

### 1) 다자 군비통제조약 또는 합의 촉진

미·러 양국은 지난 45여 년 동안 양자 차원의 군비통제를 주도적으로 추진해왔으며, 2010년에는 사상 최저의 핵탄두와 발사체를 보유하는 수준으로 핵전력을 감축하는 New START를 체결했다. New START 체결은 오바마 전 대통령의 '핵 없는 세계' 건설에 대한 정책 구상과 이를 위한 대러 관계 개선정책, 그리고 러시아의 추가 핵감축정책이 상호 결합해 성사된 것이다.

오바마 전 대통령은 2013년 6월 '베를린 연설'을 통해 추가 핵감축을 러시아에 제안했다. 그러나 러시아는 이에 아직 응하지 않고 있는데, 이는 제3기 푸틴 정부(2012~2018) 들어 극도로 악화된 미·러 관계, 미국의 지속적인 NATO MD 추진, 그리고 미·러 간 향후 군비통제조약에 대한 정책 차이에 기인했다. 즉 미국은 핵 강국인 미국과 러시아가 추가 핵감축을 통해 여타 국가들의 핵감축 동참을 유도하자는 정책인 반면, 러시아는 추가 핵감축협정은 여타 핵무기 보유국들이 동참하는 보다 다자적 형태의 핵감축협정을 추진하자고 주장했다. 한편 미국은 오바마 제2기 행정부 출범 직후인 2013년 3월 러시아의 NATO MD에 대한 반대를 약화시키면서 추가 핵감축을 위한 미·러 간 핵감축협상을 유도하기 위해 NATO MD, 즉 EPAA

의 4단계를 추진하지 않겠다고 일방적으로 선언했다. 그러나 러시아는 상기한 바와 같이 NATO MD가 러시아의 전략핵을 무력화하기 위해 구축되고 있으며, NATO MD가 러시아 핵전력을 타깃으로 하지 않는다는 '법적인 보장'과 공동 추진을 요구했다.

따라서 우크라이나 사태와 러시아의 미국 2016 대선 개입에 따른 양자 관계의 악화, 유럽 내 NATO 군사력의 강화와 러시아 국경 지역에 전진 배치, 2016년 NATO 정상회의에서 신속대응군의 창설, 미국의 재래식 신속글로벌타격(CPGS: Conventional Prompt Global Strike) 군사력 강화,[45] 무장 드론(Armed Drone)의 실전 사용, 러시아 재래식 군사력의 취약성 등은 양자 간 더 이상의 핵감축조약 체결이 사실상 단·중기적으로 불가능하게 했다.

이런 상황에서 트럼프 행정부의 INF조약 탈퇴와 조약 폐기는 한편으로는 현존하는 New START의 연장(2021년 만료) 여부를 불투명하게 하고, 다른 한편으로는 미·러 양국 차원의 중단거리미사일에 대한 군비통제의 범위를 중국·영국·프랑스·이란·북한 등 여타 미사일 생산국으로 확대하는 결과를 가져왔다. 실제로 트럼프 행정부의 INF조약 탈퇴 결정에는 러시아의 조약 위반 의혹도 있지만 중국·이란의 중거리미사일 개발과 배치에 따른 군사적 위협 증대가 주요 요인으로 작용했다. 푸틴 대통령도 주변국들의 중거리미사일 개발과 배치를 지적하면서 INF조약의 무용론을 제기하기도 했다.

따라서 향후에는 중장거리미사일의 개발·배치·감축 등과 같은 군비통제 문제는 미·러 양국 차원이 아닌 다국 차원으로 당사국이 확대될 것이며, 불가피하게 이 문제를 다루기 위한 다자 군비통제조약 또는 협의를 촉진할 것으로 전망된다. 핵감축을 위한 군비통제조약 또는 협의도 향후에는 전술핵무기의 통제와 감축이 포함되어

---

45 "Should Russia fear the U.S. 'Prompt Global Strike'?" Russia Beyond the Headline(December 16, 2013), "U.S. Military Advantages and the Future of Nuclear Arms Control, http://www.boell.de/en/2013/12/20/us-military-advantages-and-future-nuclear-arms-c...(검색일: 2014년 10월 25일).

더 이상 미·러 양국이 아닌 여타 핵 보유국들이 참여하는 다자협의와 조약이 모색될 것으로 전망된다.

## 2) 미·러 간 군비통제협력의 모멘텀 약화

미·러 관계는 2000년 푸틴 정부 출범 후 협력보다는 갈등이 두드러진 현상을 보여 왔으며, 2012년 5월 푸틴 대통령의 복귀와 제2기 오바마 행정부의 출범(2013. 1)을 계기로 개인적 요인, 국내외적 요인이 상호 결합해 '갈등이 극심화되는 악순환'이 계속되고 있으며, 그 결과 '신 냉전(New Cold War)'이 도래하는 것 아니냐는 의구심이 증폭되었다. 즉 반미 감정과 대미 불신이 극심한 푸틴 대통령 취임 이후 푸틴 대통령은 오바마 대통령의 초청에도 시카고에서 개최된 NATO 정상회의(NATO MD 추가 조치 승인), 워싱턴에서 개최된 G8 정상회의의 불참했고, 오바마 대통령도 이에 보복해 2012 블라디보스토크 APEC 정상회담을 불참하면서 양국 대통령 간 적대·기피 심리가 심화되었다. 러시아 국내 문제에 대한 미국 언론과 정치인들의 비난, 그리고 의회의 대러 제재 조치와 러시아의 맞대응(예: 미 의회의 마그니츠키법, 대러 국가두마의 야코블레프법)도 미·러 관계의 갈등을 증폭하는 요인으로 작용하고 있다. 또한 시리아 사태 등 국제 문제를 둘러싸고 갈등을 빚던 미·러 양국 관계는 2013년 8월 발생한 미 CIA 전 직원 스노우든의 망명을 둘러싸고 더욱 악화되었으며, 우크라이나 사태 이후 대러 제재와 대미 맞제재가 발생하면서 사상 최악의 상태에 있다.

특히 우크라이나 사태는 미국 주도의 서방 대러 제재와 러시아의 맞대응을 자아내면서 러시아와 유럽의 경제 위기는 물론 러시아와 NATO간 군사적 대립을 심화하면서 군축협력의 모멘텀이 크게 약화되고 있다. 실제로 INF조약의 이행과 검증 강화책을 논의하기 위해 2014년 9월 미·러 양국의 군축대표들이 모임을 가졌지만 이견만 노정했을 뿐, 별다른 성과를 거두지 못하고 차기 회합 일정도 잡지 못한 채 끝났다. 또한 오바마 대통령이 New START 수준보다 낮은 수준의 전략핵 보유를 위한 post-New START 협상에 러시아가 응하지 않았으며, 그 결과 제2기 오바마 행정부가 끝날 때까지 전략핵 관련 군축에 별다른 성과가 없었다. 심지어 러시아는 오바마 행정부가 '핵 없는 세계'와 핵 테러 등 핵위협 제거를 위해 주도해온 핵안보정상회의의 마지막 회의인 '2016 핵안보정상회의(워싱턴 개최)'의 준비회의는 물론 마지막 회의에도 참석하지 않았다.

친푸틴 성향의 트럼프 대통령 당선은 미·러 관계 개선을 촉진할 것으로 전망되었다. 그러나 러시아의 2016 미국 대선 개입에 따른 미국 정치권과 언론 매체의 극심한 반러 감정, 우크라이나 사태 지속에 따른 대러 제재의 지속 등으로 양국 관계가 더욱 악화되었다. 사상 최악의 미·러 관계 속에서 진행된 미국의 INF조약 탈퇴와 폐기, 그리고 트럼프 행정부의 '힘을 통한 평화' 정책 구현을 위한 핵무력 포함 군사력 강화정책은 현존하는 군비통제조약인 New START의 연장 여부를 불투명하게 함은 물론 미·러 간 양자 차원의 군비통제협력을 크게 위축시킬 전망이다. 또한 미국의 INF조약 탈퇴는 그동안 미사일 비확산을 억제해온 미사일기술통제체제(MTCR)의 법적·규범적 구속력 또는 효력을 크게 훼손할 것이다.

### 3) 동북아 전략환경에 매우 부정적인 영향

중국은 1990년대부터 경제적으로 부상하면서 국방력 강화정책, 특히 핵 무장력 및 재래식 군사력의 현대화정책을 적극 추진해왔다. 이러한 중국 군사력의 급속한 신장은 미국과 러시아의 우려를 자아내 양국은 향후 핵군축조약에 중국 등 여타 핵보유국가들이 참여해야 한다는 데 이해를 같이했다. 또한 중국의 미사일 개발이 급진전되면서 중국과 인접한 러시아에서 이미 INF조약 폐기론 또는 수정론이 제기되기도 했다.

중국은 미·러 양국에 비해 핵 무장력은 물론 재래식 전력에서 매우 취약하다는 판단 아래 지속적인 핵과 미사일 개발과 시험을 위해 MTCR과 CTBT에 가입하지 않음은 물론 러시아와 협력 또는 자체 기술 개발로 재래식 군사력을 강화하는 조치를 취해왔다. 최근 들어 미국의 대중국 견제를 위한 '아시아로의 회귀정책'과 대중국 포위전략의 강화, 일본과의 역사갈등·영토분쟁 등은 중국의 군사력 강화정책을 더욱 부추기고 있다.

따라서 양자 차원은 물론 다자 차원의 군축조약 체결에 매우 소극적인 입장을 취해온 중국은 미·러 군축갈등에 따른 국제 전략환경 불안정의 증대와 러·중 전략적 협력 확장에 따른 러시아와 방산협력 요인의 확대를 이용해 한편으로는 군사력 강화정책을 적극 추진하면서, 다른 한편으로는 세계적 차원의 다자 군비통제조약 참여에는 단·중기적으로 매우 소극적일 것으로 전망된다.[46]

특히 트럼프 행정부 들어 더욱 악화되고 있는 미·중 관계, 중·일 관계, 심지어 중국과 타이완 관계는 미국의 중거리미사일 개발과 배치를 일본·괌 등 동북아 지역에 집중시키는 요인으로 작용할 전망이다. 중국도 미국의 이러한 중장거리미사일 배치 정책에 맞대응할 것이며, 이는 동북아 전략 안정에 매우 부정적으로 작용할 것이다. 실제로 중국은 미국과 일본의 본토 위협에 대응에 '지역접근 저지전력'을 증강해왔다. 또한 중국은 러시아와 군사협력을 더욱 강화해 미·일 동맹을 견제하려는 전략을 추진해나갈 것이며, 그 결과 향후 동북아 전략환경에서 정치·군사적으로 미·일 대 러·중 대치구도가 형성·심화될 가능성이 많다.

또한 러시아도 INF조약이 폐기된 상황에서 자유롭게 중거리미사일을 개발, 생산해 극동 지역에 배치할 것이 분명하다. 북한도 2018년 초부터 한반도 비핵화를 위해 미국·중국·한국 등과 정상회담을 개최해왔으며, 미국의 INF조약 탈퇴는 북한의

---

46 "China's Nuclear Weapons and the Prospects for Multilateral Arms Control," *Strategic Studies Quarterly* (Winter, 2013), pp. 3-10.

비핵화 조치와 상관없이 중거리미사일 개발과 배치를 촉진할 것이다.

따라서 트럼프 행정부의 INF조약 탈퇴와 동 조약의 폐기는 동북아 전략환경에 매우 부정적으로 작용할 것이 분명하다.

## 4) 유럽에서 군비경쟁의 촉발과 긴장 고조

1987년 12월 체결한 미·러 간 INF조약이 양국 의회의 비준을 거쳐 1988년 6월 발효되었다. 이후 양국은 사거리 500~5,500㎞ 안에 드는 중·단거리 미사일 2,692개를 해체해 폐기했으며, 이후 10년간 현장조사를 진행했다.

INF조약 체결 당시 유럽, 특히 동서독은 동서 냉전, 특히 미국과 소련이 주축을 이루는 NATO와 WTO의 최전방이었으며, 그 결과 수많은 중·단거리 미사일들이 배치되어 있었다. 따라서 INF조약의 체결은 미·소 양국 내보다는 유럽 전장에서 군사적 대립과 긴장을 해소하는 데 큰 기여를 했다. 그러나 냉전 질서의 붕괴와 중유럽 국가들의 탈공산화 그리고 이 대부분 국가들의 NATO 가입은 유럽 내 미군의 군사력 작전 영역을 크게 확대시켰고, 러시아와 NATO간 갈등 심화로 군사적 대립구도를 형성했다.

독일·프랑스·이탈리아 등 유럽 내 주요 국가들은 트럼프 행정부의 INF조약 탈퇴를 비판하면서 유럽 내 군사적 대립 심화 가능성을 우려하고 있다. 우크라이나 사태와 NATO MD 추진으로 미·러/러·NATO 간 갈등 심화 그리고 러시아의 INF조약 위반 미사일 배치는 불가피하게 미국의 유럽 내 중거리미사일 배치를 유도할 것이다. 이미 소개한 바와 같이, 트럼프 대통령의 INF조약 탈퇴 선언 이후 푸틴 대통령은 유럽 내 NATO 회원국들이 미국의 중거리미사일 배치를 수용할 경우, 러시아 미사일로 타깃팅할 것임을 경고했다. 또한 유럽 내 프랑스·영국·독일 등 주요국들은 INF조약에서 금지한 중·단거리 미사일들을 독자적으로 개발할 것임이 틀

림없다. 또한 독일·네덜란드·벨기에 등 일부 NATO 국가들은 역내 배치된 미국의 200여 개 전술핵무기 철수를 주장했는데, 유럽 내 NATO와 러시아 간 군비경쟁이 가중됨에 따라서 이 국가들의 주장이 수그러들 가능성이 커졌다. 따라서 미국의 INF조약 탈퇴는 유럽에서 러·NATO 간 군비경쟁을 촉발하고, 그 결과 양측 간 정치·외교·군사적 갈등과 대립을 심화하게 될 것이다.

제10장

# 한·러 외교관계 30년의 추이

# 1. 서론

지난 1990년 9월 30일 일제의 강요로 단절된 지 85여 년 만에 한·러 외교관계가 정상화된 후 양국 외교관계 수립 30주년이 다가오고 있다. 양국은 2019년 1월 현재 30차례가 넘는 공식·비공식 정상회담, 수십 차례의 장·차관급회담, 국장급회담, 6자회담 수석대표회담 등 다양한 외교채널을 통해 외교협력을 확대해왔다. 그 결과 한·러 간 외교협력은 많은 성과를 거두었다. 한·러 양국은 2018년 6월 22일 문재인 대통령의 국빈방문으로 모스크바에서 개최된 정상회담에서 외교관계 정상화 30주년인 2020년을 '한·러 상호 교류의 해'로 지정하고 양국에서 다양한 기념행사를 개최하기로 합의했다.[1] 되돌아볼 때, 한·러 관계는 양국 국내 정세는 물론 세계 정세의 영향을 받아 발전해왔다. 1860년 러·청 간 체결한 베이징조약으로 양국은 두만강을 경계로 접경국이 되었으며, 1884년 외교관계를 수립했다. 1905년 러·일전쟁에서 러시아의 패배는 우리나라의 대외 주권인 외교권을 박탈시키는 '을사늑약'의 체결, 그리고 한일합방과 일제 식민통치의 주요 요인으로 작용했다. 또한 1917년 11월 볼셰비키 혁명에 따른 소련 공산화, 제2차 세계대전 시 소련군의 북한 진주와 일본의 패전은 북한 내 공산정권의 수립과 남북 분단의 비극을 파생하는 계기로 작용했다.

그리고 극심한 경제위기와 국제 고립, 서방 세계와 과학기술 격차 확대, 정치체제의 역동성 상실과 정체성의 심화 등으로 공산당 통치에 대한 정통성이 약화되고 경제위기가 심화되자 이를 극복하려는 고르바초프의 개혁공산주의는 세계 정세는 물론

---

\* 이 장은 필자의 다음 논문을 수정·보완해 작성했음. 고재남, 「한·러 정치·외교 관계 20년: 평가 및 향후 과제」, 『슬라브학보』 제25권 4호, 2010, 417-445쪽; 「한·러 수교 25주년의 성과와 과제」, 『외교』 제116호, 2016. 1, 108-120쪽; 「한·러 모스크바 정상회담의 성과와 향후 과제」, 『주요국제문제분석』 2018-24, 국립외교원 외교안보연구소, 2018. 6. 26.

1 고재남(2018), 앞의 논문 참고.

한·소 관계가 급변하는 계기로 작용했다. 정치·안보 이익보다는 경제·통상 이익을 우선시한 고르바초프의 '신 정치적 사고(new political thinking)'는 소련이 북한의 극심한 반대를 무릅쓰고 88서울올림픽에 선수단을 대거 참가시키는 요인으로 작용했고, 이는 한·소 외교관계를 정상화하는 계기로 작용했다. 한·소 외교관계 정상화 후 한국의 외교적 지평은 여타 공산주의 국가로 급속히 확산되었고 국내에서는 긴 세월의 외교적 단절을 보상받기라도 하려는 듯 소위 '소련 바람'이 불어닥쳤다.

한국은 러시아와 외교관계를 정상화한 후 북핵 문제의 해결과 한반도 평화통일의 달성 그리고 지속적인 경제발전을 통한 선진국으로 발전 과정에서 러시아와의 협력관계 구축이 불가피함을 인식하여 대러 협력관계를 확대·심화하기 위한 외교적 노력을 기울였다. 이명박 정부 들어서는 한·러 양국이 양자 관계를 '전략적 협력 동반자(strategic cooperative partnership)' 관계로 발전시켜나가기로 합의함으로써 양국 간 협력 의제는 물론 협력의 지리적 공간을 넓힐 수 있는 토대가 마련되었다.

그러나 지난 30여 년간 한·러 관계는 '협력과 갈등,' '접근과 정체'라는 이중주를 경험했으며, 현재는 초기 단계의 '전략적 협력 동반자' 관계에서 '정체' 되어 있다. 특히 우크라이나 사태에 따른 서방 세계의 대러 제재는 한·러 관계에도 부정적인 영향을 미쳐 2013년 11월 한·러 서울정상회담을 통해 마련된 양국 간 외교·안보 협력 확대의 모멘텀을 2년 여간 살리지 못했다. 즉 2014~2016년 사이에 양국 정상회담이 부재했고, 고위급 외교·안보 인사교류가 축소되었다. 따라서 다수의 양국 내 한·러 관계 전문가들은 양국 관계의 '전략적 협력 동반자' 관계로의 성격 규정은 아직까지 '수사(rhetoric)'에 불과하며, 향후 실질 협력이 부재할 경우 양국 관계가 위기에 봉착할 수도 있다고 우려했다.[2] 다행히 2017년 5월 촛불혁명으로 대러 협력을 중시하는

---

2   한·러 수교 25주년의 경제적 성과와 전망에 대해서는 다음 문헌 참조. 엄구호, 「한·러 경제교류 25년의 평가와 향후 발전 전략」, 한국국제교류재단, 한양대학교 아태지역연구센터, 러한 소사이어티 공동 주최, "2015 한러 정경포럼: 한러 수교 25주년 회고와 한러협력의 미래" 발표문(2015. 12. 4), 39-52쪽; 이상준, 「한·러 수교 이후 양국 간 경제협력의 성과와 개선방안」, 국민대학교 유라시아연구소, 러시아 전략연구소 공동주최, "The Role of Think Tank in Korea-Russia Cooperation" 발표문(Seoul, President Hotel,

문재인 정부가 출범해 '신북방정책'을 추진하면서 한·러 협력이 활성화되고 있다.

이 장에서는 한·러 외교관계 정상화 30주년을 양국 관계 발전에서 새로운 '도약(take-off)'의 계기로 삼아야 한다는 문제의식하에 지난 30여 년간 한·러 외교관계를 평가하면서 양국이 합의한 '전략적 협력 동반자' 관계로의 발전을 가속화·공고화하는 방안을 모색해보았다.³ 이를 위해서 2절에서 한·러 정치·외교 관계에 영향을 미치는 양국의 상호 정책 목표, 3절에서 양국 외교관계의 발전 과정과 동인을, 4절에서 최근 한·러 외교관계의 현황, 5절에서는 문재인 정부의 대러 정책 성과와 과제를 각각 살펴보기로 한다.

## 2. 한·러 양국의 상호 정책 목표

한국의 대소/대러 정책 목표는 시기적으로는 냉전 시기와 탈냉전 시기로 구분해 살펴볼 수 있다.

### 1) 한국의 대러 정책 목표

냉전 시기 한국의 대소 정책의 목표는 소련과 북한으로부터 오는 안보위협을 감소시

---

October 21, 2015), 19-26쪽.

3 한·러 양국 간 전략적 협력 동반자 관계를 강화하기 위한 또 다른 논의에 대해서는 홍완석, 「한·러 전략적 협력 동반자 관계의 조건과 과제」, 『슬라브 연구』 제31권 3호, 2015, 63-90쪽; 신범식·하용출·서동주·성원용·권원순·김현택·글렙 이바셴초프 외 공저, 『한국과 러시아의 전략협력』, 서울: 한국외국어대학교 지식출판원, 2015 등 참조.

키는 것이었으며, 그 결과 소련과 정부 또는 민간 차원의 교류와 협력 확대를 통해 양국 관계를 개선하고 소·북 간 동맹 관계를 약화시키는 것이었다. 한국은 1970년대 초부터 시작된 동서 양 진영의 데탕트를 활용해 정부·비정부 차원에서 직·간접적 대소 접촉을 확대하는 정책을 추진했다. 1971년부터 남·북한 간 직접대화가 시작되었고, 1973년 6월 23일에는 "이념과 정치체제의 차이에도 상호성에 입각하여 모든 나라들에 문호를 개방할 것"[4]이라는 박정희 대통령의 소위 '6·23선언'이 발표되었다. 당시 대서구 데탕트를 통한 군축, 경제 지원 및 과학기술 협력정책을 추진하던 소련도 한국의 사회주의권 접근정책에 화답해 양국 간 비정부 차원의 교류가 간헐적으로 이루어졌다.

그러나 1979년 12월 소련군의 아프가니스탄 침공과 미국 등 서방세계의 강력 반발은 데탕트의 종식을 가져왔고, 이는 한·소 관계 발전을 저해했다. 특히 1983년 8월 발생한 소련 공군 전투기의 KAL기 격추사건과 같은 해 10월 미얀마 낭군에서 발생한 한국대표단에 대한 북한의 폭탄테러 사건에 관한 소련 당국의 북한 껴안기 정책은 한·소 관계 발전에 매우 부정적인 영향을 미쳤다.

한국의 대소 접근 정책이 재시동된 것은 1988년 2월 출범한 노태우 정부가 당시 국제 정세의 탈냉전화에 대응해 '북방정책(사회주의권 국가들과의 관계 개선정책)'을 추진하면서부터이다. 노태우 정부는 소련에서 1985년 3월 고르바초프가 소련공산당 당서기장이 된 후 탈냉전적·탈이념적·탈군사적인 '신 정치적 사고'에 입각한 외교·안보 정책을 적극 추진하자 소련과의 정치·외교 관계 개선을 통해 사회주의권으로의 외교지평 확대를 추구했다.[5] 당시 한국의 대소 정책 목표는 정치·외교·안보

---

4   Lho Kyongsoo, "Seoul-Moscow Relations: Looking to the 1990s," *Asian Survey* Vol. XXIX, No. 2, 1989, p. 1154; 최태강, 『러시아와 동북아: 1990년초 이후 러시아의 대(對) 중·일·한·북 외교』, 서울: 도서출판 오름, 2004, 171쪽 재인용.

5   고르바초프 서기장의 '신 정치적 사고'에 입각한 외교·안보 정책에 관해서는 다음 문헌 참조. Mikhail Gorbachev, *Perestroika: New Thinking for Our Country and the World*, New York: Harper & Row, Publishers, 1987; George E. Hudson(ed.), *Soviet National Security Policy under Perestroika*, Boston:

이익이 우선시되었으며, 경제·통상 이익은 부차적인 것이었다.

당시 극심한 경제위기 속에 있던 소련은 역동적인 경제발전을 하고 있는 아시아·태평양 지역 국가들과 경제협력을 할 필요성을 절감했고, 이는 고르바초프 서기장의 한국·일본 등 동북아시아 국가들과의 새로운 관계 정립과 경협을 강조하는 '블라디보스토크 연설(1986. 7)'과 '크라스노야르스크 연설(1988. 9)'로 표현되었다. 특히 고르바초프 서기장은 '크라스노야르스크 연설'에서 한국을 언급하면서 동북아시아 국가들과 긴밀한 협력 관계를 구축해나갈 것임을 밝혔다. 당시 소련의 동북아시아 정책은 역내 전략환경, 즉 중국의 개혁·개방 정책 추진과 역내 국가들과의 경제협력 확대, 미·일동맹, 한·미동맹 등 냉전구조의 잔존 등에 능동적으로 대응하면서 정치·안보·경제적 이익을 제고하고자 하는 정책 목표가 숨어 있었다. 이를 위해 소련은 역내 국가들 중 미수교 국가이자 신흥 산업국가로 성장한 한국과 외교관계를 정상화할 필요가 있음을 인식했고, 이러한 한국에 대한 인식 변화는 1988년 개최된 서울올림픽도 큰 기여를 했다. 실제로 소련 공산당 최고지도부는 물론 일반 국민들의 한국 인식은 88서울올림픽을 계기로 크게 긍정적으로 변화했으며, 이는 북한의 강력한 반대를 무릅쓰고 한·소 외교관계 정상화를 위한 작업이 급속도로 추진된 요인으로 작용했다.

소련의 갑작스런 붕괴와 민주주의·시장경제를 지향하는 러시아의 탄생, 중동부 유럽의 탈공산화, 전통적 냉전 질서의 붕괴와 동북아 안보환경의 변화, 중국의 개혁·개방 정책을 통한 시장사회주의(Market Socialism)의 건설 노력, 북한의 핵 개발과 중장거리미사일 개발 등 전 지구적·지역적 차원의 지정학적·지전략적 환경의 변화는 탈냉전기 한·러 양국의 상호 정책 목표는 물론 상호 관계를 변화시키는 요인으로 작용했다.

---

Unwin Hyman, 1990; Michael MccGwire, *Perestroika and Soviet National Security,* Washington, D.C.: The Brookings Institution, 1991.

탈냉전기 한국은 민주주의와 시장경제를 지향하는 러시아가 소련을 대신하고 북한이 안전보장을 이유로 핵 개발과 미사일 개발을 추진함에 따라서 포괄적인 대러 협력정책을 추진하기 시작했다. 즉 한국은 대러 정책에서, 첫째 한반도 안정과 평화 구축, 더 나아가 평화통일을 달성하기 위한 러시아의 건설적 역할 확보, 둘째 러시아의 풍부한 에너지·광물 자원, 첨단 과학기술, 극동·시베리아 지역의 개발 잠재력 등의 활용을 위한 호혜적 경제·과학기술 협력기반 확대, 셋째 역내 문제와 국제 문제를 해결하기 위한 상호 협력, 넷째 사회·문화·예술 교류의 확대 등을 우선적인 정책으로 추구해오고 있다. 물론 이러한 정책 목표는 양국의 국내외 정세, 즉 정치·경제 환경, 최고지도자의 정책 성향, 북한 문제, 미·러 관계 등에 많은 영향을 받으면서 실행 정도가 결정되었다.

## 2) 러시아의 대한 정책 목표

러시아는 1990년대 한국을 포함한 한반도에 대한 구체적인 정책 방향을 제시하지 않은 상태에서 넓게는 전반적인 외교 정책의 목표, 그리고 좁게는 동북아시아 지역을 포함한 아시아·태평양 지역에 대한 외교 정책의 목표 속에서 한국에 대한 정책을 결정해 실행했다. 이는 1990년대 채택된 주요 외교·안보 문건과 대통령의 연두교서에 한반도 정책에 대한 구체적인 내용이 포함되지 않은 것이 증명한다.[6] 그러나 2000년대 들어 북한 핵 문제가 역내 주요 외교·안보 현안으로 등장하고, 6자회담과 각종 다자국제기구에 참여하면서 한반도에 관한 러시아의 외교·안보적 관심이 증대되었다. 그 결과 푸틴 정부 들어 채택된 '국가안보개념'과 '외교정책개념' 그리고

---

6　다음 문헌 참조. 「러시아연방 외교정책 개념의 주요 교의」(1993. 4), 「러시아연방 군사독트린의 주요 교의」(1993. 11), 「러시아연방 국가안보개념」(1997. 12), 그리고 수차례 발표된 옐친 대통령의 「연례교서」.

러·중 정상회담, 한·러 정상회담, 그리고 고위급 양자회담 등에서 한반도 비핵화, 한반도 평화와 안정, 호혜적인 경제협력, 남·북·러 3각 협력 등과 같은 정책 방향이 제시되었다.

탈냉전기 러시아는 동북아시아 지역에서 현상 유지와 이를 위한 양자 또는 다자 협력을 바탕으로 역내 문제에 대한 적극적인 개입 정책을 지향하고 있다. 즉 러시아는 과거 소련이 이 지역에서 누렸던 영향력을 그대로 유지하면서 역내 국가들과 양자 또는 다자 관계를 바탕으로 한 새로운 동북아시아 질서를 모색하고 있다. 보다 구체적으로 말해, 러시아는 첫째 동북아시아 지역에서 미국·중국 등 어느 한 국가가 주도적인 영향력을 확보하는 것을 견제하고, 둘째 중국과 일본의 역내 패권경쟁을 저지하고, 셋째 한반도 평화 정착 과정에서 일익을 담당하고, 넷째 역내 국가들과 긴밀한 경제협력을 바탕으로 극동·시베리아 지역 개발은 물론 러시아의 경제를 아시아·태평양 지역 경제권으로 편입시키고, 다섯째 극동·시베리아 지역의 안정과 평화에 기여하는 동북아시아 다자안보협력체를 구축한다는 등의 다양한 외교정책 목표를 추구해오고 있다.

이를 한반도에 국한할 경우, 러시아는 한반도 안정과 기득권 유지라는 외교정책의 우선 목표를 설정하고 이를 바탕으로 대남·북한 등거리 정책 추구 및 미·일·중 등 주변 3국과 세력균형을 유지하면서 역내에서 러시아의 국익을 최대화한다는 정책을 추구해왔다. 즉 한반도에 대한 러시아의 주요 관심은 ① 비핵지대화 유지, ② 정치·군사적 대결 해소를 통한 평화와 안정 유지, ③ 평화적인 한반도 통일 기반 조성을 위한 남·북한 간 건설적인 대화지지, ④ 한·러/남·북·러 차원의 호혜적인 경제협력 관계의 발전, ⑤ 한반도 주변 3국과의 세력균형 유지, ⑥ 한반도 해결을 위한 국제공조에의 적극 참여 등이다.[7]

---

7   Yevgeniy V. Afanasyev, "Russia's Security and Economic Interests in the Asia and Pacific Region," 외교안보연구원-IMEMO 학술회의 발표논문(January, 1996); Georgui F. Kunaze, "Russia's Foreign Policy in Evolving World and Prospects of Russia-Korea Relationship," 한국외교협회 주한 러시아대사 초청 토

물론 푸틴 정부 들어 러시아의 남·북한에 대한 균형 정책에 강화되었지만 러시아는 탈냉전기에 남한 중시 정책을 지속해오고 있는데 이는 다음과 같은 러시아의 대한국 인식도 크게 작용했다. 즉 러시아는 한국이 동북아시아 지역 및 아시아·태평양 지역에서 경제 성장 및 발전을 주도하고 있으며, 장차 남·북한 통일을 달성할 경우 주요 경제대국으로 발전할 잠재력이 큰 나라로 인식하고 있다. 통일한국이 달성될 경우 동북아 세력구조는 4강 체제가 아니라 한국이 포함된 5강 체제로 발전될 것이며, 한·러 양국의 동반자적 관계는 국제사회는 물론 동북아시아 지역에서 역내 국가 간 이익균형과 세력균형에 크게 기여할 것으로 보고 있다.

따라서 러시아는 한국과의 관계 개선 및 확대를 러시아의 아시아·태평양 정책에 있어서 우선순위로 설정하고 한국과의 경제 등 제반 분야에서 협력을 확대해야 한다고 믿고 있다. 또한 러시아는 한·러 양국이 경제 및 산업구조의 보완성과 지리적 인접성 등을 잘 활용할 경우, 극동·시베리아 지역의 발전은 물론 러시아의 아시아·태평양 지역 경제로의 편입에 기여할 것으로 판단하고 있다. 그리고 러시아는 한국의 사회·경제적 현대화 경험이 러시아의 시장경제로의 전환 및 민주화에 많은 귀감을 제공해주고 있다고 믿고 있다.[8]

---

론회(July 8, 1994) 발표문; Andrei Kortunov, "Russia and the Korean Peninsula," A paper presented at International Conference on Korean Peninsula & the Northeast Asian Security organized IFANS(November 26-27, 1996) in Seoul. 이러한 정책 목표는 2000년대 들어 주한 러시아대사와 전문가들이 발표한 각종 세미나 문건이나 정상회담 후 채택된 공동성명 등에서 표현됨. 홍완석 교수는 한반도에서 러시아의 국가이익과 정책 목표를 지전략적·지정학적·지경학적 영역으로 구분해 정리함. 홍완석, 「푸틴 시대 러시아의 신 한반도 전략: 분석과 대응」, 『한국정치학회보』 제35집 3호, 2001, 351쪽.

8 고재남, 「한반도 냉전구조 해체와 러시아」, 통일연구원 주최 "한반도 냉전구조 해체방안: 장기 포괄적 접근전략"에 관한 세미나(1999. 8. 11) 발표문, 14-15쪽.

## 3. 한·러 외교관계의 발전과 동인

지난 30여 년의 한·러 외교관계는 ① 외교관계의 정상화 추진기(1988~1991), ② 우호·협력 관계의 확립기(1992~1994), ③ 건설적이고 상호 보완적 동반자 시대(1994~2004), ④ 상호 신뢰의 포괄적 동반자 시대(2004~2008), ⑤ 전략적 협력의 동반자 시대(2008~현재) 등으로 발전해왔다. 이러한 시대 구분은 한·러 양국의 국내 정세, 한반도를 포함한 동북아시아 정세, 국제 정세의 변화에 대응한 상대국에 대한 정책의 변화 속에서 이루어졌다.[9]

### 1) 제1기: 외교관계의 정상화 추진기(1988~1991)

제1기는 1988년 9월부터 1991년 12월 말까지로, 이 기간 동안 한·소 양국은 한·소 외교관계 정상화 등 양국 관계 발전을 위한 초기 단계를 발전시켰다.

북한의 강력한 반대에도 1988년 9월 서울에서 개최된 올림픽에 소련이 참석하면서 소련 외교계는 물론 정치·경제계에 한국과의 외교관계 정상화가 필요하다는 인식을 확산하는 계기를 마련해주었고, 이에 따라 양국 외교관계를 정상화하기 위한 준비 작업이 급속도로 진행되었다. 물론 88서울올림픽 직후 소련은 소·북 관계

---

9  한·러 외교관계 20년을 평가, 분석함에 있어서 학자들은 양자 관계 차원 또는 한국의 대러 정책 차원에서 약간씩 시기 구분을 달리하고 있는데, 이에 대해서는 다음을 참조. 우평균, 「한·러 외교관계 20년: 평가와 지향점」, 한림대학교 러시아연구소 제7회 학술세미나 발표 논문(2010. 10. 15); 신범식, 「정치·외교 분야의 한·러 관계: 평가 및 관계강화 방안」, 한반도 평화연구원의 제23회 한반도 평화포럼(2010. 9 19)의 "한·러 관계 20년의 평가와 미래협력 강화방안"에 관한 세미나 발표 논문; 홍완석, 「한·러 수교 20주년의 평가와 양국관계 미래 전망: 한국학자의 시각」, 한양대학교 아태지역연구센터의 "The 20 Years of Korea-Russia Relations: Accomplishments and Prospects"에 관한 세미나(2010. 9. 30~10. 1) 발표 논문 등 참조.

를 고려해 정경분리적 대(對)한 접근정책을 추진했다. 1988년 10월에는 한·소 양국 무역사무소 상호 개설과 경제협력에 관한 합의사항을 담은 '한·소 통상협력 의정서'가 채택되었고, 그 결과 1989년 4월 서울과 모스크바에 양국의 무역사무소가 설치되었다. 그리고 같은 해 1989년 12월에는 영사 기능을 수행하는 영사처 설치를 위한 '한·소 영사협정'이 체결되었다. 이 시기에 양국 간 교역량이 연평균 수출 42.7%, 수입 77.8%가 증가했다.

양국 간 경제·통상 분야에서의 협력 확대, 소련의 개혁·개방 정책 확대, 미·소 간 냉전 종식 선언(1989년 12월 고르바초프 서기장과 부시 대통령의 몰타선언), 베를린 장벽의 붕괴(1989년 11월) 등 중·동부 유럽의 탈공산화 급진전 등 국제 정세의 급변은 소련이 기존 정경분리적 대한국 정책을 정경일치적 정책으로 전환하는 요인으로 작용하면서 한·소 외교관계 정상화를 위한 외교적 노력이 가속화되었다. 1990년 6월 노태우 대통령과 고르바초프 대통령 간 샌프란시스코 정상회담 개최되었고, 1990년 9월 30일 UN 본부에서의 양국 외교장관 간 한·소 외교관계 정상화를 공식화하는 역사적인 공동성명이 발표되었다. 이후 노태우 대통령과 고르바초프 대통령 간 2차례에 걸친 정상회담(1990년 12월 모스크바, 1991년 4월 제주), 하스불라토프 최고회의 의장의 방한 등 양국 고위인사의 상호 방문 등이 이루어지면서 양국 간 외교협력이 더욱 확대되었다.

특히 1990년 12월 14일 모스크바에서 개최된 고르바초프·노태우 대통령 간 정상회담은 양국 국교정상화가 이루어진 이후 처음 가진 정상회담으로서 한·러 간 외교관계의 방향을 규정한 중요한 정상 간의 만남이었다. 양국 정상은 공동성명을 통해 양국 관계의 발전 원칙 6가지, 즉 ① 국내 문제 불간섭 원칙, ② 국제법 준수 및 UN 헌장 존중, ③ 지역적·국제적 분쟁 해결의 당사자주의, ④ 호혜적 협력, ⑤ 전통적·비전통적 안보 문제 해결을 위한 국제사회의 노력에 동참, ⑥ 2000년대 세계 모든 국민들의 생활 여건 향상 및 공평한 세계 수립을 위한 노력 등을 선언했다. 또한 양국 정상은 남·북한 간 총리회담 등 남북 접촉 확대를 환영하면서 한·소 양국 간

선린·신뢰·협력의 정신에 입각해 정치·경제·통상·문화·과학·인도적 분야 등에서 유대와 접촉을 강화하기 위한 관련 협정의 체결을 추진하기로 합의했다.[10]

물론 이때 논의된 대(對)소 외교관계 정상화의 경제 비용, 즉 30억 달러의 경협차관 제공 문제는 이후 수년 간 한·러 관계 발전에 부정적인 영향을 미치는 요인으로 작용해왔다. 실제 한국은 1991년 1월 서울에서 개최된 양국 고위급회담에서 소련의 경제개혁과 경제적 어려움을 지원하기 위해 30억 달러에 달하는 경협차관 제공을 약속했고, 이 중 14억 7,200만 달러에 달하는 현금 및 소비재차관을 쿠데타 이후 소연방 붕괴가 가시화되기 직전인 1991년 11월까지 제공했다.

한편 외교관계 정상화 후 한·소 간 외교관계를 규정짓는 기본조약의 필요성이 제기되었고, 1991년 4월 제주에서 개최된 정상회담에서 고르바초프 대통령이 공식 제의함으로써 기본조약 준비 작업이 구체화되었다. 그러나 소련 국내 정세가 신연방조약 체결을 둘러싼 보·혁 및 중앙·지방 간 대립의 심화, 당·정부·군내 보수·강경파가 주도한 '8월 쿠데타'의 발발과 소연방의 붕괴 등으로 이어지면서 기본조약 체결을 통한 양국 간 외교관계의 제도화는 사실상 신생 러시아 시대로 넘겨졌다.

외교관계 단절 85여 년 만에 그리고 남북분단이라는 냉전적 한반도 상황이 지속되고 있는 상황에서 한·소 수교를 가능하게 한 것은 무엇보다도 고르바초프의 탈냉전적 신 사고와 노태우 정부의 북방정책이다. 고르바초프의 경제위기 극복과 대외관계 개선을 위한 신 사고는 소련의 한반도에 관한 전통적인 정치·전략적 접근을 정치·경제적 접근으로 변화시켰으며, 이는 대한국 정치·외교 관계 개선의 단초를 제공했다.[11] 당시 노태우 정부는 고르바초프의 등장에 따른 국제 정세의 탈냉전화를 소련을 포함한 사회주의 국가들과의 관계 정상화 및 한반도의 냉전 상황 개선을 위한

---

10 「대한민국과 소비에트 사회주의 공화국 연방 간 관계의 일반 원칙에 관한 선언」, 『러시아연방 개황』, 외교부, 2010. 11, 147-148쪽.
11 양승함, 「한·소 수교 과정의 재고찰」, 연세대학교 사회과학연구소, 『사회과학논집』 제31집, 2000. 12, 19-33쪽.

호기로 판단하고 이 국가들과 정치·외교 관계를 적극 개선하는 소위 '북방정책'을 추진했다.[12] 특히 노태우 정부는 소련이 경제위기 극복을 위한 경제 지원을 요구함에 따라서 경협차관 제공을 통한 한·소 관계 정상화정책, 즉 정치·전략적 접근을 했고, 이는 한·소/한·러 관계를 상당 기간 왜곡시키는 요인으로 작용했다.

## 2) 제2기: 우호·협력 관계의 확립기(1992~1994)

제2기는 1992년 1월부터 1994년 5월 말까지로, 이 기간 동안 한·러 양국은 정치·외교 관계를 더욱 발전시키기 위한 법적·제도적 기반 마련에 힘을 기울였다. 소연방의 갑작스런 붕괴는 한국에게 새로운 대러 정치·외교 관계를 정립하는 계기를 마련해주었다. 한국은 고르바초프 대통령이 사임한 이틀 후인 1991년 12월 27일 러시아를 소련을 국제법적으로 계승한 국가로 인정하면서 '한·소 외교관계'를 '한·러 외교관계'로 자동 계승했다.

한·러 양국은 1992년 11월 18~20일 옐친 대통령의 방한을 계기로 전문 및 15조로 이루어진 '한·러 기본관계조약'을 체결하고 27개항의 공동성명 및 「한·러 군사교류에 관한 의정서」를 교환, 양국 관계를 정치·외교 관계의 설정이라는 초기 단계에서 법적·제도적 기반을 확립하는 단계로 발전시킬 수 있는 계기를 마련했다.[13]

양국은 '한·러 기본관계조약'을 통하여 첫째 국제법 원칙에 따라 우호 관계를 발전시키고, 둘째 아시아·태평양 지역의 안정과 번영 증진을 위한 협력 및 국제기구

---

12　한국의 북방정책은 1973년 '6·23선언'으로 시작되었다고 볼 수 있으며 사회주의 국가들을 상대로 이 정책이 구체화되기 시작한 것은 1988년 5월 한·헝가리 무역사무소 상호 개설과 1989년 2월 한·헝가리 외교관계 수립, 그리고 같은 해 5월 11월 한·폴란드 상호 무역사무소 개설 및 외교관계가 수립되면서부터임. 양승함(2000), 앞의 논문, 28쪽.

13　'한·러 공동성명'(1992.11, 서울), 『러시아연방 개황』, 외교부, 2010.11, 152-154쪽.

와 지역기구에서의 협력을 증진시키고, 셋째 국가원수를 비롯한 정부, 의회 및 사회단체 주요 인사 간 정기적인 교류를 실시하고, 넷째 호혜적 경제협력을 증진하고, 다섯째 예술·문화·교육 분야에서의 교류·협력을 촉진하자고 약속했다. 또한 양국은 '자유, 민주주의, 인권 존중 및 시장경제원칙'을 기본 가치로 하는 우호·협력 관계를 증진해나가자고 선언했다.[14] 또한 1993년 1월부터 발효되고 1년씩 그 유효 여부를 결정하게 되어 있는 '군사교류에 관한 의정서'는 군 간부의 상호방문, 군사훈련 참관단의 상호파견, 함정의 상호방문, 국방대학생의 정기교류 등 한·러 양국이 안보 분야에서 협력을 추진할 것임을 선언하고 있다.

당시 옐친 대통령은 러시아가 북한에 대해 공격용 무기 공급을 중단하고 있음과 북한의 핵 개발을 지원하지 않을 것임을 분명히 했다. 또한 그는 '러·조 우호협력 및 상호원조 조약'의 군사 개입 조항이 사실상 사문화되었음을 밝히고 양국 관계의 변화에 부응하는 새로운 조약 체결을 추진할 것임을 밝혔다. 또한 옐친 대통령은 1983년 8월 피격된 KAL의 블랙박스를 전달하는 등 대한 정치·외교 관계를 강화하기 위한 노력을 기울였다. 이러한 한·러 양국의 급속한 정치·외교 관계의 발전은 같은 해 8월 말에 이루어진 한·중 수교와 함께 북방정책의 큰 결실로 나타났다.

그러나 1994년 6월 초 김영삼 대통령의 방러를 계기로 '양국 관계를 건설적이고 상호보완적인 동반자 관계'로 발전시키자는 공동선언이 채택될 때까지 한·러 관계는 실질적인 협력 관계로 발전되지 못했다. 이는 수교 초기 양국 정부가 상호관계에서 추구하는 국익이 일치하지 않았을 뿐만 아니라 양국 정부의 전환기적 국내 정치 상황 때문이었다. 즉 한국은 대소/대러 관계에서 외교·안보 이익을 우선적으로 추구한 반면, 소련/러시아는 대한 관계에서 경제·통상 이익을 우선적으로 추구했다. 또한 양국 관계가 점차 정상화되어감에 따라서 KAL기 격추사건의 배상 문제, 대사

---

[14] "Treaty on Basic Relations between the Republic of Korea and the Russian Federation," 한정숙·홍현익·강윤희·최우익 편, 『한·러 관계 사료집 1990-2003』, 서울: 서울대학교 출판부, 2005, 306-309쪽.

관 부지 교환 또는 배상 문제, 그리고 이미 집행된 경협차관의 상환 및 집행 지속 여부 등과 같은 현안들이 제기되면서 한·러 관계가 소강상태에 빠지는 듯한 인상을 주었다. 특히 소연방 붕괴 후 러시아가 직면한 정치·경제·사회적 혼란도 한국 정부 및 기업들의 적극적인 대러 접근의지를 약화하는 요인으로 작용했다. 또한 1993년 제1차 북핵 사태의 발발로 한국의 외교적 관심이 대북 관계, 대미 관계에 쏠릴 수밖에 없었던 것도 한·러 정치·외교 관계가 급진전되지 못한 요인으로 작용했다.

### 3) 제3기: 건설적이고 상호 보완적인 동반자 시대(1994~2004)

제3기는 1994년 6월 초 김영삼 대통령의 모스크바 방문 시부터 2004년 9월 말 노무현 대통령의 모스크바 방문까지로, 이 시기를 김영삼 정부 시기와 김대중 정부 시기로 구분해 살펴볼 수 있다.

김영삼 정부 시 한·러 양국은 한편으로는 동반자 관계를 강화하기 위한 정치·외교적 노력을 기울이면서, 다른 한편으로는 러시아의 대북 군사동맹 관계의 청산과 통상적 외교 관계로의 전환을 추구했다. 다시 말해 한국은 김영삼 대통령의 방러를 계기로 양국 관계를 '건설적이고도 상호 보완적인 동반자 관계'로 발전시키기로 합의했고, 이후 한·러 양국은 제반 분야에서 이를 구체화하기 위한 노력을 경주했으나 국내외 사정으로 큰 성과를 거두지는 못했다.

당시 양국 정상은 '모스크바 공동선언'을 채택했는데, 이는 첫째 장기적으로 상호이익을 추구하는 미래 지향적인 관계 정립, 둘째 북한 핵 문제, 국제기구의 가입, 군사교류 등 외교·안보 분야에서의 긴밀한 협력 관계 유지, 셋째 호혜적인 경제협력 강화와 과학·기술 협력의 증진, 넷째 청소년 교류의 활성화, 다섯째 러시아의 탈북 벌목공의 한국 귀순 협조와 강제 이주된 고려인들의 극동 지역 이주 지원 등을 포함

하고 있다.[15]

한국은 이후 모스크바 공동선언의 내용을 실행하기 위해 제반 분야에서 대러 외교협력을 강화했다. 그 결과 빅토르 체르노미르딘(Viktor Chernomyrdin) 총리가 한·러 수교 5주년을 기념하여 1995년 9월 중 방한했고, 이를 계기로 양국은 경제·과학기술 분야에서의 협력을 확대하기 위한 협정들을 체결했다. 한국은 또한 러시아와 1995년 대사관 부지 교환 문제, 기집행된 경협차관의 상환 문제 등을 해결하기 위한 방안을 대체적으로 합의했을 뿐만 아니라, 같은 해 7월 이루어진 파벨 그라초프(Pavel Grachev) 국방장관의 방한을 계기로 양국 간 군사협력과 인사 교류를 확대하기로 합의했다.

한국은 러·북 관계를 군사동맹 관계에서 통상적인 외교관계로 전환하기 위한 외교적 노력을 경주했고, 그 결과 러시아는 북한과 1961년 7월 체결한 '조·러 우호협력 및 상호원조 조약'을 현 실정에 맞도록 다른 조약, 즉 '한·러 기본관계조약'과 유사한 조약으로 대체하겠다는 의사를 1995년 8월 초 북한 측에 통보했다. 러시아는 또한 한국의 월드컵 유치를 지지했으며, UN등 국제무대에서도 한국의 입장을 지지했다. 한국도 러시아의 아시아·태평양경제협력체(APEC) 가입과 한반도에너지개발기구(KEDO: Korean peninsula Energy Development Organization) 참여를 원칙적으로 지지했다.

한편 1996년 4월 한반도에서의 항구적인 평화체제를 구축하기 위한 노력의 일환으로 한·미 양국 대통령이 제안한 '한반도 4자회담'에서 러시아가 배제됨으로써 러시아의 강력한 반발을 불러일으켜 양국 간 외교 관계가 일시 불편해지기도 했다. 이후 한국은 '4자회담'에 대한 러시아 측의 이해를 구하는 외교적 노력을 기울였고 일단 러시아 측이 한국 측의 입장을 이해한다는 선에서 마무리되었다. 한국은 한반도 평화통일 달성과 동북아 안보·협력 구조 정착, 그리고 경제협력의 확대 등을 위해서

---

15 '한·러 공동선언'(1994. 6, 모스크바), 『러시아연방 개황』, 외교부, 161-163쪽.

라도 긴밀한 대러 우호·협력 관계가 필요하다는 것을 인식하고, 러시아가 대한 관계에서 가장 불만으로 삼고 있는 경제협력의 확대와 투자 증대를 위해서 정부 차원의 노력을 경주했다. 그 결과 1997년 7월 서울에서 '한·러 경제·과학·기술 공동위원회'와 외교장관회담이 개최되기도 했다. 특히 한국은 1997년 7월 프리마코프 러시아 외무장관을 초청하여 양국 간 외교협력을 강화하는 방안을 강구했다. 이에 따라 프리마코프 외교장관의 방한을 계기로 개최된 한·러 외교장관회담에서는 양국 간 정치·외교 협력 관계를 규정짓는 '한·러 공동성명'이 채택되었고, 그 결과 양국 외교부가 지원하는 '한·러 포럼'이 시작되었다.[16]

1998년 2월 출범한 김대중 정부는 한편으로는 1997년 12월 발생한 외환위기 극복을 위한 전방위적 외교를 추진하면서 다른 한편으로는 북핵 문제의 지속적인 해결 노력과 남북 관계의 개선을 위해 대북 화해·협력 정책을 적극 추진했다. 특히 김대중 대통령은 한반도 평화와 안정을 위한 주변 4대국 보장론 제시 등 주변 4국과의 정치·외교 관계 강화를 주장하면서 한·러 정치·외교 관계를 실질적인 동반자 관계로 발전시키려 했다. 그러나 1998년 7월 초 발생한 양국 정보 수집 외교관의 맞추방 사건과 이를 둘러싼 양측 외교담당 부서 간 심각한 이견 및 갈등이 노출되었고, 이에 따라서 한동안 양국 관계가 냉각되어 조정기에 접어들었다.

이후 양국은 소원한 양국 관계는 상호 국익에 도움이 되지 않는다는 판단하에 관계 개선을 적극 모색했고, 1999년 5월 말 김대중 대통령의 방러를 계기로 양국은 실질적 동반자 관계를 발전시킬 수 있는 조치들을 실행해나가기로 합의했다.[17] 이후 러시아에서의 푸틴 정부의 탄생과 한반도에서의 남북정상회담의 개최는 양국 당국자들로 하여금 상호 관계의 중요성에 대한 인식을 제고했다. 그 결과 양국 정상 간 2000년 수차례의 전화통화가 이루어졌고 UN 밀레니엄 정상회담을 계기로 뉴욕에

---

16  '한·러 외무장관 공동성명,' 한정숙·홍현익·강윤희·최우익 편, 『한·러 관계사료집 1990-2003』, 161-164쪽.
17  '한·러 공동성명'(1999. 5, 모스크바), 『러시아연방 개황』, 외교부, 168-172쪽.

서 정상회담을 개최했다.

특히 김대중 대통령은 2000년 9월 초 UN에서 개최된 새천년정상회담 참석을 계기로 푸틴 대통령과 정상회담을 갖고 한·러 수교 10주년의 평가 및 한반도 주변 정세에 대한 의견을 교환했다. 양국 정상은 양국 간 경제 분야 등 제반 분야에서의 실질 협력 확대 필요성을 공감하여 이를 위한 양국 총리회담을 10월 중순 모스크바에서 갖기로 합의했다.

2000년 북한과 신 조약을 해결하고 소련/러시아 지도자로서는 첫 평양 방문을 가진 푸틴 대통령은 2001년 2월 서울을 방문하여 남북한에 대한 러시아의 균형 정책을 구체화했다. 한·러 양국은 푸틴의 서울 방문을 계기로 양국 간 건설적이고 상호 보완적인 동반자 관계의 심화·발전 추진을 명문화한 '한·러 공동선언'을 발표했고,[18] 이르쿠츠크 가스전 개발, 나홋카 공단 건설 및 수산협력 등 실질 협력 증진 방안을 협의했으며, 시베리아횡단철도(TSR)-한반도종단철도(TKR) 연결사업 등 남·북·러 3각 협력에 대해서도 협의했다.

전체적으로 이 시기 한·러 정치·외교 관계는 한편으로는 총선(1995. 12)과 대선(1996. 6~7), 옐친의 심장병 수술(1996. 11) 등과 같은 러시아 국내 정세와 러시아의 대미·대중·대일 등 주요 강대국에 대한 외교 지향, 다른 한편으로는 북한 핵 문제 및 4자회담 등과 같은 한국 외교 당면 현안의 탈러시아화 등 때문에 5년 동안 정상회담이 부재하는 등 1990년대 후반까지 일시적이나마 소강 상태에 빠졌다. 그리고 1997년 12월, 1998년 8월 한·러 양국에서 각각 발생한 외환위기도 양국 간 정치·외교 협력에 부정적인 영향을 미쳤다.

그러나 2000년대 들어 푸틴 정부의 출범과 러시아의 정국 안정, 성장경제의 지속, 국제적 위상 제고, 그리고 러·북 관계의 정상화는 한·러 간 정치·외교 관계를 활성화하는 요인으로 작용했다. 그러나 김대중 정부의 대러 관계 개선을 위한 조급증은

---

18 '한·러 공동성명'(2001. 2, 서울), 『러시아연방 개황』, 외교부, 179-183쪽.

과도한 대러 협력 공약(예: 잠수함 2척 구입 약속)을 남발했고, 이것이 실질 협력으로 구체화되지 않으면서 양국 간 신뢰를 약화하는 요인으로 작용했다. 또한 푸틴 대통령 방한 시 채택한 공동성명에서 "탄도탄요격미사일(ABM: Anti-Ballistic Missile)조약을 보존하고 강화하는 가운데…"라는 문구를 삽입해 NMD 추진을 위해 ABM조약의 수정 또는 폐기를 추진하고 있는 미국과 외교적 파장을 일으키기도 했다.

### 4) 제4기: 상호 신뢰의 포괄적 동반자 시대(2004~2008)

한·러 외교 관계에서 노무현 정부(2003~2008)의 가장 큰 성과는 2004년 9월 모스크바에서 개최된 정상회담을 계기로 양국 관계를 '상호 신뢰하는 포괄적 동반자 관계(mutually trustful and comprehensive partnership)'로 격상시키면서 과거와 달리 제반 분야에서 실질 협력을 강화했다는 점이다.[19]

노무현 정부는 한반도의 지정학적 현실을 받아들이면서 북한 핵 문제의 해결을 통한 평화와 번영의 동북아 시대를 구현하기 위해서는 주변 4국에 대한 '실용주의적 균형외교'가 필요함을 인식하여 대러 정책을 과거보다 중시했다. 사실 노무현 정부 들어 한국의 대러 정책이 더욱 중시된 것은 러·북 관계의 정상화와 대북 영향력 증대, 풍부한 에너지·지하 자원의 보유, 정국 안정과 성장경제의 지속에 따른 강대국으로의 재부상 등과 같은 러시아 요인에 직·간접적인 영향을 받았다.

노무현 정부는 북핵 문제의 해결을 통한 한반도 평화체제 구축, 더 나아가 동북아 안보공동체를 확립하기 위해서는 러시아의 적극적인 참여와 기여가 필요함을 인식하여 대러 외교를 성공적으로 추진했다. 이는 재임 중 6차례에 걸친 정상회담과 직접 통화, 그리고 총리회담(2006년 10월 17일, 서울)과 외무장관회담이 개최될 때마다 양

---

[19] '한·러 공동성명'(2004. 9. 모스크바), 『러시아연방 개황』, 외교부, 190-1983쪽.

국이 북핵 문제 등 한반도 안정과 평화를 위한 공통된 입장을 밝히고, 러시아가 한국의 대북 정책을 지지해온 것이 증명해주고 있다.

러시아도 1993~1994년 발생한 제1차 북핵 사태 때와는 달리 북핵 문제를 해결하기 위한 협상 당사국으로 참여하는 데 성공했고, 북핵 문제가 러시아 극동 지역은 물론 동북아의 안정과 평화에 지대한 영향을 미칠 사안임을 고려해 6자회담을 통한 북핵 문제 해결을 위해 외교·경제적 노력을 다했다. 또한 러시아는 방코델타아시아(BDA: Banco Delta Asia) 북한 자금의 대북 인도를 중계해 2·13합의 이행 및 후속 조치를 재개하는 데 결정적인 역할을 했으며, 2·13합의 이행을 위한 대북 중유 제공에도 동참했다.

부연하자면 러시아는 2002년 10월 미국이 북한이 농축우라늄을 통하여 핵개발을 추진하고 있다는 의문을 제기하면서 터진 제2차 북핵 사태를 중재하기 위하여 2003년 1월 외무차관을 평양에 파견했다. 알렉산드르 로슈코프(Alexander Losyukov) 외무차관은 북한의 의견을 청취한 후 소위 일괄 타결방안(package deal), 즉 북한이 핵개발을 포기하는 대신 미·일·중·러·한국 등 주변국들이 안전 보장과 에너지·경제 지원을 한다는 타협안을 제시했다. 러시아는 6자회담의 당사국으로서 북핵 문제를 평화적으로 해결하기 위한 국제사회의 노력에 적극 동참했다. 사실 9·19공동선언, 2·13합의, 10·4합의 등에 나타난 북핵 해결 방안은 러시아가 제시한 일괄타결방안의 내용을 대부분 포함하고 있다고 볼 수 있다.

한편 노무현 정부는 한·러 간 실질 협력이 잠재력과 기대에 미치지 못함을 감안해 제반 분야에서 실질 협력을 구체화 할 행동계획(Action Plan)을 채택하기 위한 대러 외교를 강화했고, 그 결과 2005년 11월 부산 APEC 정상회담 시 '대한민국과 러시아연방 간의 경제·통상 협력을 위한 행동계획'을 채택했다. 또한 한·러 양국은 행동계획에 나타난 합의 사항들을 착실히 실천하려 노력했다.

또한 노무현 정부는 양국 간 경제·통상 협력의 장애물로 작용했던 한국의 대러 경협차관 상환 문제에 대해 연체이자를 탕감하는 등 전향적인 정책을 추진했고, 2003년 9월 미상환 채무재조정을 위한 양해각서를 채택해 해결했다. 당시 한국은 연체이자 포함 총 22.3억 달러 채권 중, 연체이자 6.5억 달러를 탕감하고 나머지 15.8억 달러 중 2.5억 달러는 상륙작전용 수륙부양정, BMP 장갑차 등 방산물자로 2006년까지, 그리고 나머지 13.3억 달러는 2007년부터 23년 동안 원금, 이자를 분할 상환하기로 합의했다. 이후 러시아의 현금과 이자 상환이 일정대로 이루어지고 있다.

### 5) 제5기: 전략적 협력 동반자로의 발전기(2008년 9월~현재)

한·러 외교관계에서 이명박 정부(2008~2013) 들어 두드러진 점은 정상 간의 회합이 과거 어느 정부보다도 빈번해졌다는 점이다. 이는 양국 간 순방 정상회담, APEC·ASEM·동아시아정상회의(EAS: East Asia Summit) 정상회담 등에 더해 G20 정상회담이 2008년 말부터 연 2회(2011년 이후 연 1회), 그리고 핵안보정상회담이 2010년부터 2016년까지 4회 개최되었기 때문이다.

실제로 이명박 대통령은 2008년 9월 28~30일 우리나라 최고지도자로서는 6번째로 러시아를 방문해 메드베데프 대통령과 정상회담을 갖고, 10개 항으로 된 공동성명을 채택하면서 양국 관계를 '전략적 협력 동반자 관계'로 발전시켜나가기로 합의했다.[20] 또한 러시아 정치권의 실세인 푸틴 총리와의 만남을 통해 향후 양국 지도자 간 교류를 확대하고 협력 기반 조성을 강화했다.

양국이 정상회담을 통하여 '전략적 협력 동반자 관계'로 발전한 배경은 다음과 같다. 이명박 정부는 주변 4강 중 러시아와의 관계가 가장 소원했음을 인식했으며, 정

---

20 고재남, 「한·러 정상회담의 평가 및 전망」, 『주요국제문제분석』, 국립외교원 외교안보연구소, 2008. 10. 17.

상방문을 계기로 한·러 관계를 중국과 동일한 협력 관계로 격상시킬 필요를 절감했다. 그리고 이명박 정부는 지속적인 경제 성장을 위해서는 안정적인 에너지·자원 공급이 보장되어야 한다는 인식하에 에너지·자원 외교를 강화해왔으며, 이는 에너지·자원 부국인 러시아의 중요성을 제고해주었다. 한국에게 러시아는 TSR-TKR 연결, 남·북·러 3각 협력의 구체화, 러시아의 극동·시베리아 개발 계획에의 참여, 자유무역협정(FTA: Free Trade Agreement) 체결 등을 통해 한국이 유라시아 지역으로 협력의 폭을 확대할 수 있는 기회를 제공할 수 있다. 이 외에도 이명박 정부는 대러 관계의 격상이 남·북·러 3각 협력은 물론 원천기술의 보고 러시아와 우주·항공·방산·원자력 협력 등 과학기술협력을 확대해줄 것으로 인식했다.

한편 메드베데프 정부(2008~2012)는 2020년경 세계 5위 경제대국 건설이라는 야심찬 경제 발전 및 국가 현대화 전략을 추진했으며, '2013 극동·자바이칼 개발 프로그램'은 이러한 국정 목표를 달성하기 위한 핵심 과제 중의 하나였다. 러시아는 이 사업 추진을 위해 동북아 국가들 중 한국이 최적의 파트너라고 인식했다. 또한 메드베데프 정부는 한반도의 안정과 평화유지가 극동·시베리아 지역의 안정은 물론 역내 국가 간 군사적 충돌, 군비경쟁 등을 억제할 것으로 인식했으며, 그 결과 한·러 전략적 협력이 필요함을 인식했다. 그리고 메드베데프 정부는 이명박 정부가 '21세기 한·미 전략동맹'의 추진, '한·중 전략적 협력 동반자 관계' 구축 등과 같이 주변국과 외교관계를 격상시킴에 따라서 한국과 '전략적 협력 동반자 관계'를 구축할 필요성을 느꼈다.

박근혜 정부(2013~2017)의 출범은 한·러 간 '전략적 협력 동반자 관계'를 내실화하면서 양국 관계를 한 차원 높은 단계로 발전시킬 수 있는 기회를 마련했다. 박근혜 정부는 러시아와 긴밀한 협력을 필요로 하는 '유라시아 이니셔티브,' 즉 러시아 등 유라시아 국가들과의 협력을 통해 '하나의 대륙, 평화의 대륙, 창조의 대륙'을 건설한다는 정책, '동북아 평화협력 구상', 즉 동북아 국가들과 연성안보협력을 우선적으로 추진한 후 경성안보협력을 구체화하는 다자안보협력체의 구축, '한반도 신뢰프로세스', 즉 남북 간 신뢰 증진을 통한 북한 문제 해결 등과 같은 정책들을 추진했다.

푸틴 대통령도 이 정책에 화답해 2013년 11월 12~13일 주변 4강 정상 중 첫 번째로 서울을 방문해 박 대통령과 정상회담을 갖고 35개 항으로 구성된 공동성명을 채택했다.[21] 또한 양국은 이 정상회담을 계기로 사증 면제와 양국 내 문화원 설립 및 운영에 관한 2개 협정, 그리고 경제·통상·투자·에너지 협력 등과 관련된 6개의 의정서를 채택했다.

이 정상회담의 성과는 다음과 같이 정리할 수 있다. 외교·안보 분야에서, 양국은 정례적인 상호 방문과 국제회의를 계기로 한 정상회담을 비롯한 최고위급 외교·안보 대화를 강화하기로 합의했다. 특히 양국은 외교·안보 분야에서 실질 협력을 심화하기 위해 청와대 국가안보실과 러시아 국가안보회의 간 정례대화를 개최하기로 합의했다. 또한 양국은 2차례에 걸친 '불곰사업(한·러 간 경협차관 상환을 통한 방산협력)'과 다양한 군 인사 교류를 통해 군사·방산 협력을 지속해왔다. 따라서 이 정상회담에서 양국 대통령이 군사기술협력이 양국 관계 발전에서 주요 협력사업의 하나라는 인식을 공유해 러시아 군사기술 이전이 우선시되는 제3차 불곰사업이 본격적으로 추진될 계기를 마련했다. 이 외에도 공동성명을 통해 글로벌 차원은 물론 아시아·태평양 지역 차원에서 양자협력을 확대해나가고, 북한 핵과 미사일 문제 해결을 위해 긴밀히 협력하기로 합의했다. 또한 상기한 박근혜 정부의 정책들의 성공적 추진을 위해 협력하기로 합의했다.

경제·에너지·과학기술 분야의 경우, 박근혜 정부는 과거 정부와는 다르게 임기 내 실행에 옮길 수 있는 우선 협력사업과 당장 추진이 어려운 중장기 협력사업으로 구분해 러시아와 협력사업을 합의했다. 양국이 합의한 우선 협력사업으로는 러·북·나진·하산 프로젝트 지분 인수와 항로 개설, 한국 수출입 은행과 러시아 대외경제은

---

21  한·러 서울 정상회담의 주요 내용에 대해서는 다음 문헌 참조. 고재남, 「한·러 서울 정상회담의 성과와 과제」, 『외교』 제108호, 2014. 1, 75-87쪽.

행 간 '공동 투융자 플랫폼' 창립, 조선협력, 북극 항로의 개발과 북극 환경보존 등을 위한 협력 강화 등이다. 반면에 중장기적으로 추진할 협력사업은 북한 문제로 사업 추진이 조기에 불가능한 남·북·러 가스관/전력망 연결, 시베리아횡단철도(TSR)와 한반도종단철도(TKR)의 연결 등이며, 양국은 차후 추진을 위해 양자 연구를 실행하기로 합의했다.

민간 교류 분야에서, 양국은 공동성명을 통해 양국 간 정부·의회·재계·학계 간 협력을 활성화하고 양자 간 문화·체육·청소년 교류를 다각화하기로 합의했다. 또한 2014년 1월 1일 발효되는 양국 간 사증면제협정을 기념해 2014년과 2015년을 상호 방문의 해로 지정해 양국 국민 간 상호 교류를 확대하기로 합의했다. 이어서 서울 정상회담을 계기로 양측 학계·경제계·정부 인사들과 마지막 세션에 양국 대통령이 참석하는 '제3차 한·러 대화포럼'을 개최해 양국 관계 발전을 위한 방안들을 광범위하게 논의하고 제안했다. 그러나 박근혜 정부 초기 장밋빛 한·러 관계는 국내외 요인들, 즉 러시아의 미국·EU 관계의 악화와 박근혜 대통령의 탄핵으로 제약을 받았다.

박근혜 정부는 서방 세계의 대러 제재 지속하에서 러시아의 중요성을 감안해 한·러 관계의 미·러 관계로부터의 탈동조화 노력을 기울였다. 즉 박근혜 정부는 '유라시아 이니셔티브' 실행정책의 하나로 한·러 외교관계 정상화 25주년을 기념해 각계 인사 350여 명이 참가한 '유라시아 친선특급' 행사를 2015년 7월 중·하순 개최하여 양국 관계 발전을 추동했다. 또한 박근혜 대통령은 2016년 9월 2~3일에 블라디보스토크에서 개최된 제2차 동방경제포럼에 주빈으로 참석해 푸틴 대통령과 정상회담, 동방경제포럼 기조연설 등을 실행하면서 양국 정상 간 이해 제고와 양자협력의 재활성화 추동, 극동 지역에서 협력 비전과 협력 방안 제시, 사드 배치 이해 제고와 북핵 정책 공조 재확인, 한·러 경협의 재활성화 기반 구축 등과 같은 성과를 거두었다.[22] 그러나 이후 시작된 박근혜 대통령의 국정농단을 규탄하는 대대적인 반정부 촛불시위와 박 대통령의 탄핵으로 조기 대선이 실시되어 문재인 정부가 2017년 5월 10일 출범했다.

## 4. 문재인 정부의 대러 정책 성과[23]

### 1) 문재인 정부의 대러 정책 추진 환경

#### (1) 긍정적 환경

첫 번째 긍정적 환경으로 문재인 정부의 러시아 중시 정책과 신 북방정책을 들 수 있다. 문재인 정부는 '한반도의 평화와 번영'을 외교정책의 최우선 과제로 삼으면서, 이를 위해 북한 핵 문제의 평화적 해결과 평화체제 구축, 동북아 플러스 책임공동체 건설, 한반도 신 경제지도 실현, 주변 4강과 협력 확대 등을 위한 정책을 적극 추진하고 있다.

문재인 대통령은 이 정책들의 성공적 추진과 미래 성장 동력의 확보를 위해서는 러시아와의 긴밀한 협력 관계가 필요하다는 판단하에, 대통령 직속 '북방경제협력위원회'를 구성해 러시아를 포함한 유라시아 국가들과 경제협력을 확대·심화하는 신 북방정책을 추진하고 있다. 한편 2014년 1월 발효된 한·러 비자면제협정도 양국 간 인적 교류와 경제협력 확대에 기여하고 있다.

---

22  고재남, 「박 대통령의 방러 성과 및 향후 과제」, 『주요국제문제분석』 2016-35, 국립외교원 외교안보연구소 참조.

23  이 절은 필자의 논문 「한·러 모스크바 정상회담의 성과와 향후 과제」를 수정·보완해 작성함.

두 번째 긍정적 요인으로, 푸틴 정부의 신 동방정책과 유라시아 경제통합주의를 들 수 있다. 제4기 푸틴 정부의 출범과 서방 세계의 대러 외교·경제 제재의 지속은 제3기 정부(2012~2018)에서 추진된 신 동방정책(Turn to the East)과 유라시아 경제통합주의를 지속 또는 강화하면서, 러시아의 한국·중국 등 아시아 국가들과의 협력을 중시하는 정책이 계속될 것임을 의미한다.

제4기 푸틴 정부의 신 동방정책과 유라시아 경제통합주의는 문재인 정부의 신 북방정책을 양자 또는 다자 차원에서 접목해 양국이 중시하는 경제협력을 촉진·확대하는 요인으로 작용할 것이다.

세 번째 긍정적 환경으로 북한의 비핵화 추진과 대외 관계 개선을 들 수 있다. 북한의 핵과 미사일 개발과 이에 대한 국제사회의 대북 제재 강화, 그리고 남북 관계의 악화는 한·러 경협은 물론 남·북·러 3각 협력을 저해하는 요인으로 작용해왔다. 그러나 문재인 정부의 2018 평창 동계올림픽을 활용한 남북 관계 개선 정책이 성공을 거두어 2018년 사상 첫 북·미 정상회담과 3차례의 남북 정상회담이 개최되는 등 한반도 비핵화와 평화프로세스가 시작되었으며, 이것이 성과를 낼 시 한·러/남·북·러 3각 협력을 촉진할 것이다.

네 번째 긍정적 환경으로 트럼프 대통령의 친푸틴주의 성향을 지적할 수 있다. 한국의 북한의 안보위협 대처와 경제 발전을 위한 한미동맹 중시주의는 불가피하게 한·러 관계를 미·러 관계에 동조화하게 했으며, 이는 과거 한국 정부가 적극적인 대러 협력 확대 정책을 추진하지 못하는 요인으로 작용해왔다. 특히 오바마 행정부 들어 미·러 관계가 극도로 악화되면서, 박근혜 정부의 대러 정책도 큰 영향을 받았다.

다섯 번째 긍정적 환경으로, 한·러 양국의 경제·사회 정책을 들 수 있다. 푸틴 대통령은 대선을 앞두고 2018년 3월 1일 가진 연방의회 연설(국정연설)에서 '국민들의 삶의 질 향상'과 '가정의 번영'을 제4기 정부가 추진할 국내 정책의 우선 과제라고 선언했다. 푸틴 대통령은 이 연설에서 기술 혁신과 적용을 통해 국민들의 삶의 질 향상, 경제·인프라·국가 거버넌스 현대화 등에서 비약적인 성과와 발전을 도모하는 정책을 2024년까지 추진하겠다고 밝혔다.[24] 푸틴 대통령은 제4기 정부 출범일인 2018년 5월 7일 이 국정 목표를 달성하기 위한 구체적인 정책 추진을 지시하는 대통령령, 즉 '2024년까지 러시아 연방의 국가 목표 및 전략적 목표에 대한 대통령령'을 발표했다.

문재인 정부도 출범 후 2017년 7월 국정기획위원회가 발표한 '문재인 정부 국정운영 5개년 계획'을 통해 국민 중심의 민주주의를 발전시키겠다고 선언하면서, 이를 위한 국정 목표와 20대 국정 전략, 100대 국정 과제를 제시하고 있다. 지면 관계상 구체적으로 제시하지 못하나, 이 문건에는 국민의 권익과 삶의 질 향상을 위한 정책 목표와 실천 과제들이 제시되어 있다.[25]

푸틴 정부와 문재인 정부의 경제·사회 정책 목표와 구체적인 실천 과제들은 상호 공통되는 부문이 많으며, 이는 경제·사회 부문에서 한국의 대러 협력 가능성을 넓히는 요인으로 작용할 것이다.

## (2) 부정적 환경

첫 번째 부정적 환경으로 러시아의 취약한 경협·투자 여건을 들 수 있다. 러시아는 지난 25여 년 동안 시장경제로의 체제 전환을 추진하면서 외국인 투자와 대외 경제협력을 촉진하기 위한 법적·제도적 기반을 구축해왔지만, 여전히 경협·투자 여건이 여타 국가들과 비교해 좋지 않은 것으로 평가되고 있다. 러시아의 부패인식지수는 2017년 기준 평가대상 180개국 중 135위를 기록했고, 사업 인허가 절차의 어려움도 많다.

---

24 "The President signed Executive Order on National Goals and Strategic Objectives of the Russian Federation through to 2014," http://en.kremlin.ru/events/president/newa/57425(검색일: 2018년 6월 25일) 참조.
25 국정기획위원회, 「문재인 정부 국정운영 5개년 계획」, 2017. 7.

두 번째 부정적 환경은 서방 세계의 대러 경제 제재 지속이다. 러시아의 크림반도 합병과 우크라이나 돈바스 분리주의 세력에 대한 경제·군사 지원에 대한 대응 조치로 2014년 3월부터 시작된 서방 세계의 대러 경제 제재는 같은 해 7월 말레이시아 항공기 격추사건을 계기로 금융·에너지 부문 제재로 확대되었으며, 이 제재는 그동안 완화되기보다는 확대되면서 현재까지 지속되고 있다.

한국 기업들은 이 제재 이행에 따른 서방 세계 기업들의 대러 경협의 대체자(backfilling) 역할을 삼가면서, 신규 투자 또는 경협 프로젝트를 모색하고 있으나, 중·대 규모 투자를 위한 국제 금융기관으로부터의 자금조달(financing)이 어려운 상황이 지속되고 있다. 또한 서방 세계의 대러 경제 제재는 2008년 여름 미국발 글로벌 경제·금융위기와 이에 따른 세계 경제 침체, 유가·원자재가 하락은 러시아의 경제 여건을 점차 악화시켰으며, 서방 세계의 대러 제재로 2015~2016년 마이너스 경제성장률을 기록했으며 2017년 1.7% 성장률을 기록했다.

셋째, 북한의 비핵화 프로세스에 따른 대러 투자 위축 가능성이 많다. 북한의 비핵화 프로세스 시작에 따른 남북 관계의 개선과 국제사회의 대북 제재 완화는 한국을 포함한 외국 기업들의 대북 경협 및 투자 환경을 크게 개선해줄 것이다. 또한 이는 한편으로는 남·북·러 3각 협력을 촉진하겠지만, 다른 한편으로는 한국 기업의 대러 투자보다는 대북 투자를 우선시하는 정책 전환을 추동해 한국 기업들의 대러 경협 확대에 부정적으로 작용할 것이다. 특히 극동·시베리아 지역에 투자할 계획을 갖고 있는 우리 기업들의 경우, 그러한 투자처 변경 가능성은 더 많다.

## 2) 2018 모스크바 정상회담의 성과

문재인 대통령은 취임 4개월 후인 2017년 9월 초 블라디보스토크에서 개최된 제3차 동방경제포럼에 참석해 기조연설을 하고 푸틴 대통령과 정상회담을 했다. 문재인 대통령은 취임 후 첫 정상회담을 활용해 현 정부의 대북정책을 포함한 외교·안보 정책을 소개하면서 이해와 협조를 구하고 북한의 핵과 미사일 문제 해결을 위한 협조를 구했다. 또한 문재인 대통령은 대러 정책의 중시를 강조하면서 한·러 간 실질 경협의 증대를 위해 극동 지역에서 협력 부문인 '9개 다리(9-bridge)'를 제시했다.

한편 문재인 대통령은 2018년 6월 21~23일 김대중 대통령의 국빈 방문(1999년 5월) 이후 19년 만에 모스크바를 국빈 방문하여, 푸틴 대통령과 크렘린 대궁전에서 단독·확대 정상회담을 개최한 후 32항으로 구성된 '한·러 정상회담 공동성명'을 채택했다.[26] 또한 양국 대통령 임석하에 12건의 MOU 서명식(추가 7건의 MOU 서명식은 별도로 진행)이 개최되었다.[27] 문재인 대통령은 이 외에도 국가두마(하원) 연설, 메드베데프 총리 면담, 한·러 우호 친선 행사, 한·러 비즈니스 포럼 연설, 한·멕시코 전 월드컵 경기 관람 등과 같은 일정을 소화했다. 정상회담의 성과는 다음과 같다.

(1) 정치 부문

첫 번째 성과로는 국빈 방문을 통한 양국 정상 간 신뢰 증진과 정례화 기반 구축을 지적할 수 있다. 문재인 대통령은 취임 직후인 2017년 5월 말 인천시장 때부터 푸틴 대통령과 친분을 쌓아온 송영길 의원을 특사로 파견, 대러 관계 중시정책을 푸틴 대통령에게 전달했다. 또한 문재인 대통령은 작년 7월과 9월 G20 정상회의와 제3차 동방경제포럼에서 푸틴 대통령과 정상회담을 개최해 양 정상 간 개인적 친분을 형성하고 국내외 정책 방향에 대한 상호 이해를 제고했다.

푸틴 대통령은 이러한 문재인 대통령의 대러 협력 중시 정책과 추진 의지를 확인

---

[26] "대한민국과 러시아연방 간 공동선언문 전문"(2018. 6. 22), http://www.president.go.kr/articles/3635(검색일: 2018년 6월 25일).

[27] "한국·러시아 12건의 MOU, 별도의 MOU 7건의 채택"(2018. 6. 22), http://www.president.go.kr/articles/3634(검색일: 2018년 6월 25일).

한 듯, 문재인 대통령의 국빈 방문을 요청해 이번 모스크바 정상회담의 의미를 격상시키고 성과 도출에 대한 기대감을 높였다. 문재인 대통령은 확대 정상회담 모두발언에서 "푸틴 대통령과 나는 국민들의 풍요로운 삶을 보장하고 지속가능한 국가 경제 발전을 지향한다는 점에서 국정철학이 같다"고 강조했다. 푸틴 대통령도 "양자 관계가 긍정적으로 발전하고 있으며 … 북한 핵 문제 등에 접근이 가까워졌다"고 정상회담에 대한 만족감을 피력했다.

또한 모스크바 정상회담에서 문재인 대통령이 푸틴 대통령을 방한 초청하고 푸틴 대통령이 2018년 9월 초로 예정된 제4차 동방경제포럼에 문재인 대통령을 초청해 양국 간 정상회담의 정례화 기반을 구축했다. 즉 모스크바 정상회담 공동성명 2항은 "양측은 2020년 양국 외교관계 수립 30주년 기념 차원을 포함, 한·러 간 정상급 정례 접촉을 활성화"하기로 합의했다고 밝히고 있다.

두 번째 성과는 국가두마 연설, 총리 면담 등 정치 협력의 외연의 확대이다. 문재인 대통령은 모스크바 도착일인 21일 오후 한국 대통령으로서는 처음이자 아시아 정상 최초로 러시아 연방의회 하원격인 국가두마에서 400여 명의 의원들을 상대로 "톨스토이를 사랑하는 두 나라가 만났습니다"라는 주제로 18분간 연설을 했으며, 연설 도중 8차례의 박수가 터졌다. 이 연설에서 문재인 대통령은 ① 유라시아에서 공동 번영의 모색, ② 한국과 러시아의 역사적 인연과 한국인들의 러시아 문학 사랑, ③ 신 북방정책의 추진 배경과 제도적 조치, ④ 한·러 협력 확대 방안(미래 성장 동력 확충, 극동개발 협력, 국민 복지 증진과 교류 기반 강화), ⑤ 한반도 비핵화를 위한 협력, ⑥ 남·북·러 3각 협력 등에 대해 언급했다.

문재인 대통령은 러시아 국내외 정치에 지대한 영향을 미치는 국가두마 의원들을 상대로 문재인 정부의 대러 정책, 한·러 협력의 어젠다, 한반도 정세의 변화 등을 소개하는 자리를 가짐으로써, 양국 의회 간 교류의 활성화, 한국의 대북 정책 등 대외 정책에 대한 지지 기반 확대 등 정치협력의 외연을 확대했다. 또한 문재인 대통령은 방러 첫날인 21일 메드베데프 총리를 만나 최근 남북 정상회담, 북·미 정상회담 등 한반도 정세 변화, 신 북방정책과 신 동방정책, 그리고 북한 정세의 변화를 활용한 양자협력의 확대에 관한 인식을 공유하면서 한·러 간 실질협력을 확대하는 방안을 논의했다.

### (2) 외교·안보 부문

첫 번째 성과는 한반도 비핵화 프로세스에 대한 공감 형성과 협력 확보이다. 문재인 대통령은 현 정부의 한반도 평화와 번영 정책, 그리고 이를 달성하기 위한 북한 비핵화 유도 정책에 대한 푸틴 대통령, 메드베데프 총리, 심지어 국가두마 의원들의 이해를 제고하면서, 북한 비핵화 프로세스에서 푸틴 정부의 협력을 확보했다. 공동성명 25항은 "푸틴 대통령은 한반도의 항구적 평화와 번영을 위한 한국의 중요한 역할을 높이 평가하고, 한반도 평화와 번영, 통일을 위한 판문점 선언 채택을 환영한다"고 밝히면서, "양 정상은 한반도의 완전한 비핵화 달성과 한반도 및 동북아의 항구적 평화 및 안정을 확보하기 위한 공동 노력을 계속해나가기로 했다"고 선언하고 있다. 러시아는 2017년 7월 중국과 함께 한반도 비핵화를 위한 '3단계 해법(중국의 쌍중단 → 쌍궤병행에 더해 동북아 다자안보협력체 확립을 제안)'을 제시했으며, 미·북 직접 대화의 필요성과 이를 위한 중재 외교를 진행하기도 했다.

한편 메드베데프 총리도 문재인 대통령과의 면담에서 남·북 정상회담과 미·북 정상회담 개최에서 우리 정부의 역할을 매우 긍정적으로 평가하면서, 한반도의 비핵화와 항구적인 평화 정착 진전을 위해 한·러 간 전략적 소통을 강화해나가기로 약속했다.

두 번째 외교·안보 부문 성과는 아시아·태평양 지역 및 글로벌 차원의 안보 증진을 위한 협력 활성화 합의이다. 문재인 대통령은 모스크바 정상회담을 통해 아시아·태평양 지역 및 글로벌 차원의 안보 증진을 위해 협력을 활성화하기로 합의했다. 즉 공동성명 26항은 "양측은 평화 안정 유지와 상호 신뢰 강화가 아시아·태평양 지역의 안정적 발전을 위한 기본 요소임을 언급"하면서, 이를 위해 동아시아정상회의(EAS), 아세안지역안보포럼(ARF), 아세안확대국방장관회의(ADMM-Plus: ASEAN Defense Ministers' Meeting-Plus), 아시아유럽정상회의(ASEM), 아시아교류 및 신뢰구축회의(CICA), 아시아협력대화(ACD: Asia Cooperation Dialogue) 등과 같은 다자협력체에서 적극 협력하기로 합의했다.

또한 양국은 범세계적 문제 해결을 위해 다자 간 협력 강화의 중요성에 공감하면서, UN 등 국제무대에서 협력을 계속하기로 합의하고(공동성명 27항), 국제 평화와 안보를 위해 핵확산금지조약(NPT), 화학무기금지협약(CWC: Chemical Weapons Convention), 생물무기금지협약(BWC) 등과 같은 다자 조약들의 지속적인 강화를 위해 협력하기로 합의했다(공동성명 28항). 또한 양측은 모든 형태의 국제 테러리즘을 강력히 규탄하면서, 초국가적 조직범죄, 마약 불법 제조·유통, 부패 그리고 여타 도전과 위협에 대응하는 데 있어서 협력을 강화하고 활성화하기로 합의했다(공동성명 29항).

(3) 경제·통상 부문[28]

첫 번째 성과는 한·러 서비스·투자 FTA 체결 협상의 조속한 개시를 위한 국내 절차 착수 합의이다. 한·러 양국은 공동성명 4항을 통해 세계무역기구(WTO)의 보편적 규범에 기반해 지역경제통합을 심화해나가자는 데 합의하면서, 한·러 서비스·투자 FTA 체결 협상의 조속한 개시 노력과 한·러 간 교역 자유화 조건에 대한 논의를 지속하기로 합의했다.

한·러 양국은 2017년 9월 개최된 블라디보스토크 정상회담 이후 한·러 FTA 체

---

[28] 이 항은 산업통상자원부, 「신북방 경제협력 성과 본격 창출을 위한 한·러 경제협력 기반 강화」, 『보도참고자료』(2018. 6. 22)를 참고해 작성했음.

결에 관한 집중적인 협의를 진행시켰으며, 그 결과 2007년 양국 간 논의가 시작된 후 11년 만에 마무리 지었다. 우리 정부는 한·러 서비스·투자 FTA 체결 시 물류(운송·해운), 의료, 관광, 건설, IT 서비스 등 분야에서 러시아 서비스 시장을 선점하고 서비스 수출 경쟁력도 제고할 수 있는 기회가 열릴 것으로 전망하고 있다. 또한 우리 정부는 투자 분야에서는 안정적 투자 환경 조성과 투자자 보호 강화를 통해 양국 기업들의 상호 투자 진출도 촉진될 것으로 전망하고 있다.

두 번째 성과는 남·북·러 3각 협력을 위한 전력·가스 분야 공동연구 추진 합의이다. 양국 정상은 공동성명 13항에서 "양측이 남·북·러 3각 협력사업 진전을 위한 공동연구의 필요성을 인식하면서, 전력·가스·철도 분야의 공동연구를 위해서 유관 당국 및 기관을 통해 협력해나가기로" 합의했다고 밝혔다.

소위 '메가 프로젝트'로 불리는 철도·가스·전력 부문에서의 남·북·러 3각 협력 추진은 1990년대 후반부터 시작되었으나, 북한 통과 문제로 별다른 진전이 없는 상태에서 한·러 경협의 최대 현안으로 존재해왔으며, 양국 간 경협 불신을 야기하는 주요 요인이었다. 문재인 정부의 신 북방정책 추진과 북한의 비핵화 결단에 따른 한반도 정세의 변화는 남·북·러 3각 협력의 실현 가능성을 높여주고 있으며, 따라서 한·러 양국은 향후 여건 조성 시 이 3각 협력 사업을 본격적으로 추진하기로 합의하면서 사전 공동연구를 진행하기로 합의했다.

세 번째 성과는 '9개 다리' 이행과 및 미래 성장 동력 창출을 위한 협력 합의이다. 양국 정상은 공동성명 12항을 통해 2018년 9월 제3차 동방경제포럼을 계기로 문재인 대통령이 제안한 9개 분야 협력사업, 소위 '9개 다리'의 구체적인 투자 프로젝트 수립 및 이행 관리를 위한 '9개 다리 행동계획'을 마련하기로 합의했다. '9개 다리'는 양국이 중점적으로 추진할 경협 분야로 가스·철도·항만, 전력, 북극 항로, 조선, 일자리, 농업, 수산 등이다. 따라서 양국은 공동성명에서 12항부터 17항까지 항만, 에너지, 철도, 농업, 수산업, 북극 등에서의 협력 추진과 확대 필요성에 공감하면서 이를 구체화하기 위한 협력에 합의했다.

네 번째 성과는 대러 투자 확대 및 기업 간 교류 활성화 합의이다. 양국 정상은 공동성명 3항에서 "경제·통상 분야에서 호혜적인 협력이 확대되고 있는 것에 만족을 표명하고, 첨단기술 제품의 교역 비중을 높이기 위한 교역 구조 다변화를 촉진"하기로 합의했다. 또한 대한무역투자진흥공사(KOTRA: Korea Trade-Investment Promotion Agency)와 한국플랜트산업협회는 러시아 기업인연합회와 플랜트 협력 MOU를 체결해, 우리 기업의 러시아 플랜트 시장 진출, 양국 기업 공동의 제3국(중앙아시아 등) 진출 등을 위해 함께 노력하기로 했다. KOTRA와 러시아 산업개발펀드는 투자 진출 MOU를 체결해, 한국 기업에 대한 우호적 투자 환경 조성을 위해 재원 조달과 투자 인센티브 관련 자문, 러시아 기업 정보 제공 등을 위해 협력하기로 합의했다. 또한 무역협회는 러시아 로스콘그레스(Roscongress) 재단과 무역·투자 분야 국제협력 MOU를 체결해, 양국 기업 간 교류 활성화를 위한 공동 플랫폼 구축, 한·러 무역·투자 촉진을 위한 기관 간 사업 개발을 추진하기로 합의했다.

### (4) 기타 부문

첫 번째 성과는 수교 30주년 기념행사 합의이다. 양국 정상은 오는 2020년 수교 30주년을 기념해 양국 국민 간 이해 제고를 위해 제반 분야에서 다양한 행사를 추진하기로 합의하면서, 성공적 행사 준비를 위한 '준비위원회'를 구성해 긴밀히 협력하기로 했다. 상기한 바와 같이, 양국 정상은 2020년을 '한·러 상호 교류의 해'로 선포하기로 합의했다.

두 번째 성과는 제4차 '한·러 대화포럼' 등 다양한 포럼 개최이다. 한·러 정상회담을 기해 개최되는 '한·러 대화포럼'은 2013년 푸틴 대통령의 서울 방문 이후 4년 6개월 만에 모스크바 국제무역센터에서 한국에서 온 각계 인사 90여 명, 러시아의 각계 인사 120여 명이 참석한 가운데 6월 22일 개최되었다. 한·러 대화포럼은 정상회담과 연계해 개최되어 분과별 논의 내용과 합의사항, 대정부 제안 등을 KRD 양국 조정위원장이 양국 대통령에게 보고해 양국의 상대국에 대한 정책에 반영시켜 양국 간 협력 긴밀화에 기여하는 목적을 갖고 개최되고 있다. 제4차 한·러 대화포럼은 "평화와 번영을 위한 실천적 한·러 협력"이라는 대주제하에 정치·국제 관계, 경제·통상, 교육·과학, 언론·사회, 문화·예술, 차세대 등 6개 분과로 나누어 회의를 진행했다.

한편 정상회담 시 정례적으로 개최되는 '한·러 비즈니스포럼'이 6월 22일 모스크바 한 호텔에서 한국무역협회와 러시아 연방상의의 공동 주최로 문재인 대통령과 양국 정부 인사와 비즈니스계 인사 280여 명이 참석한 가운데 개최되었다. 또한 KOTRA도 문재인 대통령의 모스크바 국빈방문과 연계해 6월 21~22일 양국 기업 간 협력을 촉진하기 위한 '한·러 비즈니스 파트너십'을 개최했다. 이 행사를 위해 우리 정부의 '9개 다리' 전략을 구체화하기 위해 가스, 전력, 북극항로, 농업 분야의 대표적 러시아 기업들을 초청했다. 또한 러시아 진출을 희망하는 국내 기업 협의체인 '한·러 기업협의회'와 '러·한 기업협의회' 회장단이 향후 교류 증진 방안과 하반기 협력 계획 등을 논의하는 간담회를 가졌다.

제11장

## 러·북 외교관계 70년의 전개

## 1. 서론

러시아(당시 소련)가 1948년 10월 12일 북한과 외교관계를 수립한 지 70주년이 지났다. 푸틴 대통령과 김정은 위원장은 양국 간 외교관계 수립 70주년을 기념해 축전을 교환하면서 제반 분야에서 상호 협력의 확대와 강화의 의지를 피력했다. 푸틴 대통령은 "지난 수십 년간 로씨야 연방과 조선민주주의인민공화국은 여러 분야에서의 건설적인 협조 과정에 많은 경험을 쌓아왔으며 나는 이미 거둔 성과에 토대하여 우리들이 남조선 동료들과의 3자 계획을 포함한 모든 호혜적인 관계를 더욱 강화하게 되리라고 확신"한다고 밝혔다. 김정은 위원장도 축전에서 "나는 70년의 역사를 가지고 있는 전략적이며 전통적인 조로 친선관계가 새 시대의 요구와 두 나라 인민들의 이익에 부합되게 지속적으로, 건설적으로 계속 발전하리라고 확신"한다고 밝혔다.[1]

2018년 들어 북한의 비핵화를 위한 3차례의 남북 정상회담(4. 27; 5. 26; 9. 19), 사상 최초의 북·미 정상회담(6. 12), 그리고 3차례의 북·중 정상회담(3. 26; 5. 8; 6. 19) 등이 개최되면서 한반도 정세가 급물살을 타고 있는 시점에 맞이한 러·북 수교 70주년은 양국 정치·외교 관계에도 긍정적인 영향을 미치고 있다. 양국은 2018년 들어 리용호 북한 외무상의 방러(4. 10), 세르게이 라브로프 러시아 외교장관의 방북(5. 31), 발렌티나 마트비옌코(Valentina Matviyenko) 러시아 상원의장의 방북(9. 9) 등 고위급 인사들의 교환 방문이 빈번하게 이루어졌다. 그리고 김정은 위원장의 방러가 추진되기도 했으나 실행되지는 않았다.

비록 소·북 양측 간 상호 불신과 주기적인 긴장관계가 지속되었으나 소련은 1985년 고르바초프 서기장의 등장으로 탈냉전 국제 질서가 구축될 때까지 북한의

---

[1] "북러수교 70주년, 김정은·푸틴 축전 교환," 『자주시보』 (2018. 10. 12), http://m.jajusibo.com/l?uid=42172 a.htm (검색일: 2019년 2월 8일).

정치적 후원자, 경제적 지원자, 안전보장자 등으로 남아 있었다. 즉 소련과 북한은 이데올로기적 연대 및 전략적 필요성에 의해서 긴장과 갈등 속에서도 군사적, 선린·우호·협력 관계를 발전시켰다. 실제로 고르바초프 서기장 체제의 등장과 탈냉전적·탈이념적·탈군사적인 '신 사고 외교정책'은 국제 정세의 탈냉전화는 물론 소련과 북한을 포함 여타 국가들과의 관계를 급변시키는 요인으로 작용했다. 특히 소련의 1988년 서울올림픽 참여와 1990년 9월 한국과의 외교관계 정상화는 불가피하게 소·북 관계를 악화시켰고, 북한으로 하여금 핵 개발 등 체제 유지를 위한 자구책을 강구할 수밖에 없게 했다.

또한 소연방 붕괴 후 탄생한 신생 러시아 옐친 정부의 자유민주주의·시장경제로의 체제 전환을 위한 개혁은 이데올로기적 연대를 사실상 종식시키면서 러·북 관계를 급속히 악화시키는 요인으로 작용했다. 그리고 1994년 7월 북한 김일성 사망과 3년간의 유훈통치, 핵 개발을 통한 체제안전 보장 전략과 이를 위한 '선군사상'의 강화는 북한의 국제적 고립은 물론 러시아와의 관계를 더욱 악화시키는 요인으로 작용했다.

그러나 2000년 초에 등장한 푸틴 정부가 한반도를 포함한 동북아 지역에서의 영향력 확대를 위해 러·북 관계 정상화 정책을 적극 추진해 러·북 관계가 밀착 관계로 발전되었다. 이 후 러·북 관계는 양국의 국내외 정세에 영향을 받으면서 관계 복원과 밀착, 소원, 재밀착 등과 같은 변화를 보여왔다. 즉 푸틴 집권 2기(2004~2008) 들어 러시아의 강대국으로의 재부상은 집권 1기의 '북한 껴안기 전략'을 약화하는 요인으로 작용하면서 양국 관계를 다시 접경국 간 통상적인 협력 관계로 격하시켰다. 양국 간 정상회담이 2011년 8월 김정일이 바이칼 호수 동남쪽에 위치한 울란우데를 방문해 메드베데프 대통령과 정상회담을 갖기까지 9년간 부재했다. 이는 북한의 핵 개발 지속에 따른 제2차 북핵사태(2002년 10월)의 발발과 이후 6자회담의 지속과 중단, 북한의 핵·미사일 실험과 UN 안보리의 대북 제재 부과와 러시아의 참여 등과 같은 북한 정세에 영향을 받았기 때문이다.

2007년 하반기 북한의 6차 핵실험과 중장거리미사일 발사에 대한 미국의 강경 대응으로 한반도가 전쟁 위기에 치달았다. 러시아는 북한발 한반도 정세의 악화에 대응해 한편으로는 북한 핵·미사일 문제를 해결하기 위한 '3단계 해법' 제시, UN 안보리의 대북 제재 찬성과 동참을 하면서도, 다른 한편으로는 북한과 일정한 협력 관계 유지를 통해 대북 영향력을 유지하려는 외교 정책을 펴왔다.

결론적으로 지난 70년간 소·북/러·북 관계는 양국의 정치·경제·군사 정세, 동북아의 전략환경과 역내 국가 간 역학 관계, 국제 정세의 변화, 핵·미사일 개발 등 북한 요인 등에 영향을 받아 발전해왔다. 이 장에서는 2절에서 러·북 관계 70년을 냉전기와 탈냉전기로 나누어 시기별 변화 양태 및 변인들을 살펴보고, 3절에서 러시아의 대북정책 사례로 집권 3기 푸틴 정부의 대북 핵·미사일 정책을 다루기로 한다.

## 2. 냉전기 소·북 외교관계의 변화와 요인[2]

냉전기의 소·북 관계는 국내외 상황 변화에 따라서 다음과 같이 때로는 밀착, 때로는 소원한 관계로 발전해왔다.[3]

---

2 유석렬, 「북·러 관계 발전과 한국의 고려사항」, 정책연구시리즈 2002-12, 국립외교원 외교안보연구소를 참고해 작성.
3 소·북/러·북 관계의 친소 여부, 협력의 핵심 부문과 강도에 따라서 학자마다 친소 여부를 규정짓는 시기와 명칭을 달리 제시하고 있음. 따라서 이 절의 시기 구분도 주관적인 것임. 다만 이 절의 시기 구분은 1990년까지는 유석렬 교수의 구분과 명칭을 그리고 1990년 이후는 필자가 주관적으로 구분함. 유석렬 (2002), 앞의 논문, 4-8쪽 참고.

## 1) 소련의 위성국화(1945~1950)

소련은 일본군의 무장해제를 명분으로 1945년 10월 24일 평양을 점령한 후 "소련군 관할 지역을 북위 38도선 이북으로 한다"고 발표하고 북한 점령 지역에 북조선노동당 주도의 소련 위성국을 수립했다. 즉 1948년 9월 9일 조선민주주의 인민공화국의 수립이 선포되었고, 소련은 10월 12일 북한과 외교관계를 수립했다.

김일성을 단장으로 하는 북한 대표단이 1949년 2월 22일부터 4월 7일까지 소련을 방문해 각종 협력협정을 체결하면서 스탈린에게 비밀 충성서약을 하면서 북한의 소련 위성국화가 급진전되었다. 김일성이 충성을 맹세한 비밀서약은 소련을 종주국으로 인정하고 소련식 정치·경제체제를 발전시키며 대외관계에서 소련의 독점적 지위를 인정하고 비우호적인 정책을 추진하지 않는다는 내용이었다. 이 시기 중국은 1949년에야 대륙을 공산화한 후라 북한의 대내외 정책에 전혀 영향력을 행사할 수 없었다.[4]

## 2) 소련의 대북 영향력 감소기(1951~1956)

북한은 1950년 6월 소련의 도움으로 한반도 공산화를 위한 남침을 감행했으며, 소련은 UN 등 국제사회에서 북한을 변호, 지원하는 정책을 추진했다. 1950년 6월 29일 소련 부수상 안드레이 그로미코는 북한 외무상의 남한의 북침론과 UN 안보리의 결의가 불법이라는 주장을 비호했다. 또한 소련은 한국전쟁 당시 간접적인 군사·경제 지원을 계속하면서 김일성의 한국전 수행을 지원하고 북한 정세가 불리해지자

---

[4] "North Korea: A Case Study in the Techniques of Takeover," Department of State Publication, prepared in 1951 and released to the Public in 1961.

휴전을 적극 지원했다. 1953년 7월 휴전 성립 후 김일성은 같은 해 9월 1~29일까지 소련을 방문해 전후 복구 3개년 계획 추진을 위한 지원을 확보하는 등 다양한 군사·경제 협력 확보했다.

그러나 중국 인민군의 대북 지원 한국전 참전, 스탈린의 사망 후 진행된 크렘린 내 권력투쟁과 흐루쇼프의 스탈린 격하운동으로 소련의 대북 영향력이 감소하고 중국의 대북 영향력이 상대적으로 증가했다.

### 3) 북한의 대소/대중 관계에서 중립노선 추진기(1957~1961)

1956년 2월 소련 공산당 제20차 대회 후 흐루쇼프의 스탈린 격하운동과 평화공존론, 알바니아의 독자노선을 둘러싼 소·중 간의 갈등 노정은 북한으로 하여금 대소, 대중 관계에서 중립적인 입장을 추진하게 하는 요인으로 작용했다. 1958년 북한은 중국의 경제정책과 강경한 대서방 군사정책에 호감을 가지고, 중·소 분쟁에서 중국노선을 간접적으로 시사했다.

그러나 북한은 동시에 소련을 멀리하지 않는 균형 있는 중간노선을 취하면서 쌍방에서 경제적 지원을 받아냈다. 실제로 북한은 1961년 7월 소련·중국 양국과 일종의 군사동맹조약인 '우호협력 및 상호원조 조약'을 각각 체결했다.

### 4) 소·북 관계 소원기(1962~1964)

소련이 '유럽 우선 정책'에 따라 북한에 관심을 두지 못했으며, 대북한 군사·경제 원조를 중단했으므로 북한은 중국에 편향될 수밖에 없었다. 북한은 1962년 말부터 1963년 초에 있었던 유럽공산당대회에서 다른 국가대표들의 대중국 비난을 방어하거나 중국의 입장을 지지했다. 실제로 북한은 1962년 12월 4~8일 제20차 체코 공산당대회에서 체코 공산당 제1서기의 중국 비난에 대해 반박하면서 간접적으로 소련을 비난했다. 북한은 1963년 1월 동베를린에서 개최된 동독 사회통일당 제6차 대회에서 발터 울브리히트(Walter Ulbricht)가 중·소 분쟁에서 소련의 입장을 옹호하고 중국을 비난하자 북한은 친중공·반소련의 입장을 취했다.

북한은 쿠바 미사일 위기(1962) 이후 흐루쇼프가 실각할 때까지 중·소 분쟁에서 중국의 강력한 지지자가 되었다.[5] 북한은 쿠바 사태로 빚어졌던 케네디 대통령과 흐루쇼프의 담판을 비판했음은 물론 중국과 인도 간 국경분쟁 시 소련의 중립 정책을 비난했다. 북한은 흐루쇼프가 실각한 1964년까지 소련을 '거대한 국수주의'라거나 '외국인 공포증 환자' 또는 '착취자들' 등으로 비난했다.

### 5) 소·북 관계 밀착기(1965~1968)

1964년 10월 흐루쇼프의 실각과 브레즈네프 제1서기, 알렉세이 코시긴(Alexei Kosygin) 수상, 니콜라이 포드고르니(Nikolai Podgorny) 최고회의 의장을 대표로 하는 소련 내 신 지도부가 탄생하면서 소·북 관계가 점차 개선되었고 곧 밀착 관계로 발전시키는 계기로 작용했다.

소련은 국제정치와 공산진영 내에서 주도적 역할을 했고, 북한과 관계를 개선했으며, 중국이 제공할 수 없는 군사적 원조와 핵의 보호, 경제적 지원을 북한에 제공했다. 1965년 2월 11~14일 사이 코시긴 수상이 북한을 방문해 양국 간 군사동맹 관계의 건재 및 사회주의 진영 간 공동방위의 의무를 재확인했다. 같은 해 5월에는 양국

---

5 북한은 소·유고 화해, 중·인도 국경분쟁과 쿠바 미사일 사건을 중심으로 한 중·소 분쟁에서 중국의 입장을 지지했음.

간 군사협력협정이 체결되었으며, 그 결과 1962년 이래 중단되었던 소련의 대북 군사 지원이 재개되어 1968년 1월 북한군은 소련군 장비로 완전히 무장할 수 있게 되었다. 또한 소련은 1965년 북한과 원자력협력협정을 체결하여 북한에 실험용 원자로를 공급했다. 반면에 1966년 4월 중·북간 국경 문제를 둘러싼 마찰이 발생하면서 중국의 대북 경제원조가 중단되었으며, 북한에 파견된 중국의 전문가나 기술자가 중국으로 소환되는 등 북·중 관계가 크게 악화되었다.

또한 1966년부터 시작된 중국 내 문화대혁명으로 북·중 관계가 악화되면서 소·북 관계를 밀착시켰다. 북한은 문혁 초기 입장 천명을 보류했으나 홍위병들이 김일성을 수정주의자로 비난하는 사태가 발생하자 1967년 1월부터 중앙통신사 등 관영 매체를 통해 대대적인 반중국운동을 벌였다.

한편 북한은 1966년 8월 12일 『노동신문』에 "자주성을 옹호하자"라는 사설을 통해 자주노선을 강조하면서 '주체사상'을 발전시키기 시작했다. 즉 북한은 중국·소련 두 접경 강대국의 어느 한쪽에도 지나치게 의존하지 않고 또 어느 한 국가로부터 소외되지도 않는 균형 관계를 유지하겠다는 의지 표명했다. 이러한 입장 천명은 1969년부터 10여 년간 북한이 대중·대소 관계에서 중립노선을 유지하게 된 바탕이 되었다.

## 6) 북한의 자주적 중립노선기(1969~1978)

1969년 중·소 간 국경 무력충돌이 있고 1972년부터 미국이 대중 접근을 통해 대소 봉쇄전략을 강화하자 중·소 양국 간 화해의 기미가 요원해졌다. 이에 북한은 이른바 '자주노선'을 표방하면서 중국 측으로 다소 기울어졌다. 1969년 중국에서 명시적인 문화혁명이 막을 내리자 북·중 관계는 1970년대 초부터 개선되기 시작했다. 1975년 4월 18일 김일성의 중국 방문은 1970년대 북·중 간 밀착을 가장 상징적으로 보여주었던 사건이다. 하지만 북한은 소련과도 고위급 인사 교류 등 정치·경제·군사 협력을 지속했다. 예를 들어, 1970년 4월 레닌 탄생 100주년 기념행사에 최용건 최고인민회의 상임위원장이 참석했고, 그해 4월에는 소련군 총참모장 자하로프가 북한을 방문해 북한의 안보와 군사 지원 문제를 협의했다. 1973년에는 허담 북한 외교부장이 소련을 방문해 안드레이 그로미코 외상과 회담했다.

그러나 1978년 후반 미·중의 화해와 일·중의 평화협정 체결로 북한·중국 간에는 불화의 조짐이 나타나기 시작했다. 반대로 김일성은 몇 차례에 걸쳐 소련과 친선을 강화할 뜻을 비쳤으며, 사실상 소련과 상당한 경제 교류와 인적 교류를 행했다.

### 7) 소·북 관계 밀착기(1979~1981)

1978년 말 미·중 관계 정상화와 일·중 우호조약이 체결되자 중국의 대외 정책에 불안을 느낀 북한은 대소 접근정책을 추진하기 시작했다. 북한은 1978년 볼셰비키 혁명 기념일(11월 7일)에 브레즈네프 서기장에게 보내는 축하 메시지에서 "소련과의 관계를 소중하게 여긴다"라는 표현을 1974년 이후 처음 사용했다.

1979년 6월 당 국제부장 김영남이 방소했고, 소련은 북한과의 관계 개선 의사를 비치면서 주한미군 철수 등을 포함한 북한의 통일 정책을 적극 지지했으며, 북한도 이에 호응했다. 이후 양국 간 고위급 인사 교류가 활발히 추진되었으며 1981년 군사 동맹조약 체결 20주년을 기념해 양국은 밀접한 동맹 관계를 대내외에 알리는 대대적인 친선행사를 진행했다.

중국과 북한의 대미 정책, 체제와 노선상 의견대립, 중국의 한국과의 간접적 통상은 북한으로 하여금 대소 편향정책을 추진하게 하는 주요인이 되었다.[6]

---

6    1980년 10월 14일 김일성은 제6차 당대회에서 "사회주의국가들이 제왕주의와 무원칙하게 타협함으로

## 8) 소·북 관계 소원기(1982~1983)

1981년 말부터 소련과 북한 관계가 다시 소원해지기 시작했다. 소련은 1982년 4월 김일성 주석 70회 생일과 관련해 축하 대표단을 북한에 파견하지 않았으며, 그해 8월 15일 해방 37주년에는 양국 간 축전이 오갔으나 브레즈네프의 축전에서는 주한미군 철수 주장, 북한 통일방안 지지 등과 같은 언급이 전혀 없었다. 1982년 11월 브레즈네프 서기장 사망 시에도 북한은 마오쩌둥 주석 사망 시 9일간의 애도를 표했던 것과는 달리 1일간 애도일로 정하고 조문사절단도 당 서열 6위의 박성철을 보낸 데 그쳤다.

한편 중국과 북한은 대미 정책과 김일성 권력 승계 문제에 있어 이견이 좁혀졌고, 북한에 대한 중국의 경제·군사 지원은 늘어난 반면 소련의 군사 원조는 중단되었다. 1982년 이후 중국·북한 간 최고지도자들의 상호 방문은 양측의 유대를 더욱 강화시켰고 북한이 중국 측에 상당히 밀착되는 전기가 되었다. 또한 한·소 간 비정부 차원의 교류가 1982년부터 점차 늘어나기 시작했다. 예를 들어, 1982년 10월 서울에서 개최된 아시아·태평양 통신기구 및 세계박물관협의회 총회에 소련대표단이 참가했다.

## 9) 소·북 관계 밀착기(1984~1990)

소·북 양국은 한·미·일 관계 강화와 중국의 대미 접근의 구체화에 대응해 정치·외교·군사 협력을 강화했다. 특히 1983년 후반기 소련이 KAL기 격추사건과 북한의 미얀마 암살폭발 사건에서 북·소가 서로의 난처한 입장을 옹호했던 것이 계기가 되

써 동료국가들의 이익을 희생시켜서는 안 된다"고 미·중 관계 정상화를 비난함.

어 소련은 북한의 권력 승계를 묵인하고 군사·경제지원을 강화했다.

이러한 양자 관계의 개선에 힘입어 1984년 5월 김일성 주석이 1961년 10월 소련 공산당 22차 대회 참석 후 23년 만에 소련을 공식 방문함으로써 양국 간 밀착 관계가 구축되었다. 김일성 주석의 방소는 미·일·중 협력 증대, 중국의 한국과의 교류 증진, 한·미·일 협력 강화, 북한 경제의 곤란성 등과 같은 요인들이 작용했다. 방문의 주요 성과는 군사 분야의 협력 강화로 소련은 북한이 강력히 요구해왔던 고성능 방위무기와 공격무기, 즉 MIG-23 50대, SA-3 지대공미사일 35기 등을 북한에 제공하기로 합의했다. 북한은 이에 대한 대가로 원산과 남포항 사용, 남서 영공 횡단비행을 허용했다.

이후 양국 간 고위인사 교류가 급격히 늘어났으며, 김일성 주석은 1986년 10월 중순 또 다시 소련을 방문했다. 북한은 김일성 주석과 고르바초프 서기장 간 정상회담을 "새로운 발전 관계에 들어선 소·북 친선 관계를 보다 전면적으로 확대 발전시키는 획기적인 사변이 되었다"고 주장했다. 소련은 김일성 주석의 방소를 계기로 각종 신무기를 북한에 제공했고, 북한은 이에 대한 대가로 자국 내 영공의 군사적 이용권을 소련에 허용하는 등 긴밀한 협력 관계를 유지했다.

소련 외교장관 예두아르트 셰바르드나제(Eduard Shevardnadze)는 1988년 12월 22~24일 북한을 방문하고 김일성 주석을 면담했으며, 외무상과 회담 후 공동 보도문을 발표했다. 공동 보도문은 소련은 남북한 교차승인과 UN 동시가입, 한국의 UN 단독가입 및 두 개의 조선 정책 등을 반대하고 남한을 불승인함과 동시에 외교관계 불수립 등과 같은 기존 대한 정책을 재확인 했다. 또한 소련은 공동 보도문을 통해 고려연방제 통일방안, 남북한 및 미국 간 3자회담 개최, 한반도 비핵평화지대화 등 북한의 평화 제안들을 지지했다.

그러나 소·북 관계는 소련의 88서울올림픽 참석과 외교관계 정상화를 위한 양자 간 협의가 1989년 초부터 빠르게 진행되면서 급속히 악화되기 시작했다. 1989년 4월 소련 상공회의소가 서울에 개소되었다. 그해 7월 모스크바에 KOTRA 모스크바 사무소가 개설되었다. 또한 1989년 12월 한·소 영사협정이 체결되면서 양국 간 외교관계 정상화를 위한 본격적인 협의가 시작되었다.

## 3. 탈냉전기 러·북 외교관계의 변화와 요인

### 1) 소·북/러·북 관계 악화기(1990~1993)

한·소 양국은 1989년 12월 체결한 영사협정에 의거 1990년 초에 각각 상대국에 영사처를 개설했으며, 이후 정상회담(6월 샌프란시스코), 외교관계 정상화(9월 30일), 노태우 대통령의 방소와 정상회담(12월) 등과 같은 급속한 관계 발전을 이루었다.

이러한 한·소 관계의 발전은 상대적으로 소·북 관계를 극도로 악화시키는 요인으로 작용했다. 즉 셰바르드나제 외교장관은 1990년 9월 2~3일 한·소 수교를 통보하기 위해 북한을 방문했는데 김일성 주석은 불쾌감 표시로 셰바르드나제의 면담을 거부했다. 당시 북한은 소련이 한국과 수교할 시 핵무기 개발을 위해 모든 가능한 수단을 동원할 것이며, 소·일 영토 문제에서 일본을 지지할 것이며, 소련 공화국들의 독립을 지지할 것이라며 소련을 위협했다. 이후 9월 외교관계 정상화, 12월 한·소 모스크바 정상회담이 성사되자 북한은 "달러로 외교관계를 팔고 산 전례없는 추문, 범죄적 공모" 등과 같은 용어를 사용하면서 소련을 격렬히 비난했다. 또한 북한 1991년 8월 보수·강경 세력이 주도한 쿠데타가 발생하자 "사회주의 승리가 역사적 필연"이라는 장문의 논설을 게재하는 등 고르바초프의 개혁 정책과 대한 외교를 비난했다.

1991년 12월 소연방 붕괴 후인 1992년 1월 초부터 옐친 정부는 충격요법식 급진 시장경제 개혁과 자유민주주의 정치체제로 전환하는 정책을 적극 추진했는데, 이는 러·북 관계를 더욱 악화시키는 요인으로 작용했다. 이후 러시아는 북한과 탈동맹 관계를 모색하면서 한국과는 정치·경제·군사 분야에서의 협력을 적극 확대하는 정책을 추진했다. 1992년 1월 옐친 대통령의 특사로 로가초프가 북한을 방문해 양국 간 탈동맹 관계를 모색한 반면, 그해 11월에는 옐친 대통령이 서울을 방문하여 정상회담을 개최하고 양국 간 '한·러 기본관계 조약'을 체결했다.

1993년 제1차 북핵 사태의 발생과 러시아의 북한 핵개발 저지를 위한 UN 대북 결의안 채택 가담 등 국제공조의 참여는 러·북 관계를 더욱 악화시키는 요인으로 작용했다. 예를 들어, 손성필 주러대사는 1993년 5월 7일 소련의 UN 대북 제재 동참을 미 제국주의의 패권책동에 복종한 처사라고 비난했다.

## 2) 러·북 간 관계 개선 모색기(1994~1995)

러시아는 북한과의 관계 악화가 한반도에서 발언권 유지는 물론 북핵 문제의 평화적 해결에 해가 된다는 판단하에 1994년부터 북핵 문제 해결을 위한 다자회담을 주장하는 등 대북 관계 개선을 위한 외교적 노력을 시작했다.[7] 파노프 러시아 외무차관은 1994년 3월 북핵 문제 해결을 위해 미·일·중·러, IAEA, UN, 남북한 등이 참여하는 '8자회담'을 제안하면서 대북 추가 제재를 반대했다.

한편 1994년 7월 김일성 주석의 사망은 러시아가 대북 관계 개선을 위한 외교를 적극 추진하는 계기로 작용했으며, 양국 간 관계 개선이 모색되었다. 당시 러시아는 김일성 사망 후 북한 내 급변 사태가 발생해 한반도를 포함한 동북아 세력균형이 급변할 경우 역내 전략환경이 자국에 불리하게 발전되고 국내 개혁에도 부정적인 영향

---

[7] 러시아의 대북 관계 개선 움직임 배경은 필자의 다음 보고서 참조. 고재남, 「러시아의 대북한 정책과 한국의 대응」, 정책연구시리즈 1995-8, 국립외교원 외교안보연구소, 1995. 12.

을 미칠 것으로 판단했다. 북한도 김일성 사망이라는 정치적 급변속에서 전통적 우방국이었던 러시아와 관계를 정상화하여 김정일의 대내외 통치 기반을 구축함은 물론 국제적 지지를 확보할 필요가 있었다.

그 결과 1994년 9월 파노프 외무차관, 그해 10월 블라디미르 지리노프스키(Vladimir Zhirinovsky) 자유민주당 당수 등이 방북하는 등 고위급인사 교류가 점차 재개되었으며, 북·미 제네바 합의 후에는 러·북 간 경수로 협력이 모색되었다.

### 3) 러·북 간 신 협력관계 모색기(1996~1999)

김일성 사후 러·북 관계 개선을 위한 노력은 군사동맹조약의 청산 등을 통한 신 협력관계 모색으로 귀결되었다. 특히 1996년 1월 다극질서와 이를 위한 유라시아 국가들과의 관계 개선 우선주의를 주창하는 프리마코프의 외교장관 임명은 러시아가 대북 접근 정책을 강화하는 요인으로 작용했다.

물론 러·북 간 신 협력 관계의 모색은 1996년으로 다가온 군사동맹조약 연장만료 기한을 더 이상 연장하지 않는다는 통보를 북한에 해야 했다. 러시아는 연장 만료 1년 전에 통보해야 한다는 조약규정에 입각해 1995년 8월 북한에 군사동맹조약을 더 이상 연장하지 않겠다는 의사를 통보했다.[8] 이후 양국은 1997년 1월부터 신 조약 체결을 위한 4차례의 협의를 거쳐 소위 신 조약으로 알려진 '러·북 친선·선린 및 협력 조약'을 1999년 3월 17일 평양에서 가조인했다. 전문과 12조항으로 구성된 신 조약은 핵심 쟁점사항이었던 자동 군사개입 조항(군사동맹조약 제1조)을 "안보위협 발생 시 즉각 통보" 및 "상대를 공격하는 제3국 지지 금지" 조항으로 대체했다.

---

8 고재남, 「러시아·북한 관계의 현황과 전망: 한반도 관련 이슈를 중심으로」, 『주요국제문제분석』, 국립외교원 외교안보연구소, 2000. 1. 17.

## 4) 우호·협력 관계 확립 및 밀착기(2000~2002)

2000년 1월 러시아에서 푸틴 정부의 출범은 지난 10여 년 이상 지속되어온 양국 간 갈등과 소원 관계를 청산하고 통상적인 우호·협력 관계의 확립 및 밀착 관계를 발전시키는 계기로 작용했다.[9] 2000년 2월 예브게니 이바노프(Yevgeny Ivanov) 러시아 외교장관 방북 시 '북·러 우호선린 협력조약'을 체결했고 북·러 양측 고위급지도자들의 상호교환 방문이 잦아짐에 따라 양국 간의 관계가 점차 회복되었다. 2000년 7월에는 푸틴 러시아 대통령이 소련, 러시아 지도자로서는 처음 북한을 방문하여 '북·러 공동선언'을 채택했으며 러·북 관계를 정상화시켰다.

한편 2001년 8월 4일 김정일 북한 국방위원장이 러시아를 방문, 북·러 정상회담을 개최한 후, '모스크바 공동선언'을 발표했으며, 2002년 8월에도 극동 지역을 비공식 방문해 푸틴 대통령과 정상회담을 개최했다.

푸틴 대통령은 러·북 관계의 정상화를 통하여 한반도를 포함한 동북아 지역에서는 물론 국제사회에서 러시아의 존재감을 제고하고 대북 영향력을 확대하려는 정책을 추진했다. 북한도 러시아 내 신정부 출범을 계기로 김정일 정권의 권력 기반 강화와 경제위기 극복 그리고 안보 강화를 위해 러시아와 관계 강화가 필요함을 인식했고, 대러 관계 개선에 적극적인 정책을 추진했다.

이처럼 러·북 양국 간 전략적 이해관계가 일치하면서 과거 어느 때보다도 정상회담이 빈번히 개최되었으며, 비록 짧은 기간이나마 긴밀한 협력 관계를 유지했다. 이 기간 동안 러·북 간 상당한 수준의 군사협력도 이루어졌다.

---

[9] 러·북 간 2000년 이후 고위인사 교류는 외교부, 『2018 러시아 개황』, 187-189쪽 참조.

## 5) 낮은 수준의 우호·협력 관계 유지기(2003~2011)

2002년 10월 발생한 제2차 북핵 사태는 2003년부터 러·북 간 밀착 관계를 낮은 수준의 우호·협력 관계로 변화시키는 결정적인 계기가 되었다.

러시아는 오랫동안 한반도의 비핵화정책을 견지해왔으며, 따라서 북한의 우라늄을 통한 핵 개발 의혹 제기와 사실인식의 제고는 한편으로는 대북 핵포기정책을 추진하면서 다른 한편으로는 북한의 핵포기를 위한 국제공조에 적극 참여하는 정책을 불가피하게 만들었다. 푸틴 정부는 제2차 북핵 사태가 발발하자 2003년 1월 로슈코프 외무차관을 평양에 보내 북한 당국의 의견을 청취하고 북핵 문제의 해법으로 '일괄타결'과 '다자 안전보장' 방안을 제안했다. '일괄타결' 방안은, 첫째 한반도 비핵화 및 제네바합의 등 국제적 의무 준수, 둘째 양자 및 다자 차원의 대화 재개 및 이를 통한 대북 안전보장 제공, 셋째 대북 인도적·경제적 지원 재개 등과 같은 내용을 담고 있다. 한편 '다자 안전보장' 방안은 미·북 간 불가침조약 체결이 사실상 불가능한 상황에서 미국을 포함한 주변국들이 북한의 안전을 보장해준다는 구상이다.

제2차 북핵 사태에도 러·북 양국 간 고위급 인사 교류 및 낮은 수준의 경제 교류는 계속되었고 러시아는 북핵 문제를 해결하기 위한 6자회담에 당사국으로 참여했다. 러시아는 2007년 6월 북한 BDA 동결자금 문제 해결을 지원했으며, 대북 중유 공급에도 동참하면서 6자회담 내 5개 실무그룹 중 한반도 평화안보체제 실무그룹 의장국의 역할을 수행했다.

그러나 2008년 5월 메드베데프 정부의 출범과 그해 4월과 2009년 5월 각각 실행된 북한의 중장거리미사일 발사와 제2차 핵실험은 러시아를 대북 UN 제재에 동참시키면서 양국 관계를 낮은 수준의 우호·협력 관계로 발전시켰다. 2011년 8월 김정일 위원장의 바이칼 호수 인근 울란우데 방문을 통해 9년 만에 러·북 정상회담을 개최하는 등 양국 간 협력 확대 노력은 김정일 위원장이 그해 12월 중순 급사하면서 별

다른 성과를 거두지 못했다.[10]

## 6) 양국 내 신정부 출범과 협력 확대 추진(2012~2018)

2012년 상반기 러시아와 북한에서 최고지도자의 교체 또는 승계가 이루어지면서 러·북 간 협력 확대의 모멘텀이 생겼다. 특히 소연방 붕괴 후 10여 년간 소원했던 러·북 관계를 정상화하면서 김정일 위원장과 세 차례의 정상회담을 가졌던 푸틴이 5월 7일 권좌에 복귀함으로써 향후 러시아의 대북정책은 물론 러·북 관계의 전개에 대한 관심이 제고되었다.[11]

실제로 푸틴은 대선 기간 중 대북정책과 관련하여, 북한의 핵보유 지위를 불용하며 북한 핵 문제를 정치·외교적 수단, 특히 6자회담을 통해 해결해야 한다고 주장했다. 푸틴은 북한의 신 지도부와 대화를 지속하면서 관계 발전을 추구할 것이라 천명하고, 북한 신 지도부를 자극할 경우 위험한 대응 조치를 초래할 가능성이 있기 때문에 주변국들의 각별히 신중한 대북 정책이 필요하다고 주장했다.

그러나 러·북 관계는 2013년까지 더디게 개선되었다. 북한은 갑작스런 김정일 위원장의 사망에 따른 조문 정국의 지속과 김정은 권력 기반 강화를 위한 국내 정치·경제 우선주의가 지속되었다. 러시아도 북한 핵과 미사일 실험에 대한 UN 안보리의 대북 제재 동참, 남·북·러 가스관 연결사업의 추진 부진, 6자회담의 중단 등으로 대북 협력에 별다른 진전이 없었다.

하지만 2014년 들어 러시아의 소치 동계올림픽 개최와 우크라이나 사태에 따른

---

10  9년 만에 개최된 러·북 정상회담의 배경 및 성과에 대해서는 고재남, 「러·북 정상회담과 한반도 정세」, 『주요국제문제분석』, 국립외교원 외교안보연구소, 2011. 9. 26 참조.
11  제3기 푸틴 정부하에서 진행된 러·북 관계 긴밀화 동향은 필자의 다음 보고서를 활용했음. 고재남, 「러·북 관계의 긴밀화 동향과 전략적 함의」, 『주요국제문제분석』, 국립외교원 외교안보연구소, 2015. 5. 26.

서방의 대러 제재, 그리고 북한의 조문 정국 탈피와 외교적 고립 탈피를 위한 외교 다변화 추진은 고위급 인사 교류의 활성화와 정상회담의 준비 등 러·북 간 정치·외교 협력을 크게 활성화시켰다. 김영남은 그해 2월 소치 동계올림픽 개막식에 참석해 푸틴과 면담했다. 그리고 3월과 10월에는 알렉산드르 갈루시카(Alexander Galushka) 극동개발부 장관이, 그리고 4월 말에는 유리 트루트네프(Yuri Trutnev) 경제부총리 겸 극동연방지구 대통령 전권대표가 잇달아 평양을 방문해 양국 간 경제협력 확대 방안을 논의했다.

그리고 그해 5월 말에는 루스탐 미니하노프(Rustam Minnikhanov) 타타르스탄 공화국 대통령이 평양을 방문해 리용남 무역상과 양측 간 석유공업 등 경협 확대를 위한 협의를 했다. 또한 거의 비슷한 시기에 국가두마 경제정책위 부위원장인 카즈벡 타이샤예프(Kazbek Taisaev) 러시아 공산당 중앙위 서기가 공산당 대표를 이끌고 평양을 방문해 양측 간 협력 방안을 협의했다. 또한 9월 말~10월 초에는 리수용이 북한 외무상으로서는 4년 만에 모스크바를 방문해 라브로프 외교장관, 트루트네프 경제부총리, 니콜라이 페도로프(Nikolay Fedorov) 농업장관을 만나 양국 간 현안은 물론 UN의 대북 제재, UN 내 인권 논의, 극동 지역 내 농업협력 등을 협의했다. 또한 11월에는 현영철 인민무력부장에 이어 최룡해 노동당 비서(이하 '최룡해')가 김계관 외무성 제1부상 등 고위급 인사들과 함께 김정은의 특사 자격으로 러시아를 방문해 푸틴을 만나 김정은의 친서를 전달했다. 당시 최룡해는 김정은의 친서에 북한은 정치·경제·군사 등 여러 분야에서 러시아와 획기적인 협력 관계를 발전시켜나가길 바란다는 내용이 포함되었다고 밝혔다. 푸틴 또한 최룡해를 접견한 다음 날, "러·북 간 정치·통상·경제 협력 심화가 양국의 국익은 물론 지역 안보와 안정에 기여할 것"이라고 강조했다. 최룡해 특사는 라브로프 외교장관과도 회담을 가졌는데, 회담 후 라브로프는 북한과 최고위급을 포함한 접촉을 진행할 준비가 되어 있다고 말했는데, 이는 최룡해가 러·북 정상회담 추진을 협의하려고 방문했음을 간접적으로 밝혔다.

한편 러·북 양국은 자국이 직면한 국제적 어려움을 극복하기 위해 공조했으며, 이는 양국 간 정치·외교 협력을 강화하는 요인으로 작용했다. 즉 북한은 2014년 3월 27일에는 UN 총회에서 '크림 지역의 지위 변경을 불인정하는 결의안'이 상정되었을 때 반대표를 던져, 러시아의 입장을 명시적으로 지지한 11개국 중 한 국가가 되었다. 당시 표결은 찬성 100개국, 반대 11개국, 기권 58개국 등으로 나타났다. 한편 러시아는 작년 11월 UN 총회 제3위원회 북한인권결의안이 표결에 부쳐졌을 때, 중국·쿠바 등과 함께 반대표(19개국, 찬성은 111개국)를 던졌으며, UN 안보리에서도 후속조치에 관한 결의안 채택을 반대하겠다는 것을 분명히 밝혔다. 상기한 최룡해의 방러 목적 중의 하나는 UN 총회에 상정 중인 대북 인권결의안 관련 협조를 구하는 것이었다.

2015년 상반기 중 러·북 간 정치·외교 협력은 김정은의 전승기념일 행사 참석 준비와 '러·북 친선의 해' 선포식 행사 등을 위해 더욱 활성화되었다. 러·북 양측은 러시아의 전승 70주년과 한반도 광복 70주년을 기념해 2015년 3월 '친선의 해'로 정해 상호 협력을 증대해나가기로 합의하고, 4월 14일 러시아 외무부에서 로두철 내각 부총리와 궁석용 외무성 부상 등 북한 측 대표단과 트루트네프 경제부총리와 갈루시카 장관 등 러시아 측 고위인사들이 참석한 가운데 출범식을 가졌다. 또한 리용남 대외무역상과 리수용 외무상, 배학 원유공업상은 러시아를 방문했으며, 전승기념일에 김영남이 참석했다.

한편 러·북 간 경제·에너지 부문의 협력은 2013년부터 크게 확대되었다. 실제로 2013년 전까지 러·북 경제협력은 북한의 대러 채무 문제 미해결, 북한의 경제위기 지속, UN의 대북 경제 제재 지속, 2008년 가을 미국발 세계 경제·금융 위기에 따른 러시아 경제 여건 악화, 남·북·러 가스관사업의 미추진 등과 같은 복합적인 요인이 작용해 매우 미미한 실정이었다.

그러나 2013년 9월 나진·하산 간 철도 연결, 2014년 5월 푸틴 정부의 북한의 대러 채무 문제 해결은 러·북 경제협력을 크게 활성화하는 요인으로 작용하고 있다. 특히 푸틴 정부의 북한의 대러 채무 문제 해결은 북한의 대러 신용불량국의 지위를 청산해주면서 경제·에너지·방산 협력을 본격화하는 매우 중요한 조치였다. 나진·하산 간 철도연결(52㎞, 부두까지는 54㎞)은 2001년 합의됐지만 진전이 없다가 2008년 합작회사 설립 후 2009년부터 약 90억 루블(당시 환율로 약 3,000억 원)의 공사비를 투입해, 2013년 9월 완공했다. 2014년 나진항 3부두의 완공과 더불어 나진·하산 철도를 이용한 포항으로의 석탄 수입의 시범사업이 2014년 11월(4만 500톤)과 2015년 4~5월(14만 톤) 두 차례에 진행되었다.

러·북 경협 및 방산협력의 본격적인 추진에 결정적인 기여를 하고 있는 북한의 대러 채무 문제는 소연방의 붕괴와 더불어 제기되었다. 양측 간 채권·채무 문제를 해결하기 위한 협상은 20여 년간 중단되었다가 2011년 재개되었으며, 2012년 9월 북한의 대러 채무 탕감원칙이 합의되었다. 이후 양국 관계가 밀착기로 들어선 2014년 2월 중순 그리고 4월 말 국가두마와 연방회의는 정부가 제출한 협정안을 각각 통과시켰다. 이에 푸틴은 5월 5일 북한의 구소련 채무 90%(109억 달러)를 탕감하고 나머지 11억 달러는 20년에 걸쳐 반기마다 러시아에 상환하는 것을 원칙으로 하되, 이것도 러시아가 북한의 보건과 교육, 에너지 분야에 재투자하는 형식을 명시한 협정에 서명했다.

또한 제3기 푸틴 정부 들어 양국 간 경제통상·과학기술 협력위원회의 활동이 활성화되었다. 푸틴 정부의 북한의 대러 채무 재조정 조치가 취해진 직후인 2014년 6월 제6차 경제통상·과학기술 협력위원회가 3년 만에 개최되어 양국 간 교역에서 루블화 결제가 합의되었고, 에너지, 인프라, 자원 개발, 교육·과학·기술 분야에서 다양한 협력 방안이 논의되었다. 또한 2015년 4월에는 평양에서 양측의 주요 인사들이 참석한 가운데 제7차 경제통상·과학기술 협력위원회가 개최되어 상기한 분야에서의 협력 현황을 점검하면서 호혜적인 경협을 한층 확대해나가기로 합의했다. 한편 북한은 대러 경협을 확대하기 위해 2014년 9월 러시아 기업인에게 장기 복수비자를 첫 발급했으며, 러·북 양국은 2015년 2월 민간 경제협력을 확대하기 위해

'러·북 기업인협의회'를 창립했다. 또한 러시아는 2014년 10월 북한에 식량 5만 톤을 무상 지원했고, 그해 8월에는 UN 대북 세계 식량 지원 사업에 300만 달러를 지원하기도 했다. 그리고 러시아는 극동 지역에 북한 근로자 2만 명의 외화벌이를 허용했다.

한편 군사·안보 협력의 경우, 러시아는 2001~2002년 김정일의 두 차례 방러 등 고위급 인사 방러를 통해 러시아제 첨단 무기 또는 신형 공격용 무기 구입을 요청했으나 북한에 신형 군사무기와 공격용 무기를 제공하지 않았으며, 기 판매한 소련제/러시아 무기의 일부 소모품을 판매해왔다. 2002년 10월 제2차 북핵 사태의 발생과 러시아의 대량살상무기 확산방지 구상(PSI: Proliferation Security Initiative) 참여, 북한 핵실험 및 미사일 발사에 대한 UN 대북제재 동참, 그리고 북한의 경제위기 심화에 따른 외환 부족 등으로 방산 분야에서 최근까지 의미 있는 양국 간 협력은 부재했다.

그러나 러·북 관계의 긴밀화는 양국 간 군사·안보 협력에도 매우 긍정적인 영향을 미치고 있다. 최룡해는 2014년 김정은 특사로 모스크바 방문 시 러시아 측에 전투기 구입을 타진했던 것으로 알려지고 있으며, 당시 최룡해 특사를 수행한 노광철 군 총참모부 부총참모장이 안드레이 카르타폴로프(Andrei Kartapolov) 러시아군 총참모부 작전총국장을 만나 양국 간 군사협력을 제고하는 방안을 논의했다. 북한의 '중앙통신'은 두 사람의 만남을 보도하면서 "쌍방은 조로 두 나라 군대 사이의 친선과 협조를 새로운 높은 단계로 발전시킬 방안에 대한 의견들을 폭넓게 교환했다"고 보도했다.

한편 현영철 인민무력부장이 2014년 11월과 2015년 4월 두 차례에 걸쳐 러시아를 방문해 군사·안보 협력을 협의했다. 그 결과 양국은 2015년 가을에 합동군사훈련을 실시하기로 합의했다. 당시 러·북 합동 군사훈련의 규모와 성격에 대해 알려지고 있지 않으나 2011년 실시된 제1차 합동군사훈련, 즉 해상 수색 및 구출작전 그리고 인도적 미션의 차원을 뛰어넘는 합동 군사훈련이 될 가능성을 배제하지 못한다.

러·북 관계는 2016년 들어 북한 요인, 특히 김정은 정부 들어 추진된 '핵 무력과 경제발전의 병진 노선'으로 인해 2014년부터 시작된 긴밀화 움직임이 소강상태에 빠졌다. 2016년 제4·5차 핵실험을 단행한 북한은 2017년 9월 제6차 핵실험, 그리고 같은 해 11월 미국에 도달할 수 있는 대륙간탄도미사일(ICBM)급 장거리미사일을 포함한 중장거리미사일을 발사해 '핵 무력의 완성'을 선언했다. UN 안보리는 북한의 이러한 핵·미사일 발사에 대응해 전례 없이 강력한 대북 제재안을 마련해 통과시켰고, 러시아는 P5의 일원으로 참여할 수밖에 없었다.[12] 그러나 러시아는 미국의 대북 군사적 압박과 트럼프·김정은 간 적대감·불신감 고조로 한반도 전쟁 발발의 위험이 고조되자 중국과 공조해 대화를 통한 평화적 해결을 주장했다.

또한 러시아는 북한의 고위인사들을 모스크바로 초청해 북·미 간 대화를 중재했고, 2018년 들어 문재인 정부의 주도로 남북 관계가 개선되고, 뒤이어 북한 핵과 미사일 문제를 해결하기 위한 남·북 정상회담, 북·미 정상회담이 개최되자 지지와 환영을 표시했다. 또한 러시아는 미국 등 일부 국가들의 대북 독자제재를 반대하면서 대화를 통한 한반도 비핵화를 강조했다. 또한 2018년 들어 리수용 외무상의 방러, 라브로프 외교장관의 방북, 마트비엔코 상원의장의 방북 등 러·북 간 고위급 인사 교류가 진행되었으며, 푸틴 대통령이 김정은 위원장을 제4차 동방경제포럼에 초청했으나 김정은 위원장의 방러는 성사되지 못했다.

---

[12] UN 안보리의 대북 제재에 대해서는 "북한/경제제재," https://namu.wiki/w/북한/경제제재(검색일: 2019년 2월 11일) 참조.

## 4. 러시아의 대북 핵·미사일 정책[13]

### 1) 북한 핵·미사일 위기에 대한 인식

(1) 미국 책임론

러시아는 북한 핵·미사일 위기는 근원적으로 미국의 대북 적대시 정책과 한·미 합동 군사훈련, 미군의 전략자산 전진 배치 등 한·미/미·일 동맹에 기초한 군사적 압박 정책에 기인한다고 주장하고 있다.

러시아는 북한은 원래 핵과 미사일의 평화적 이용(전력, 의료, 인공위성 등)을 위해 이 프로그램을 시작했으나, 1980년대 후반 시작된 국제 정세가 탈냉전화·탈공산화, 특히 한국이 동맹 관계에 있던 소련·중국과 수교하면서 일종의 '버려진 국가'로 전락하면서 체제 생존을 위한 핵 억지력 확보 정책을 적극 추진했다고 주장하고 있다. 특히 과거 미국 행정부의 북한에 대한 '테러 지원국, 불량국가(rogue state), 실패한 국가(failed state), 악의 축(axis of evil)' 등과 같은 규정과 지난 70여 년간 지속된 제재 및 봉쇄정책은 북한으로 하여금 체제 생존을 위한 핵과 미사일 프로그램을 적극 추진하게 하는 근본 동인으로 작용했다고 주장하고 있다.

한편 한국과의 경제력, 재래식 군사력 등에서 격차 확대, 일본의 대북 적대 정책도 북한 핵·미사일 개발의 주요 요인 중 하나로 작용했다.

---

13  4절은 필자의 다음 보고서를 활용해 작성함. 고재남, 「러시아의 대북 핵·미사일 정책과 대러 정책 과제」, 『주요국제문제분석』 2017-41, 국립외교원 외교안보연구소, 2017. 10. 20.

## (2) 대북 제재 무용론

러시아는 UN 안보리 차원의 대북 제재에 동참하면서도 미국·일본 등 개별 국가들의 대북 제재를 반대해오고 있으며, 최근에는 대북 제재 무용론(useless sanction), 효과 미미론(ineffectiveness) 등을 주장하고 있다. 실제로 푸틴 대통령은 9월 5일 중국 푸젠성(福建省) 샤먼(廈門)에서 개최된 BRICS 정상회담 후 가진 기자회견에서 "그들(북한)은 자신들이 안전하다고 느끼지 못하면 풀(grass)을 먹으면서도 (핵·미사일) 프로그램을 포기하지 않을 것이다"라고 주장했다.

## (3) 우발적 전쟁 발발과 재앙론

러시아는 북한의 제6차 핵실험과 ICBM급 미사일 발사로 안보위기를 느낀 트럼프 대통령의 군사적 공격 불사 대북 강경발언과 이에 대응한 김정은 등 북한 수뇌부의 경경대응이 지속됨에 따라서 북한 핵·미사일 위기가 한반도에서 전쟁으로 비화될 수 있으며, 이는 '지구적 재앙(planetary catastrophe)'과 막대한 인명피해를 가져다줄 수 있다고 우려를 표명했다. 즉 푸틴 대통령은 동 BRICS 정상회의 기자회견에서 미국의 추가 제재 무용론을 주장하면서 "군사적 히스테리 증가는 무의미(senseless)하며 그것은 막다른 길(a dead end)이다"라고 하면서 이는 결국 "글로벌, 지구적 재앙이 될 것이며, 그 결과 수많은 사람이 죽을 것이다"라고 주장했다.

## (4) 동북아 핵확산 우려 및 군비경쟁론

러시아는 북한이 핵무기와 중장거리미사일을 보유하게 되면 한국 일본 등 동북아시아 국가들의 핵무기 보유 유혹을 촉발할 것이고, 역내 국가들 간 군비경쟁 또한 심화될 것이라고 우려하고 있다. 실제로 북한 핵·미사일 위협에 대응해 미국은 전략폭격기, 스텔스 전투기 등 첨단 전투기, 핵 잠수함, 항모전단 등을 한반도 인근에 전진 배치하며 군사적 시위를 하고 있다. 일본과 한국도 북한의 핵과 미사일 위협에 대응해 군사력 강화 정책을 추진하고 있다.

러시아와 중국도 9월 중순 오호츠크해 인근에서 합동 해군훈련을 실시했다. 또한 러시아는 제11 미사일방어체계를 동부 군관구에 배치했으며, 블라디보스토크에 있는 제93 미사일 부대에 4기의 S-300PS와 최첨단 요격미사일체계인 S-400을 2기 배치했다.

## (5) 북한의 핵무기 보유론

러시아는 그동안 북한의 핵과 미사일 능력을 한·미·일에 비해 과소평가하는 경향이 있었다. 그러나 북한이 전례 없는 폭발력을 갖춘 수소폭탄을 성공적으로 실험함은 물론 화성-12형, 화성-14형 등 ICBM급 및 중장거리미사일을 성공적으로 발사함에 따라서 핵·미사일 위험을 현실화하고 있다.

실제로 라브로프 러시아 외교장관은 트럼프 대통령의 북한에 대한 군사적 공격 가능성에 대한 공언에도 북한이 핵무기를 보유하고 있는 것을 알기 때문에 선제공격하지 못할 것이면서 북한의 핵폭탄 보유를 사실상 인정했다. 즉 2017년 9월 24일 라브로프 장관은 "미국이 과거 이라크를 공격했던 것은 이라크에 WMD가 남아 있지 않다는 100% 확실한 정보가 있었기 때문이다"라고 주장했다. 그는 UN 총회에서 만난 주요국 인사들이 이에 공감을 표시했다면서 만약 미국이 이를 알고도 북한을 선제 군사 공격할 경우 남·북한은 물론 러시아·중국·일본에서 막대한 인명 피해가 발생할 것이라고 경고했다.

(6) 남·북·러 3각 경협 장애론

러시아는 북한 핵과 미사일 개발에 따른 국제사회의 대북 제재와 남·북한 관계 악화는 1990년대부터 추진해온 가스관 연결, TSR-TKR 연결, 전력망 연결, 나진·하산 경협 프로젝트 등 남·북·러 3각 협력 메가 프로젝트를 사실상 불가능하게 하고 있다고 인식하고 있다. 또한 러시아가 2013년부터 적극 추진해온 러·북 경협 확대정책에도 부정적으로 작용하고 있다고 인식하고 있다.

또한 이러한 남·북·러 3각 협력의 조기 추진 불능은 푸틴 정부가 제3기 들어 야심차게 추진하고 있는 극동 지역 개발 및 아시아·태평양 지역 국가들과의 경협 확대를 위한 '신 동방정책'의 성공적·효율적 추진에 큰 장애가 된다고 인식하고 있다. 즉 북한의 핵·미사일 위기 지속은 러시아의 경제 이익을 크게 훼손하고 있다는 인식을 하고 있다.

## 2) 북한 핵·미사일 위기에 대한 정책 기조

### (1) 한반도 비핵화 등 WMD 비확산

러시아는 한반도 접경 국가(약 18km 국경 공유)로 한반도의 안정과 평화 유지가 극동지역의 안정은 물론 역내 국가 간 군사적 충돌, 군비경쟁 등을 억제할 것이라는 입장을 갖고 있다. 또한 러시아는 북한의 핵무기 보유는 불가피하게 한국과 일본의 대북 핵 억지력 확보를 위한 핵 개발 추진 등 동북아시아에서 핵무기 확산 도미노 현상을 저지하는 정책을 추진하고 있다. 따라서 러시아는 북핵 불용 등 한반도 비핵화정책 기조를 유지하면서 북한 핵과 미사일 위협에 대응해 한국 내에서 부상하고 있는 미국의 전략핵 배치나 핵개발 등에 대해서도 반대하는 입장이다.

이러한 정책 기조에 입각해 러시아는 그동안 북한 핵무기 개발을 저지하기 위한 양자·다자 차원의 정치·외교적 노력을 계속해왔다. 예를 들어, 1980년대 북한의 NPT 가입을 성사시켰으며, 1994년에는 미·북 제네바합의를 지지했다. 또한 제2차 북핵 위기 발생 후 북한의 입장이 반영된 '일괄타결 방안' 제시, 6자회담의 참석과 경유 제공, 북한의 핵실험과 탄도미사일 발사에 대한 다양한 대북 제재안 채택에 동참해왔다. 또한 러시아는 한·러 정상회담은 물론 러·중 정상회담, 러·일 정상회담, 러·미 정상회담에서 북핵불용 방침을 분명히 하면서 한반도 비핵화 정책을 고수해왔다.

## (2) 다자주의를 통한 미국의 일방주의 견제

러시아는 NPT 국가이자 글로벌 차원의 전략적 안정의 축을 형성하는 국가로서 북한의 비핵화를 통한 한반도의 비핵화 정책에는 미국과 정책을 같이하나 그 달성 방법에는 이견이 있다. 러시아는 북한의 핵과 미사일 개발이 미국 주도의 한·미/한·일 동맹 등 동북아 안보질서와 미국의 일방주의에서 오는 위협에 대응한 것이기 때문에 근본적인 원인 제거 차원에서 미·북 직접대화를 통한 북한 핵과 미사일 문제의 해결을 우선적으로 제안하고 있다.

그러나 러시아는 북한의 핵과 미사일 문제는 역내 차원은 물론 글로벌 차원에서 중대한 안보이슈이기 때문에 관련 이해 당사국이 참여하는 다자대화, 즉 6자회담을 통해 해결되어야 한다는 정책 기조를 갖고 있다. 따라서 미·북 간 양자 대화는 북한 핵·미사일 문제의 해결과 동북아 다자안보협력체제 구축의 토대를 쌓는 1차적 단계에 머물러야 하며, 북한 핵·미사일 문제는 궁극적으로 6자회담 등 다자대화를 통해 해결되어야 한다는 입장이다.

이러한 러시아의 다자주의는 UN 안보리 상임이사국으로서 북한 핵·미사일 문제 해결 과정에서 자국의 이익을 반영하고 자국의 국제적 위상과 실익에 지대한 영향을 미치는 북한 핵·미사일 문제 해결 과정에서 주요 행위자로서의 역할 확대의 기회를 제공하고 있기 때문이다. 실제로 러시아는 그동안 급작스런 소연방과 붕괴와 체제 전환에 따른 정국 혼란으로 제1차 북핵 위기 시 미·북 양자 담판을 통해 제네바 합의를 지지하면서 소극적으로 대응했으나, 1996년 4월 러시아가 배제된 한반도 문제 해결을 위한 남·북한, 미국, 중국 등이 참여하는 4자회담이 클린턴 대통령과 김영삼 대통령 간 제안되자 크게 반발해 한·러 간 외교 마찰이 발생하기도 했다.

북한은 제2차 북핵 위기 발생 후 적극적인 관여정책(일괄타결 방안 제시, 대북 접근, 러·일 협력을 통한 3자회담의 6자회담으로의 확대 노력 등)을 펴 6자회담의 포맷을 끌어냈다. 이후 러시아는 6자회담에 적극 참여하면서 대북 중유 공급, 동북아 평화안보체제 워킹그룹 의장국 수임 등 북핵 문제 해결을 위해 적극적으로 노력했다.

### (3) 정치·외교적 해결

러시아는 그동안 채택된 국가안보전략, 외교정책개념, 군사독트린 등과 같은 외교·안보 문건들을 통해 세계적·지역적·양자적 현안들에 대한 군사적 해법보다는 정치·외교적 해결을 주장해왔으며, 이는 북한 핵·미사일 위기 해결 방안에 대한 정책 기조에도 그대로 나타나고 있다.

상기한 바와 같이, 북한의 핵·미사일 문제는 역내 또는 글로벌 이슈이며, 따라서 관련국들이 참여하는 다자대화 또는 UN 안보리 차원의 국제적 개입을 통해서 정치·외교적으로 해결되어야 한다는 입장이다. 실제로 푸틴 대통령은 10월 3일 존 헌츠먼(Jon Huntsman) 신임 주러 미국대사 등 20개국 대사들에게 신임장을 제정받는 자리에서 북·미 간 "군사적 수사(rhetoric) 고조는 막다른 길일 뿐만 아니라 파멸의 길이라고 확신한다"면서 군사적 해법이 아닌 타협을 통해 해결되어야 한다고 강조했다. 특히 북한이 사실상 핵보유국임과 동시에 막대한 미사일, 생화학무기 등을 보유했음은 물론 한국의 수도권에 수천만 명이 거주함을 고려해볼 때 미국의 선제적 군사 공격에 따른 북·미 간 군사충돌은 불가피하게 한국전 또는 지역전쟁으로 비화될 수밖에 없다고 인식하고 있다.

따라서 러시아는 북한 핵·미사일 문제 해결을 위한 군사옵션을 강력히 반대하면서 중국과 협력해 정치·외교적 해결을 위한 '3단계 해법'을 제안하고 있다.

(4) 지정학적 이익 확보 및 중재자로서의 역할 강화

러시아는 북한 핵·미사일 문제는 극동 지역의 안정과 평화 그리고 번영에 지대한 영향을 미치는 사안이기 때문에 '이해 당사자'라는 입장을 갖고 있으며, 따라서 북한 핵·미사일 문제의 해결 과정에서 주요 행위자(해결자)로 참여해야 한다는 정책 기조를 견지해오고 있다.

이러한 러시아의 정책 기조는 소연방 붕괴 후 러시아의 대외 투사력이 취약해진 상황에서 북한과 핵·미사일 문제에 대응하는 과정에서 초강대국 미국의 일방주의·패권주의와 중국의 부상 등에 적극 대응하면서 지정학적 이익을 확보해야 한다는 전략적 사고하에 정립되었다. 실제로 푸틴 집권 2기(2004~2008)부터 러시아의 국제 문제에 대한 적극적인 개입과 자국의 영향력·이익 확보정책이 적극 추진되었으며, 이는 미국과 국제 문제를 둘러싼 갈등을 심화하는 요인으로 작용해왔다.

특히 러시아는 북핵 문제 등 한반도 문제를 해결하기 위한 다자회담에서 배제된 경험(예: 1996년 4월 한·미 양국의 4자회담 제안, 제1차 북핵 위기 후 양자회담, 제2차 북핵 위기 후 3자회담 등)을 반추하면서 북한 핵·미사일 문제 해결 과정에서 일익을 담당해야 한다는 입장이다. 또한 러시아는 향후 동아시아/동북아 세력질서에서 형성될 미·중 양강 구도에서 자국의 태평양으로의 연결고리와 균형자로서의 역할 형성은 한반도와 긴밀한 협력관계 구축을 통해서 가능하다는 생각을 갖고 있다. 또한 러시아는 미·북 관계, 중·북 관계, 북·일 관계가 악화된 상황에서 상대적으로 좋은 우호적인 협력 관계를 유지하고 있는 남·북한과의 관계를 활용해 북한 핵·미사일 문제를 해결하기 위한 중재자 역할을 강화한다는 입장이다.

## 3) 2016~2017 북한 핵실험 및 미사일 발사에 대한 대응

### (1) 북한 핵·미사일 위기 해결을 위한 '3단계 해법'의 제시

러시아는 2017년 7월 4일 모스크바에서 개최된 러·중 정상회담을 계기로 러·중 정상회담의 언론발표문과 외교부 장관의 공동성명을 통해 북한 핵·미사일 위기를 해결하기 위한 3단계 해법을 제시했다.

푸틴 대통령은 같은 해 9월 6일 블라디보스토크에서 개최된 한·러 정상회담에서 문재인 대통령에게 북한 핵·미사일 위기 해결 방안으로 3단계 해법을 제안했다. 그리고 이는 송영길 대통령 특사가 5월 24일 크렘린궁을 방문했을 때 푸틴 대통령이 한국 측에 처음 제안한 것으로 알려졌다.

러시아의 3단계 해법은 2016년 2월 중국이 한·미 합동군사훈련을 앞두고 북한 핵·미사일 위기의 해결 방안으로 제시한 '쌍궤중단(double freezing; 북한의 미사일 발사와 핵 실험의 중단과 한·미 양국의 대규모 합동 군사훈련의 중단)'과 '쌍궤병행(pararell advancement; 한반도의 비핵화와 한반도 평화협정 논의 병행)' 중 쌍궤병행을 2단계로 세분화한 것이다. 3단계 해법에서는 쌍궤병행을 2단계로 나누면서 보다 포괄적이고 근본적인 접근을 시도하고 있다.

즉 러·중 외무장관 공동성명은 쌍중단을 1단계로 삼으면서, 2단계에서 분쟁 당사국(남·북/북·미/북·일 간)은 회담을 통해 무력 불사용, 침략 포기, 평화공존, 핵 이슈를 포함한 모든 복합적인 문제들의 해결을 촉진하면서 한반도를 비핵화할 수 있는 결의안에 합의하며(즉 평화협정 체결과 비핵화협상 진행), 3단계로 관련국들은 한반도를 포함한 동북아에서 평화와 안보 메커니즘을 창설하고 뒤이어 관련국들 간 관계를 정상화(즉 동북아 다자안보체제 구축과 외교관계 정상화) 하자고 제안하고 있다.

러시아의 3단계 해법 또는 중국의 쌍중단과 쌍궤병행에 대해 한·미·일은 강력한 대북 제재와 압박정책을 선호하면서 이러한 제안들을 거부하고 있는 중이며, 북한도 "핵무기가 협상의 대상이 될 수 없다"는 입장을 견지하고 있다.

청와대 당국자는 9월 6일 블라디보스토크에서 개최된 한·러 정상회담 후 윤영찬 청와대 국민소통수석은 3단계 해법을 나름대로 의미 있는 것으로 평가하면서도 북한의 도발이 지속되고 있는 상황에서 당장은 고려할 만한 옵션이 아니라는 입장을 피력했다. 니키 헤일리(Nikki Haley) 주UN 미국대사는 9월 5일 북한의 6차 핵실험에 대한 대응 방안을 논의하는 UN 안보리 임시회의에서 북한이 ICBM과 핵무기로 미국을 위협하고 있는 상황에서 쌍중단을 수용하라고 하는 것은 '모욕적이다'고 반대의사를 분명히 밝혔다. 이에 앞서 헤더 나워트(Heather Nauert) 국무부 대변인도 7월 6일 "(북한의 핵무기 프로그램과) 미국이 한국·일본과 함께하는 군사훈련 혹은 활동들은 등가가 아니며 … 이들 훈련은 1950년대부터 수십 년간 진행되어왔기 때문에 (중국과 러시아가 반대하더라도) 바뀌지 않을 것"이라고 강조했다. 리용호 외무상도 10월 10일 러시아 타스통신 평양 방문단과의 대화에서 "미제(미국)의 대조선(대북) 압살 정책이 근원적으로 사라지지 않는 한 우리의 핵무기는 협상의 대상이 될 수 없다"고 강조했다.

### (2) UN 안보리의 대북 제재 동참

러시아는 북핵불용 정책과 평화적 목적이 아닌 미사일 발사 반대 정책을 견지해오고 있으며, 따라서 북한의 핵실험과 탄도미사일 발사에 대응한 UN 안보리 차원의 대북 제재에 동참해오고 있다. 러시아는 북한의 지난 7월 두 차례에 걸친 ICBM급 탄도미사일 발사에 대응해 채택된 UN 안보리 결의 2371호(8.5)와 제6차 핵실험에 대응해 채택한 결의 2375호(9.12)에 각각 찬성표를 던졌다.

그러나 러시아는 UN 안보리의 대북 제재가 김정은 정권의 붕괴 등 체제 변화, 민간인의 극심한 피해, 군사적 조치 등을 유발하는 제재에는 반대하면서 제재안을 완화시키고 있다.

### (3) 북한 핵·미사일 문제 해결을 위한 중재 역할

북·미/북·중 관계가 탈냉전기 최악의 상황을 고려해 남·북한과 상당히 좋은 우호 협력 관계를 유지하고 있는 러시아는 북한 핵·미사일 문제 해결의 접점을 찾기 위한 중재외교를 적극 추진하고 있다.

세르게이 라브로프 외교장관은 렉스 틸러슨(Rex Tillerson) 미국 국무장관과 전화통화 또는 면대면 접촉을 통해 미국의 군사적 옵션을 반대하면서 북한 핵·미사일 문제를 정치·외교적으로 해결해야 한다는 점을 강조했다. 또한 러시아는 9월 12~13일 미국 국무부 대북 정책 특별대표인 조셉 윤을 모스크바로 초청해 러시아의 '3단계 해법'을 설명하면서 미·북 간 군사적 긴장 완화와 한반도 위기 해결 방안에 대해 논의했으며, 미국 측은 러·북 간 접촉이 북한의 핵·미사일 정책 변화를 유도할 수 있기를 희망한 것으로 알려졌다.

한편 러시아는 9월 28일 북한 외무성의 미국담당 과장인 조성후를 모스크바로 초청해 러시아 외무성 한반도 문제 담당 특임대사이자 북핵 6자회담 차석대표인 올레크 부르미스트로프(Oleg Burmistrov)와 한반도와 동북아 정세에 관한 의견을 교환했다. 또한 러시아 외무부 대변인은 9월 29일 부르미스트로프 특임대사가 러시아 외무부 초청으로 모스크바를 방문한 북한 외무성 최선희 북아메리카 국장과 미국과 북한 간 강경 대립으로 고조된 한반도 위기 해결방안에 대해 논의였다고 발표했다. 최 국장은 이고르 모르굴로프(Igor Morgulov) 러시아 아태 지역 담당 차관과도 면담했다. 러시아 측은 최선희 국장과의 면담에서 자국이 제안한 '3단계 해법'의 수용을 설득한 것으로 알려졌다. 한편 부르미스트로프 특임대사는 지난 7월 말 평양을 방문해

3단계 해법을 제시하고 북한 측의 입장을 타진했다.

(4) 러·중 간 전략적 연대 강화

한반도를 포함한 동북아에서 미국의 일방주의와 군사적 영향력 증대를 반대하고 있는 러시아는 중국과 연대해 북한 핵·미사일 문제를 러·중이 참여하는 다자대화를 통해 정치·외교적으로 해결하기 위한 전략적 협력을 지속해오고 있다. 상기한 바와 같이 러시아가 제안한 3단계 해법은 중국이 북한 핵·미사일 문제의 해결 방안으로 제시하고 있는 쌍중단과 쌍궤병행에 포함된 방안들을 그대로 수용하면서 정상회담을 통해 양국의 공동제안으로 제시했다.

UN 안보리의 대북 제재 채택 과정에서도 러시아는 중국과 연합해 김정은 정권의 급격한 붕괴나 인도적 지원 등 민간 피해를 최소화하는 대북 제재안 채택을 위해 공조했다. 미국은 북한의 제6차 핵실험에 대한 제재안으로 전면적인 원유 수출금지, 공해상의 북한 선박 강제 검색, 김정은·김여정 남매를 포함한 권력 핵심 5명의 블랙리스트 등 초강력 제재들을 망라한 것이었다. 그러나 러시아와 중국은 안보리 상임이사국의 지위를 활용해 김정은과 김여정이 제재 대상에서 제외되고 원유 수출의 전면금지도 빠진 보다 완화된 제재안을 채택하는 데 성공했다.

러시아와 중국은 북한 핵·미사일 위협을 이유로 한·미 양국이 실행한 한국 내 사드배치를 반대하는 정책 공조를 양국 차원에서는 물론 한·러/한·중 차원에서도 지속해오고 있다. 또한 러시아와 중국은 미국 주도의 군사동맹에 대응해 군사협력을 강화해오고 있으며, 2017년 7월 22~27일 처음으로 NATO와 러시아가 군사적으로 대치하는 발트해에서 그리고 2017년 9월 중순에는 북한의 핵·미사일 실험으로 북한과 한·미·일간 군사적 긴장이 고조된 동해·오호츠크해에서 각각 '해상연합-2017'이라는 합동훈련을 실시했다. 또한 러시아와 중국은 트럼프 행정부가 공언하고 있는 북한 핵·미사일 문제 해결을 위한 군사옵션을 강력히 반대하면서 정치·

외교적 해법의 필요성을 강조하고, 이를 위한 대미 외교에 공조하고 있다.

(5) 러·북 협력 확대 기회로 활용

러시아는 북한을 동북아 국가들과의 관계에서 전략적 자산으로 간주하고 있으며, 접경국가인 북한의 안정과 번영을 극동 지역의 안정과 번영에 필요한 조건으로 보고 있다. 또한 러시아는 신 동방정책의 성공적 추진과 남·북·러 3각 협력을 성공적으로 추진하기 위해서는 북한과의 우호 협력 관계의 강화가 필요한 상황이다. 또한 러시아는 자국이 미국 주도의 제재를 받고 있는 상황이므로 북한에 대해 동병상련의 감정을 갖고 있다.

따라서 러시아는 강력한 대북 제재와 외교적 압박에 직면한 북한을 대북 영향력 강화는 물론 북한 문제 해결을 위한 중재자 역할을 제고할 수 있는 호기로 판단해 러·북 협력 강화의 기회로 활용하고 있다. 실제로 최근 들어 여타 국가들과 다르게 러시아와 북한 간 정치인(모로조프 국가두마 의원 방북, 안동춘 최고인민회의 부의장 방러 등), 언론인(타스통신 대표단 방북), 외교관(최선희 미주국장 방러, 부르미스트로프 한반도 담당 특임대사 방북 등), 정부 고위인사(김영재 대외경제상의 제3차 동방경제포럼 참석) 들의 상호 방문이 빈번하게 이루어지고 있다.

# 참고문헌

강봉구. 『현재러시아 대외정책의 이해: 대외정책노선 형성과정, 1992-1998』. 서울: 한양대학교 출판부, 1999.

고재남. 『구소련지역 민족분쟁의 해부』. 마산: 경남대학교 출판부, 1996.

고재남·엄구호 엮음. 『러시아의 미래와 한반도』. 서울: 한국학술정보(주), 2009.

金學俊. 『蘇聯外交論序說』. 서울: 서울대학교 출판부, 1981.

신범식·하용출·서동주·성원용·권원순·김현택·글렙 이바셴초프 외 공저. 『한국과 러시아의 전략협력』. 서울: 한국외국어대학교 지식출판원, 2015.

장덕준 엮음. 『중·러 관계와 한반도』. 서울: 한울아카데미, 2012.

최태강. 『러시아와 동북아: 1990년 초 이후 러시아의 대(對) 중·일·한·북 외교』. 서울: 도서출판 오름, 2004.

한정숙·홍현익·강윤희·최우익 편. 『한·러 관계 사료집 1990-2003』. 서울: 서울대학교 출판부, 2005.

홍완석 엮음. 『21세기 러시아 정치와 국가전략』. 서울: 일신사, 2001.

Adelman, Jonathan R. & Deborah A. Palmieri. *The Dynamics of Soviet Foreign Policy*. New York: Harper & Row, Publishers, 1989.

Arakelyan, Lilia A. *Russian Foreign Policy in Eurasia: National Interests and Regional Integration*. New York: Routledge, 2018.

Bowker, Mike. *Russian Foreign Policy and the End of the Cold War*. Aldershot, England: Dartmouth, 1997.

Brzezinski, Zbigniew. *The Grand Chessboard: American Primacy and Its Geostrategic Imperatives*. NY: Basic Books, 1997.

Buszynski, Leszek. *Russian Foreign Policy after the Cold War*. London: Praeger, 1996.

Cadier, David and Margot Light eds. *Russia's Foreign Policy*. London: Palgrave Macmillan, 2015.

Dittmer, Lowell. *Sino-Soviet Normalization and Its International Implications, 1945-1990*. Seattle: University of Washington Press, 1992.

Donaldson, Robert H. & Joseph L. Nogee. *The Foreign Policy of Russia: Changing Systems, Enduring Interests*. Armonk, NY: M. E. Sharpe, 1998.

Garnett, Sherman W. ed. *Rapprochement or Rivalry? Russian-China Relations in a Changing World*. Washington, D.C.: Carnegie Endowment for International Peace, 2000.

Garthoff, Raymond. *Detente and Confrontation: American-Soviet Relations from Nixon to Reagan*. Washington, D.C.: The Brookings Institution, 1985.

Goodby, James E. and Benoit Morel eds. *The Limited Partnership, Building a Russian-US Security Community*. New York: Oxford University Press, 1993.

Gorbachev, Mikhail. *Perestroika: New Thinking for Our Country and the World*. New York: Harper & Row, Publishers, 1987.

Gottlieb, Thomas M. *Chinese Foreign Policy Factionalism and the Origins of the Strategic Triangle*. Santa Monica: RAND R-1902-NA, November 1977.

Griffith, William E. *The World and the Great-Power Triangles*. Cambridge: The MIT Press, 1975.

Gvosdev, Nikolas K. & Christopher Marsh. *Russian Foreign Policy: Interests, Vectors, and Sectors*. London: Sage, 2014.

Haas Marcel de. *Russia's Foreign Security Policy in the 21$^{st}$ Century: Putin, Medevedev and Beyond*. New York: Routledge, 2010.

Hedenskog, Jakob, Vilhelm Konnandt, Bertil Nygren, Ingmar Oldberg and Christer Pursianen eds. *Russia as a Great Power: Dimensions of Security under Putin*. New York: Routledge, 2005.

Hudson, George E. ed. *Soviet National Security Policy Under Perestroika*. Boston: Unwin Hyman, 1990.

Jacobsen, C. G. *Sino-Soviet Relations Since Mao: The Chairman's Legacy*. New York: Praeger Publishers, 1981.

Jaction, Ncole J. *Russian Foreign Policy and the CIS: Theories, Debates and Actions*. London:

Routledge, 2003.

Kanet, Roger E. and Remi Piet eds. *Shifting Priorities in Russia's Foreign and Security Policy*. Burlington, VT: Ashgate Publishing CO., 2014.

Kim, Ilpyong J. eds. *The Strategic Triangle: China, the United States and the Soviet Union*. New York: Paragon House Publishers, 1987.

Kolsto, Pal & Helge Blakkisruo eds. *The New Nationalism: Imperialism, Ethnicity and Authoritarianism 2000-2015*. Edinburgh: Edinburgh University Press, 2016.

Laqueur, Walter. *Putinism: Russia and Its Future with the West*. New York: St. Martin's Press, 2015.

Legvold, Robert ed. *Russian Foreign Policy in the Twenty-First Century and the Shadow of the Past*. New York: Columbia University Press, 2007.

Lo, Bobo. *Russia and the New World Disorder*. London: Chatham House, 2015.

_____. *Vladimir Putin and the Evolution of Russian Foreign Policy*. Malden, MA: Blackwell Publishing Ltd., 2003.

Low, Alfred D. *The Sino-Soviet Confrontation Since Mao Zedong: Dispute, Detente, or Conflict?*. Boulder: Social Science Monographs, 1987.

Lynch, Allen. *The Soviet Study of International Relations*. Cambridge: Cambridge University Press, 1987.

Malcolm, Neil, Alex Pravda, Roy Allison, Margot Light, eds. *Internal Factors in Russian Foreign Policy,* Oxford: Oxford University Press, 1996.

Mankoff, Jeffrey. *Russian Foreign Policy: The Return of Great Power Politics*. New York: Rowman & Littlefield Publishers, Inc., 2009.

Melville, Andrei and Tatiana Shakleina, eds.. Russian Foreign Policy in Transition: Concepts and Realities. New York: Central European University Press, 2005.

Meyer, Karl E. and Shareen Blair Brysac, *Tournament of Shadows: The Great Game and the Race for Empire in Central Asia,* Washington, D.C.: A Cornelia and Michael Bessie Books, 1999.

Molchanov, Mikhail A. *Eurasian Regionalisms and Russian Foreign Policy*. New York: Routledge, 2015.

Nalbandov, Robert. *Not by Bread Alone: Russian Foreign Policy under Putin*. Nebraska:

Potomac Books, 2016.

Nogee, Joseph and Robert Donaldson. *Soviet Foreign Policy Since World War II* (New York: Pergamon Press, 1984)

Nygren, Bertil. *The Rebuilding of Greater Russia: Putin's foreign policy towards the CIS countries*. New York: Routledge, 2009.

Quested, R. K. *Sino-Russian Relations: A Short History*. London: George Allec & Unwin, 1984.

Rowe, Elana Wilson and Stina Torjesen. *The Multilateral Dimension in Russian Foreign Policy*. New York: Routledge, 2009.

Rosser, Richard F. *An Introduction to Soviet Foreign Policy*. Englewood Cliffs, NJ: Prentice Hall, 1969.

Rubinstein, Alvin Z. *Soviet Foreign Policy Since World War II: Imperial and Global*, 2nd ed. Boston: Litttle, Brown and Company, 1985.

Sakwa, Richard. *Russia against the Rest: The Post-Cold War Crisis of World Order*. Cambridge: Cambridge University Press, 2017.

Segal, Gerald. *The Great Power Triangle*. London: The Macmillan Pres Ltd., 1982.

Sergunin, Alexander. *Explaining Russian Foreign Policy Behavior: Theory and Practice*. Stugart: Ibidem, 2016.

Stent, Angela E. *The Limits of Partnership: U.S.-Russian Relations in the Twenty-First Century*. Princeton: Princeton University Press, 2014.

Szporluk, Roman, ed. *National Identity and Ethnicity in Russia and the New States of Eurasia,* New York: M. E. Sharpe, 1994.

Tatu, Michel. *The Great Power Triangle: Washington-Moscow-Peking*. Paris: Atlantic Institute, 1970.

Trenin, Dmitri. *The End of Eurasia: Russia on the border between Geopolitics and Globalization*. Moscow: Carnegie Moscow Center, 2001.

Tsygankov, Andrey P. *Russia's Foreign Policy: Change and Continuity in National Identity*. 3rd edtion. New York: Roman and Littlefield Publishers, Inc., 2013.

Zwick, Peter. *Soviet Foreign Relations: Process and Policy*. Englewood Cliffs, NJ: Prentice Hall, 1990.

# 찾아보기

## ㄱ

가스프롬(Gazprom) 88, 89, 150, 199, 252
거대게임(Great Game) 217, 219-222, 224, 227, 228, 254
미하일 고르바초프(Mikhail Gorbachev) 19, 33-35, 53, 73, 98, 100, 133-137, 279-284, 303-306, 347, 387, 391, 396-398, 423, 424, 432
고어·체르노미르딘 위원회(Gore-Chernomyrdin Commission) 285, 310
9·11테러 사건 67, 107, 200, 204, 209, 217, 226, 227, 238, 241, 243, 247, 251, 289, 322, 346, 369
국가미사일방위(NMD: National Missile Defense) 285, 315, 368, 404
국가안보개념 81, 101-104, 110, 114, 151, 187, 302, 314, 316, 392
국가안보전략 59, 85, 95-97, 99, 101, 104, 107, 108, 110, 111, 114-116, 125, 127, 302, 320, 374, 375, 449
국가안보회의(NSC: National Security Council) 315, 355
국제남북교통회랑(INSTC: International North-South Transport Corridor) 246
국제부흥개발은행(IBRD: International Bank for Reconstruction and Development) 304, 307, 310, 317
국제연합(UN: United Nations) 228, 229, 236, 271, 305, 317, 321, 401, 402, 426, 434, 437, 440, 443, 445, 448, 452-454
국제통화기금(IMF: International Monetary Fund) 304, 307, 310, 317
군사독트린 59, 82, 85, 95, 96, 99, 100, 103-108, 110, 113, 114, 125, 147, 151, 187, 281, 302, 449
길버트 로즈만(Gilbert Rozman) 264, 267
김계관 439
김대중 321, 402, 414
김영남 440
김영삼 399, 400
김영재 455
김일성 424, 426, 429, 431, 432, 434
김일평 266
김정은 423, 439, 442, 443, 445, 453, 454
김정일 437, 442

## ㄴ

나고르노·카라바흐 106, 121, 163-165, 177, 206, 229, 230, 242
나렌드라 모디(Narendra Modi) 79, 181, 247
나진·하산 프로젝트 408, 440, 441, 447
넌-루가법(Nunn-Lugar Act) 306
노광철 442
노무현 404, 405
노태우 390, 396, 397, 433
니콜라이 페도로프(Nikolay Fedorov) 439
니콜라이 포드고르니(Nikolai Podgorny) 428
니키 헤일리(Nikki Haley) 452
니키타 흐루쇼프(Nikita Khrushchev) 271, 274, 277, 427, 428

## ㄷ

다탄두미사일(MIRV: Multiple Independently Targetable Reentry Vehicles) 345, 350, 358, 368
대량살상무기(WMD: Weapon of Mass Destruction) 48, 70, 77, 100, 102, 105, 115, 118, 189, 213, 343, 363, 446, 447
대량살상무기 확산방지 구상(PSI: Proliferation Security Initiative) 442
대륙간탄도미사일(ICBM: Intercontinental Ballistic Missile) 326, 343-346, 349, 350, 353, 355-358, 366, 368, 369, 371, 374, 375, 443, 445, 446, 452
대한무역투자진흥공사(KOTRA: Korea Trade-Investment Promotion Agency) 419, 420, 432
덩샤오핑(鄧小平) 279, 281
도널드 트럼프(Donald Trump) 329, 341, 365-367, 373, 381, 382, 411, 443, 445, 454
돈바스(Donbass) 분리주의 6, 44, 59, 171, 201, 294, 328, 329, 376, 413
동반자협력협정(PCA: Partnership Cooperation Agreement) 76, 78, 248
동방경제포럼(Eastern Economic Forum) 260, 409, 413, 415, 418, 443
동방-2018(Vostok-2018) 260
동방파트너십(Eastern Partnership) 77, 79, 140, 173, 209, 244
동아시아정상회의(EAS: East Asia Summit) 406, 417
드미트리 메드베데프(Dmitry Medvedev) 49, 68, 82, 84, 89, 103, 106-108, 187, 259, 292, 301, 324, 326, 327, 352, 406, 407, 414, 415, 437
디마 야코블레프 법(Dima Yakovlev Law) 328

## ㄹ

러디어드 키플링(Rudyard Kipling) 219
러·조지아전쟁 44, 59, 67, 72, 107, 108, 132, 323, 375
레오니트 브레즈네프(Leonid Brezhnev) 280, 428, 430
레오니트 칼라시니코프(Leonid Kalashnikov) 372
레이먼드 가르토프(Raymond Garthoff) 270
렉스 틸러슨(Rex Tillerson) 453
로널드 레이건(Ronald Wilson Reagan) 281, 355
로드 커존(Lord Curzon) 221
로렌스 섬머스(Lawrence Summers) 308
로버트 게이츠(Robert Gates) 372
로웰 디트머(Lowell Dittmer) 266
루스탐 미니하노프(Rustam Minnikhanov) 439
리수용 440, 443
리용남 440
리용호 423
리처드 닉슨(Richard Nixon) 264, 269
리펑(李鵬) 282, 287

## ㅁ

마그니츠키 법(Magnitsky Act) 328
마리아 자카로바(Maria Zakharova) 366
마오쩌둥(毛澤東) 272-274, 276, 277, 431
마이크 폼페이오(Mike Pompeo) 341, 365, 367
문재인 410, 412-416, 418, 420
미사일기술통제체제(MTCR: Missile Technology Control Regime) 319, 380, 381
미셸 타투(Michel Tatu) 265
미하일 사카슈빌리(Mikheil Saakashvili) 230, 243
미하일 호도르콥스키(Mikhail Khodorkovsky) 89, 323

## ㅂ

바르샤바조약기구(WTO: Warsaw Treaty Organization) 27, 29, 30, 32, 76, 150, 153, 162, 164, 264, 277
박근혜 407-409, 411
박정희 390
발렌티나 마트비옌코(Valentina Matviyenko) 423, 443
발터 울브리히트(Walter Ulbricht) 428

배닝 가레트(Banning Garrett) 269
버락 오바마(Barack Obama) 283, 292, 293, 325-327, 329, 331, 337, 352, 361, 372, 377, 379
보리스 옐친(Boris Yeltsin) 284, 285, 287, 288, 301-304, 307-314, 319, 330, 399, 424, 434
볼셰비키 혁명 277, 387, 430
북대서양조약기구(NATO: North Atlantic Treaty Organization) 230, 232, 233, 238, 242-244, 248, 251, 255, 261, 262, 269, 285, 287, 288, 290, 292, 310, 312-314, 318, 320, 322, 323, 326, 327, 330, 332, 333, 336, 341, 342, 350, 357, 358, 361, 362, 366, 368, 372, 374, 375-379, 382
북방정책 390, 398
불곰사업 408
브루스 엘만(Bruce Ellman) 279
블라디미르 레닌(Vladimir Lenin) 19-22, 61, 137, 223, 271, 430
블라디미르 루킨(Vladimir Lukin) 313
블라디미르 지리노프스키(Vladimir Zhirinovsky) 435
블라디미르 푸틴(Vladimir Putin) 251, 252, 259, 260, 283, 290, 292, 301, 302, 318, 319, 321, 324, 326, 327, 331-335, 343, 367, 369, 375, 377, 379, 382, 402, 403, 406, 408-416, 423, 424, 436, 440, 441, 443, 445, 450, 451
BTC(Baku-Tbilisi-Ceyhan) 송유관 231, 234, 242, 244, 252
BTE(Baku-Tbilisi-Erzurum) 가스관 231, 244
빅토르 체르노미르딘(Viktor Chernomyrdin) 401
빌 클린턴(Bill Clinton) 302, 308-310, 312, 368

ㅅ

상하이협력기구(SCO: Shanghai Cooperation Organization) 60, 67, 69, 71, 75, 79, 106, 117, 123-125, 188, 200, 201, 203, 209, 210, 213, 238, 241, 253, 259, 260, 290, 291, 292, 295, 336
생물무기금지협약(BWC: Biological Weapons Convention) 355, 417
세계무역기구(WTO: World Trade Organization) 68, 73, 77, 119, 163, 318, 382, 417, 417
세르게이 라브로프라브로프(Sergey Lavrov) 49, 75, 82, 360, 423, 439, 443, 446, 453
세르게이 마그니츠키(Sergei Magnitsky) 327, 328, 335, 379
세르게이 스크리팔(Sergei Skripal) 암살기도 112, 294
세르게이 이바노프(Sergey Ivanov) 361
소련 국가안보위원회(KGB: Committee for State Security) 34, 66, 79, 134, 294, 331
송영길 414
이오시프 스탈린(Joseph Stalin) 271, 273, 274, 276, 426, 427
스트로브 텔벗(Strobe Talbott) 307
슬로보단 밀로셰비치(Slobodan Milosevic) 333
시나트라 독트린(Sinatra Doctrine) 282
시베리아횡단철도(TSR)-한반도종단철도(TKR) 연결사업 403, 407, 409, 447
시진핑(習近平) 240, 260, 284, 293
신전략무기감축조약(New START: New Strategic Arms Reduction Treaty) 70, 118, 292, 325, 341-343, 351-353, 362, 370, 377, 378, 380

ㅇ

아나톨리 안토노프(Anatoly Antonov) 373
아서 코널리(Arthur Conolly) 219, 222
아시아 교류 및 신뢰구축회의(CICA: Conference on Interaction and Confidence Building Measures in Asia) 193, 196, 203, 291, 417
아시아태평양경제협력체(APEC: Asia-Pacific Economic Cooperation) 201, 260, 288, 293, 321, 327, 379, 401, 405, 406
안동춘 455
안드레이 그로미코(Andrei Gromyko) 426, 430
안드레이 카르타폴로프(Andrei Kartapolov) 442
알렉산더 골츠(Alexander Golts) 361
알렉산드르 갈루시카(Alexander Galushka) 439, 440

알렉산드르 로슈코프(Alexander Losyukov) 405, 437
알렉세이 코시긴(Alexei Kosygin) 428
알렉세이 푸시코프(Alexei Pushkov) 367
에드워드 스노든(Edward Snowden) 328
올레크 부르미스트로프(Oleg Burmistrov) 453, 455
예두아르트 셰바르드나제(Eduard Shevardnadze) 432, 433
예브게니 부진스키(Evgeny Buzhinsky) 364
예브게니 이바노프(Yevgeny Ivanov) 436
예브게니 프리마코프(Evgeny Primakov) 49, 54, 66, 74, 82, 149, 194, 195, 288, 402, 435
예카테리나 여제 221
오사마 빈 라덴(Osama Bin Laden) 322
올레크 부르미스트로프(Oleg Burmistrov) 453
외교정책개념 49, 54, 59, 85, 90, 96, 99, 100, 101, 105, 107, 109, 111-124, 147, 151, 187, 188, 302, 392, 449
워런 크리스토퍼(Warren Christopher) 307
윌리엄 그리피스(William Griffith) 266
유라시아경제공동체(EURASEC: Eurasian Economic Community) 161, 176, 174, 188, 203, 207, 208, 335, 336
유라시아경제연합(EAEU: Eurasian Economic Union) 121, 140, 161, 173, 175, 177, 202, 203, 207, 209, 213, 245, 247, 253, 255, 296, 335
유럽 단계별 탄력적 접근 전략(EPAA: European Phased Adaptive Approach) 325, 370-372, 377
유럽안보협력기구(OSCE: Organization for Security and Co-operation in Europe) 242, 248, 317, 324
유럽안보협력회의(CSCE: Conference on Security and Co-operation in Europe) 31, 76, 139, 269, 278, 310, 312, 355
유럽재래식무기감축조약(CFE Treaty: Conventional Armed Forces in Europe Treaty) 35, 118, 150, 174, 233
유리 트루트네프(Yuri Trutnev) 439
이고르 모르굴로프(Igor Morgulov) 453
이고르 크로트첸코(Igor Krotchenko) 364
이명박 388, 406, 407

이슬람 카리모프(Islam Karimov) 202, 289, 336
임계핵실험금지조약(TTBT: Threshold Test-Ban Treaty) 356-358

ㅈ

자유무역협정(FTA: Free Trade Agreement) 69, 173, 176, 209, 247, 255, 407
잠수함발사탄도미사일(SLBM: Submarine Launched Ballistic Missile) 344, 345, 349, 353, 369, 374
장제스(蔣介石) 271, 276
장쩌민(江澤民) 282, 287
재래식 신속글로벌타격(CPGS: Conventional Prompt Global Strike) 378
재조정정책(Reset-Button Policy) 283, 292, 301
저우언라이(周恩來) 272, 277
전략공격능력삭감조약(SORT: Strategic Offensive Reductions Treaty) 322, 342, 351
전역미사일방어(TMD: Theater Missile Defense) 285, 315, 368
제네바합의 435, 448
제럴드 시갈(Gerald Segal) 266
제1단계 전략무기감축협정(START Ⅰ: Strategic Arms Reduction Treaty Ⅰ) 306, 342, 347-350, 352, 353
제2단계 전략무기감축협정(START Ⅱ: Strategic Arms Reduction Treaty Ⅱ) 307, 314, 319, 322, 347, 350, 368
제1단계 전략무기제한협정(SALT Ⅰ: Strategic Arms Limitation Talks Ⅰ) 269, 278, 344, 355-357
제2단계 전략무기제한협정(SALT Ⅱ: Strategic Arms Limitation Talks Ⅱ) 344, 345, 355, 356, 358
조지 부시(George W. Bush) 290, 304, 305, 322, 346, 369
존 기팅스(John Gittings) 265
존 볼턴(John Bolton) 365
존 헌츠먼(Jon Huntsman) 449
준중거리탄도미사일(MRBM: Medium-range Ballistic missile) 343
중거리탄도미사일(IRBM: Intermediate-Range